JN035708

〈ひと〉から問うジェンダーの世界史　第1巻

「ひと」とはだれか？

―身体・セクシュアリティ・暴力

三成美保
小浜正子
鈴木則子
編

大阪大学出版会

はしがき――『〈ひと〉から問うジェンダーの世界史』（3巻本）の企画趣旨

◆なぜ、「〈ひと〉から問うジェンダーの世界史」か？　2014～15年、わたしたち比較ジェンダー史研究会のメンバーは、ジェンダー視点から高校世界史と高校日本史の記述を書き換えるという意欲をもって、『歴史を読み替える』（2巻本）を上梓した。『〈ひと〉から問うジェンダーの世界史』（3巻本）は、その後継である。しかし、本書は、『歴史を読み替える』を上回る特徴を持つ。それは、三つの問いを立て、それらの問いを各巻のタイトルと構成にはっきりと反映させたことである。「ひと」に女性が含まれない歴史は「歴史」とは言えない――これがわたしたちの原点である。

章構成にあたっては、アジア・アフリカ・イスラーム圏などを重視し、欧米中心にならないように配慮した。テーマごとに最もふさわしい事例や日本的「世界史」の常識を覆すような事例を選んだため、時代・地域に必ずしも統一性はない。しかし、できるだけ比較ジェンダー史として有益な章・節・項・コラムになるよう工夫をこらした。比較ジェンダー史研究会WEBサイトとの連携もはかっている。読者のみなさんが本書を気軽に手に取って「なぜ？」と身の回りを振り返り、本書が「あたりまえ」を問い直すきっかけとなってくれることを心から願っている。

◆第1巻『「ひと」とはだれか？――身体・セクシュアリティ・暴力』　第1巻『「ひと」とはだれか？』は、本企画全体の「問い」の方向性を明確に示した。すなわち、国家や社会からではなく、「ひと」から問うというスタンスを示したのである。そもそも「ひと」は、年齢・身体的特徴・性自認・性的指向など多様な属性をもつ。しかし、しばしば国家や共同体により男女いずれかの性別を出生時に割り当てられ、それに応じた役割やふるまいを期待される。そのような役割期待は、特定の「ひと」の暴力を正当化し、別の「ひと」の尊厳を著しく損なう。男女二分法は多様な性の在り方を否定し、社会規範に「ひと」を飼い馴らす手立てとして機能する。このような「ひと」の定義の根幹にかかわるのがジェンダーであるとの認識に立ち、身体、生殖、セクシュアリティ、身体表現、性暴力を取り上げた。

◆第2巻『「社会」はどう作られるか？――家族・制度・文化』　第2巻『「社会」はどう作られるか？』は、「ひと」が相互に紡ぎあう親密関係や生活共同体を問う。家族や親族などは、近代歴史学では「私的領域」として不可視化されてきた。家族の捉え方は社会によって異なることはよく知られるが、本書では家族の在り方が社会の在り方を規定するとの認識から「家族から社会そして国家へ」というベクトルで問いを立てた。公私分離や男女隔離などの区別が社会的ヒエラルキーをどう構築するのかを問い、王権の男性性を問い直し、文化や芸術において女性が主体や客体になった歴史的文脈を明らかにする。これらの問いのいずれもが日常生活の中のジェンダーバイアスを可視化し、政治や体制の本質を暴き、矛盾を喝破する。こうした立場から、家・家族、社会的ヒエラルキー、政治体制、労働・教育・文化を取り上げた。

◆第3巻『「世界」をどう問うか？――地域・紛争・科学』　第３巻『「世界」をどう問うか？』は、ジェンダー視点からグローバルな問題を問う。第１巻、第２巻のテーマが近年のジェンダー史の重要トピックであるのに対して、第３巻で取り上げるテーマはいずれも非常に新しい。「世界」も「地域」も作られるのであって、歴史的に変化する。そのような「世界」の再定義にはしばしば戦争や植民地支配が利用されるが、わたしたちが共有すべきは抵抗の歴史である。戦争も開発も地球環境を破壊する。男性中心の科学もまたしばしばそれに加担してきた。21世紀の世界的危機の中では、ジェンダー平等社会の実現こそが持続可能な未来を拓く。この信念に立ち、地域、世界の再創造、戦争と暴力への抵抗、地球環境、科学を取り上げ、ジェンダー視点からそれらを読み替える。

◆出版にあたって　本書は、科学研究費基盤研究（B）「『アジア・ジェンダー史』の構築と『歴史総合』教材の開発」（2020～22年度）の成果である。本書の出版を引き受けてくださった大阪大学出版会には深く感謝申し上げる。特に編集担当者である川上展代さんは非常に丁寧に本書を見てくださり、総勢130名以上にのぼる執筆者からなる本をまとめ上げてくださった。また、本科研費研究の補助を務める安宅亮子さんは、原稿のとりまとめ、書式統一、編集の進捗状況のチェックなど実にこまごまとした業務を的確にやり遂げてくださった。お二人の女性のご尽力がなければ、本書は完成できなかったと言っても過言ではない。心からの感謝を述べたい。

2023年６月

編者一同
第１巻　三成美保・小浜正子・鈴木則子
第２巻　姫岡とし子・久留島典子・小野仁美
第３巻　井野瀬久美恵・粟屋利江・長志珠絵

『〈ひと〉から問うジェンダーの世界史』のご利用にあたって（お願い）

本書は以下の原則に従って執筆されています。ご利用にあたってご参照ください。

(1)全体の構成

① 全体構成

1）本書は全３巻構成です。各巻とも全４～５章で、「節・項」と「コラム」からなります。「節」は複数の「項」からなり、「項」は見開き２～６頁、「コラム」は２段組１～２頁としています。

2）「項」には、巻・章・節ごとに①・②などの番号を振っています。

3）「コラム」には、各巻で通し番号を振っています。

② 総論と概論

1）各巻の冒頭には、それぞれの巻の全体に関わる「総論」（６頁）を設けています。この「総論」では、各巻の全体に関わる事項や概念、歴史的背景などについて記述しています。

2）各章の冒頭には、それぞれの章の全体に関わる「概論」（４頁）を設けています。この「概論」では、各章の全体に関わる事項や概念、歴史的背景などについて記述しています。

③ 巻末資料

1）巻末資料として、「参考文献」「人名索引」「事項索引」をつけました。

2）「参考文献」は、「Ⅰ．基本文献」（史料集・事典・叢書・講座・入門書など）と「Ⅱ．各項の参考文献」（各項で挙げられた文献の一覧）からなります。いずれも著者・編者の50音順で記載しています。

3）「人名索引」では、本文で取り上げた重要な人名について取り上げています。「事項索引」は地名・用語などのうち重要なものを取り上げました。

(2)記述方法について

① 項・コラム

1）各項あるいはコラムの末尾に、執筆者名を記しています。

2）各項あるいはコラムの末尾には、２～３の参考文献を挙げています。参考文献は、日本語文献を優先しました。スペースの関係上、参考文献を略記（著者の姓、出版年、タイトル）している場合がありますので、適宜「参考文献」をご参照ください。

3）本文の記述のなかで、用語説明など他の項・コラムを参照していただくほうがよい場合等には（☞○○）として指示しています。

4）項タイトルの下部には、『〈ひと〉から問うジェンダーの世界史』の関連個所、『歴史を読み替える』の関連個所を番号で示しています。

5）「項」の本文に❶・❷などの数字をつけている場合には、末尾に注があります。注では、史料・資料、解説などが記述されています。

② **国名・地名・人名**

国名・地名・人名については高校世界史教科書の表記に倣いましたが、研究成果や執筆者の判断を尊重して、新しい表記を使っている場合もあります。

(3)比較ジェンダー史研究会WEBサイトと『歴史を読み替える』2巻本

① 比較ジェンダー史研究会では、本書の補遺記事を掲載し、随時更新しています。ぜひご利用ください。

【WEBサイトのURL】https://ch-gender.jp/wp/

② **QRコード**

1）各章の扉に、QRコードをつけています。関連記事をWEBサイトに掲載していますので、ご利用ください。

2）一部の項には、編者の判断でタイトル右横にQRコードを付け、比較ジェンダー史研究会WEBサイトの関連ページを示している場合があります。

③ **『歴史を読み替える』2巻本**

この3巻本は、下記2点の書物の発展版です。あわせてご利用下さい。

三成美保・姫岡とし子・小浜正子編（2014）『歴史を読み替える―ジェンダーから見た世界史』大月書店
久留島典子・長野ひろ子・長志球絵編（2015）『歴史を読み替える―ジェンダーから見た日本史』大月書店

(4)凡例(項タイトル)

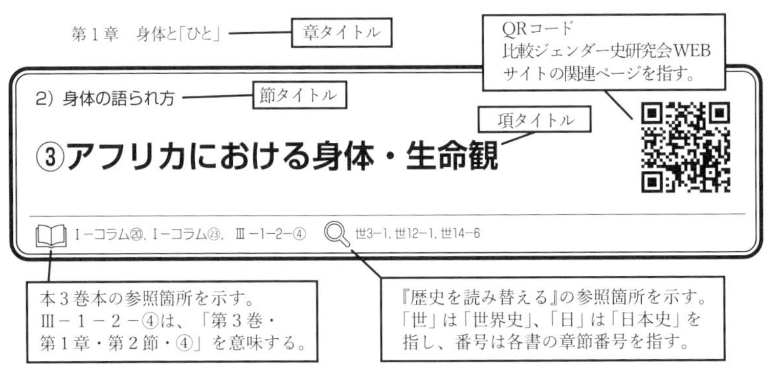

目　次

第2章　生殖と生命

第3章　セクシュアリティと性愛

第4章　身体管理と身体表現

総論
―「ひと」から世界史を問うことの意義

Ⅰ－1－1, Ⅱ－1－1, Ⅲ－3－1 【読】 世1－1, 世1－2, 世1－3, 世1－4

1．第1巻（本巻）の意義と目的

◆「ひと」から問う世界史　本書は、『〈ひと〉から問うジェンダーの世界史』と銘打っている。そこには二つの意義がある。一つは、ジェンダー視点に立つ世界史を目指すという意義である。もう一つは、国家からではなく「ひと」から問う視点を打ち出すという意義である。ジェンダー研究は1970年代から学際的学問として登場し、既存の諸科学に一定の影響を与えてきた。しかし、日本ではほぼどの分野においても各分野の片隅にジェンダー史やジェンダー法学などが「ジェンダー専門研究」として追加されたにとどまる。ジェンダー視点が近代諸科学の全体を根本から問い直す視点であるとの認識が共有されているとは言い難い。

◆三つの問い　本書ではジェンダー視点から世界史を問い直すという視点を鮮明にするために、三つの問いを立てた（図）。①「ひと」を問う。「ひと」は、年齢・身体的特徴・性自認・性的指向など多様な属性をもつが、しばしば国家や共同体により性別を割り当てられる（第1巻）。②親密関係や生活共同体を問う。家族や親族など、近代歴史学では「私的領域」として不可視化されてきた諸問題に焦点を当て

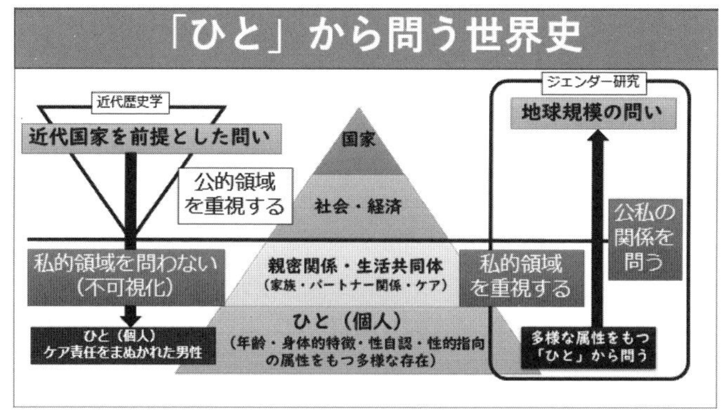

筆者作成

ることにより、国家や社会・経済の秩序形成を問い直す（第2巻）。③ジェンダー視点からグローバルな問題を問う。地域の形成、学術界での女性の位置づけを明らかにして、21世紀世界への展望を示す（第3巻）。

◆本巻の目的と構成　本巻は、①の「ひと」を問うことを目的とし、全5章からなる。第1章「身体と「ひと」」では、各文化における身体・生命観を問い、社会的規範としての「らしさ」がいかに構築されるのか、「ひと」がいかに分類され、差異化されたのかを比較史的に明らかにする。第2章「生殖と生命」では、産む身体としての女性身体、産まれる子の生命、人口政策・人口動態を論じる。第3章「セクシュアリティと性愛」では、歴史上の多様な性愛・結婚の在り方を確認し、LGBTQの人びとの在り方をめぐる比較史に焦点をあてる。第4章「身体管理と身体表現」では、「健康」の文化性、身体描写や身体表現のジェンダーバイアスを検討する。第5章「性暴力と性売買」では、性暴力の歴史と買売春の比較文化を叙述する。各章の論点は各章概論で示しているため、以下では、「ひと」から世界史を問うことの前提として、欧米におけるジェンダー史成立の背景と21世紀社会の課題を確認しておきたい。

2．ジェンダー史成立の背景

◆近代諸科学の限界　歴史学は近代科学の一つである。科学の成立自体にも歴史があり、ジェンダーバイアスがある。女性には理工学は向かないといった無意識の偏見は近代科学の産物である。近代科学には人文学・社会科学・自然科学などさまざまな分野があるが、おおむね19世紀近代市民社会の学問として確立し、主に欧米の大学や研究所で理論化が進んだ。その後アジア・アフリカ諸国でも留学や交流を通じて学術的成果が共有され、21世紀の今日、学術的先進国は欧米とは限らない。

近代諸科学がもたらした知見や科学技術は人類の生活を大きく改善した。しかし、そこには致命的な限界があった。それが社会と学術におけるジェンダー不平等を反映した「ジェンダー視点の欠如」である。19世紀の欧米社会では、女性は大学で学ぶことができず、政治や経済などのいわゆる「公的領域」から排除されていて、さまざまな意思決定に参加すべくもなかった。日本で女性が参政権を獲得し、大学が男女共学化したのは、戦後民主主義の成果である。1946年に国際連合が発足したとき、国連加盟国51カ国のうち、20カ国に女性参政権がない状態であった。

◆「新しい歴史学」（社会史）　近代諸科学の一つとして確立した近代歴史学は、政治・外交上のできごとの因果関係を解明する「事件史」（政治史）としての性格を強く持ち、諸国家（国民国家）のパワーバランスに重大な関心を寄せた。家族などの「私的領域」は「歴史学の対象外」とまで言われた。20世紀に登場した社会史は国によって関心事が異なったが、いずれも家族を対象に含めるようになった点が共通する。フランスのアナール学派は、「環境や風土」「家族」「心性」に焦点を当てた。いずれも伝統的歴史学では対象外とされてきた問題群である。イギリスでは歴史人口学のケンブリッジグループが教区簿冊を用いて家族復元法を開発し、西欧の前近代家族は大家族ではなかったことを実証的に明らかにした。多様な史料を用いた生活史の成果も公表されるようになった。ドイツでも社会史が登場したが、それは構造史（社会構造史）とも呼ばれ、経済構造に焦点を当ててその射程に家族を含めた。こうした社会史は「新しい歴史学」として、1970年代の日本歴史学界に決定的な影響を与えた。

◆ジェンダー史　ジェンダー史は、既存歴史学に対する異議申し立てとしての「新しい歴史学」の１つとして登場した。「新しい歴史学」の契機となったのは、ポスト構造主義から発せられた「言語論的転回」である。それは、「言語は社会を反映するものではなく、社会を構成する」という考え方であり、史料を「事実の反映」とみなすのではなく、意味を形成するテキストと捉えることに特徴があった。しかし、当初の社会史は、依然として男性による男性の歴史研究であった。たしかに、身分・階級階層・身分・皮膚の色（かつては「人種」と言われた）・民族・言語などに着目して史料を読み替えようとしたが、それらはいずれも「ひと」として壮年期のケアを免れた男性を想定したものであった。「男性の序列化」に関するさまざまな要因に着目したにとどまり、「ジェンダー」（性差）には無関心であった。これを批判し、ジェンダーを「歴史分析の有効なカテゴリー」と呼んだのが、ジョーン・スコットである。このような視点の転換により、例えば、オランプ・ドゥ・グージュが「ひと及び市民の権利宣言」（フランス人権宣言1789年）のパロディとして発表した「女権宣言」（1791年）が再評価されるに至った。代表的な初期フェミニストであるグージュは、人権宣言の「ひと」は「男性」であり、「市民」は「男性市民」にすぎないとフランス革命期にすでに告発していたからである。

◆女性史・フェミニズム史・ジェンダー史　欧米では女性史の伝統は比較的乏しかったが、フェミニズムの第２の波が起こった1970年代頃から「女性学」が発展し、女性史研究も本格化した。こうした欧米女性学を学んだ女性たちが日本で国際女性学会東京会議を開いた1978年が日本の「女性学研究元年」とされる。日本では家制度が存在したことから、戦前より「家／家族」研究がさかんであり、女性史研究にも一定の蓄積があった。1970年代初頭には女性史論争が生じ、日本の実証的な女性生活史と欧米の女性解放理論が対立的にとらえられた。その結果、日本では西洋史でフェミニズム史が先行し、日本史では女性史が続けられるという状況が続いた。

しかし、いずれも日本の歴史学界では周縁化されたままで、フェミニズム史・女性史の女性研究者は大学での正規ポストを得にくいままであった。やがて、欧米でジェンダー研究が本格化し、日本では1990年代に「ジェンダー」という語が広まる。日本でジェンダー研究の専門学会が成立したのは21世紀になってからである（ジェンダー法学会2003年、ジェンダー史学会2004年）。

◆ジェンダー史研究の射程の広がり　ジェンダー史は、その成立経緯から女性史やフェミニズム史と深い関わりを持つが、それらと同じものではない。ジェンダー史は「ジェンダーに基づいて構築されるひとや社会の関係史」を対象とするため、男性性の研究（男性史）やLGBTQの人びとの歴史も重要な柱とする。女性が一様の集団ではなく、国や地域、階層等によって異なる価値観を持つことは、第3回世界女性会議（ナイロビ会議1985年）でグローバルフェミニズムが提唱されたときに鮮明になった。この頃からアジア・アフリカ諸国でフェミニズムと結びついた女性史研究が始まる。それは植民地主義の問い直しを含んでおり、女性の尊厳を回復する営みの一環であった。社会主義国では社会主義革命とともに女性解放は実現したとされ、フェミニズムは「西側のブルジョア主義」として抑止されたが、第4回世界女性会議（北京会議1995年）を契機に中国でもジェンダー研究が広まる。

近年では、ジェンダーという要因が身分・階級階層・皮膚の色・民族・言語といかに複合的（交差性・インターセクショナリティ）に関わりながら秩序や価値が構築されるかが問われている。ジェンダーだけで歴史を語ることはできないが、ジェンダー抜きで歴史を語ることももはやできない。

3．21世紀世界のジェンダー平等

◆ジェンダー主流化　「ジェンダー主流化」(Gender Mainstreaming) は、1995年第4回世界女性会議で「ジェンダー平等」(Gender Equality) を達成するための課題として共有された。それは、国の法律や政策、企業の経営方針などに関する意思決定過程（企画立案・実施）に女性が対等に参加し、決定事項がジェンダー平等に作用しているかをジェンダー視点から監視・評価することを指す。国連は、2015年総会で2016〜2030年の国連目標としてSDGs（持続可能な開発目標）を決議した。「ジェンダー平等」は、SDGsの第5目標とされただけでなく、SDGs17目標のすべてを貫く横断的課題とされた。そのためにはすべての政策にジェンダー視点を盛り込むこと、すなわちジェンダー主流化が重要な方針として掲げられたのである。実際に、EUではジェンダー主流化がEU方針として共有されている。

◆21世紀の危機　2020年３月、WHO（世界保健機関）は、新型コロナウイルス感染症（COVID-19）を「パンデミック」と定義した。このような全世界的危機は、社会の中の最も脆弱な部分に深刻な打撃を与える。WHOによれば、開発途上国の女性・女児への国際的支援が停滞し、女性性器切除の被害にあう女児の数は200万人も増えると予測されている。DVは世界中で増加し、女性のケア負担が増えた。「現代の奴隷制」の被害も増えつつある。さらに、戦争やテロの危機では、女性・女児が性暴力にさらされ、性奴隷や結婚を強制されており、男性は殺され、男児は少年兵士として育てられている。このような21世紀の危機は、近代国民国家ではもはや対応できず、国連やグローバル企業の取り組みが期待される。ジェンダー平等という人権課題をいかに実現するかが問われている。

◆戦後日本　戦後日本が日本国憲法を制定し（1946年）、民法家族法を改正したとき（1947年）、そこに盛り込まれた男女平等理念は当時の欧米の現実をはるかに上回るものであった。日本国憲法24条は家族における男女平等を定め、民法は家父長制を完全に廃止したからである。欧米諸国が法律に残る家父長制規定を完全に廃止したのは、1970年代であった。日本では、初めて選挙権を得た女性たちがこぞって選挙に行き、女性議員が多く当選した。しかし、法的平等は実質的平等に直接つながったわけではない。労働組合は男性稼ぎ主の家族賃金獲得を目指し、高度経済成長とともに増えた都市型家族は「夫婦と子」という核家族世帯であった。政府は「夫婦と子二人」を「標準世帯」と呼び、各種政策の基本単位とした。1970年代に女性の自己決定権が欧米フェミニズムで最大の焦点となっていた頃、ピルが避妊薬として承認されなかった日本では、女性の生殖コントロールはコンドームと中絶に頼る状況であった。性暴力への取り組みも非常に遅れ、刑法（1907年）のレイプ罪がジェンダー平等になったのは110年後の2017年のことである。しかし、なおも国際水準である「合意主義」は採用され、2023年のさらなる刑法改正でようやく合意主義が採用された。21世紀日本はジェンダー停滞国のまま、グローバルジェンダーギャップ指数でも低迷を続けている。

4.「ひと」を問うということ

◆「ケアし、ケアされる存在」　日本は2007年に「人生100年時代」に入った。それは、2007年生まれの半分が2017年まで生きるという長寿時代の到来を意味する。今日の日本の平均寿命は女性87歳、男性81歳（2019年）であり、健康寿命は女性75歳、男性72歳（2016年）とされる。国際的には18歳未満が「児童（子ども）」と定義される。「ひと」は、子ども期の18年と健康寿命以降の９～12年をだれかのケアを受けて生きる存在なのである。人生80～90年のうち30年間はケアを受け、壮年期の50年間は親密な他者（子や親、パートナーなど）をケアする社会的存在と言えよう。「ひと」は本質的に「ケアし、ケアされる存在」である。しかし、欧米で確立された近代市民社会の担い手としての「近代市民」は、「ケアを免れた壮年期の健康で自律的な男性モデル」にのっとっていた。このモデルに、地域によっては、中産層であること、肌の色が明るいこと、異性愛者であることなどの要素が加わる。女性には妊娠出産機能があることを根拠にケア責任も女性役割とされ、自律性も否定されて、必然的に「近代市民」から排除された。近代歴史学はこうした「近代市民」モデルを無意識にさまざまな時代のさまざまな地域の歴史事象に投影しがちではなかったか。これが「ひと」を歴史的に問うことの根本的な理由である。

◆身体とセクシュアリティ　ジェンダー視点から歴史を読み解けば、そもそも「身体」の語り方が文化によって異なり、生命や生殖の位置づけも多様であることがわかる。セクシュアリティに関する規範や価値観も一様ではない。「身体」もまた歴史的存在なのであり、そのさい、男女二分法があてはまらない社会も少なくないことに留意しなければならない。性の在り方が混沌としている社会を、あえて現代的なジェンダー視点で分析することには意義があろう。目下問題にされている事柄が、ある社会では不可視化されていたり、無意識の領域に囲い込まれていたりする。それ自体を当該社会の特徴として浮かび上がらせることにより、権力構造や社会システムを明らかにすることができるからである。

◆持続可能な社会へ　人口の点で言えば、女性はマイノリティではない。しかし、社会的弱者であることが多い。女性を社会的弱者にする仕組みが、家父長制であり、ジェンダー平等とはこの家父長制を否定する取り組みである。21世紀日本は、「ジェンダー平等停滞国」である。世界経済フォーラムによれば、このままでは日本がジェンダー格差を解消するには135年かかると試算されている。人口の半分を女性が占め、女性の平均寿命が長く、人生100年時代では女性比率がいっそう拡大すると見込まれる日本社会でジェンダー平等が停滞したままでは、社会は持続可能とは言えない。21世紀のジェンダー平等の停滞を打開するためにも、わたしたちは「ひと」から根源的に問い直すことによって、未来を展望しなければならない。（三成美保）

▶参考文献

三成美保・姫岡とし子・小浜正子編（2014）『歴史を読み替える―ジェンダーから見た世界史』
三成美保（2008）「学界展望『ジェンダー史』の課題と展望」『西洋史学』229
三成美保（2021）「ジェンダー史の意義と可能性」『岩波講座世界歴史１　世界とは何か』
三成美保（2023）「歴史教育という実践―ジェンダー視点から問う―」『思想』1188

第1章

身体と「ひと」

1）概論

「ヒト」と「人格」

◆歴史学の対象としての身体と「ひと」　ひとは生まれて、成長し、やがて死を迎える。ひとの一生は個人ごとに異なるが、生死も成長過程も決して個人的なことではない。また、ひとは、しばしば衣服や化粧・装身具によって、身体を隠したり、飾ったりする。男女それぞれにふさわしいふるまいが家庭や学校で期待され、抑圧を感じることもある。こうしたことには文化が深くかかわる。身体の変化であれ、身体を使った役割や表現であれ、身体はそれが属する社会や文化によって規定される歴史的現象なのである。それにもかかわらず、身体が歴史学の対象となったのは比較的最近のことである。本章では、「身体の語られ方」「伝統社会における『男らしさ』」「近代国家の市民権と男性性」「さまざまな『らしさ』」「『ひと』の分類・差異化・権利保障」について新しい知見を紹介する。以下では、その前提として、生物学的意味での「ヒト」と「性」、法的意味での「人格」とジェンダーバイアス、文化としての「性と身体」について概要を述べておきたい。

◆「性」の誕生　地球は46億年の歴史をもつ。生命が誕生したのは40億年前であり、海の中に単細胞生物として生まれ、無性生殖で増殖した。この原始的な生物に「性」が出現したのは15億年前とされる。生物学的には、栄養はないが機敏に動ける小さな配偶子（精子）をもつ個体をオス、動きは鈍いがたっぷりとした栄養を備える大きな配偶子（卵子）をもつ個体をメスと呼ぶ。運動と栄養を分担しあうという有性生殖の仕組みは絶妙で、合体した細胞の生存率は格段に上がる。しかし、有性生殖は無性生殖に比べて効率的とは言えない。無性生殖が100から100を産むのに対して、有性生殖では100が雌雄に二分され、メスしか子を産まないため、生産個数は50に減る。この非効率性を「オスを作るコスト」と呼ぶこともある。しかし、この非効率性をはるかに上回るメリットが有性生殖にはある。精子と卵子が接合するたびに遺伝子が組み替えられ、新たな遺伝子の組み合わせを持つ個体が生じ、絶えず多様性が維持され、種の繁殖につながるからである。「性」が誕生した本質は、遺伝物質の交換にあると言えよう。

◆「ヒト」の生殖　「ヒト」という種の歴史は、地球の歴史から見ればほんの一瞬にすぎない。700万年前に猿人が登場し、260万年前に最初の「ヒト属」が生まれて、唯一の現生人類であるホモ・サピエンスは30万年前にアフリカで誕生した。ヒトは直立歩行をするため産道が曲がり、脳の容量が大きいため胎児の頭も大きくなり、難産となりやすい。産道に頭を通すため、子は1年早い未成熟状態で産まれ、哺乳類として母は子に授乳する。妊娠・出産・授乳と女性側に大きな労力がかかることがヒトの生物学的特徴と言える。このため、女性が単独で子育てすることが一般的な社会はなく、子の父である男性か、自身の親族（親・兄弟姉妹など）が協力する。

ヒトでは、狩猟を男性が担い、植物採集を女性が担った結果、栄養価が高い動物を狩る男性の権威・権力が強まり、家父長制社会が成立したと言われてきた。しかし、近年の研究によれば、安定的な食料確保は植物採集に依存していた。ヒトは、1万2000年前に植物の栽培をはじめ、家畜を飼うようになって自ら食料を生産するようになった。ヒトの社会は、もともとは子育ての協力関係も含めて、女性親族のネットワークが社会的に重要な意味を持っていたと推測される。やがて家畜や田畑などの生産手段が男性の手に集中した社会では父系制に移り、家父長制社会へと変化したが、母系制や双系制が存続した社会も少なくない。

◆受精と妊娠　卵巣からは月1回1個の卵子が排出され（排卵）、精子は一度の射精で3億ほど排出される。卵子が卵管で精子と結合することを「受精」と言う。受精卵（胚）は細胞分裂を繰り返しながら子宮に向かい、7日目頃には子宮内膜に到達し、着床を開始する。その後5日間ほどかけて着床が完了する（妊娠）。受精後着床まで（受精後2～8日）の個体を「胚」と呼ぶ。現代の技術では受精を体外で行うことができ（体外受精）、着床前に遺伝子操作や遺伝子診断（着床前診断）が可能である。体外受精には排卵誘発剤が用いられ、女性身体への負担が大きい。採取した卵子は研究価値が大きいが、その扱いには慎重であらねばならない。着床前診断はヒトの存続に大きな影響を与えるため、多くの国で原則として禁じられている。胚はやがて「胚子」（発生4週初期～8週目）「胎児」（9週～出生）へと成長する。妊娠40週目（受精後38週目：産科学では妊娠週数は最終月経日から数え始めるため、受精を起点とするより2週間長い）の終わりが出産予定日となる。妊娠は、妊娠初期（妊娠13週目まで）、中期（妊娠14～27週目）、末期（後期）（妊娠28週目以降）の3期に分けられる。妊娠初期の人工妊娠中絶は母体の負担も少なく、胎児は自力では生存できないことから、多くの国で「女性の自己決定権」として保障されている。妊娠中期の中絶は入院手術が必要となり、費用も高い。日本では、妊娠22週未満であれば中絶が認められている。それ以降の胎児は母体を離れても生存できることがあるため、原則として中絶はできない。

◆性分化　ヒトの性は典型的な女性あるいは男性に二分されるわけではない。性が生まれるには性が分かれる過程（性分化）があり、性分化過程で多様な要素が組み合わさるからである。性分化は、受精～胚子の段階で生じる。通常は、受精時にXX性染色体の組み合わせとなった者が女性、XY性染色体となった者が男性となる。しかし、XXYやXのみ、XYモザイク型など、性染色体の組み合わせは多様である。性別を決定する要因は、性染色体だけではなく、母体から受けるホルモンの影響もある。性分化が典型的女性／男性ではない場合を医学的には「性分化疾患」と呼ぶが、病気というよりも身体的な性の特徴の一つである。生まれる子どもの男女比はほぼ半々で、わずかに男性の方が多い。しかし、経済的・文化的事情に基づく中絶や嬰児殺により、性比が男性に著しく偏っている社会も存在する（男児選好）。

◆「ひと」とは誰か？　法的意味での「ひと」を「法的人格」と言う。日本民法は、第二章「人」の冒頭で「私権の享有は、出生に始まる」（3条）と定める。「私権」とは「私法関係における権利」であり、財産権（所有権や相続権など）や人格権（名誉やプライバシーなど）を指す。「権利能力」とは「権利を取得・享有するための資格」を指し、「行為能力」とは「単独で確定的に有効な契約を締結するための資格」を指す。例えば、胎児には権利能力はないが、胎児のうちに親が死亡した場合、出生したら相続権をもつ。また、未成年者（18歳未満）は、権利能力を持つが、行為能力は制限され、親などの親権者の同意がなければ契約はできない。現代的問題としては、受精卵（胚）は「ひと」であるか否かが問われる。フランスでは、2004年の生命倫理法改正によって「人をその生命の始まりから尊重する」とされた。ドイツ憲法（1949年）の「人間の尊厳はこれを保障する」（1条）には「未出生の生命」（着床後を指す）も含まれるとされ、胚保護法（1990年）は胚を用いた実験を禁じている。

◆法的人格のジェンダーバイアス　ジェンダー史として重要なのは、女性の権利制限や権利抑圧の歴史である。古来、女性の財産権を制限する社会は多く、女性の身体・生殖・生命の権利もまたしばしば迫害されてきた（女性に対する暴力）。近代法は自由・平等を保障したとされるが、実際には、「ひと」は男性、「市民」は男性市民に限られた（フランス人権宣言1789年）。フランス民法典（1804年）は、妻の行為能力を制限して夫の後見下におき（家父長制）、未成年者同等の扱いとした。近代法が想定する法的人格には、著しいジェンダーバイアス（ジェンダーに基づく差別）が存在したのである。また、女性差別と民族差別や皮膚の色による差別は結びつきやすく（交差差別）、女性差別にはレイプなどの性暴力が伴いやすい。

◆文化としての性と身体―性別二元制と異性愛主義　男女という非対称な二項で

人間集団を分類する思考方法を性別二元論と呼び、性別二元論に基づく社会制度を性別二元制と呼ぶ。前近代の一部のアジア社会では男女隔離規範が存在し、一部のイスラーム社会ではこれが現代でも存続する。男女隔離社会では一般に異性との性的逸脱行為には厳しい制裁が科され、貞操を失った女性が自死に追い込まれることもある。一方、男女それぞれの空間では同性間の親密な関係が発展しやすく、それは必ずしも排除されなかった。

近代市民社会の多くは男女隔離を伴わない性別二元制をとる。空間分離を伴わない分だけ、役割やふるまいに関する性別行動規範が強まる傾向がある。それが最も顕著に表れるのが異性愛主義である。異性間の性的逸脱に対する制裁は女性に対して厳しくなり、同性間の親密な関係を排除して異性愛主義を強制する傾向も強まる。例えば、近代欧米社会では、同性愛男性は男らしさに欠けるとみなされ、公的世界から排除されやすかった。男性では理性、強さ、勇気、決断力などが美徳とされ、女性では愛情深さ、か弱さ、従順さなどが称えられた。男女の関係はきわめて非対称であり、女性は妊娠出産という身体機能を持つがゆえに家庭を居場所と定められた。女性の性や身体は父や夫などの家父長に管理され、家父長の支配下にない女性は不道徳とみなされた。一方、近代戦争では、男性は兵士として戦い、愛国者として身体と生命を国に捧げることを強制された。このような性別役割は服装やふるまいや言葉遣いなどによって表現され、絵画や小説にも好んで取り入れられた。

◆LGBTQ　21世紀は性別二元制と異性愛主義を相対化する時代に入った。しかし、現実には国によって対応は大きく異なり、LGBTQ（性的少数者）の権利保障を推進する国と抑制する国に二極化している。権利推進諸国では、同性間の婚姻が認められるなど（オランダ、2001年）、婚姻平等は着実に進みつつある。トランスジェンダー（生まれたときに割り当てられた性別と性自認が異なる人）の法的性別変更についてもEU諸国を中心に要件緩和が進んでいる。その反面、英米ではトランス女性を「女性」とみなさず、女性スペース（女性トイレなど）に入ることを拒否する言説も強まっている。しかし、「トランス」は「移行」を意味し、性別移行過程を伴うため、トランスジェンダーの人々の外見やニーズはきわめて多様である。LGBTQの多様性に配慮した法整備こそが「ひと」の権利保障には必須である。（三成美保）

▶参考文献

長谷川真理子（1993）『オスとメス＝性の不思議』
三成美保ほか（2019）『ジェンダー法学入門（第３版）』
服藤早苗・三成美保編（2012）『権力と身体（ジェンダー史叢書１）』
三成美保編（2015）『同性愛をめぐる歴史と法―尊厳としてのセクシュアリティ』

2）身体の語られ方

①中国思想における身体論

Ⅰ−2−2−④，Ⅰ−3−4−②，Ⅱ−1−4−③　【読】 世3−3，世7−8

◆ミクロコスモスとしての「ひと」　思想史における身体観は、古今東西を問わず、「こころ」と「からだ」の関係、つまり、魂・精神と肉体の関係に集中しており、多くの場合は「こころ」を重視し、「からだ」を第二義的に扱ってきたと言える。また比較の視点から、西洋的「心身二元」論に対して、東洋的「心身一体」論がある、と一般的に理解されている。もともと近代以前の古典的な考えでは、東洋も西洋も似たような特徴を持っていた。その一つは、宇宙と個体が照応するという考え方である。人間とは一つのミクロコスモスであり、体内に宇宙秩序と照応する秩序が存在していて、人体はつねに外界とのダイナミックな相互作用の中で生きていると考えているのである。こうした考えは、健康と病の概念にも表れている。人体という有機体が全体として外界とうまくバランスを保っている限りその人間は健康であり、病とはバランスの崩れにほかならない。したがって医療とはこの有機体が失われたバランスを回復できるように手助けをすることである。

◆中国の身体論の特徴　こうした似たような考え方が古代ギリシアと古代中国医学の根底にあったにもかかわらず、両者には互いに全く異質な身体観が流れている。医学における身体観に即していえば、例えば、栗山茂久は、脈診、人体解剖、放血治療法などの概念と実践から、古代ギリシアと古代中国の医学は、理論だけでなく、身体への認知方式においても異質であったことを詳細に論じた。栗山は、脈診を例として、同じ行為にある全く異なる意味を見出している。両者とも手首という診断部位から脈を調べるが、古代ギリシアは解剖学の角度から脈と血圧を測り、血管の収縮と拡張の具合を知り、脈というものの存在（形）を探し出し、脈の変化を把握する。一方、古代中国人は、人体と宇宙の対応体系の中で、脈というものはなにかということには関心を示さず、描写性の言語や、経験、技芸を通じて、脈動の中の「気」の微妙な動きを把握し、そこから得た身体情報を詩的に表現する。また湯浅泰雄は、身体におけるミクロコスモスとマクロコスモスとの対応という観点から、東西の自然観と人間観を比較している。湯浅は、「こころ」或いは「意志」を強調し、「からだ」を無視して、人をただ一つの個体或いは自己意識を有する実体とみなす西洋哲学と違って、東洋哲学は、人という個体は関係の中にしか存在せず、関係が個体を超越すること、肉体と心は不可分であると主張した。石田秀実は、中国の身体の捉え方には、「流れ動く気によって形式される身体の流動的本質」と、そうした気が機能する場となる「場としての臓器・皮膚・経脈」があると認識し、前者を「流れる身体」、後者を「場としての身体」と呼び、古代中国のユニークさはこうした二つの身体観を並列させ、複眼的なまなざしのもとに人の身体を認識したところにあると力説した。

以上のように、身体観を論じる際に「気」を特に注目している欧米や日本の研究者に対して、中国の学者はさらに、「神」の「気」に、また「心」の「形」に対する主導的作用を重視し、「気」のほかに、「心」と「形」の間にある魂、魄、精、神などの一連の概念を加え、「心」と「身」の複雑な相互関係をより詳細に描き出している。ここでは、中国の身体観の特徴をより具体的に理解するために、男女の性に対する認識および、受胎・胎児へのイメージを取り上げたい。

◆身体の性　男女の性がどのように認識されていたかは、ジェンダー研究の重要なテーマである。トマス・ラカーは、古代ギリシャ以来、女性は男性の裏返しとして認識され、男女は本質的に同じと捉えるワンセックスモデルが支配的だったが、18世紀以降、資本主義の発達及び近代家族の成立とともに大転換が起こり、攻める男と待つ女の役割モデルが固定される、男女が本質的に異なるとするツーセックスモデルが絶対的とされるようになったことを明らかにした。

これと対照的に、中国は基本的にワンセックスモデルが貫かれていた。儒教であろうと、道教であろうと、宇宙万物は「気」から生じていると形而上学的に理解されている。「気」はきわめて難解であるが、最高範疇である「道」から生まれ、さらに陰と陽に分かれる。陽と陰は天と地、光と陰、太陽と月、男と女、強さと弱さ、明るさと暗さなどの絶え間ない相互作用によって生じる力で、両者は切り離すことができず、相互補完的で、対等であって、ダイナミックに変化する。アメリカの学者であるファースはこうしたメタファーとしての男女等質な身体を「黄帝の身体」（The Yellow Emperor's Body）と名づけた。「陰陽」は対立する二つの要素だが、人体の中で共存し、経脈も内臓もそれぞれ「陰陽」があるので、「黄帝の身体」は「陰陽が同時に存在し生殖能力を備える身体」（the androgynous body of generation）でもある。医書には、女性には妊娠出産という男性と異なる生殖機能を持っていると認識する、「女性の生殖する身体」（the female body gestation）という概念も存在していた。ファースは、ワンセックスモデルだった中国は、宋代までに徐々にツーセックスモデルに転換し、明清時代になるとまたワンセックスモデルに回帰した、と認識の変化を説き、ヨーロッパの産婦人科知識と異なった中国独自のジェンダー化された身体史を描いた。またたとえツーセックスモデルが存在していたとしても「男性と女性は全体的機能においては同源で、互いに補って陰陽の一対になり、このような状況で両性は並行的に発展し、等価的躯体と能力を有する」という原理が基底にあったと言う。

これに対して、ウー（呉一立）は異なる見解を提出した。ウーは、身体は無性であり同時に性的（sexless and sexed）でもある。これを一種の「原型モデル」（an infinitive body）と理解すべきだ、と指摘する。この「原型モデル」は、全ての人の身体の基本であり、男性或は女性という性別に変形できるだけでなく、若／老、南の（人）／北の（人）、粗野／繊細、などの身体形態や性質にも変形できる。医学理論の変化は「黄帝の身体」のようなある経典的身体への背離と回帰ではなく、この原型の多様な変形であると、ウーは身体の歴史的変化過程を説明している。しかし、ファースとウーの見解には異なる部分があるものの、「男性と女性は全体的機能においては同源で、互いに補って陰陽の一対」であるという認識には違いがないことを強調しておきたい。こうした象徴的価値および「生殖する身体」における男女の等価性は、人間の形成、つまり原初的身体の生成に対する認知にも現れている。

◆人間の形成――受胎・胎児　1858年に出版された中国初の西洋産科医書『婦嬰新説』に「精珠（卵子）」と生育の仕組み（受胎）について、現在の胎発生学とほぼ同じようにリアルな説明・描写がある❶。これはほぼ同じ時期に書かれた張曜孫の『産孕集』（1830年）の中の受胎論とは全く異質なものである❷。張の受胎論では、陰、陽、精、神、形、気、奇、偶など医学のみならず、思想哲学的概念が用いられ、それらの働きと相互作用で受胎が成立する、また陰陽動静が「互いにその根源となる」と捉えているのがわかる。さらに注目すべきなのは、これに続く『易』を引用しながらの「人」の形成と天地万物の生成原理や宇宙原理との関連の長い説明であり、その中の受胎や胎発生の経過に関する記述には、『婦嬰新説』にある「子宮」や「子管（卵管）」のような具体的器官や位置を指す語が一つも見当たらないことだ。胎発生の経過について、『産孕集』「養孕第二」には「一ヶ月は露珠のごとし。太極あり、陰陽未だ判ぜざるなり。二ヶ月は花蕊のごとし。太極両儀を生ず。三ヶ月から五ヶ月までは形体具わり四肢なる。両儀は四象を生ず」というような長い記述がある。

抽象的で掴みづらいが、男女の生殖液である「精気」が結合して新たな個体の生命を生み出す、と理解されていたことが確認できる。またその続きの描写からは、胎児が発達していく様子や大きさが、観察に基づいて記されていたと推測できる。しかし同時に、それは単なる精子と卵子の結合ではなく、胎児の成長も胎発生学的にではなく、天地陰陽の気を受けて受胎し成長すると捉え、個体と宇宙を有機的に連結させて象徴的に表現したのである。つまり、受胎や胎児の成長は精子と卵子だけで語れるものでもなければ、顕微鏡で観察し解剖学的生理学的に認知できるものでもない、と認識されていた。こうして形成した身体は、より高次元の宇宙原理、道徳に繋がり、分解不可のものとなった。その分解不可の完全性・曖昧性・不可視性こそ高い象徴的価値を持ち、より深い意味を持つと信じられていたのである。

◆対等な陰陽男女　以上、中国医学における身体の性、および人間の生成に対する認知を見てきた。トマス・ラカーが論じるような解剖学的性差がもたらした性差別は、中国ではほとんど見られない。妊娠する女性の身体が存在しても、「互いにその根源となる」と捉えている陰陽男女の役割はあくまで対等である、と認識している。また生命発生においても陰陽、動静、奇偶、精形、神気などの対概念が用いられてもそこには優劣はなく、卵子はけっして受動的に精子を待つ存在ではなかった。

では、中国の強い父権制をどう理解すべきか。思想史における生命発生について論じた佐々木愛は、中国の男系男子継承の理論的根拠になっている「父子同気」の観念の形成を丁寧に跡づけ、母子継承を排除して強固な父子継承を支えるような気の思想は、明代中葉に至って登場したことを明らかにした。思想史と医学史がクロスした、さらなる研究の深化が待たれる。（姚毅）

---

❶『婦嬰新説』（1858年）

核内には泡がある。…これが陰精（卵子）であり、精珠と名づけられている。…男女が性交した時、男精が陰道から三角房に入り、三角房から子管に突き通っていき、子管の末端で子核を捉える。精珠はそれに感応して動き、破裂して、子管内に入り、男精と出会って胚を形成する。そして徐々に移動して三角房に入る。これが受胎である（「総論子宮精珠」）

▶解説　『婦嬰新説』は英国人の宣教医ベンジャミン・ボブソンが、中国に西洋医学を伝えるために、1858年に中国語に編訳した産科医書である。その詳細で明晰な説明を、当時の中国人には新鮮だと感じる人もいたが、「すべてことさらに異説をたてているもので、その所説は妥当ではない」と見ている人や無関心な人がほとんどであった。

❷『産孕集』（1830年代）

（陰陽）二気がたがいに感応し、合して神（霊妙な働き）が生まれる。男女の両精がたがいを探し捉え、聚まって形を成す。陽は奇として施し、陰は偶として承ける。陽は施して動き、陰は承けて動く。静になれば陽は凝固し、動けば陰は摂取する、動と静とが互いにその根源となり、形と神とがこもごもよりどころになって、妊娠が成立する。

▶解説　著者の張曜孫（1808～1863）は、官僚であるが詩文の執筆や医療活動にも従事し、とりわけ家伝の産婦人科に長けていた。『産孕集』は、ホブソンと同時代に活躍した儒学者による医学書の代表と見てよい。

▶参考文献

栗山茂久ほか編著（2004）『近代日本の身体感覚』
湯浅泰雄（1994）『身体の宇宙性―東洋と西洋』
石田秀実（1995）『こころとからだ―中国古代における身体の思想』
Charlotte Furth (1999) *A Flourishing Yin*
トマス・ラカー（高井宏子・細谷等訳）（1998）『セックスの発明―性差の観念史と解剖学のアポリア』
Yi-Li Wu (2010) *Reproducing Women*
姚毅（2021）「知識の翻訳・生産と身体政治―中国初の西洋産婦人科専門書『婦嬰新説』を中心に」
佐々木愛（2022）「近世中国における生命発生論」
小浜正子・板橋暁子編（2022）『東アジアの家族とセクシュアリティ―規範と逸脱』

2）身体の語られ方

②ヒンドゥー教にみられる身体・生命観

I－3－4－④，I－5－3－③　【読】世3－2，世7－7，世12－2，世12－8

◆創造神話　ヒンドゥー教の創造神話は実に多様で、宇宙の創造に絶対的な役割を果たすとされる絶対神の名前に統一はない。最古のサンスクリット文献『リグ・ヴェーダ』には、子宮を想起させるような原初の茫洋（ぼうよう）とした水のなかに、ヒラニアガルバ（黄金の胎児）、そこから万物を創造する最高神が現れたというイメージのほか、プルシャ（原人）を犠牲として神々が行った祭祀によって、その各部分から万物が生じたといった創造説がみられる。カースト制度を規定する四つのヴァルナ（種姓）、すなわち、バラモン、クシャトリヤ、ヴァイシャ、シュードラも、プルシャの口、腕、腿、足からが生まれたとされる。ヴェーダ祭祀の規則や意味を説明するブラーフマナ文献（祭儀書。紀元前800年を中心とする数百年に成立）では造物主としてプラジャーパティが優越し、例えば、同文献に挿入された説話には、最初に水があり、その中に「黄金の卵」が浮かび、そこからプラジャーパティが生まれるといった創造神話の原型が見られる。ブラーフマナ文献の最新層では、宇宙の最高原理とされたブラフマン、さらにより哲学的な思想を展開するウパニシャッドの時代（紀元前500年を中心）には、ブラフマンと並ぶ最高原理とされたアートマン（個我）からの宇宙創造が説かれていった。こうした神話のなかに、「女」の誕生に関する記述は目立っていない。世界の他地域とも共通する洪水神話がブラーフマナ文献の説話にもあるが、そこでは、人祖マヌが子孫を欲して苦行し、祭祀として水中に乳製品などを供え、1年後そこから女が現れたとある。また、『ブリハド・アーラニヤカ・ウパニシャッド』に、プルシャの形をとったアートマンが孤独を感じ、体を二等分した結果、妻と夫が生じたとある。

◆受胎・生命の誕生　インドの古代医学アーユルヴェーダ（アーユルとは生命、寿命、ヴェーダは知識の意味）は紀元前から体系化されていった。その代表的な文献『チャカラ・サンヒター』、『スシュルタ・サンヒター』によれば、精液と経血が結合することで命が生まれる。精液が優位する場合は男子、経血が優位であれば女子、同等であれば、両性具有となるとされる❶。これらの文献は、胎児の生育過程も詳述する。身体の柔らかい部分（皮膚、血液や肝臓、肺など内蔵器官）は母親から、かたい部分（骨、歯、髪、爪など）は父親に由来するとされる。妊娠に適した時期（リトゥ）は、生理開始の4日目に沐浴によって「不浄」を落としたのちから12日（16日とする場合もある）までとされ、偶数日での妊娠は男子、奇数日は女子となる。ちなみに、インドラ神が犯したバラモン殺しの罪を、女、大地、樹木が三等分して肩代わりしたことから生理の起源を説く神話が存在する。古典医学書は、男子25歳、女子16歳が最初の子供をもうける最良の年齢としており、極端な幼児婚を推奨するヒンドゥー法典の規定と異なっている点は興味深い。

医学書とは別に生殖に関して、女を畑、男を種とするメタファーが広く定着している❷。畑と種は同等ではなく、種により優越した意味が与えられている。

◆輪廻と解脱　初期ヴェーダ文献は、死後の運命についてきわめて楽観的な認識を示す。死後には、最高天にある死者の王ヤマの国（楽園）に行き祖先たちと会い、生前の祭祀や布施のような善行の果報を享受するとされた。生前の行為、つまり業（カルマン）が転生・再生の在り方を決定するという輪廻（サンサーラ）思想は、初期ウパニシャッド文献に明確な形で現れるとされる。永劫に続くこの世における再生から脱却すること、すなわち解脱（モークシャ）が以来、ヒンドゥー教のみならず、仏教、ジャイナ教の重大な関心となってきた。それに伴って、それまで人生の三大目的とされたダルマ（正しい生き方）、アルタ（実利）、カーマ（性愛）に加えてモークシャが加わった。悪しき行為の結果、動物や虫などのほか、不可触民などに生まれ変わるといった文言は、輪廻思想がカースト制度と結びつけられたことを示す。

◆現世否定主義とタントリズム　インドの宗教・哲学は、現世を苦しみに満ちたものとし、現世での再生を束縛とみなし、欲望の抑制に努め、ひたすら解脱をめざすような現世否定主義だと評価される傾向がある。しかし、6-8世紀頃に登場するタントリズムの潮流は、自由な行為者としての主体を重視し、絶対者との合一を志向するとともに超自然的な能力の獲得を求め、呪術的な儀礼を実践した。タントリズムのなかでは、女性原理ともされる動的な宇宙的エネルギー（シャクティ）が重視され、性的タブーを破る性的儀礼などが重要な要素として含まれていた点は、ジェンダー的な観点から注目に値する。（粟屋利江）

---

❶『マヌ法典』3-49　（出典）『マヌの法典』渡瀬信之訳、92頁

男子は男の精液が多いときに生まれ、女子は女の粘液が多いときに生まれる。同等のときは両性具有者あるいは男女〔の双子〕が〔生まれる〕。また弱かったり量が少ないときは〔受胎に〕失敗する。

❷『マヌ法典』9-33　（出典）『マヌの法典』渡瀬信之訳、312頁

女は畑であると言われる。男は種であるといわれる。畑と種との結合により身体を持つもののいっさいが生まれる。

▶参考文献

上村勝彦（2003）『インド神話―マハーバーラタの神々』
渡瀬信之訳『マヌ法典』（2013）
『岩波講座東洋思想　第５、６、７巻　インド思想１、２、３』（1988, 1989）

2）身体の語られ方

③アフリカにおける身体・生命観

Ⅰ－コラム㉑，Ⅰ－コラム㉕，Ⅲ－2－2－①　【読】 世12－6，世14－6，世15－7

他の地域と同じく、アフリカ大陸でも宇宙の構造や生命の起源に関する体系的な神話や始祖伝説を持つ社会は多い。それらは生命科学とは違い、神秘的・アニミズム的であり、口頭で伝承され、儀礼の中で繰り返し演じられてきた。ここでは、そうした神秘主義的な生命観を、「誕生」と「結婚と生殖」および「死」に際しての一連の儀礼を通して考察する。儀礼自体は、生業や宗教や民族によってきわめて多様である。

◆誕生　子供の誕生は両親のみならず、親族や共同体にとって最大の喜びである。したがって、無事の出産、出産後の健やかな母子の健康を願う細かい作法やタブーがあり、違反するとさまざまな危険にさらされると考えられている。子供の命は共同体のものであり、誕生直後から、集団の一員、社会の成員を作り上げる一連の手続きが始まる。例えば、幼児の髪の毛を剃ることによって母親から分離され、割礼や成人式などの折々に、決められた家畜の供儀や儀礼が行われ、次第に共同体の成員として認知されていく。

◆結婚と生殖　成人に達すると結婚と生殖の「義務」が課される。アフリカ人にとって結婚と生殖は一つである。子供が生まれない結婚は不完全とみなされる。子供は命の連鎖を担保するために欠かすことができない存在なのである。アフリカ社会が不妊女性や死亡した未婚の男性が子供を持てる婚姻制度を編み出した背景には、この生命観が深く関わっている。このように、生命の連鎖が社会的認知を優先し、必ずしも遺伝子の連鎖によるものとは限らない点が特徴的である。

◆死　死は「命」の終わりではない。死者は「生ける死者」として人々の記憶に刻まれ続ける。記憶に刻まれている限り、死者は「生きている」と考える。その役割は、家族の幸福、伝統、道徳、諸活動の守護にあたることである。ひいては、地域社会にとっても「生きている死者」は生活全般の見張り役の働きをしているのだ。それゆえ、記憶を永らえさせるために、葬儀は微に入り細にわたって注意深く行われ、埋葬後も死者の機嫌を損ねるようなふるまいは極力避けねばならない。このプロセスは、死者が忘れ去られ、名前のない祖霊の世界に入るまで数世代続く。したがって、命の連鎖に貢献できなかった幼児や未婚の男女、子供のいない女性の葬儀は、子供のいる男女の葬儀とは異なる方法で行われる。埋葬場所も異なる場合が多い。「命」は受け継がれて初めて死後も生き続けることができるのである。

科学的な知見が医学に取り入れられつつある昨今でも、在来宗教であれば精霊や占い、あるいは呪いや祖霊に、キリスト教徒であれば聖霊に、イスラーム教徒であればコーランの章句に心の病や不妊、あるいは不治の病の治癒を託す人々は農村、都市を問わず多い。

◆女性の身体観―セクシュアリティとの関連で　時空間を越えて、結婚は社会の維持に必要な子孫を残す重要な制度であり、それゆえ、女性も男性も、その身体は社会的に「管理」され「作り上げられる」客体だった。例えばアフリカの北部で広く行われてきた「女子割礼（FGM）」（コラム参照）は、産む性である女性の身体を共同体の中にいかに位置づけ、いかに管理するかをめぐって展開した慣行だったと言ってよい。その際、最も重視されたのが女性のセクシュアリティである。目的は、「処女性」を守るためであったり、結婚への心構えを植え付けるためであったりした。いずれの場合も、セクシュアリティとセットとなった産む性としての身体観が女性に植え付けられ、内面化された。女性の能力が多様に発揮されるようになった現代においても、管理される対象としてのこの身体観は根強く残っている。

◆トランスジェンダーの身体観―異性装との関連で　身体の性と心の性が一致しない先天性のトランスジェンダーはどの社会でも一定の割合で存在する。アフリカ社会も例外ではない。トランスジェンダーと思われる人々に関する記述を「異性装」を手掛かりに、歴史史料の中から洗い出してみると、共同体の中で居場所とある種の社会的役割を与えられていたことが見えてくる。

19世紀末のオーストリア人の記録には「生まれつきのトランスジェンダーは、男性にも女性にも見られる。男性の場合、幼い時から料理やゴザつくりなどの女性の仕事を好み、女装をして、女性の髪型をしている。先天性の場合、神の思し召しとして社会に受け入れられているが、後天性の場合は軽蔑された」とある（東アフリカ沿岸部の事例）。トランスジェンダーの人々が、結婚式で女装し、化粧をし、かつらをつけ、女性にまじって　太鼓をたたいたり踊ったりしていた光景もごく当たり前に見られたという。しかし、キリスト教やイスラームの男女二元論の浸透によるトランスジェンダーへの偏見と軽蔑が広まり、こうした人々は表舞台から次第に姿を消していった。（富永智津子）

▶参考文献

ジョン・S・ムビティ（大森元吉訳）（1970）『アフリカの宗教と哲学（りぶらりあ選書）』
吉田匡興・石井美保・花渕馨也編（2010）『宗教の人類学（シリーズ 来たるべき人類学３）』
服藤早苗・新實五穂編（2017）『歴史のなかの異性装』

2）身体の語られ方

④イスラーム思想における身体・生命観

Ⅰ－コラム⑪，Ⅰ－3－2－④，Ⅱ－2－4－③　【読】世5－2，世5－4，世7－6

◆聖典クルアーンに見られる身体の創造　イスラームの聖典クルアーンにおいて、人間の肉体は、神（アッラー）が塵（7章12節など）や泥（30章20節など）から創造したことが頻繁に語られている❶。そのうえで、神は人間の肉体に魂を吹き込むことで生命を授ける。最初に創造された人間はアダム（アラビア語では「アーダム」）であり、アダムからイヴ（アラビア語では「ハウワー」）が創造されたと理解されている。この点からみれば、ユダヤ・キリスト教的な心身二元論が、イスラームにも共有されていると言える。また、「一つの魂」（4章1節）から創造されたのが人間であるが、アダムとイヴをそれぞれ男性原理と女性原理とみなす考えが生まれた❷。

◆人間の身体的特徴　アダムとイヴが創造された後、人類は次々に誕生していくことになる。アラビア語の「バヌー・アーダム」を直訳すると「アダムの子孫」という意味になるが、転じて「人類」と翻訳されている。つまり、人類はアダムを始祖とする同一の種族であるという理解である。人間創造を記したイスラームの歴史書によれば、神はアダムを泥から創造するとき、地上にあるさまざまな色の土を用いたという。そのため、人間の肌の色は異なっているという説明がなされている❸。

◆肉体の形成　アダムとイヴ以降に生まれた人間は、出産を通して誕生する。クルアーンにおいて、人間の肉体の生成については、精液が「卑しい水」という語で表現されている（32章8節）。また、人間の肉体は「凝血」から創られることが記されている（96章1節）。預言者ムハンマドが生きた時代には、精子と卵子の受精という考え方はなかった。預言者ムハンマドの言行録（ハディース）が伝えているところでは、人間の肉体は男女の精液が混ざり合うことで生み出される❹。また人間の肉体は120日かけて形成された後、神によって魂が吹き込まれるという。ここでいう120日とは、それぞれ40日間が精液、40日間が凝血、40日間が肉塊の状態を指す。

◆人間の身体上の死　人間の身体には、神が吹き込んだ魂が宿っている。そのため、人間が生きているというのは、身体と魂が結びついた状況にあると解釈されてきた。それに対して、神が人間の身体から魂を引き離したとき、人間は死を迎えることになる。クルアーンによれば、睡眠において、神は人間の肉体から魂を抜き出すという。人間が眠りから目覚めるとき、神は魂を肉体へ還す。そのため、眠りはある種の「死」と理解されてきた❺。イスラームにおいて、人間の肉体は終末において復活するうえで不可欠である。魂は墓の中にあるそれぞれの身体へと戻され、人間は神の審きを受けるのである。

◆古代ギリシア思想との出会い　イスラーム地域が拡大するなかで、イスラーム思想は古代ギリシア思想と出会うことで飛躍的に展開した。アッバース朝期には、多くのギリシア語文献がアラビア語に翻訳された。そのなかには、古代ギリシアの医学や哲学に関する文献があったことが知られている。ギリシア思想において、医学と哲学は密接不可分な関係にある。それは、医学と哲学がそれぞれ人間についての異なった二つのアプローチだからである。とくに、アリストテレス（前384〜322年）やヒポクラテス（前460〜375年頃？）、ガレノス（129〜200年頃）らによる医学的・哲学的な身体論は、イスラーム思想にも大きな影響を与えることになった。

◆産婦人科・小児科の医学書　イスラーム圏の医学者たちは、ギリシア思想家たちらの影響を受けて、独自の医学を発展させるなかで、女性や妊婦、小児に特化した医学書も記した。イブン・スィーナー（980〜1037年　ラテン名はアヴィセンナ）による『医学典範』にそうした項目が含まれているほか、アンダルスの医学者クルトゥビー（979または80年没）の『胎児の形成と妊婦・新生児の扱い』や、エジプトの医学者バラディー（990年没）の『妊婦と小児の管理』などは、妊婦や乳児の身体的特徴について解説している。例えば、授乳は母親によるものが最良である理由を、子が胎内において母親の体液を通して栄養を摂取していたからであるとしている。また、生まれる子の性別は、男性と女性それぞれの精液の混ざり具合によって決定されるとするが、これについては、すでに述べたように、預言者ムハンマドのハディースにも類似した見方が紹介されている。

◆性差概念の多様性　イスラーム圏の学者たちの性差概念には、ヒポクラテスやガレノスの伝えたワンセックスモデル——性は一つであり、女性器は男性器の不完全形であるという理論——の影響が見られる。この立場からは、男性と女性の精液が混ざって子を形成するという説が唱えられた。一方で、アリストテレスからの影響で、男女それぞれの性を異なるものと捉える学者もいたとされる。イブン・ルシュド（1126-1198年、ラテン名はアヴェロエス）は、ワンセックスモデルを批判し、アリストテレスの説を受け入れたとされるが、その記述は断片的であり、明確な学説を提示するには至らぬまま、男性が女性に対して優位であるという価値観を示した。その後の学説の展開は、それぞれを受容し、複雑で多様なものとなったが、男性優位の立場を共有した。

◆イブン・スィーナーの空中人間論　イブン・スィーナーは、古代ギリシアの身体論をイスラーム的な視点から論じることで、身体に基づく哲学的思索を行った。古代ギリシア思想やイスラームの心身二元論を背景とした彼の哲学的議論に、空中人間論がある。空中人間論とは、人間の認識を身体から論じたものである。イブン・スィーナーによれば、以下の状況に人間を置く。神が人間を空中で創造するとき、人間の目を隠し、四肢を空中に投げ出して何にも触れることができず、さらに自らの記憶を維持することもできない。こうした状況下でもなお、空中人間は自らを認識できるのかというものである。この思考実験は、人間の認識が身体を通した知覚によるのか、あるいは魂によるのかという古代ギリシアにおいて論じられていた哲学的問いに基づく。イブン・スィーナーは、空中人間はその魂を通して自らを認識できると考えた。

◆スーフィズムにおける身体観　イスラームの精神的・倫理的側面を論じた思想に、スーフィズムがある。魂や心の純化を通して、神との合一を目指す精神的修行者たちは、「スーフィー」（アラビア語で「羊毛」を語源とする説が有力）や「ダルヴィーシュ」と呼ばれてきた。スーフィズムでは、身体的修養を通して精神的修養を行う。身体を用いた修行は、12世紀以降に発展した「タリーカ」（アラビア語で「道」を意味し、「スーフィー教団」と邦訳される）と呼ばれるスーフィーの集団化のなかで独自の展開を遂げた。よく知られているのは、トルコのメヴレヴィー教団の旋回舞踊であるサマー（アラビア語で「聴くこと」を意味）である。また、ズィクルはアラビア語で「口に出すこと」を意味するが、「アッラー」や「アッラー以外に神はなし」などの文言を繰り返し唱える。その際に、個人または集団で、身体を前後に揺らしたり、全身を動かしたりしながら神を心のなかで想起し、意識を集中させる。その結果として、神との合一を果たすことができるとされるが、合一に関する表現としては、神を「見ること」（シャハーダ）や「味わうこと」（ザウク）などがある。これらの表現は、いずれも身体的な知覚に関連している。したがって、神との精神的な関わりは身体的実践を通して到達するのである。

◆イスラーム法学における身体観　クルアーンと預言者ムハンマドの慣行（スンナ）の記録であるハディースに基づき形成されたイスラーム法学においては、男性と女性それぞれの身体的特性に応じた権利義務が論じられている。相続においては、「男児は女児の２倍を得る」（４章11節）とするクルアーンの文言にしたがって、例えば父の死亡後の相続配分は、同じ親等の子は男女比が２：１となる。イスラーム法学においては、「両性具有者 khunthā」についても議論され、出生時に性別が定まらない場合は、排尿の場所によって判断するという説や、成人を待って判断するという説がある。成人は、身体的成熟をもって判断され、女児であれば初潮、男児であれば最初の射精を指標とする。イスラーム法において、神の定める義務が賦課されるのは、成人した正常な者とされ、身体と精神の双方の成熟が規定されている。（澤井真・小野仁美）

---

❶ クルアーンには、神や人間のほかに天使なども登場するが、悪魔イブリースは、神がアダムを創造したときに、他の天使たちが跪拝したにもかかわらず、人間にひれ伏すことを拒んだという。「神は仰せになった。『我がお前に命じた時、なぜお前は（アダムに）跪拝しなかったのだ』。イブリースは言った。『私はアダムより優れています。あなたは私を火から創り、彼を泥土からお創りになりました』」（クルアーン７章12節）。

❷「お前たちの主（である神）は、一つの魂からお前たちを創造し、そこからその配偶者を創造し、さらに両者から多くの男と女を撒き散らされた御方である」（クルアーン４章１節）。

❸ イスラーム初期の歴史家タバリー（839～923）は、『諸王と諸使徒の歴史』において、神の世界創造から、神の使徒の歴史などを時系列に沿って述べるなかで、次のように述べている。「神は、アダムを大地全体から取られた[土]から創造した。アダムの子孫たちは、大地の状況に応じて出でる。すなわち、彼らには赤色、黒色、白色、あるいはそれらのあいだの［土の色から］、そして平地や岩場[の土]であるか、粗悪な［土］か良質な［土］であるかに応じて出でた」（Abū Jaʻfar al-Ṭabarī, *Tārīkh al-rasul wa-l-mulūk* vol. 1 in 11 vols., Muḥammad Abū al-Faḍl Ibrāhīm (ed.), Cairo: Dār al-Maʻārif, 1960-1969, p. 91）。

❹「男性の精液は白く、女性の精液は黄色である。双方が混ざり合うとき、男性の精子が女性の精子に優る場合、神の定めにより男性となる。そして、女性の精子が男性の精子に優る場合、神の定めにより女性となる」。（ハディース学者ムスリム（822～875年）によって「真正」（サヒーフ）と認められたハディース）

❺「神は死に際して魂を召し上げられる。また、死ななかった魂については眠りの際には召し上げ、死を定めた魂についてはそのまま引き留め、それ以外の魂は定められた時に（身体に）送り返される」（クルアーン39章42節）。

▶参考文献

ディミトリ・グタス（山本啓二訳）(2002)『ギリシア思想とアラビア文化―初期アッバース朝の翻訳運動』／小野仁美（2019）『イスラーム法の子ども観―ジェンダーの視点でみる子育てと家族』／澤井真（2020）『イスラームのアダム―人間をめぐるイスラーム神秘主義の源流』／Sherry Sayed Gadelrab (2011), "Discourses on Sex Differences in Medieval Scholarly Islamic Thought," *Journal of the History of Medicine and Allied Sciences*, Vol.66(1).

問い

①初期のイスラームにおいて、人間はどのように誕生すると考えられていたのか。

②イブン・スィーナーは、古代ギリシア哲学からどのような影響を受けたか。

2）身体の語られ方

⑤近世ヨーロッパ医学における身体観 —解剖学の進展と生殖器官の発見

Ⅰ－コラム⑨，Ⅰ－コラム⑩　【読】 世1－5，世8－8，世9－7

◆身体とは　身体は多数の細胞からなる種々の器官で構成され、頭部と胴部に四肢が付いた古代から変わらぬ所与の自然物として、医学、生物学、化学などの科学的探究の対象とされてきた。しかし私たちの身体の見方や理解の仕方は時代を通して大きく変化しており、男女の身体、性差に関する見方も歴史と共に大きく変化してきた歴史的所産であることを踏まえなければならない。

◆中世までの身体観　近世ヨーロッパの身体論に入る前に、ざっくりその前史を見ておきたい。古代ギリシアのアリストテレスやヒポクラテス、ローマ時代のガレノス（執筆にはギリシア語使用）らの医学関係の著作は他の科学書と共にアラビア経由でヨーロッパにもたらされた。アラビア語訳から作られたそれらの著作は、アラビアの学術と混交し混乱もあった。いわゆる「12世紀ルネサンス」の時代になると、多くの著作がギリシア語原典から直接ラテン語に翻訳された。またアヴィセンナ（イブン・スィーナー）の『医学典範』などアラビアの主要な医学書もラテン語に訳され、解剖学名も徐々に統一を期して復元された。これら古典の影響は近世になっても容易に衰えることはなかった。

ラテン世界に回復されたアリストテレスの男女の身体観、性差観は、基本的に男女の生殖器は同じで、違いは、本来なら体外に突出すべき性器が女性では熱の不足によって体内にとどまった状態になっており、女性は男性になり損ねた未完成品であり不完全な身体とされた。ガレノスは女性の生殖器は、男性の生殖器が裏返しになって体内にはまり込んだものと考えた。すなわち、性は一つと考えられた時代が近世まで続いていたのである。したがって解剖学名も男性を基本とした体系のみで、例えば精巣に呼応する器官である卵巣は「女性の精巣」と呼ばれていた。性は一つでジェンダーは二つという時代が16世紀頃まで支配的であったのだ。近世の解剖学は、このワンセックスモデルから、ツーセックスモデルへの移行を果たす重要な役割を担った。

◆ガレノス医学の踏襲と訂正　イタリアのパドヴァ大学の解剖学教授となったアンドレアス・ヴェサリウス（1514-1564）は、人体解剖をほとんどしなかったガレノスとは異なり、多くの解剖をこなし男女の身体を観察する機会を持っていた。しかしガレノスの著作の影響から抜け出すことは容易ではなかったようである。図1はヴェサリウスが1538年に発表した女性の生殖器で、ヴァギナがペニスの如く描かれ、子宮には角まで描かれている。古代ギリシア時代から子宮は中傷され続けてきた。デモクリトスは子宮を無数の病気の元凶とし、醜い角を描き込んだのはガレノスであった。観察に基づく新しい解剖学を築こうとしていたヴェサリウスさえも、ガレノスを踏襲してしまったのである。やがてヴェサリウスは近代の幕開けを告げる画期的な解剖書『ファブリカ』を1543年に出版した。彼は生殖器官については性差を認めたが、身体全般については特に性差を認めず、男性の骨格図で女性の身体を示すことに問題があるとは考えなかった。骨格そのものに明確な性差を認め、男性の骨格図とは別に女性の骨格図が初めて登場するのは18世紀になってからである。

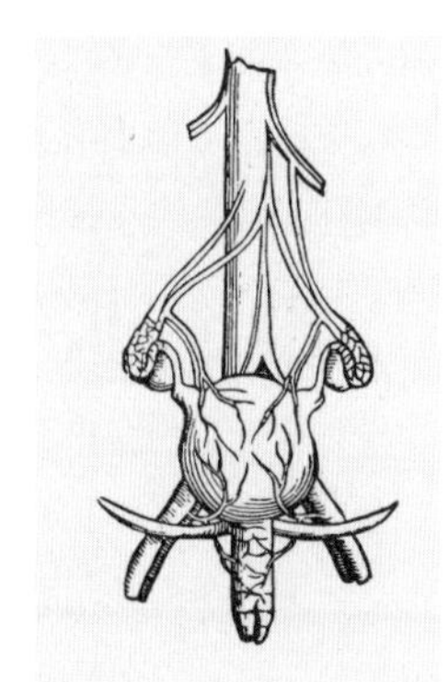
図1　角が描かれた女性の生殖器

しかし、こうした女性の身体は16世紀後半から二つの点で変化し始める。①子宮の評価と②生殖に対する貢献度である。17世紀になると「子を宿し慈しみ育てる女性固有の器官である子宮」を評価する声が上がって来る❶。生殖に対する両性の貢献については、男性が形相や感覚的霊魂を与えるのに対し、女性は形相を欠いた質料のみを与えるというアリストテレス的見解が批判され、前成説（精原説と卵原説）および後成説といった多様な見解がひしめき合うことになった。

◆ヴェサリウスの弟子たち　ヴェサリウスは『ファブリカ』出版後ほどなく退官し、神聖ローマ帝国皇帝の侍医になった。男性性器の未完成品・不良品とされていた女性性器を、女性独自の器官と評価する道を開いたのは、彼の2人の弟子である。彼の教授職を継いだのは、肺循環の記載で知られるマッテオ・レアルド・コロンボ（1516?-1559）であった。彼は陰核（クリトリス）を発見したと主張して、女性の生殖器に関して体内ペニスというガレノスの主張に疑問を投げかけた。コロンボの後しばらくして解剖学と外科学の主任教授となったガブリエレ・ファロッピオ（1523-1562）は、ヴェサリウスの高弟と称され、子宮と卵巣をつなぐ管すなわち輸卵管の発見者として知られており、ファロピウス管という名称にその名をとどめている。彼は、処女の外陰部に処女膜が存在することを示し、また陰核（clitoris）、膣（vagina）の名称を作った。当時まだ「女性の精巣」と呼ばれていた器官を卵巣と定め、その中に成熟卵胞や胞状構造体を観察していた。

◆生殖器官の詳細　オランダの解剖学者レクニャー・ド・グラーフ（1641-1673）は

哺乳類の生殖器官に関する研究で、1672年に卵巣の微小胞について記載した。彼はこれを誤って卵と考えてしまったが、後にグラーフ卵胞と呼ばれるようになった。実はこれには優先権を巡る問題が絡んでいて、オランダの解剖学者で昆虫学者でもあったヤン・スワンメルダム（1637-1680）から剽窃の疑いが提起され２人のオランダ人の係争が王立協会に持ち込まれた。しかし、ド・グラーフの急死で問題は迷宮入りとなった。16世紀に少し進展が図られた男女の生殖器官の識別は、17世紀になると顕微鏡による研究が加わりさらに明確化した。女性生殖器の卵の存在に対し、オランダの顕微鏡学者アントン・ファン・レーウェンフックは1679年にヒトの精子を発見したことを報告した。これによって両性の違いは一層明らかになった。そして生殖に女性が本質的貢献をすると主張する卵原説に対し、レーウェンフックは精子の頭部に極微人間が入れ子になって収められているという精原説をとった。天地創造のときに神は人類の終末まで存続するに十分な数の極微人間を用意されたと彼は主張した。しかし、次第に後成説が有力となり、18世紀フランスの博物学者ビュフォンは、男女の生殖に対する寄与を対等と考え、子どもが両親に似るのは両性の対等な寄与を示す証拠とした。男女で生殖器官に解剖学的な形状の違いはあっても、生殖機能として相同な関係にあるとする意見が有力になってくる中、生殖器官以外の身体部分に関する男女の違いに焦点が定められるようになり、もっとも朽ちにくい骨、すなわち男女の骨格構造に注目が集まるようになった。

◆女性の骨格図の登場　ヴェサリウスは、身体の骨格構造について男女間に大きな差異を認めず、解剖学の講義では生殖器の部分について着脱可能な説明パーツを使った。これに対し根本的な性差が骨格にも求められるようになると、男性の骨格図とは独立に女性の骨格図が描かれるようになった。1730-1790年にヨーロッパで初めて女性の骨格図が誕生することになったのもこうした事情によるのであり、性差の本質に関する広範な研究の一環であった。中性的な人間に、異なる生殖器官が付くのではなく、男女の性的特徴は身体全体にあまねく行き渡っているものと考えられるようになった。18世紀以前にはガスパール・ボーアンによる粗雑な女性骨格図が一例あるのみで、女性骨格図は18世紀になってようやく現れた。称賛を浚ったのはフランスの女性解剖学者マリー・ティルー・ダルコンヴィル（1720-1805）による1753年制作の女性骨格図である。ドイツの内科医サミュエル・トマス・フォン・ゼメリング（1755-1830）も1796年に優美で上品な女性骨格図を発表して評判を勝ち得はしたが、これに対しエディンバラの医師ジョン・バークレー（1758-1826）は、芸術的ではあるが解剖学的価値はないと批判した。

◆バークレーの解剖書　近世から近代の身体観を効果的に示した図は前述のバー

クレーによる『人体骨解剖図』である。彼が男性骨格図の理想形として選んだのはベルンハルト・アルビヌスの作品であり、女性の骨格図としてはティルー・ダルコンヴィルの図を採用した。そして男性骨格図にはサラブレッドの骨格を添え、女性骨格図にはダチョウの骨格を添えた。当時類人猿はまだ一般的ではなく、人間に次ぐ賢い動物は馬であった。馬は戦場で騎士と苦楽を共にし、男性に相応しい動物であった。他方、ダチョウは現存生物最大の卵を産み、加えて多産であることから、頭の大きな男児をたくさん産むことが期待される女性の身体の理想となり得た。

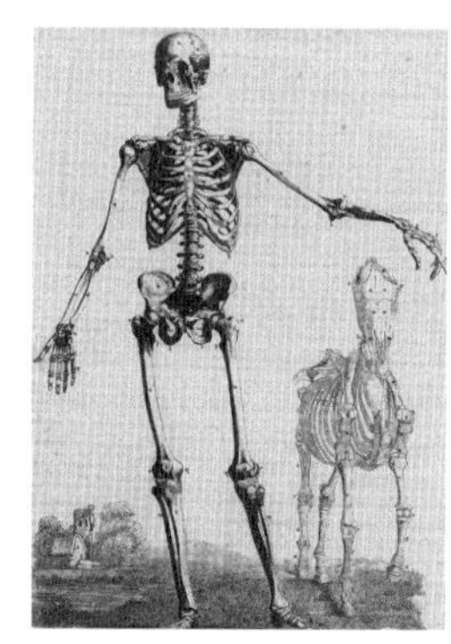

図2　馬が描き添えられた男性骨格図

◆ツーセックスモデルの次は　近代解剖学の発展とともに、私たちの身体観は、確固としたツーセックスモデルに立脚してきた。しかし、性もジェンダーも二つとして少しも怪しまなかった私たちは、今まさに大きな転換期を迎えようとしている。性をスペクトラムとして考えることによって、性的マイノリティとして長らく差別されてきた人々を、共に生きる自然な社会構成員として認識すべきときなのである。（小川眞里子）

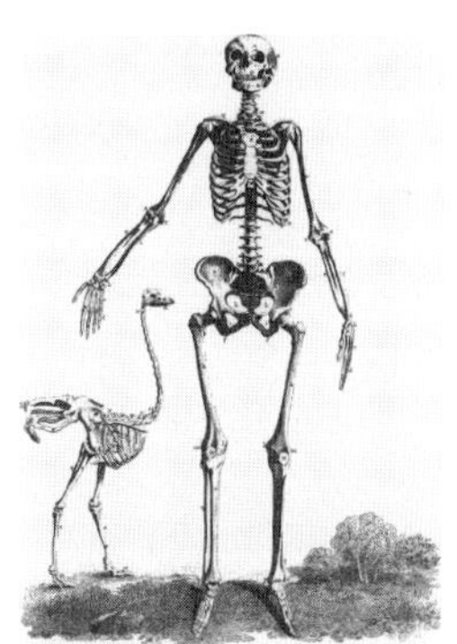

図3　ダチョウが描き込まれた女性骨格図

---

❶ 現代の視点からすると、産卵機能は端的にメスの特徴と考えられるが、産卵より社会的役割の方を優先して考えた時代もあり、蜜蜂の巣の統率者は、産卵の事実がスワンメルダムによって解明された後でも長くオスと考えられた。King bee はあり得ても Queen bee はなかった。シェイクスピアの史劇に登場する王バチについて、資料を挙げておく。

「蜜蜂とても同じこと、彼らは自然の法則に従って、人間世界に秩序ある行動とはなにかを教えてくれます。彼らには一人の王がおり、各種の役人がおります。あるものは行政官として、本国にあって政治を司どり、あるものは商人として、外に出て貿易に従事し、あるものは兵士として、鋭い針をもって武装し…王のいます本陣へと凱旋してまいります」　シェイクスピア（小田島雄志訳）（1978）「ヘンリー五世」『シェイクスピア全集』V、白水社　272頁。

▶参考文献

藤田尚男（1989）『人体解剖のルネサンス』
トマス・ラカー（高井宏子・細谷等訳）（1998）『セックスの発明―性差の観念史と解剖学のアポリア』

▶図版

ロンダ・シービンガー（小川眞里子・藤岡伸子・家田貴子訳）（2022）『科学史から消された女性たち』（改訂新版）

問い　①身体観は社会と共に変化してきた。AI時代にはどんな変化がもたらされるだろう？

②図３でダチョウの小さな頭や長い首はどのような女性評価と結びつくだろう？

2）身体の語られ方

⑥江戸末期から明治期の身体観の変化

Ⅰ－1－2－①，Ⅰ－4－2－①，Ⅰ－4－5－③　【読】 世1－5，日8－3

◆前近代における日本の身体観　日本における身体観は、江戸時代の終期（19世紀中葉）から幕末期・明治期にかけて、大きな変容を遂げたことは古くから指摘されている。江戸期にあっても、その時代としては特異な身体観を示した論者（例えば三浦梅園：1723年～1789年）はいたが、それらを含めても、前近代期の日本における身体観は、中国思想に起原をもつ「天人合一論」（天、すなわち大自然と人間とは本来的に合一性をもつとし、人体を一つの小さな宇宙と捉え、天を支配する原理が同時に人間を支配する原理であり、そうあるべきと考える思想）と「陰陽五行思想」（自然現象や人間の行為などを陰と陽の二つの類型と木・火・土・金・水の五つの構成要素にあてはめて考える思想）を基調としていた。したがって、人体の現象を捉える場合にも、男を「陽」、女を「陰」と捉える考え方が一般的であった。同時にそれは、人間自体が社会の体制やそれを支える思想と関連づけられていることを意味していた。すなわち、各個の身体は、武士にあっては主家や主君の安泰や康寧において意義を有し、妻の身体は夫の身体との和合による子孫・家の繁栄に意味づけられた。身体に対する配慮としての「養生」も近世中期から後期の前半までは、身命は「天地父母に養われたものである」から「私の物にあらず」と捉えられた（貝原益軒『養生訓』1713年）。むしろ、こうした社会的規定性から遊離していた庶民的身体のあり方こそが、通俗的な芸能などにおいて自由な自己表現の媒体としての存在意義を示していた。

◆幕末期に覚醒した「人間」本位の身体観　江戸後期に入ると、西洋近代科学の総称としての洋学（特に蘭学）の影響により、人体に関わる原理は、自然一般の原理と共通する側面を有しつつも、独自の構造と原理をもつことが認識されるようになった。前野良沢（1723-1803年）、杉田玄白（1733-1817年）、中川淳庵（1739-1786年）、桂川甫周（1751-1809年）らによる『解体新書』及びその附録である『解体約図』は、江戸期を通じて知られていた人体の解剖学的構造とは質的に異なる西洋近代科学における人体の正確な把握に対する驚嘆が発刊の強い動機となっていた。このことは西洋科学が天人合一論とは明確に異なる人間世界固有の原理と構造を追求していた点を西洋社会の先進性と捉え、以後、日本の医学における西洋医学の優位性を知らしめる契機となったことを象徴している。

◆明治期における西洋的身体観への傾斜　幕末期における諸外国との通商と明治維新にともなう制度と文化の西洋化は、幕末期の覚醒した人間固有の原理を人間自身の中に求める西洋近代の人間観とそれにともなう身体観の受容を急速に変容させた。近世期において社会的体制の下に意味づけられた身体は、それとは相対的に区別される固有の存在として認識されるようになり、人間の身体は、生物学的原理によって構成・統御される存在であることが広く共有されるようになっていく。そして、明治初期の近代医学の導入によって伝えられた衛生学の知識によって、人体と環境との関係が認識されるようになり、衣食住や運動などにおいて、日本在来の生活様式よりも西洋文化におけるライフスタイルの方がより日本人の身体を強健にしていく上で意義あるものと考えられた。「衛生」の思想と科学によって主導される近代西洋の模倣としての身体観が主張されるようになっていく。

しかしながら、現象レベルでのそうした認識とは対照的に、その思想的原基は「一人一身の養生は恰も国力の消長に関係するものなり。故に一国の富強を欲せば先づ一人一身の養生を基とせざるべからず。」（伊藤重『養生哲学』1897年）と述べられたように、近世中期日本の養生論と見紛うような身体の社会的規定性を、堂々としかもより強烈に国家への収斂を称揚することを憚らない論理が依然として存在していた。

◆近代日本における身体管理の二分性　明治期日本の国民に対する身体管理の思想は、一方で欧米列強に対抗するための強大な近代国家を担う国民としての強健な身体を要求した。それを期すために、1872（明治５）年の「学制」による近代学校教育の発足にあたって「小学教則」の中で小学校の科目として「体操」を設けた。さらに、1878（明治11）年に今日の学校診断となる「活力検査」が実施され、体長・体重・臂囲・胸囲・指極・力量・握力・肺量などを計測した。これは主に男性が欧米各国の軍隊に伍していけるような体格を実現することを望む思想に裏打ちされていた。（図１）

図1　義和団事件に出兵した八カ国連合軍兵士たち 左からイギリス・アメリカ・ロシア・イギリス領インド・ドイツ・フランス・オーストリア・イタリア・日本の各国兵士

さらに、幕藩体制における武士階級を中心とした戦闘集団から、近代国家を支える国民軍の創設を意図した明治政府は、「徴兵制」を導入し、近

図2　首里城北殿前の広場での女子学生の運動会（ダンス）。一高女がまだ首里の男子師範学校敷地内にあった頃。（写真集那覇百年のあゆみ / 写真番号118/p35/ 同写真3枚あり。那覇市歴史博物館提供）

代軍を構成する兵士を「徴兵検査」によって等級化し、順次選抜した（徴兵令：1873年）。身長と体重、疾患の有無などが判定の基準とされ、「甲種（身体頑健ないし健康）」「乙種（健体とされ、さらに第1と第2の2種に分かれた）」「丙種（身体上欠点が多いとされる）」「丁種（心身に障害がある者）」「戊種（病中・病後等で適否判定不能）」の5種に分類され、布令当初において現役則入営は甲種のみとされたが、その基準が当時の日本人の平均的な体格の現状からみれば厳しかったため、兵士を補充できず、間もなくその体格基準は緩和されることになる。

他方で、女性の身体管理には、そうした強健さも求められなかったわけではなかったが、優美な女性の身体性に対する関心がもたれ、女性が運動を行うことや体操における身体動作は「女性らしく」ないとされ、女子教育の体操においては表情体操・唱歌遊戯が主要な内容となった。そのような中で「日本女子体育の母」といわれる井口阿くり（1871年-1931年）は、アメリカ合衆国への留学体験をもとに、男性と同様の体操による身体修錬が女性の体育においても重視されるべきことを主張したことは重要である（図2）。井口や同性代の女子体育の母といわれた二階堂トクヨ（1880年-1941年）らが考えた近代日本女性を象徴する身体観は「健康と美」であり、そのためには男性と同様の合理的な身体修錬が女性にも必要であることを説いた。そうした考えは、それまで家の安泰に関係づけられた女性の身体性が国家社会と結びつくことを求めるものでもあった。

◆近代社会の価値観から逸脱する身体性　19世紀末から急速な近代化によって西洋社会の価値観に支配されることによって変容を迫られた日本人の身体観は、必ずしも西洋的身体観一色に染まったわけではなかった。すでに1883年（明治16年）に設立された大日本私立衛生会の副会頭で内務省衛生局長であった長與専斎は、近代的「衛生」概念の首唱者として知られているが、その長與は一方で「衛生誤解之弁」という論説において、「本邦古来武ヲ以テ政教ヲ布キ筋骨ノ運動ハ士人ノ常務トナリ自然ニ衛生ノ通則ニ適ヒ随テ武辺ノ義理即チ所謂ル廉耻武士道ヲ以テ一種無類ノ風俗ヲ養成」したこと、すなわち「武士道」に内在する質実尚武の気風が個人衛生の原理に適合するとしている。そして、「各自衛生法ノ要訣ハ身心ヲ鍛練スルニ在リ武辺活溌ノ運動ヲ力ムルニ在リ温保美食奢侈的ノ衛生ニ泥マズシテ風雪糲糠凡ソ肉体ニ耐ヘ得ル程ノ艱難ヲ忍ブベキ習慣ヲ積養スルニ在リ」（大日本私立衛生会雑誌第２号：1883年）と述べて、近世日本まで実践されてきた身体的鍛錬こそが日本人にとっての真の衛生に他ならないとした。

このような思想は、それ以後も継続的に示されていく。近代西洋医学や近代衛生思想が有していた身体観、すなわち筋骨が発達した体格優良の頑健な身体を尊ぶ思想とは異なる日本の伝統的な心身一如を旨とする修養論的身体観は、明治末期から大正期にかけて、岡田虎二郎（1872-1920年）による「岡田式静坐法」、真言宗の僧侶であった藤田霊斎（1868-1956年）による「調和道丹田呼吸法」、肥田春充（1883-1956年）による「聖中心道肥田式強健術」など幾多の民間健康法・強健術などの系譜の中に包含されていった。それらの実践の基底には、西洋近代的身体観に包摂されているような身体を自然や歴史的文化性から独立した機能的存在として捉える見方に対して批判的な立場をとる日本的身体観があった。それは呼吸や身体動作において自然との融合性を図り、日本の伝統的な身体観を肯定的に捉える歴史的・文化的に連続した身体の捉え方に他ならなかった。

◆後代への展開　江戸末期から明治期にかけて分岐した、西洋近代医学の自然認識に基づいて形成された人体を自然一般から独立したものとみる機械論的・機能的身体観とその急速な拡がりに対しての対抗文化として生じた江戸期までの前近代的な自然との一体性に基づく心身一如をめざす修養論的身体観とは、その後の身体や健康に関わる文化に大きな影響を及ぼすことになった。前者は、軍隊や学校、労働の場といった集団的環境の中でより強健で均整のとれた西洋的な身体への希求を促し、軍隊生活や学校衛生・健康教育といった場を通じて、国民に種々の身体的訓練の経験（軍事教練、ラジオ体操、夏季保養活動など）を拡張していく。後者においては、前者ほどの広汎性はもたなかったものの、霊的な超越性を求めるような種々の民間健康運動へと展開し、大衆に対してもう一つの身体観を扶植していく役割を担った。

この近代日本に生成した二つの身体観の表現様式は種々に変化しつつも、現代日本社会の身体のあり方に深い影響を及ぼしている。（瀧澤利行）

▶参考文献

瀧澤利行（2003）『養生論の思想』
瀬戸邦弘・杉山千鶴編（2013）『近代日本の身体表象―演じる身体・競う身体（叢書　文化学の越境）』
寒川恒夫編著（2017）『近代日本を創った身体』

コラム① 古代ギリシアの身体論

◆ワンセックスモデル　トマス・ラカーは、自然学上の性差もまた文化的構築物であり、近代以前のヨーロッパでは、女性の身体を、不完全な男性とみなすワンセックスモデルが主流であったと論じた。たしかに前4世紀のアリストテレスは、生殖という目的に照らして、女性の身体は、冷たく熱が足りないために男性の身体に劣る、「欠損した」身体であると考えていた。また、紀元後2世紀のガレノスは、それを受けて「女性は男性よりも不完全である」(『身体諸部分の用途について』14.5および6）とし、男性では体外に突出している生殖器が、女性では、熱が足りないために体内に留まっている点に、男女の身体的特徴を見出している。

◆ツーセックスモデル　ところが紀元前5世紀コス島の医師ヒポクラテスに帰せられる伝統では、女性の身体は、生殖器の形状だけでなく、全体として水っぽくて柔らかくスポンジ状であると考えられていた(『婦人病について』)。過剰な水分は子宮に貯められ、そこから経血として体外に排出される。女性の血は熱いが、このときに熱もまた排出される。ヒポクラテス学派はまた、「さまよえる子宮」(プラトン『ティマイオス』91C）が移動によって身体を圧迫することが、ヒュステリアを含む多くの病を引き起こすと考えていた。これらの理論では、女性の身体を、その組成や子宮の存在によって男性とは別のものとみなしており、女性特有の病に対処するためのテクストが編まれることになった。

◆理想の身体　身体的性差をどのように捉えるのか、ということは、医学ばかりでなく、性差をめぐる社会的価値観に支配されていた。女性の身体を、男性を完成型とする連続的なものと見るか、異なるものとみるのかという点で古代の医学理論は一致しないが、ヒポクラテス学派の著述家たちもアリストテレスもガレノスも、男性を女性よりも強い性と考える点では一致していた。

男性にふさわしい身体をもつことは、社会的要請であった。そのためには、男性生殖器を持つだけでは不十分であり、筋肉質で男性らしい身体を鍛えることが必要だった。古典期アテナイの場合、―しばしば体操選手のいきすぎが問題視されたものの―ギムナシオンでの身体の鍛錬が、市民としての責務に耐える精神と、卓越性(アレテー)を備えた強靭な身体を準備すると考えられた(プラトン『国家』)。それに対して、職人仕事は身体を軟弱にし、精神も軟弱にすると述べられる(クセノフォン『家政論』4)。あるべき身体をめぐるイデオロギーが展開されているのである。受動的な快楽に屈し身を委ねる、女性化した男性は、髭や体毛が生えず、声も高く女性のような身体を持つと考えられ、「キナイドス」と呼ばれて軽蔑された。異民族男性の身体も、「キナイドス」の性質を帯びているとみなされた。ペルシア人は柔弱で男性性に欠けるとみなされたのである。ギリシア人男性を頂点とするヒエラルキーのもとで、身体的性差についての認識は、社会規範と相互に影響していた。(栗原麻子)

▶解説　ツーセックスモデルが近代に特殊であるというラカーの見解に対しては、古代にもワンセックスモデルとツーセックスモデルが並存しており、双方ともにルネサンスに影響したとするキングの批判がある。(Helen King, The One-Sex Body on Trial: The Classical and Early Modern Evidence (The History of Medicine in Context), Routledge, 2013)。

▶参考文献

トマス・ラカー（1998）（高井宏子・細谷等訳）『セックスの発明―性差の観念史と解剖学のアポリア』

橋場弦・村田奈々子編（2016）『学問としてのオリンピック』

コラム② セクシュアリティに関する4要素 ——LGBTQ+とは？

◆性の多様性　セクシュアリティ（性の在り方）には４つの要素がある。性的指向・性自認・ジェンダー表現・性的特徴である。性の多様性とは、これらの要素がそれぞれ多様であることと、４要素の組み合わせが多様であることの双方を意味する。セクシュアリティには揺らぎや不定があり、生涯を通じて不変とは限らない。このため近年ではLGBTQ＋という表現が使われることも多い。LGBTQ＋の割合は各種調査によれば、８～９％と推定される。

◆性的指向　性的指向(sexual orientation）は性愛がどの性に向かうかを指す。性的指向は性自認に基づくため、トランス女性が男性を愛する場合には異性愛となる。性的指向には、異性愛(ヘテロセクシュアル Heterosexual)、同性愛（レズビアン Lesbian／ゲイ Gay)、両性愛（バイセクシュアル Bisexual＝性愛の対象が男女双方に向かう)、無性愛（アセクシュアル Asexual＝どの性に対しても性愛を持たない）などがある。

◆性自認　性自認（gender identity）とは、自己の性別に対する認識を指す。「出生時に割り当てられた性別」は「身体的性」とは異なり、生まれたときに本人の意思とは無関係に親や医師によって指定された性別（戸籍上の性別など）を指す。出生時に割り当てられた性別と性自認が一致する状態をシスジェンダー（Cisgender)、両者が一致しない状態をトランスジェンダー（Transgender）という。後者には、トランス女性／MtF（Male to Female）とトランス男性／FtM（Female to Male）があり、性自認が男女いずれでもない場合や一定しない（中性／両性／不定性／無性）場合をXジェンダーとよぶ。WHO「国際疾病分類」ICD-11（2019年）では、性同一性障害という語に代えて「性別不合」を用い、精神疾患ではなく、「性の健康に関する状態」に分類するようになった。

◆ジェンダー表現　ジェンダー表現（gender expression）とは、服装や一人称・ふるまいで表現する性（ジェンダー）のことを指す。異性装（トランスヴェスタイト Transvestite／クロスドレッサー Crossdresser）とは、割り当てられた性別と性自認は一致している状態で、それとは異なった服装をする状態を指す。トランス女性が女装をする場合には性自認に即したジェンダー表現であり、異性装にはあたらない。宗教行事や芸能などで一時的に異性装をする文化は多いが、ジェンダー表現としての異性装はそれとは異なり、セクシュアリティに関するアイデンティティを表現するものである。

◆性的特徴　性的特徴(sex characteristics）とは、性染色体や内外性器などによって決定される身体構造における性の特徴を指す。「生物学的性」に関わるが、性的特徴は典型的な女性身体／男性身体に二分されるわけではない。ヒトの性分化は、性染色体に基づき精巣や卵巣が発育し、男女それぞれに特徴的な内性器や外性器が造られる過程であり、妊娠10週頃から始まり16～18週頃に完成する。性分化過程で性染色体、性腺、内性器、外性器が非定型的（非典型的）となった先天的状態を性分化疾患(DSD＝Disorder of Sex Development）と呼ぶ。DSDは多くの疾患を含む総称で、年間300人ほどの新生児がこれに該当する。しかし医療的措置が必要でないケースも多く、「身体的性の特徴」（体質／個性）とみなすほうが適切である。国連などでは、疾患名であるDSDではなくインターセックス（Intersex）という呼称を用いる。しかし、日本の有力な当事者団体は、「中間の性」を意味するインターセックスという呼称を避け、「多様な性分化の在り方」(Differences of Sex Development）という意味でDSDsという語を用いる。性自認はほとんどが男性か女性であり、性自認が中間というケースは稀である。

◆ノンバイナリー　性自認とジェンダー表現の双方につき男女のいずれにもあてはまらない状態をノンバイナリー（Nonbinary）と呼ぶ。クエスチョニング（Questioning）とは、性自認と性的指向の双方につき決まらない／決めていないケースを指す。クイア（Queer）は、性的指向・性自認・ジェンダー表現のすべてを包括する概念であり、1990年代から当事者が「クイア」（原義は変態）の意味転換を図って用いるようになった自称である。クエスチョニングとクイアをあわせてQと表記される。（三成美保）

▶参考文献

日本学術会議提言（2017）「性的マイノリティの権利保障をめざして―婚姻・教育・労働を中心に―」

日本学術会議提言（2020）「性的マイノリティの権利保障をめざして（Ⅱ）―トランスジェンダーの尊厳を保障するための法整備に向けて―」

3）伝統社会における「男らしさ」

①アテナイにおける市民権と男性

Ⅰ−3−5−①, Ⅱ−3−3−①　【読】 世2−3, 世2−4

◆男性市民の政治的平等　民主政は「多数者」が支配する政治形態である。古代の場合、その「多数者」は、男性市民に限定されていた。アテナイでは、民衆裁判権の創設や民会の権限拡大といった民主化のプロセスを経て、前4世紀に、民主政の法的・制度的な精緻化をみた。貧富を問わず、すべての男性市民に、民会での平等な発言権（イセゴリア）・投票、民衆法廷での評決、公職への選出といった政治参加の権利が与えられたのである。民会で発言し、法廷闘争を行い、将軍職に就くような積極的な政治市民はごく少数であったが、その他の消極的な市民にも、民会への参加や訴訟、さまざまな役職を通じて、応分の国政への参加が求められていた。それに加えて、従軍も、市民の特権の一部であった。市民権と従軍がイデオロギー的にも切り離せなかったことは、戦死者の遺児に重装歩兵のための武具一式を贈呈する儀礼にも見ることができる。

◆「男らしさ」と市民性　歴史家トゥキュディデスの描く将軍ペリクレスは、戦死者のための葬送演説で、民主政アテナイで育まれる戦死者の「男らしさ」を讃えている。そこで求められる「男らしさ」とは、どのような内容だったのだろうか。新兵登録の際に行われるエフェボス宣誓❶によれば、市民に求められるのは、規律に従い、戦列を保ち、法を遵守することであった。デモステネス『メイディアス弾劾』でも、「男らしさ」とは、私的な実力行使に訴えず、法的に報復することであり、徒党を組んで攻撃を企むのは「男らしくない」ことであると主張している。「男らしさ」は、法と秩序を遵守する市民としての規範のなかに組み込まれていたと言える。「男らしさ」への要求が、ポリスの政治文化を規定している状況を、E・クールズは「ファロス（男根）支配」と呼んでいる。実態はともかくとして、制度上は平等な発言権を持ち、戦列を組んで戦う男性市民のアテナイ民主制は、「男らしさ」に適合しない要素を退け、女性を、男性性と結び付けられる徳性から排除することになった。

◆補完する女性たち　一方、古代アテナイ市民のコミュニティは、家を基盤としていた。紀元前451年に制定されたペリクレスの市民権法は、アテナイ人としてポリスのことに参画する権利を、「ともに市民身分である両親から生まれた」ものに限定している❷。役職や裁判権、民会での発言、投票等を通じて国制に参画する狭義の参政権は男性に限定されていた。だが、市民生活に射程を広げるならば、女性たちが担っていた聖俗の活動もまた、市民身分に起因するポリスへの参画であった。「男らしさ」と「女らしさ」が一対のものとしてポリスを構成していたことに留意しておく必要があるだろう。例えば、親族のために法廷で、感情を露わにして哀願することは、男性にふさわしくないと考えられていたが、女性たちは、法廷に関係者として登場し、男性たちよりも自由に涙を見せ、憐れみを乞うことができた。葬儀の場で、死者の追悼のために嘆きの儀礼を遂行し、国葬の場で、戦死者の「男らしさ」を讃える葬送演説の傍らで嘆くのも、国家に対する罪を犯した親族を牢獄に訪れ嘆くのも女性の特権であった。ポリスの公的空間のフレームワークの中では表明され難い嘆きの感情が、女性の領域のなかでは保持されたのであり、女性の「嘆き」には、男性が伝えることのできない感情を伝えるという社会的機能が備わっていた。女性たちの活動は、男性の政治生活を規定する「男らしさ」の規範の外で、男性市民と補完的に、ポリス社会を構成していたのである。(栗原麻子)

---

❶ アテナイのエフェボス宣誓（Rhodes, P. and R. Osborne., *Greek Historical Inscriptions 404-323BC*), no.86より抜粋

私は聖なる武具を辱めず、戦列にある限り隣の男を見捨てません。聖俗のことを守護するために戦い、祖国を、力の及ぶ限りすべての人とともに、劣ることなく、より大きく優れた状態で引き渡します。私は、つねに、権力を正当に行使する人と、現在効力を持ち、将来正当に効力をもつだろうあらゆる法に従います。もしこれらを破壊するものがあれば、力の及ぶ限りすべてのひとと共に、支持することをいたしません。わたしは父祖の祭祀を敬います。

❷ 伝アリストテレス（『アテナイ人の国制』橋場弦訳、2014）第42章１節

市民権にあずかるのは、ともに市民身分である両親から生まれた者であり、18歳に達すると区民として市民権登録される。

▶参考文献

エヴァ・C.クールズ（1989）（中務哲郎ほか訳）『ファロスの王国　古代ギリシアの性の政治学』
桜井万里子（1992）『古代ギリシアの女たち―アテナイの現実と夢』
栗原麻子（2021）「母の嘆きのポリティクス―アテナイ公的言説空間における女性」高田京比子、三成美保、長志珠絵編『〈母〉を問う 母の比較文化史』

問い

①アテナイ民主政は、男性中心的な構造をもっていた。それはどのような点に現れているだろうか。

②女性とポリスは、どのように関係していたのだろうか。

3）伝統社会における「男らしさ」

②科挙と覇権的男性性

Ⅰ－1－4－③，Ⅰ－3－4－②，Ⅱ－2－4－④　【読】 世1－6，世4－5

◆科挙と中国社会　科挙は隋から清末に及ぶ約1300年間、歴代王朝が実施した官吏登用試験である。梁啓超（1873-1929）によれば、清末の中国の人口は4億人、うち「読書人」は300万人いたという。3年に1回実施される科挙の合格者は200～300人だったから、科挙の合格者である進士は、超エリートと言ってよい。権力と地位と富を約束された進士こそ、覇権的な男性性を体現する存在であった。

隋の煬帝が科挙を導入したのは、貴族の勢力に対抗するためであった。唐代はまだ貴族の力が強く、科挙官僚が貴族を凌駕するのは宋代のことである。血統ではなく、個人の能力が評価されたことは、エリートへの道がより多くの人に開かれたことを意味する。宋代以降の経済発展、都市の成長、印刷文化の盛行、そしてとくに清代における人口の急激な増加により、ますます多くの人が受験勉強に従事するようになった。受験者が増えれば、競争はより激しくなる。進士になるには、ときとして数十年間を受験勉強に費やさねばならなかった。受験生は、良い土地も豪華な邸宅も美しい妻も、みな本から得られると励まされた。

科挙に合格すれば、官僚となって、故郷から離れた土地で暮らすことになる。妻は故郷で夫の両親に事え、家計を切り盛りした。こうした家庭生活のあり方は、儒教が求めるものとかけ離れており、女性に活躍の場をもたらす一方で、科挙が儒教の実践を妨げていたとする議論もある。ただし、これは進士にのみ当てはまる。社会的に影響が大きかったのは、ごく少数の進士よりも生員（秀才とも呼ばれた）だっただろう。生員とは予備試験に合格した科挙の受験資格取得者を指す。彼らは士大夫の一員として、特権を享受し、地方の政治に大きな影響力を持った。圧倒的大多数の人々にとって、覇権的男性性に触れるのは生員を通してだったはずである。

士大夫は競争的環境を勝ち上がった人たちだったが、彼らに求められたのは、中庸や自制といった規範であった。ゆったりとした衣服を身にまとい、優雅に振る舞い、花を愛で、絵画や詩作にふけった。彼らが蓄積し誇示したこのような文化資本が、その男らしさを構成していたのである。士大夫階級では、男らしさと女らしさは対照的なものではなく、共通する面も多かった。女性の纏足は、現代の基準で見れば弱々しい士大夫の男性のパートナーにふさわしいものとして明清期に広まった。

◆科挙の周辺　科挙は士大夫を作り出す一方で、その何十倍、何百倍にあたる厖大な数の落伍者を生み出した。立身出世の夢を捨てられず、若者に交じって受験する白髪の老人の姿は珍しいものではなかった。黄巣や洪秀全のように、受験に何度も失敗し、その鬱憤を晴らすかのように、反乱軍を起こしたり、それに投じたりしたものもいる。一方で、彼らの経験と技能を生かす仕事もあった。受験産業である。受験産業の拡大は競争の激化と受験者の増大をもたらし、ますます多くの落伍者を生んだ。教師には受験を続けるものもおり、教え子に先を越されることもあった。最下層の教師の生活は苦しかった。

科挙の門戸は広く開かれていたとはいえ、そこから排除される人々もいた。まずは、女性である。ただ女性も、息子の合格を願う母親として、あるいは権力と地位と富を享受する進士の妻や娘として、間接的に科挙に参加していた。男性であっても父祖三代にわたって賤業に就いていないことが条件であった。また、長期にわたる受験勉強を支えるにはそれなりの資本が必要だった。

科挙の夢を共有しない人々もたくさんいた。無頼、光棍、盗賊など権力から疎外された人々は、「武」に男らしさを求めた。中国の伝統的な男らしさには、「文」と「武」があり、両者を兼備することが最も望ましいとされてきたが、儒教の経典に対する習熟度を問うた科挙は、「武」に対する「文」の優位を制度的に確立した。中庸や自制を規範とする「文」とは対照的に、「武」は暴飲暴食や暴力を通して誇示された。『紅楼夢』に対する『水滸伝』、それぞれの主人公である賈宝玉に対する武松、と言えばわかりやすいかもしれない。「武」は「文」を補完する、従属的男性性であった。

1895年の日清戦争の敗北は、中国の男性性に大きな衝撃をもたらした。「文」の優位は根底から揺らぎ、それを支えてきた科挙は1904年についに廃止される。「武」の再評価が始まり、「軍国民」がもてはやされた。魯迅の描いた孔乙己は、科挙廃止後に読書人が直面した境遇の変化を垣間見せてくれる。受験勉強に没頭してきた孔乙己は、窃盗に手を染め、酒屋で嘲笑の的となった。新たな社会に彼のような人間の居場所はなかったのである。（高嶋航）

▶参考文献

高嶋航（2018）「近代中国の男性性」小浜正子・下倉渉・佐々木愛・高嶋航・江上幸子編『中国ジェンダー史研究入門』
宮崎市定（2004年改版（1963年初版））『科挙―中国の試験地獄』
Albert Oliver Bragg (2015) "The Chinese Civil Service Examination's Impact on Confucian Gender Roles," *College of Arts & Sciences Senior Honors Theses*, Paper 71
Bret Hinsch (2013) *Masculinities in Chinese History*.

3）伝統社会における「男らしさ」

③東南アジアの伝統社会の男らしさ

Ⅰ－3－4－③，Ⅱ－1－2－④，Ⅱ－3－2－③　【読】 世1－6，世3－4

◆東南アジアの男らしさ研究の少なさ　東南アジアにおけるジェンダー研究は比較的新しい分野であり、当然のことながら、その対象は社会的弱者とされてきた女性や性的マイノリティに関するものが多い。男性性、男らしさを取り上げた研究が出てくるのはきわめて最近のことであり、現代を対象にしたものが多い。伝統社会の男性性、男らしさについての研究が少ない理由は、そもそも東南アジアに関する歴史資料が乏しいという一般的な理由に加え、東南アジアの伝統社会ではジェンダー間の平等性が高く、現代的意味での性的マイノリティも一般的であったとされているからである。ここでは、歴史家アンソニー・リードや人類学者マイケル・ペレスの研究に依拠しながら、伝統社会のジェンダー関係、そして男らしさ、男性性について考えてみたい。ここで言う伝統社会とは、インドの大乗仏教やヒンドゥー教、オーストロネシアの影響が東南アジア社会の基層文化となりつつ、交易などを通じて男性優位の価値観を持つ経典／啓典宗教（上座部仏教、儒教、キリスト教、イスラーム）の浸透が緩やかに見られ始めている社会のこととする。

◆伝統社会のジェンダー、男らしさ　現在でも東南アジアの多くの地域では世襲や相続において父系制ではなく双系制である。そのため、女性も財産権があり、妻も夫と同様に離婚を要求できた。男女が経済的に自律性をもち、儀礼と信仰においても男女の相互補完が重視され、近代以前の多くの村の創世神話では祖先が一組の男女である。女性は主に家庭と市場で重要な役割を果たし、男性は物欲への無関心さを美徳とし、地位や威信を求める傾向があるという点で役割に違いはあるとはいえ、社会的上下関係ではジェンダー間の差異はそれほど重要ではなく、女性が王位につくことも珍しくなかった。また、東南アジアのアニミズム的な信仰のコスモロジーでは、天と地、山と海、右と左、太陽と月、男と女、生と死といった対概念の均衡が重視されていた。そのため、ビルマ人、マレー人、ブギス人などの間では、男と女の要素を併せ持ち、その均衡を作り出すトランスジェンダーが社会的威信を持ったり、儀礼において重要な役割を果たしたりした。また、ジャワの古典などでは、同性愛関係も一般的であったことが赤裸々に描かれている。その点で、現代的意味での性的マイノリティは社会的に認知され、その存在が正統化されており、決して周辺的存在とは言えなかった。

ただし、完全に男と女が平等であったわけではなく、やはり、地位や威信を重視する男が支配者になることが多かった。近代に入るまで東南アジアは人口が少ない世界であったため、中国の専制国家のように土地を支配することに関心があまりなく、戦争で重要なのは武器で人を殺すことではなく、人を捕らえることであり、敵をいかに騙して罠にかけるかといった謀略のほうが重要だったという。そのために、王が王であるためには、恐ろしさ、強さを誇示するよりも内なる神聖を体現し、人々の模範となることが不可欠であり、そのカリスマを通じて緩やかに人々を支配していた。男が王であることが必然ではなかったとはいえ、こうしたカリスマの強さが男性性と連動していたとは言えるであろう。

◆男性優位の価値観の台頭　14世紀後半になると、上座部仏教、儒教、キリスト教、イスラーム教などの経典／啓典宗教が東南アジアに流入し、商業などで栄えた東南アジア域内の国家の権威を正当化していった。こうした宗教は男性優位の傾向が顕著であり、東南アジアに息づいていた女性の社会での存在感を弱め、また、性的マイノリティや同性愛などが逸脱視されていくようになった。しかも、19世紀以降、西欧諸国が少しずつ植民地国家建設を本格化し始め、近代化の名のもとに男性優位のキリスト教的ピューリタニズムを東南アジアの人々に強制していった。第二次世界大戦後、東南アジア諸国が独立を果たしていくと、独立した国民国家は家父長的価値観を浸透させていき、男性を中核とする国家建設、国民統合を進め始めた。男性性を強調する軍隊の創設はその典型である。しかし、こうした価値観の押しつけが社会全域に一気に広がったわけではなく、かつての東南アジア的なジェンダーのあり方は残り続けた。日本と比べて東南アジアにおいて女性が社会進出する割合がはるかに高いのはその一例である。20世紀後半に入って欧米からフェミニズム運動、さらには性的マイノリティの権利擁護運動が輸入されると、そうした運動が示すジェンダーのあり方とそもそも男性性をさほど顕彰しない伝統的なジェンダーのあり方とが絡み合いながら、望ましいジェンダーのあり方が模索されている。（岡本正明）

▶参考文献

アンソニー・リード（2021）『世界史のなかの東南アジア―歴史を変える交差路』（原著 Anthony Reid (2015) *A History of Southeast Asia: Critical Crossroads.*）

Michele Ford and Lenore Lyons eds. (2011) *Men and Masculinities in Southeast Asia*

Michael G. Peletz (2009) *Gender Pluralism: Southeast Asia since Early Modern Times*

3）伝統社会における「男らしさ」

④江戸時代の小袖の変遷と男女両性のジェンダー問題

Ⅰ−4−4−②，Ⅰ−4−4−③，Ⅱ−4−4−①　【読】世11−12，日7−12

◆「小袖」時代の到来　16世紀後期、文化史上の桃山時代ころ、日本の服飾は大きな転換期に差しかかっていた。今日の和服の祖型である小袖形式の表着化が進み、男女共通の〝時代の衣服〟として広がりつつあったのである。以後、近世の服飾は小袖を中心に展開し、身丈や袖の拡張をともなって振袖や羽織などの多様な形式が派生するとともに、絵画的な図様も含めた多彩な装飾様式を確立することとなる。

ときに美術品ともみなされる小袖の装飾であるが、その模様との関係をたどっていくと、近世の小袖模様が性差を表示する重要な役割を担っていたことに気づかされる。まず押さえておかねばならないのは、小袖という衣服の基本的な特徴である。小袖の「小」は、元来、袖の作りが小さかったことに由来し、古代には庶民の実用着とされていた。動きやすい衣服は下着にも適するゆえ、平安時代後期ころには公家装束の肌着として用いられているようになっていった。つまり、小袖は衣服の階層としてもっとも下位にあり、かつ、もっとも肌に近い位置にある衣服であった。この小袖が、服飾変遷の三大原則にしたがって徐々に表着としての様式を整えていく。

◆衣服の最終形式　三大原則とは、服飾は小さな変化を積み重ねてゆっくり変化していくという「漸変の原則」、下位にある形式が上位に取り入れられていく「形式昇格の原則」、下着が表着化していくという「表衣脱皮の原則」を言う。この原則はどの文化圏の衣服の変遷にも確認できるが、四囲を海で隔てられている日本の服飾史はいわば純粋培養の状態にあって、三原則がとくに明瞭に看取される。なかでも中世には、女子の服飾において表衣脱皮が進行し、それを追うように男子の形式昇格、表衣脱皮が進んで、戦国期には小袖の表着的性格は男女ともに濃厚になっていった。そして江戸時代になって、小袖は身分の高下、性差を超えた時代の中心的な衣服となった。小袖は、日本の服飾史を駆け抜けた形式であったと言ってもよい。しかし、小袖時代の到来は服飾史においてこれまでにない状況を生み出すこととなった。性差の表示は、衣服の果たすべき重要な役割の一つである。衣服における性差は、上位の階層ほど、そして場の公性が高まるほど、明示される傾向にある。中世まで性差は、衣服の形式差でなされていた。公家の束帯系の装束や武家の直垂（ひたたれ）系の装束を女子は着装しないし、女房装束系の衣服が男子に用いられることもない。ある一定以上の階層に属する者の衣服は、男女で明確に形式が異なっていたのである。ところが、小袖という衣服形式が男女共通になってしまうと、性差を衣服の形式差で表示することができなくなってしまった。短期間で起こる流行と異なり、スパンの長い服飾の様式はこれまで不可逆的な変遷を示してきた。それゆえ、衣服の階層の最下層にあり、肌にもっとも近い位置にあった小袖の後継となる形式は存在せず、形式昇格も表衣脱皮も起こりえなかったのである。

◆装飾様式の共通項　そこで形式に替わって性差を表示する役割を担ったのが、模様であった。近世の初頭まで、小袖に施された装飾は、左右対称性と区画性を基本としていた。背縫いを左右対称に区画を設け、その内部に文様を充填的に施すというのが典型であった。例えば、後花園天皇の室町第行幸に関する記録『永享九年十月二十一日行幸記』には、「御紋亀の甲たすきにひあふぎびしと龍膽に雪との十六かはり」という記述がみられる。これは背縫いを中心として左右対称に十六の区画を設け、亀甲襷と扇菱の模様と雪持ちの竜胆の模様を区画内に浮織りの技法で表出したもので、二種の模様は互の目に配されるのが一般的であった。同行幸記には「浮織物。紋檜垣に雪ふり竹と枯野に雪との八かはり」「浮織物紋霰だすきに檜扇菱と枯野に雪とのかたみかはり」といった記述もあるが、違うのは区画の数や模様の種類のみで、構成の基本は同一である。

注目すべきはこのような左右対称と区画を基本とした構成が、男子の小袖の装飾にも広く認められる点である。中世後期には直垂系の装束を着装した武将の肖像画が数多く描かれた。直垂の着装時、その下には小袖が間着（あいぎ）として用いられるが、襟元にのぞく模様は大半が左右対称と区画を基本とした構成であったことが知られる。その様式の典型例が室町13代将軍足利義輝の画像にみられる（図1）。ここに描かれた装束は薄物の透直垂（すきひたたれ）で、間着の小袖の模様がはっきりと確認できる。肩の部分に背縫いを中心に四つの区画を設け、内部に格子と桐の模様を充填的に施している。袴によって裾の模様は確認できないが、装飾の構成原理が男女共通であったことは明らかであろう。

図1　「足利義輝像」（国立歴史民俗博物館蔵）

◆動揺する小袖模様　このような装飾の特徴は、17世紀初頭ころまでの小袖の遺品においても確認で

図2　寛文小袖「黒綸子地菊水模様絞縫箔小袖」（国立歴史民俗博物館蔵）

きる。段替りだけでなく、洲浜のような曲線で肩裾模様を構成する例もあるが、左右対称と区画を基本とする構成原理に変化はない。ところが、江戸時代初期、寛永頃（1624-44）になると一気に模様が動き出す。男子の小袖の装飾性が後退し、模様が女性の小袖に集中し始める。それとともに左右対称、区画性ともに弛緩し、自己主張の強いモチーフを小袖全面に左右非対称に構成する様式が台頭してくる。その一つの到達点が寛文年間（1661-73）を中心に盛行した寛文小袖の様式である。寛文小袖は、小袖全面を画布のごとくに中心となるモチーフを余白を大きく取って表出する特徴的な意匠の総称である（図2）。1666（寛文6）年には小袖雛形本の嚆矢となる『新撰御ひいなかた』が出版されるが、収載される200図の大半がこの意匠様式で占められ、また、万治4年から寛文4年（1661-64）のころに描かれた、東福門院関係の注文帖である『雁金屋雛形帖』のほとんどの模様図も寛文小袖の構成を取っている。これらの資料により、上級階層から町人階層まで、広く寛文小袖の様式が盛行していたことは明らかで、女性の小袖模様の好尚が17世紀の中ごろまでに大きく変化したことが知られる。

寛文小袖を一つの契機として、以後、小袖模様は明確なモチーフを中心に遠目にも判別のつく表現様式を軸として展開していく。刺繡や絞り染に加えて、17世紀後期頃から友禅染に代表される自由度の高い技法が普及して、図様の絵画的側面が強化されたことも模様を中心とした意匠表現の裾野の拡大に少なからず寄与したといえる。江戸時代中期の雛形本をみれば、女性の小袖模様は爛熟期を迎え、百花繚乱の趣が呈せられ、その流れは今日の和服にも確実に受け継がれている。

◆性差を表示する模様　このように、女性の小袖が模様に重きを置いて男性の小袖との差別化を図るようになったのは17世紀前期のことであった。先に述べたように、桃山時代までモチーフの好みや配色などの違いこそあれ、男女の小袖意匠は左右対称性と区画を重視する様式で構成の機軸は同一であった。左右対称性や模様の自己主張を抑制する手法に限れば、この美意識は古代の服飾にも通底する装飾の基本形であったと言える。そのずっと不変であった服飾の基本的要素が、小袖が男女共通の衣服形式として定位し始めたのと軌を一にして大きく動揺し、半世紀にも満たない短期間で寛文小袖という特徴的な様式として開花したのである。このような変化は、きわめて保守性の強い服飾において劇的といえる。近世の小袖模様は華麗な発展を遂げたが、それは日本の服飾が最終形の小袖中心時代に至り、形式差によって性差を表示することができなくなった局面で起こった大きな枠組みの転換であった。つまり、性差の主たる表示が形式差でなく、装飾性の差、すなわち模様の差異によって表示されるというまったく新しい体制に移行したのである。もちろん、これは個人の意志によってなされたわけではないし、なし得るものでもない。ゆっくり確実に変容してく服飾という領域で、時代の意思とでも言うべき存在に決定された必然的選択である。それゆえに、寛文小袖や友禅染といった個別の服飾の要素に着目している段階では、この大きな潮流の変化を見定めることはできない。服飾史を俯瞰し、衣服の形式の変遷と、模様の展開の動きの大局を重ねて捉えたとき、はじめて多彩な模様の背後に秘められたもう一つの装飾の意義が浮き彫りとなってくるのである。

◆変容を続ける装飾性　模様によって性差を表示するに至った小袖であったが、17世紀末ころから装飾はさらなる変化を遂げる。小袖の身丈や袖丈の伸長に加えて、小袖を固定する帯の幅、丈も増長し、結び方も多様化し、かつ、複雑化していくこととなった。帯の拡大は幕末まで続き、後には帯を固定するための帯締めや帯揚げなどが必要となり、帯留などの装身具の登場を促すこととなった。今日、このような和服の装いは当たり前のように受け入れられているが、衣服を固定するための帯をさらに固定する具が必要となるという状況は、服飾史上、一種の異常事態とも言える。これも性差を表示する役割が小袖模様から帯へと拡大していったと捉えることができる。さらに帯の拡大と並行して結髪も複雑化し、簪（かんざし）や櫛（くし）、笄（こうがい）などの装身具に美が競わされるようになるが、これもまた女性性の表示の拡大である。江戸時代の小袖は、女性の模様を独自の表現の場として、さらに帯の結びや結髪などの複雑化によって立体性を帯びることにより、和装における独自の性差表示の役割を装飾美として昇華させていったのである。（丸山伸彦）

▶参考文献

河鰭実英（1966）『きもの文化史（SD 選書 8）』
鈴木敬三（1995）『有職故実図典―服装と故実』
丸山伸彦（2008）『江戸モードの誕生』

4）近代国家の市民権と男性性

①「男性」もつくられる —軍隊とマスキュリニティ

Ⅰ−1−4−②, Ⅰ−1−4−⑤　【読】 世1−6, 世11−2, 日8−3

◆**近世の軍隊**　「軍隊経験を通して男は一人前になる」という価値観が形成され、軍隊がマスキュリニティを涵養する場として認識されるようになるのは近代以降のことである。近世の軍隊は、17世紀半ばまで傭兵隊との個別契約によって成り立っていたが、17世紀後半になると、ヨーロッパ各国で常備軍が創設され、恒常的な軍事力の維持が図られるようになる。軍隊は貴族出身の将校団と平民および下層民から成る歩兵隊によって構成された。多くの国で士官の職は売官制にさらされ、農民や都市の日雇い労働者、徒弟などで構成された兵士たちも、忠誠心や愛国心とは無縁の存在であった。また、軍隊は男性のみで構成される排他的な空間ではなく、将校や兵士が妻や子どもを戦場へ帯同することもめずらしくなかった。軍隊と社会の分離という近代特有の現象がおこる以前、女性は調理や洗濯など軍隊生活に不可欠な役割を果たしただけでなく、ときに戦闘行為に従事することもあった。兵営が整備され、兵站術が向上するにともない、女性は徐々に軍隊から排除されていく。軍事行動上の偶発性や変装などで得た機会をとらえて女性が戦闘に参加することがあっても、それはきわめて例外的なこととして認識された。

図1 「行軍する兵士と女性たち」1811
(© National Army Museum, 1974-03-6-1)

◆**国民国家の形成と「勇敢な兵士」像の創出**　西洋世界で「勇敢に戦う兵士」を理想とするマスキュリニティ概念が形成されるのは、ナショナリズムの高まりを背景にフランス革命戦争やナポレオン戦争がおこった国民国家形成期のことである❶。18世紀末から19世紀初頭にかけて、フランスやプロイセンで国民皆兵を原則とする徴兵制が導入され、19世紀中に日本やロシア、イタリアなどでも一般義務兵役が制度化された❷。一方、イギリスのように第一次世界大戦に至るまで徴兵制の導入を回避し、職業的軍隊に依存し続けた例も存在する。徴兵制の導入には、しばしば男子普通選挙という形で市民権が付随し、フランスでは革命後の18世紀末に世界初の例として、プロイセンでは19世紀後半にそれぞれ男子普通選挙が実現した。ただし「市民兵の創出」はあくまでも理念であり、徴兵制への反発も広範かつ長期にわたって見られた。

◆軍隊で「つくられる」兵士たち　兵役は男性を地域や出自から切り離して等しく国民とし、国家の大義のために献身する者を模範的な男性として規定した。兵役に不可欠な徴兵検査は、兵士すなわち男性としての理想的な身体を創出し、厳格な階級制のもとに「男」たちを序列化した。規律化された集団生活、厳しい軍事訓練、長く困難な行軍や実戦経験を通して、兵士は軍隊に同化し、忠誠心をもつことを期待された。兵役に応じることは国民としての義務であり、軍隊経験は「ひとかどの男になる」ための通過儀礼として認識された。戦う兵士のマスキュリニティは、すべての男性に「理想」との関係のなかで自らを捉えることを要請し、平時の社会をも貫くヒエラルキーを創出した。

◆第一次世界大戦とマスキュリニティ　未曽有の規模での軍事動員がなされた第一次世界大戦期には、徴兵制の有無にかかわらず、志願兵がマスキュリニティの体現者として称揚された❸。戦う兵士を理想とするマスキュリニティは、戦時の軍隊のみならず、平時の学校や社会組織のなかでも涵養された。また、それは戦中から戦後にかけて各地に建立された戦争記念碑を通して平時にも受け継がれ、マスキュリニティのステレオタイプとして機能し続けた❹。さらに、戦う男のマスキュリニティは、戦わない/戦えない性としての女性の従属性を正当化する役割も果たした。第一次世界大戦期には、それまでの軍人と文民という区別に加え、「女らしい」銃後と「男らしい」前線という二分法が確立する。西洋の多くの国で、女性は軍需工場や看護部隊、軍の補助部隊などに動員され、総力戦を支えた。軍隊においては、女性に武器と戦闘員としての資格を与えたロシアのような例外はあるものの、多くの国で女性の任務は非戦闘領域に制限されるなど、軍隊内のジェンダー秩序の維持が図られた。

◆自己犠牲の精神と戦友意識の形成　第一次世界大戦は理想的なマスキュリニティを体現する兵士の「不在」によって特徴づけられる戦いでもあった。威力を増した近代的兵器は、長期におよぶ塹壕戦をもたらし、ある意味で兵士を無力な存在へと変えたからである。近代戦の現実は、それまでマスキュリニティの核を形成していた身体的な強さ、敵に立ち向かう勇気といった概念にも修正を迫った。代わって称揚されたのが自己犠牲の精神であり、危険や恐怖を共有するなかで育まれた兵士同士の絆が、戦友意識という新たな価値観を形成した。塹壕体験を神聖視する戦友意識は、前線と銃後の断絶をもたらしたとも言われるが、兵士と家族との感情的な結びつきによって、前線と銃後の相互依存的な関係は維持された。トマス・キューネは『男の歴史』のなかで、戦友意識には英雄的かつ戦闘的な要素と、包容力や優しさという二つの要素があり、前者は後者によって支えられたとしている。

◆「弱き男性」とマスキュリニティ　両大戦期に強化された戦う男のマスキュリニティは、戦えない性である女性だけでなく、戦わない／戦えない「弱き男性」の存在によっても強化された。兵役拒否や脱走によって戦いを放棄した者だけでなく、捕虜や負傷兵のように戦線離脱を余儀なくされた者、軍隊内の非戦闘職に従事した者など、軍隊の「なか」にありながら微妙な立場におかれた男性も存在した。また、同性愛はマスキュリニティの対極にある道徳的頽廃として捉えられたため、同性愛者は軍隊のなかで周縁化され、彼らに対する不寛容は20世紀末まで続いた。さらに、身体および精神に障害を負った兵士たちもまた、戦後、長きにわたる「戦い」を強いられた。彼らは公的には戦争の英雄として崇拝されたものの、現実には男性としての社会的期待や自己イメージを放棄ないしは修正せざるを得なかった。国家および家族への依存を前提に生きなければならないという意味で、彼らは理想のマスキュリニティを剥奪（エマスキュレーション）された存在であった。このように受動性を強いられた男性たちは、軍の内外で幾重にも階層化され、その従属性や周縁性によって理想的マスキュリニティはいっそう強化された。

図2「第一次世界大戦中の西部戦線における塹壕戦」
（© Imperial War Museum E (AUS) 825）

◆国民皆兵の時代の終焉　第二次世界大戦以降、西洋諸国の軍隊はジェンダー統合への道を歩んできた。女性への職域開放が段階的に進められ、女性を徴兵対象とする国も出現する一方、近年では徴兵制そのものを撤廃する動きも加速している。両大戦期をピークとする国民皆兵の時代は終わりを迎え、一般兵役制は明らかに衰退の段階に入った。貧困層や外国人、移民といった社会的マイノリティが軍事要員の供給源となり、民間への軍務委託といった現象もおきるなど、国民、しかも男性の義務としての兵役という概念は希薄化しつつある。もはや男だけの排他的な空間ではなくなった軍隊は、祖国のために戦う男のマスキュリニティを涵養する場としての機能を喪失したとも言える。しかし、依然として女性は量的な面でも質的な面でも軍隊のなかで周縁化されており、軍隊は多様性と機会均等を掲げながらも、軍事的マスキュリニティを今なお再生産し続けている❺。（林田敏子）

---

❶ 愛国的な農民兵士「ニコラ・ショーヴァン」

フランス革命および帝政時代のフランス軍で「活躍」したとされる架空の農民兵士ニコラ・ショーヴァンは、激しいナショナリズムに燃える志願兵として神話化された。排外的愛国主義を意味する「ショーヴィニズム」という言葉は、彼の名に由来する。（ジェラール・ド＝ピュイメージュ（上垣豊訳）（2003）「兵士ショーヴァン」ピエール・ノラ編（谷川稔監訳）『記憶の場―フランス国民意識の文化＝社会史』第3巻、岩波書店）

❷ 武勇を象徴する勲章

フランスでは1802年にナポレオンがレジョン・ドヌール勲章を、プロイセンでは1813年にフリードリヒ・ヴィルヘルム3世が鉄十字章を制定した。鉄十字章はその後も、普仏戦争、両大戦と、大規模な戦争が起こるたびに制定され、軍事的功労者に授与された。各国で導入された勲章は軍事的シンボルであるとともに、究極のマスキュリニティを象徴するものとして機能した。

❸ 図3　第一次世界大戦期カナダの募兵ポスター

（出典）Imperial War Museum, PST 12465

▶解説　人目を惹く黄色と黒の二色刷りのポスターで、行進する兵士の隊列を指差す兵士が描かれている。「ここに君のチャンスがある。我々が欲しているのは男だ」というキャプションには男という言葉に下線が引かれており、男を「つくる」場としての軍隊という当時の典型的なマスキュリニティ観が表れている。

❹ イギリスの戦没者記念碑「セノタフ」

ギリシア語で「空っぽの墓」を意味するセノタフ（Cenotagh）は、エドウィン・ラッチェンスが第一次世界大戦後の戦勝記念パレードのために設計したもので、勝利と戦没者を顕彰するとともに、無名戦士の墓としても機能した。

❺ 近年の軍隊はジェンダー、エスニシティ、セクシュアリティなど、さまざまな意味での多様性の包摂を謳っているが、平等や機会均等の名の下に社会の軍事化が進行しているとの研究もある。（佐藤文香（2022）『女性兵士という難問――ジェンダーから問う戦争・軍隊の社会学――』慶應義塾大学出版会

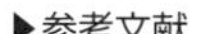

▶参考文献

ジョージ・L・モッセ（細谷実ほか訳）（2005）『男のイメージ―男性性の創造と近代社会』
木本喜美子・貴堂嘉之編（2010）『ジェンダーと社会―男性史・軍隊・セクシュアリティ』
阪口修平・丸畠宏太編（2009）『近代ヨーロッパの探究12　軍隊』
トーマス・キューネ編（星乃治彦訳）（1997）『男の歴史―市民社会と「男らしさ」の神話』

問い

①近代以降、軍隊とマスキュリニティが結びつくようになった背景には何があるか。

②軍隊におけるマスキュリニティの形成に女性の存在が果たした役割は何か。

4）近代国家の市民権と男性性

②市民的名誉とジェンダー

Ⅰ－1－4－①，Ⅰ－1－5－①，Ⅰ－3－5－④　【読】 世10－4，世10－11

◆名誉とジェンダー　名誉は第二次世界大戦以前の社会、とりわけ19世紀には現在とはまったく異なる意味をもち、ある社会的身分の人々の行動を規定し、他の社会的身分とは区別される特定の生活態度を求めた。社会集団として、名誉の厳格な規範や実践にはじめて触れるきっかけとなったのは、男性的な組織である軍隊や学生団体であった。これらの組織の成員、軍隊ではとくに将校は、自分の名誉を厳粛に受けとめて守り抜くことを学び、侮辱されないよう細心の注意を払った。名誉を汚すと、組織内で自分の居場所を失った。

名誉は男女双方に関わったが、その表れ方や意味合いは大きく異なりジェンダー化されていた。女性の最大の名誉は清廉潔白性であり、純潔を守らない女性は「堕落」し名誉を汚しているとみなされた。男性の名誉は社会的に複雑な意味をもち、性的な要素は副次的だったが、最大の侮辱は、家族の女性が誘惑されるという性的なものだった。男性は自分の名誉の所有者で汚された名誉を取り戻すことができたが、女性の名誉は自分では回復できず、永久に戻らなかった。女性の家族が名誉回復に立ちあがっても、そこで問題になるのは家族の男性の名誉だった。

◆決闘　男性は名誉回復のために全存在をかけて決闘した。決闘は名誉の至純の表現方法であり、名誉を重んじる思想や生活態度の証明であった。決闘は愚かで危険で非合理的なものとして容赦ない批判を浴びていたにもかかわらず、イギリスでは訴訟による決着に取って変わられた19世紀半ばまで、法廷での有罪判決だけでは不十分とされたドイツでは世紀転換期まで存続し、多くの著名人が決闘を体験した。

名誉は特定の社会集団固有の行動規範に内在したものではあったが、守るのは個人であった。軍隊や学生という組織の存在は決闘を後押ししたが、ドイツの教養市民層が決闘をしたのは個人の自由意志によるもので、深刻な名誉毀損に対して、自立した主体として自己の名誉に自ら責任を負い、自らの人格的完全性を証明するために決闘を選択した。決闘は「名誉に生きる男」の特権だったので、そのルールは厳密だった。両者は対等な立場で対戦し、同じ武器を使用し、同じリスクを負った。だからこそ、決闘の終了後、和解することも可能だった。

決闘には、男らしさを象徴する意味合いがあった。決闘は、大胆、勇気、気力、熟達、厳格、徹底、自己規律といった男性的な徳を具現していた。決闘を逃れようとする者は臆病者のそしりを受けた。自らの手と力で侮辱を退けない臆病で卑怯な者は、男とはみなされなかった。男なら不屈の精神と不動の信念である勇気を示さなければならなかったのである。

◆戦争と名誉　戦争は、女性の貞潔と名誉との関係を象徴的に示している。右の写真は、第一次世界大戦中のアメリカが戦争国債購入を促すために作ったポスターである。ドイツ軍がベルギーに侵攻し、凶暴にも町を焼き尽くし、無垢な女性をレイプするという人倫非道な行いを描きだし、この危機を救うのは連合軍しかいない、とアピールしている。戦時中には、こうした敵にレイプされる女性像が、政治的に強いシンボル効果を与えるプロパガンダとして頻繁に登場した。ここでは、女性の名誉の喪失だけではなく、敵国の攻撃から女性を守れない男性の恥辱と国家の無力感も浮き彫りにされる。そして自国の男性に対して、自身の名誉と命という代価を賭けて女性の庇護と防衛義務に全力を尽くし、自国の名誉を守るよう呼びかけたのである。

左の写真は、キャパがドイツ占領から解放されたフランスのシャルトルの路上で1944年８月に撮影したもので、丸刈りにされた女性がドイツ兵との間に産まれた子どもを抱いている。対独協力者の軍事裁判とは別枠で行われた女性に対する公開処罰で、約２万人が丸刈りにされ、そのうち約42％がドイツ人との性的関係を咎められた。彼女たちは自身の名誉だけでなく、国家の名誉も汚した裏切り者とされ、女性の象徴である髪を剃られて怒りと嘲笑の標的となった。ヒトラー政権下のドイツでは、名誉はジェンダー化と同時に人種化された。「下等人間」とされたユダヤ人や東欧系外国人との性的関係はドイツ人の名誉を損なうとして禁止され、刑罰の対象となったが、外国人労働力とドイツ人との「禁じられた交際」は阻止できなかった。その見せしめと予防を目的として、公共の場で丸刈りにされた女性がいたが、ドイツ人男性は、こうした処罰は受けなかった。女性の性を手段としながら敵の名誉を毀損させるという方法は、現代でも生きている。（姫岡とし子）

▶参考文献

ウーテ・フレーフェルト（2000）「市民性と名誉─決闘のイギリス・ドイツ比較」J・コッカ編著（望田幸男監訳）『国際比較・近代ドイツの市民─心性・文化・政治』
同（櫻井文子訳）（2018）『歴史のなかの感情─失われた名誉／創られた共感』
同（姫岡とし子訳）（2018）「戦争と感情─名誉、恥、犠牲への歓び」『思想』no.1125
平稲晶子（2009）「丸刈りにされた女たち─第二次世界大戦時の独仏比較」『ヨーロッパ研究』第８号

4）近代国家の市民権と男性性

③近代中国の国民と男性性

Ⅰ−1−3−②，Ⅰ−3−4−②，Ⅱ−2−4−④　【読】世13−6，世14−3

◆伝統的男性性　文武両道という言葉がある。いま風に言えば、文は頭脳派、武は肉体派。勉強もでき運動もできる学生を指すことが多い。文と武は両立が難しいからこそ、それを兼ね備えることに大きな価値が与えられる。女性に対して使わないというわけではないが、男性に対して用いることが圧倒的に多い。文武両道は日本語だが、中国にも似たような言葉があり、文武兼備、文武双全などと言う。文も武も男らしさの一類型で、両者の関係性から中国の男性性の歴史を読み解くことができる。

宋代以降の中国では、科挙を通じて文が覇権的男性性となった。武の地位は低下し、「よい人は兵にならない」とまで言われるようになる。19世紀に入ると内乱や西洋列強の侵略が相次ぎ、軍事力強化の必要性が高まるが、文の優位は揺るがなかった。湘軍を率いた曽国藩も、諡（おくりな）は「文正」であった。文の優位は、日清戦争によって、大きく揺らぐ。従来、いわゆる洋務運動のなかで軍隊の近代化が推進されてきたが、兵器の輸入などおもにハード面にとどまっていた。日清戦争中より編制された新軍は、読み書きのできる良民を募集するなど、従来の軍隊イメージを根本的に塗りかえた。

◆近代的男性性　1902年、日本の成城学校（陸軍士官学校の予備校）に留学していた蔡鍔は「軍国民篇」と題する文章を発表した。軍国民とは、すべての国民が軍人でもあることを指す。存亡の危機にあった中国を救うことができるのは、軍国民を養成するほかない、というのが蔡鍔の主張であった。軍国民主義は、体制側からも反体制側からも支持された。軍国民によって、体制側は清朝の存続を目指し、反体制側は清朝の打倒による中国の存続を目指した。こうして、伝統的な「武」が刷新され、その地位が高まった。それを象徴するのが知識人の従軍であり、また軍事を学ぶ留学生の増加である。軍国民のモデルとなったドイツや日本では、徴兵制や軍事教練を通じて、女性は軍国民から制度的に排除されていた。女性は軍国民の母や妻の役割を割り当てられた。しかし、中国では軍事の領域に女性が参入するケースが後を絶たなかった。例えば、辛亥革命にさいしては、女子北伐敢死隊をはじめ多くの女子軍が組織され、その一部は、のちに女性参政権運動に参加した。軍事的義務と政治的権利の関係は理解されていたが、国民と国家の両方がいまだ確立されていなかった。

袁世凱の死後、中国は軍閥割拠の時代を迎える。軍人たちは共和国を外敵から防衛するよりも、互いに争い、国民国家建設を妨げた。第一次世界大戦でのドイツの敗北は、軍国民主義の凋落を決定づけた。平和主義やデモクラシーの高揚が世界の潮流となり、中国では五四新文化運動がデモクラシーとサイエンスを掲げた。中国の男性性にとりわけ大きな影響を及ぼしたのは、儒教批判だった。儒教こそ伝統的な文の核心だったからである。青年たちは、男女平等や核家族など新しい人間関係に基づく社会を構築しようとした。だが、社会の土台となるべき国家はますます混迷を深めていた。理想と現実のギャップに直面した青年たちは、国家・国民そのものを作り替えることを目指す国民革命に参加していく。

1920年代後半以降の絶えざる内憂外患は、男性性の軍事化を進め、軍国民路線への回帰を促した。国民革命は、これまで政治から排除されてきた農民や労働者、女性を取り込み、彼（女）らを政治的主体に変えようとした。少なからぬ女性幹部が活躍していたことは、男性一色の北京政府とは対照的だった。女性の進出は軍隊にも及んだ。しかし、女性の進出に対する男性の反発は根強く存在し、女性は自分たちを家の中に閉じ込めようとする伝統とも戦わねばならなかった。

◆新中国の男性性　新中国の社会ではジェンダーよりも階級がいっそう重要な意味を持った。人々は人民と人民の敵に分けられ、国民概念は後退した。文化大革命の時期には男女の性差すら極小化されるが、これは女性に男性の規範を求めるという形で実施された。若い男女が紅衛兵の姿に身を包んだこの時代は、軍国民的男性性が社会全体を覆った時代ともみることができる。

改革開放の時代に入り、中国共産党は政治的正当性を階級闘争から民族主義に転換するなかで、人民概念は後退する。現在の状況について、よりソフトな男性性に移行しつつあるという見方もあるが、一方で「中華民族の偉大な復興」のようなスローガンや、男女の格差拡大、フェミニズムの抑圧、伝統の再評価といった一連の事象が示唆するのは、よりハードな男性性の台頭である。（高嶋航）

▶参考文献

高嶋航（2018）「近代中国の男性性」小浜正子ほか編『中国ジェンダー史研究入門』

高嶋航（2015）「辮髪と軍服―清末の軍人と男性性の再構築」小浜正子編『ジェンダーの中国史』

高嶋航（2015）「軍隊と社会のはざまで―日本・朝鮮・中国・フィリピンの学校における軍事訓練」田中雅一編『軍隊の文化人類学』

Kam Louie (2015) *Chinese Masculinities in a Globalizing World.*

Kam Louie (2002) *Theorising Chinese Masculinity: Society and Gender in China.*

Bret Hinsch (2013) *Masculinities in Chinese History.*

4）近代国家の市民権と男性性

④植民地近代における男性性—インドの事例から

Ⅰ－コラム⑧，Ⅰ－3－4－④，Ⅰ－5－3－③　【読】 世12－2，世12－8，世14－2

◆植民地支配・ナショナリズム・男性性　植民地支配ならびにナショナリズムのイデオロギーは、いずれも、ジェンダー言説を一つの柱としていた。既存の男女関係に依拠しながら、支配する側を男性、支配される側を女性とイメージすることで、植民地勢力は、その支配を自然化、正当化し、自らの男性性（マスキュリニティ）を強調した。支配を正当化するもう一つの言説は、植民地側を「大人」、被植民地側を「子供」と位置づけるものであるが、この場合も、「大人」は暗に男性成人が想定されていると言えよう。

一方、「女性化」された現地の男性ナショナリストたちは、否定された男性性の復活をめざした。男性性を強調する言説は、ときに、双方のあいだでの「ハイパー・マスキュリニティ（超男性性）」を競うかのような様相を呈した。

◆「女々しい」ベンガル人　インドにおいて、イギリス支配者たちからことさらその男性性を否定されたのは、ベンガル地域のヒンドゥー中間層である。当地における一般的な尊称であった「バーブー（郷紳）」は、「女々しい」ベンガル人男性を揶揄する表現に変化した。1911年にデリーに遷都するまで植民地支配の拠点であったカルカッタ（現在のコルカタ）において、他の地域に先立って急速に成長しつつあった英語教育を受けた知識層が、イギリス支配にとって脅威と認識されたことと、こうしたベンガル人男性表象は無関係でない。さらに、肌の色や体格など、人種主義的な要素も加わっていった。

◆「マーシャル・レイス」という概念　ベンガル人男性を女性化する営為とは対照的に、「戦闘に適する」とされるインド人集団がイギリスによって特定されていった。これは植民地支配をイギリス帝国レベルで支えたインド軍を募る要請と結びついていた。インド大反乱（1857-58年）を鎮圧したのちに、再度の反乱を回避すべくインド軍が再編されるプロセスで、「マーシャル・レイス」概念が醸成された。大反乱以前は、ベンガル軍兵士は上位カースト出身者に偏り、とくに、1856年に併合され反乱の中核となったアワド地域出身者が4分3を占めていた。「マーシャル・レイス」概念に従えば、特定のエスニシティ、カースト、宗教集団がとくに軍事に適しているのみならず、イギリスに忠誠心があるとみなされた。具体的には、パンジャーブ地域のスィク教徒とムスリム、北西辺境州のムスリム、ネパールのグルカなどである。その選定は必要に応じて恣意的に変化もした。1914年までに、インド人歩兵の4分の3が、「マーシャル・レイス」からのリクルートだったという。「マーシャル・レイス」概念は、19世紀後半以降に影響力を強めた人種論によっても支えられた。

◆ナショナリズムと男性性　戦闘性が「マーシャル・レイス」概念によって男性性の精髄とされたように、ナショナリズムが高揚するとともに、インド史における尚武の伝統を掘り起こし、ときに「創造」する努力がさかんとなった。クシャトリヤ（戦士階層）の代表とされてきたラージプート出身の王たちや、17世紀に西インドでマラーター政権を打ち立てたシヴァージーなどの栄光が賞揚された。シヴァージーを称えるシヴァージー祭が、急進派ナショナリストのリーダー、ティラクによって1890年代に組織されたことなどが典型である。こうした動向は、掘り起こされる「英雄」たちが戦った勢力がイスラーム政権であったことから、インド政治におけるヒンドゥーとムスリムのあいだの対立の一要因にもなった。若い男性を中心に、肉体的な鍛錬への熱も広まり、肉食についても「男性性」の観点から論じられた。

◆禁欲と男性性　欲望を統制すること（具体的には精液の放出を制御すること）によって精神力や身体力を強めるというインドにおける思想と実践の重要な柱の一つを形成してきたブラフマチャリヤ（禁欲主義）の理想は、ナショナリズムと結びついた。サンニヤーシー（出家者）のナショナリストとして影響力を持ったヴィヴェーカーナンダはさかんに男性性の回復を説き❶、マハートマー・ガーンディーは、スワラージ（自治）の獲得のためとして、非暴力と並んでブラフマチャリヤの必要性を強調した。禁欲主義はもっぱら男性主体の議論であり、こうした価値の実践において、男性が追及する禁欲の障害以外のどのような役割が女性に振り向けられるのか、問われるところである。（粟屋利江）

---

❶『マドラスでのヴィヴェーカーナンダの講演、1897年2月9日』（出典）間108頁

我々は十分に嘆き続けてきた。もう嘆くことはない。だが、自分の足で立ち、男たらんとしなさい。我々が欲しいのは、男らしさを涵養する宗教である。我々が欲しいのは男らしさを涵養する理論である。我々が欲しいのは男らしさを涵養する教育である。

▶ヴィヴェーカーナンダは、1893年のシカゴ世界宗教会議において行ったヒンドゥー教の優越を説いた演説によって欧米で有名になった。彼の説いたヒンドゥー教は、マスキュリン・ヒンドゥー教とも評される。

▶参考文献

Mrinalini Sinha (1995) *Colonial Masculinity: The 'Manly Englishman' and the 'Effeminate Bengali' in the Late Nineteenth Century.*

間永次郎（2019）『ガーンディーの性とナショナリズム』

Kaushik Roy (2008) *Brown Warriors of the Raj: Recruitment and the Mechanics of Command in the Sepoy Army, 1859-1913.*

4）近代国家の市民権と男性性

⑤冷戦体制とマスキュリニティ

Ⅲ−2−3−①, Ⅲ−2−3−②, Ⅲ−3−2−③　【読】世14−1, 世14−4, 世14−5

◆植民地統治解放から冷戦へ　1945年8月、アジア・太平洋戦争に敗北して大日本帝国は終焉を迎えた。アジアは米ソ対立を主軸とする冷戦体制に組み込まれ、米国がこの地域のヘゲモニーを掌握する国家として台頭した。反共産主義ブロックを構築する過程で日本を環太平洋同盟の経済的要石として復興させるという米国の地政学的な判断は、アジア諸国に分業体制をもたらした。沖縄、台湾、韓国、フィリピンは米国の軍事機能と軍事施設の負担を負うこととなり、これは日本本土の経済成長を可能にした。他方、大日本帝国の旧植民地である台湾と韓国において民主化は実現せず、軍事政権は民主主義を求める人々の要求を「反共」の名のもとに弾圧した。これらの社会では軍事主義が独裁体制を正当化し、男子徴兵制がその中核的政策に位置づけられた。

◆マスキュリニティとヘテロノーマティヴィティ　安全保障の要請から台湾と韓国で導入された徴兵制は、国籍を持つ男子を兵士につくりかえるとともに国家のために命をも犠牲にする「国民」を再生産する政治制度であった。兵役を完遂した男性は、労働倫理や社交能力や一般常識を備えた成人男性として承認され、男同士の絆や連帯を通じて公的領域すなわち男社会への参入を歓迎された。男性が市民権を占有したため、1980年代の民主化を背景に女性運動やフェミニズムが発展を遂げるまで女性は抑圧的な状況に置かれた。

だが、徴兵制は国籍を持つすべての戸籍上の男性を徴用したわけではなかった。台湾と韓国の軍隊は、身体や精神の疾病を詳細に分類して兵役に不適切な男性を抽出し、一部には「代替役」として銃後の任務を課し、残りの男性は軍隊から排除した。疾病分類のなかでも、陰茎と睾丸の状態、勃起や生殖に関する機能や能力、性的指向やジェンダーアイデンティティは特に重視された。その結果、生殖に寄与しないとみなされた男性は病理化されて規範的外部へ排除され、シスジェンダーで、ヘテロセクシュアルで、生殖可能な男性身体を〈正常な男性〉とする規範が形成された。台湾と韓国で国籍を持つすべての男性は国防の義務を課され、社会生活を営むにあたって兵役を完遂することが期待されるため、軍隊からの排除は男性として得られるはずの利益から疎外されることを意味した。このような意味において、台湾と韓国におけるマスキュリニティは軍事主義と密接に結びつき、安全保障や「国民」の再生産に貢献するとみなされた男性は市民権を享受したが、ヘテロノーマティヴィティを逸脱した男性は周縁化されたということができる❶。

◆冷戦の終焉と「LGBTフレンドリーな東アジア」の誕生　冷戦が終焉して民主化が進展すると、市民権を剥奪されたマイノリティの社会運動が発展を遂げた。性的マイノリティの社会運動は先行する女性運動やフェミニズムの影響を受けて、1990年代から2000年代にかけて発展を遂げた。台湾では1994年に政府が「同性愛者も公民である」と承認して「ゲイフレンドリーな軍隊」が誕生した。韓国の軍隊は依然として同性愛者やトランスジェンダーを排除する規定を持つが、性的マイノリティの権利を要求する社会運動は「LGBT フレンドリーな社会」を求めて闘争を続けている。一方、2000年代以降、宗教右派を中心にバックラッシュが発展を遂げ、性的マイノリティの権利を否定する保守市民が台頭した。韓国では「男性同性愛者を軍隊に包摂すると国が滅ぶ」といったナショナリズムとホモフォビアが結合した言説が広がりをみせるが、これはマスキュリニティが軍事主義と結びついて形成された冷戦時代の負の遺産であると言えよう。（福永玄弥）

「ソウル・クィアパレードを行進する参加者たち」
（執筆者撮影）

---

❶ ヘテロノーマティヴィティとは、セックスとジェンダーアイデンティティと性的欲望の各項の間に一貫性があるかのように打ち立てる社会規範を指す。性に関する身体把握において外性器の形状を特権化し、それを中心に身体を意味づけ、生殖に結びつく異性愛を正常な性的指向とみなす。

▶参考文献

福永玄弥（2022）「冷戦体制と軍事化されたマスキュリニティ—台湾と韓国の徴兵制を事例に」小浜正子・板橋暁子編『東アジアの家族とセクシュアリティ』

ジュディス・バトラー（1999）（竹村和子訳）『ジェンダー・トラブル—フェミニズムとアイデンティティの撹乱』

レオ・チン（2021）『反日—東アジアにおける感情の政治』

問い

①ナショナリズムと同性愛の関係について考えなさい。

②性的マイノリティ運動の発展に女性運動やフェミニズムがもたらした影響について考えなさい。

5）さまざまな「らしさ」

①「女の子」「男の子」というイメージの構築—グリム童話

Ⅰ−1−4−②，Ⅱ−1−2−②　【読】世10−11，世11−3

◆グリム童話の成立　グリム童話とは、グリム兄弟により収集された昔話集のことで、正式名は『子どもと家庭のメルヒェン集』という。初版は1812年（第1巻）と1815年（第2巻）に出版され、その後再版が繰り返され、1857年の第7版が決定版とされている。そこには210話のメルヒェン（昔話）が収録されている。近代家族❶が出現した19世紀のドイツは、「子どものためのもの」が出現した時期であった。「子ども部屋」、「子ども服」、「子どもの本」はこの時代の産物であり、多くの都市富裕市民がこの本の購入者であった。その後、世界各地で近代家族が成立すると、グリム童話の購読者は世界中に広がり、世界でもっとも多くの人々に読まれている文学とまで言われるようになった。

◆グリム童話のなかの「女の子」　幸福な結末を迎える女の子は、家事をこなし、従順で（ホレおばさん、白雪姫、ヘンゼルとグレーテル、シンデレラ）、人間だけでなく動物や精霊にまで親切で（ホレおばさん、雪白とバラ赤、森の中の3人の小人）、婚約者や夫が裏切ってもひたすら信じ続けなければならない（恋人ローラント、鉄のハンス）。両親が選んだ相手との結婚を拒否した姫は罰せられ、乞食と結婚させられたり（ツグミの髭の王様）、塔に閉じ込められたり（マーレン姫）、追放されたり（千枚皮）する。王妃になる娘には極端な寡黙さが要求される。7年間口を利かず（12人の兄弟）、6年間沈黙を守らねばならない（6羽の白鳥）。つまり、女の子は現実の世界で求められた美徳を備えた者が幸せになるのである。

◆グリム童話のなかの「男の子」　幸福な結末を迎える男の子は、無鉄砲で、勇敢で、怖がらず、思いやりがあり、馬鹿で、他力本願でなければならない（金の鳥、蜜蜂の女王、3枚の羽根、知恵のあるちびの仕立屋）。男の子にも沈黙は課せられるが、わずか3日間であり（黄金の山の王様、怖いものなしの王子）、女の子に比べると極端に短い。幸せになるのは賢い男の子ではなく、馬鹿で向こう見ずな男の子で、百姓や樵や仕立屋などの貧乏人である。自分の力ではなく他者の力を信じ、疑うことなく他者に身を委ねる。つまり、愚かであることを自覚して、援助者である他者の力を信じて疑わず、優しく思いやりの心を持つ男の子が、姫と結婚できるのである（金の鳥、蜜蜂の女王、3枚の羽根）。ようするに、男の子は勤勉に働いて幸せを掴むのではなく、他者に委ねることによって幸せになるのである。身分が固定されていた封建社会で階層を越えた結婚をするには、運に任せるしか方法はなかったからであろう。メルヒェンはそのような男の願望を語っているのである。なぜなら西洋中世では文学は男のものであり、女のものではなかったからである。

◆「好奇心」の強い女の子　好奇心が強く欲求を制御できない女の子は不幸になる。親から禁止された人物を訪問した娘は殺され（トルーデさん）、開けることが禁じられた部屋を開けた娘は天国から落とされたり（マリアの子）、殺されたり（フィッチャー鳥）する。金細工を見たがる姫は拉致され（忠臣ヨハネス）、美しいドレスを欲しがる娘は婚約者を失う（恋人ローラント）。素敵な紐や櫛や林檎を求める娘は殺され（白雪日姫）、初めて見るものに興味を持ち触ろうとすると、100年間眠らされる（いばら姫）。

◆「好奇心」の強い男の子　好奇心が強くタブーを犯してしまう男の子は罰せられず、幸運を手に入れる。禁止された部屋を開けた王子は絵姿の姫に恋をして病気になるが、姫と結婚する（忠臣ヨハネス）。触れることを禁じられた金の泉に指や髪をひたした男の子は追い出されるが、「鉄のハンス」と呼べばいつでも助けてもらえる（鉄のハンス）。禁じられたもの（蛇）を食べて動物の言葉がわかるようになった家来は、濡れ衣を晴らすことができる（白い蛇）。秘密の呪文を唱えて山を開けた男の子は、宝物を手に入れることができる（ジメリの山）。

◆ジェンダーによりダブルスタンダードを持つ「好奇心」　女であるか男であるかによってもたらされる結果が異なる好奇心は、ジェンダーによるダブルスタンダード（二重基準）を持つ存在である。そこには最初に誘惑に負けたのは男ではなく女であるとして禁断の果実を食べたイブに女の原罪❷を見ようとするキリスト教の考え方が反映している。それゆえ、女の好奇心は性的好奇心であり、男の好奇心は知的好奇心であるという把握がなされていたのである。（野口芳子）

---

❶ 夫は外で稼ぎ、妻は家で家事育児をする性別役割分業が成立している家族で、子どもに細やかな愛情を注ぎ、子どもの教育に力を入れる家族を指す。それ以前の伝統家族では子どもは家計を維持する「働き手」として捉えられていた。

❷ 大蛇に姿を変えた悪魔に唆されて、神が禁じた果実をイブが食べたことを指す。

▶参考文献

野口芳子（1994）『グリムのメルヒェン―その夢と現実』
ルース・ボティックハイマー（鈴木晶他訳）（1990）『グリム童話の悪い少女と勇敢な少年』
野口芳子（2016）『グリム童話のメタファー―固定観念を覆す解釈』

問い

①グリム童話で幸せな結末を迎える女の子はどのようなタイプか。
②なぜ、女性の好奇心は罰せられて、男性の好奇心は罰せられないのか。

5）さまざまな「らしさ」

②「やまとなでしこ」賛美と女性選手

📖 Ⅰ−1−2−⑥, Ⅰ−1−4−①, Ⅰ−4−5−③

◆「やまとなでしこ（大和撫子）」という言葉の意味　新明解国語事典（第八版）によれば「やまとなでしこ（大和撫子）」は「〔か弱いながらも、りりしいところがあるという意味で〕日本女性の美称」と説明されている。

各種新聞データベースで検索すると、この語は読売新聞では1894年、朝日新聞では1895年に初見される。女子の中等教育に関する法令や規程が出された時期にあたる。ただし、新聞の大衆化は日露戦争（1904年）以降とされることから、当時、この語を目にした読者は、限られたエリート男性であったと考えられる。

そのような男性の共感を呼ぶ女性像として示された「やまとなでしこ」は、1人の男性を生涯愛して貞操を守り、品行方正かつ忍耐強い女性であり、容姿の美しさは第二義的な要素であったことが読み取れる。夫という存在なくしては女性の人生が経済的にも対面上も成立しないという、社会的抑圧の下に置かれていたことが、この時代の「か弱さ」の真意であった。

この言葉は、1931年の満州事変から1945年の戦時期にかけて多用され「国内で銃後を守る女性たち」のイメージを象徴的に表したとされる。戦後は新聞データベースでも戦時期を振り返る記事の中で用いられることが件数の多くを占めている。

◆「やまとなでしこ」と形容された女性選手たち　彼女たちの多くは、国際大会に出場し活躍した選手であった。この形容が用いられた最初の女性選手は、人見絹枝であった。人見は1928年アムステルダム大会の日本人選手団ただ1人の女性としてオリンピックに初出場した。100m走予選で1着になった彼女の活躍は「大和なでしこの爲萬丈の紅焔」という見出しで報じられた。以降、戦前には1930年国際女子競技大会（世界女子オリンピック）に出場した人見を主将とする6名の選手団、1932年と1936年の2大会に出場し、1936年には日本人女性初の金メダルを獲得する前畑秀子選手にも「やまとなでしこ」の形容は用いられた。

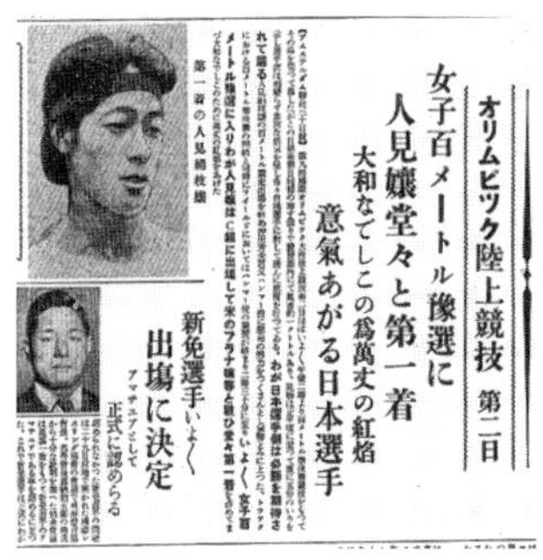

オリムピック陸上競技　第二日
女子百メートル豫選に
人見孃堂々と第一着
大和なでしこの爲萬丈の紅焔
意氣あがる日本選手

第一着の人見絹枝孃

新免選手いよ〳〵
出場に決定
アマチユアとして
正式に認めらる

◆少女雑誌や婦人雑誌が補完した女性選手のイメージ 世界で活躍する女性選手に添えられた「やまとなでしこ」という形容は「スポーツは女性がするものではない」とする、当時の日本社会一般のイメージを乗り越えることに役立った可能性がある。同時期の少女雑誌や婦人雑誌には、新聞で報じられた女性選手たちを扱う読み物が登場するようになる。そこでは競技結果のみを報じる新聞には描かれないイメージが彼女たちに付与されていった。努力を重ねた後に試合で奮闘するまでの軌跡を描いたスポーツ美談や「感動実話」では、忍耐強さ、艱難辛苦に耐える力が強調された。婦人雑誌では、彼女たちの女性らしいファッション、文芸に秀でていることや高等女学校での学業優秀ぶりが取り上げられた。スポーツ雑誌では、男性選手には強い日本を体現することを、女性選手には国際交流に貢献することを求めるという二項対立モデルが登場するようになった。

女性選手と「やまとなでしこ」という形容の組み合わせは、女性選手が当時のジェンダー規範を逸脱しない存在として社会に受け入れられるための戦略であったようにも見えてくる。一方で、国際大会で活躍する女性選手たちは、旧来からの「やまとなでしこ」像に身体的活発さのイメージを付け加えることに貢献した。

人見絹枝は国際女子競技大会への女性選手団の派遣において、唯一の女性組織者として実務に携わり、リーダーシップを発揮したが、そのことに着目した記事は、どのメディア媒体にもみられない。「やまとなでしこ」で形容されるべき女性の特性からは、リーダーシップは除外されていたことがうかがえる。

◆戦後の「やまとなでしこ」と女性選手 第二次世界大戦後しばらくの間、新聞データベースの検索では、女性選手を「やまとなでしこ」の語で形容する記事はヒットしない。1970年代中頃から80年代終わりにかけて、わずかに数例の復活が見られる。いずれも、それまでの国際競技会では高い成績をあげることができなかった女性競技での選手の活躍を報じた記事である。

一方、80年代半ばには、国際大会で審判に抗議の意思表示をした女性選手の存在を「脱やまとなでしこ」と評する記事が登場した。2004年にはサッカー女子日本代表チームの愛称が「なでしこジャパン」に決定したが、90年代以降、女性選手を形容する「やまとなでしこ」が用いられる例は、ほぼ見られなくなっている。2005年頃からは出産・育児というライフステージにいる女性選手を「ママさんアスリート」と称し、女性性が強調される事例が目につく。（來田享子）

▶参考文献

小石原美保（2014）「1920-30年代の少女向け雑誌における「スポーツ少女」の表象とジェンダー規範」『スポーツとジェンダー研究』12

コラム③ ビザンツの宦官

◆ビザンツ帝国と宦官　生殖能力を喪失した男性、いわゆる宦官の存在は、時代・地域を問わず歴史の各所で確認される。ローマ帝国の後継として紀元後4世紀から15世紀まで東地中海の一角を支配したビザンツ帝国もその一つである。帝都コンスタンティノープル（現トルコ・イスタンブール）の宮廷では、多くの宦官たちが皇帝の手足として機能したことが知られる。彼らは主に侍従として重用され、皇帝・皇后の身の回りの世話や儀式の進行を担った。中でも侍従長となった宦官は皇帝と密接な関係を築き、大きな権力を有する傾向にあった。他方、これらの宮廷宦官の中には、皇帝により派遣され、軍司令官として戦果を上げる者もいた。さらに特筆すべきは、帝国における宦官の活動が皇帝の宮廷に限られたものではなかった点である。とりわけ、キリスト教の聖職者や修道士となった宦官の事例が数多く知られ、帝国内の聖職位階の頂点であるコンスタンティノープル総主教を務める宦官も複数存在した。これらの事例は、宦官が帝国社会のさまざまな領域で重要な役割を果たしていたことを示している。

◆去勢手術と宦官の身体　男性が生殖能力を失う原因として、病気・事故に加え人為的な去勢手術がある。7世紀の医師アエギナのパウロスによる『医学要覧』は、去勢手術の手法として睾丸を押し潰す方法と切除する方法の二つを紹介している。これらの生殖器の損傷や喪失がとりわけ第二次性徴期よりも前の男児に生じた結果として、宦官は高い声や髭のない顔という一般的な成人男性とは異なる身体的特徴を有することになった。9世紀に成立したビザンツ帝国の宮廷官職の席次表においても、「髭のない」という表現によって宦官専用の官職がそれ以外の「髭を生やした」男性でも就任可能な官職と明確に区別されている。

宦官の最大の特徴は、彼らが生物学上の子を持ち得ないという点である。これは彼らの家族形成の可能性を制限することになった。例えば宦官の婚姻は、それが生殖を目的とし得ないという理由で皇帝の法により禁止された。その一方で、彼らには、婚姻や生殖ではなく兄弟や甥といった血縁関係を利用する道が残されていた。

◆宦官の「性」をめぐる多様なイメージ　宦官は男性として生まれながら一般的な男性とは異なる身体を持っていた。宦官に対する同時代人の理解は極めて流動的である。例えば、宦官には強欲や残忍というステレオタイプがつきものであったが、主への忠実さに代表される肯定的ステレオタイプも同時に存在しており、史料を執筆する男性たちは、両者を使い分けながら柔軟に個々の宦官を描写した。他方で彼らは、宦官を非難する際、宦官が「男らしくない」存在であると強調する傾向にあった。その方法は「軟弱で女々しい」と宦官の「女らしさ」を主張する場合と、「男でも女でもない」と宦官を第三の性として既存の性の枠外に置く場合の二つに分けられる。その反面、ある宦官に中立または好意的な立場の書き手は、彼が宦官であることには極力触れずに、一般的な男性のように描写することを選択し得た。

宦官の性欲に関する人々の理解はより複雑であった。まず、宦官への非難の一つとして、彼らの好色さを攻撃する姿勢が存在した。すなわち、宦官は去勢後も性的欲求を維持し、妊娠のリスクなく女性との淫行に耽ることができる危険な存在であるというイメージが度々史料に登場する。前述のアエギナのパウロスも、不十分な去勢手術の結果として宦官が性欲を抱く場合があると述べる。また、男性との同性愛行為の相手として「女のようにされた」宦官に言及する史料もある。これは、一部の男子修道院が修道士たちの肉欲を掻き立てるという理由で宦官の加入を拒んだという事実からも裏付けられる。他方、これらの否定的な言説は、宦官が性欲を抱かない貞潔な存在であるという好意的な評価の裏返しでもあった。現に、宦官は女性の安全な側仕えとして、また女子修道院で種々の務めを果たす聖職者として重宝され続けた。以上の事例からは、ビザンツ帝国社会の宦官像が、男性と女性、貞潔と好色という両極の間で揺れ動く曖昧なものであったことが分かるのである。（紺谷由紀）

▶参考文献

井上浩一（2009）『ビザンツ　文明の継承と変容』

コラム④ 「アンコンシャスバイアス」への着目

◆アンコンシャスバイアスへの着目　性別や民族・皮膚の色など、目に見える形で行われる差別は長い歴史を持つ。抵抗の歴史も差別と同じくらい長い。しかし、あからさまな差別が禁じられるほどに、むしろ差別が「無意識」のレベルに囲い込まれて本人には自覚されなくなり、周囲にも見えなくなるといった事態が生じる。これが「アンコンシャスバイアス」（unconscious bias：無意識の偏見／無自覚の思い込み）である。

アンコンシャスバイアスが概念として確立し始めたのは、2000年頃からである。アメリカのシリコンバレーでは人種・職種・宗教の違いを超えた協力が求められ、バイアスの自覚が促された。2018年、大手コーヒー店で人種による接客・対応の差が発覚し、「無意識の偏見による悪気のない差別」が問題になった。これを機にアンコンシャスバイアスは企業研修テーマとして広く取り入れられるようになる。

◆3タイプ　アンコンシャスバイアスには大きく３タイプがある。ステレオタイプスレット、属性に基づく一般化・差別化、マイクロアグレッションである。これらは厳密に区別されるわけではなく、複合的に重なり合う。

ステレオタイプスレットとは、固定的なイメージに基づく本人や周囲の思い込み・強迫観念を指す。「女らしさ」「男らしさ」にまつわる常識のほとんどはステレオタイプスレットに属する。例えば、理工系女子学生の比率の低さ。女子本人も保護者も教師も理工系は女性に向かないとの思い込みを持ちがちである。しかし、PISA 調査等を見ても男女の理数能力に差はない。ステレオタイプスレットは、女性自身にとっては「心の壁」となり、社会全体では「ガラスの天井」となって女性の社会的上昇を阻む。

属性（ジェンダー・職業・学歴・人種など）に基づく一般化・差別化の典型例が、2018年に生じた医学部医学系入試における女子受験生差別である。これは、女性という属性に基づく差別であり、女子は一律に減点された。女性は妊娠出産などで医師としてのキャリアを中断しやすく、教育効果が低いとされたからである。文部科学省の調査によって、複数の大学でこのような得点操作が長年行われていたことが判明した。

◆マイクロアグレッション　アンコンシャスバイアスの中でも近年特に注目を浴びているのが、マイクロアグレッション（ささいな侮辱）である。マイクロアグレッションとは、「特定の個人に対して属する集団を理由に貶めるメッセージを発するちょっとした日々のやりとり」を指す。マイクロアグレッションには３タイプがある。マイクロアサルト、マイクロインサルト、マイクロインバリデーションである。

マイクロアサルトは、たいてい意識的に示される軽蔑であり、特定個人に対する暴力的言動、蔑称で呼ぶ、避けるなどの行為を指す。ヘイトスピーチやヘイトクライムとマイクロアサルトとの境界はあいまいであり、日本の政治家による「LGBT には生産性がない」などの発言（国によってはヘイトスピーチとなる）がこれにあたる。一般にマイクロアサルトは、あからさまな差別とは異なり、SNS などの匿名性が守られる状況や飲酒などによって同調圧力が増した場合、自制心を失った場合などに現れる。

マイクロインサルトは、たいてい無意識に行われる。例えば、黒人や LGBTQ の価値観やコミュニケーションスタイルを病的や犯罪的とみなすなど、特定の属性を持つ人々の存在やその価値を貶めることを指す。

マイクロインバリデーションもまた無意識になされる。ある属性をもつ人々をよそもの扱いしたり、その価値や存在を否定したりすることがこれにあたる。３タイプのマイクロアグレッションの中で、マイクロインバリデーションは被害者のダメージが最も大きくなりやすい。例えば、「同性婚には反対しない。ただ子どもたちのことが心配なだけだ」という発言は、発話者自身に内面化されている異性愛主義というアンコンシャスバイアスに気づいていない現れである。あるいは、「あらゆる人は平等にチャンスを与えられている」という能力主義信仰は、女性が昇進できないことは個人的な能力のせいであって、女性に対するジェンダーバイアスのせいではないというメッセージとなりうる。（三成美保）

▶参考文献

スー（2020）『日常生活に埋め込まれたマイクロアグレッション』／エバーハート（2021）『無意識のバイアス―人はなぜ人種差別をするのか』

6)「ひと」の分類・差異化・権利保障

①「人種」概念の形成とジェンダー

Ⅰ－1－6－②，Ⅰ－コラム⑥，Ⅰ－コラム⑦　【読】世13－10

◆「人種」概念とは何か　人種とは、社会的に構築された概念で、生物学的実体をもたない。ヒトの皮膚の色や頭蓋骨の形状などの身体形質は連続体（スペクトラム）をなしており、古典的な人種概念のように、いくつかの身体形質が互いに連関してまとまりをもつものでもなければ、他集団との間に明確な境界線が引けるわけでもない。また身体形質と能力や気質は無関係である。欧米の人種研究では、近代において、資本主義の発達をもたらした奴隷制と先住民に対する入植者植民地主義（セトラー・コロニアリズム）によって、人種概念は誕生したと唱える説が有力である。

◆日本にも存在する人種差別　しかし、人種差別は欧米とその植民地のみに存在するものではなく、日本やアジアを含むそれ以外の地域にも蔓延している。国際連合（国連）の人種差別撤廃条約（あらゆる形態の人種差別の撤廃に関する国際条約）の第1条第1項に明記されているように、「世系」（出自）「民族的若しくは種族的出身」（出身国や民族的背景）に基づく差別も人種差別である。例えば、日本の在日コリアンや在日華人／中国人、被差別部落、アイヌ民族に対する差別（ヘイトスピーチを含む）もその例である。ちなみに日本において、“race” の訳語としての「人種」が書物において最初に登場するのは、渡辺崋山による『外国事情書』（1839年）だと思われる。「人種」という用語や人種分類説が明治初期にすでに確立していたことは、当時の地理書や尋常小学校等の教科書全般からも明らかである。

◆異人種間混淆への恐怖と人種概念　博物学者らが人間の分類に情熱を注ぎ始めるのは18世紀中葉である。ヨハン・F・ブルーメンバッハが「コーカシア」「モンゴリア」「アメリカ」「エチオピア」「マレー」という5分類を発表したのは、1795年のことであった。しかし人種概念がヨーロッパでもアメリカでもとりわけ重要性を帯びてくるのは、19世紀中葉以降のことである。アメリカでは、とくに奴隷制廃止後の再建時代においてもっとも恐れられたのは、白人女性と黒人男性の混淆であった。白人アメリカの「高度な文明」を維持するためには、白人の純血性を堅守することが何よりも肝要であり、そのためには黒人男性から白人女性を「庇護」しなければならないと考えられた。他方、白人男性が奴隷の黒人女性に子どもを産ませることは頻繁にあったが、生まれた子どもは黒人奴隷となり、白人社会に受け入れられることはなかった。ヨーロッパにおいても、白人種の下位分類において優劣がつけられ、劣等とされた地中海人種が移民として流入し、混淆すると社会が堕落すると考えられた。このように異人種混淆に対する恐怖が人種概念を強化していったのである。

◆人種とジェンダーのインターセクショナリティ　人種差別は、ジェンダーや階級、性的指向、障害などに基づく差別と密接に関わっている。「インターセクショナリティ」（交差性）という概念は、1980年代にアメリカで誕生した、人種と法と社会の関係性を捉え直す「批判的人種理論（critical race theory）」を土台として、その中心メンバーの一人であったキンバレ・クレンショーが1989年に命名した概念である。クレンショーは、黒人女性が原告となったいくつかの訴訟において、人種差別と女性差別が別々に解釈されたため敗訴となった判決を問題視していた。例えば1976年の「デグラフェンリード対ゼネラルモーターズ」では、雇用・解雇で不当な扱いを受けていた黒人女性をめぐり、白人女性や黒人男性が雇用されていたため、女性差別でも人種差別でもないと判断されたのである。インターセクショナリティという概念は、今日では、人種とジェンダーのみならず、階級、性的指向、障害などに基づく差別や抑圧の交差性を指す概念へとより広い汎用性をもつ概念として使用されている。

◆日本社会における少数派集団とジェンダーをめぐる課題　近年、日本の研究者や活動家の間でも、「インターセクショナリティ」に対する関心が高まっている。例えば、在日コリアンの女性やアイヌの男性が日常生活において経験する差別は、他の属性が交差する人々とは異なるものである。それにさらに貧困や障害、世代という属性が交差すればなおさらである。日本においては、マイノリティの女性は世代にもよるが、概して教育年数や収入、識字率が全国や地域の平均より低いことが知られている。一方、少数派集団の男性は、性別役割分業が規範化されている伝統的な家庭環境と、雇用・昇進差別や社会的偏見・差別が日常化している家庭外との板挟みとなり、苦しい立場に追い込まれる場合も稀ではない。しかし日本においては、これまで少数派集団を対象とした調査が十分になされておらず、まずはジェンダーや世代、障害などの実態調査を行い、現状を把握することが、課題解明のための喫緊の課題である。（竹沢泰子）

▶参考文献

竹沢泰子（2023）『アメリカの人種主義―カテゴリー／アイデンティティの形成と転換』

パトリシア・ヒル・コリンズ、スルマ・ビルゲ（小原理乃・下地ローレンス吉孝訳）（2021）『インターセクショナリティ』

熊本理抄（2003）「『マイノリティ女性に対する複合差別』をめぐる論点整理」『人権問題研究資料』17

6)「ひと」の分類・差異化・権利保障

②アーリア人とアーリア主義—排除の論理

Ⅰ−1−6−①, Ⅰ−コラム⑦, Ⅱ−3−3−②　【読】 世13−10, 世13−11

◆「アーリア」の語義　「アーリア」とは、歴史言語学上の学術的概念として19世紀前半に使われるようになった用語である。「アーリア」と呼ばれたインド・ヨーロッパ語族にはゲルマン語派（英語・ドイツ語など）を含む444言語があり、世界人口の約６％がこれに属する。他方、ユダヤ人の言語であるヘブライ語は、セム語族（現在ではアフロ・アジア語族と言う）に含まれる。このような語族は、いわゆる「人種」や特定の民族とは無関係な概念である。しかし、19世紀末から20世紀初頭にかけて「アーリア」を「人種」概念に転用する人種学者や思想家が現れた。「アーリア人種」の優越性が論じられ（「アーリア」は「高貴な」を意味するヨーロッパ人の自称）、「アーリア主義」（アーリア人種至上主義）はヒトラーに大きな影響を与えた。

◆「非アーリア人」の排除　「アーリア主義」はまったく科学的根拠を持たないにもかかわらず、科学的装いをまとってドイツやフランスで広がり、とくにナチス期（1933-45年）には国家政策の基本とされた。代表的な「非アーリア人」とされたのは、ユダヤ人、シンティ・ロマ族（かつてジプシーと呼ばれた）、黒人であった。キリスト教社会におけるユダヤ人差別は長い歴史を持つが、かつては「ユダヤ教徒」に対する差別であった。啓蒙期の宗教的寛容を経て、キリスト教徒に改宗し、ヨーロッパ人と同様の生活様式をもつ同化ユダヤ人が多数登場した。しかし、19世紀末にユダヤ人差別はアーリア主義に基づく「民族差別」に変質していく。このようなアーリア主義は、知性や文明と結びつけられた。ブロンドで青い目をした長頭長身の白人男性は能動的で知性に優れ、最も優れた支配的人間であるとされた。このような身体的特性は最も純粋なゲルマン民族であるドイツ民族に当てはまるとされ、真のアーリア人はブルジョア階級の白人男性とされた。すなわち、アーリア主義は、いわゆる人種や民族に限られたものではなく、ジェンダーや階級を含む概念だったのである。ここにナチスが支配民族として「男性同盟国家」を目指した理由がある。

◆ナチス政権下の「アーリア条項」　ナチスは、1920年代の結党時からアーリア人種主義を標榜していた。1933年、ナチスは政権を握るとすぐに大統領非常大権に基づいて国民の基本的人権を停止し、全権委任法を制定して、立法権を議会から政府に移した。ナチスは大量の法令を作ったという意味で「合法的」国家であったが、その法令のすべてが政府立法や総統令であった。公務員については、1933年４月に「アーリア条項」を持つ「職業官吏再建法」を制定した。アーリア条項は、ユダヤ人を組織や職業その他の公共生活から排除するための条項で、同法では「アーリア系以外の公務員は退職する」と定められた。職業官吏再建法では、祖父母の一人がユダヤ人であるドイツ人は「ユダヤ人」と定義された。しかし、範囲が広すぎて150万人近くがこれに該当し、特に徴兵制（国防軍）に支障が出た。

◆ニュルンベルク法　1935年９月、ニュルンベルク法（「ドイツ人の血と名誉を守るための法律」と「帝国公民法」の二つを指す）が成立する。同法では、宗教に関係なく、３～４人の祖父母がユダヤ人である者が「完全ユダヤ人」と定義された❶。「帝国公民法」は、「ドイツ人あるいはこれと同種の血を持つ国籍所有者だけが帝国公民になれる」とし、「帝国公民」のみが政治的権利を持つと定めた。「帝国公民」はドイツ民族とナチス国家に忠誠を誓う意思を持ち、それを行動で示すことが求められた。ドイツ人であっても障害者やナチスを批判する政治犯は「帝国公民」から排除された。「ドイツ人の血と名誉を守るための法律」は、ドイツ人とユダヤ人との婚姻や性交渉を禁止した。こうした性交渉は「人種に対する罪」として処罰された。

◆婚姻と生殖の管理　「ドイツ民族の遺伝衛生保護法」（1935年10月）は、すべての婚姻予定者に対して公衆衛生当局（保健所）から婚姻適合証明書を取得することを義務付けた。遺伝性疾患や伝染病のある者、ニュルンベルク法に違反して結婚しようとする者に対しては、証明書の発行が拒否された。同年11月、婚姻または婚外交渉の禁止対象が「人種的に疑わしい」子孫を生む人々にも拡大された。いわゆる「人種専門家」によって、生まれてくる子どもの「ドイツ人化」が不可能と判断された場合、女性は中絶を強制された。ホロコーストにもジェンダーバイアスが存在した。ユダヤ人の中でも妊婦や幼児を持つ母親は常に「労働不能」と見なされ、絶滅収容所に送られた。シンティ・ロマの人々は「ジプシー専用収容所」に収容されていたが、メンゲレなどの親衛隊医療研究者たちはシンティ・ロマの女性たちに不妊化実験を行い腹部に大量の放射線を当てて殺害した。（三成美保）

---

❶ ニュルンベルク法で「完全ユダヤ人」とされたのは以下の者たちである。祖父母３～４人がユダヤ人、祖父母のうち２人がユダヤ教共同体に所属している場合は、同法公布時点・以降に本人がユダヤ教共同体に所属している者、ユダヤ人と結婚した者、ドイツ人とユダヤ人の婚姻で生まれた者、1936年７月31日以降にドイツ人とユダヤ人の婚外交渉によって生まれた者。これらは本人の信仰を問わない。1937年時点で「完全ユダヤ人」は77万5000人（うち非ユダヤ教徒は30万人）であった。

▶参考文献

レオン・ポリアコフ（アーリア主義研究会訳）（1985）『アーリア神話―ヨーロッパにおける人種主義と民族主義の起源』
南利明（1998）『ナチス・ドイツの社会と国家―民族共同体の形成と展開』

コラム⑤ アイヌ女性と伝統文化 ――同化政策から権利回復へ

◆アイヌ民族とは？　アイヌ民族（Ainu/Aynu）は、北は樺太から、千島列島、カムチャツカ半島、北海道、南は本州北部におよぶ広い地域に、近世まで居住してきた人々で現在は主に北海道に住んでいる。狩猟採集民族であり、サケや鹿をとらえて食料とし、生業から得られる毛皮や海産物で、本州や北東アジアと交易し、独自の言語、習慣、文化を持っていた。14世紀頃以降、日本本島から「和人」が現在北海道と呼ばれるようになった島に入り、定住するようになり、アイヌ民族との紛争が頻発するようになった。近世以降、和人による搾取が強まり、組織的なアイヌからの抵抗もあったが、いずれも武力鎮圧され、アイヌ民族への抑圧はさらに強まった。締め付けも労働搾取も厳しくなり、アイヌ人口は激減した。この頃、アイヌ女性への性暴力も頻発したと言われる。

◆アイヌ民族への植民地的同化政策　明治時代に和人による北海道の開拓が本格的になり、多くの和人が本土から移住した。一方で、アイヌ民族への植民地的同化政策は強化された。アイヌ民族は、「平民（旧土人）」として日本戸籍に編入され、アイヌ語の使用、女性の耳輪、イレズミ、伝統儀礼も禁止された。農耕が強圧的に推奨され、サケ漁、シカ猟は禁止されたため、アイヌ民族の伝統的生業である狩猟採集が成り立たなくなり、生活は困窮した。1899年には、アイヌの生活改善をめざして、北海道旧土人保護法が施行され、これに基づきアイヌに農地を付与した。しかし付与された土地は農耕に不適な場所が多く、彼らの生活困窮の改善にはつながらなかった。このようにアイヌ民族は長い間差別され、社会的に排除されてきた。その中でアイヌ女性はアイヌであり、そして女性であるゆえに男性以上に差別されるいわゆる複合差別の状況におかれてきた。

◆アイヌ民族の権利回復　第二次世界大戦後、アイヌ民族の権利回復の動きが活発になった。アイヌ民族の代表は、北海道旧土人保護法に代わる新法の制度化をめざし、アイヌ民族の不平等な立場の改善にむけての努力を続けてきた。1997年に「アイヌ文化の振興並びにアイヌの伝統に同化する知識の普及及び啓発に関する法律」が成立し、北海道旧土人保護法が廃止された。2007年には国連で、「世界の先住民の権利宣言」が採択されたが、これを背景として2019年には「アイヌの人々の誇りが尊重される社会を実現するための施策の推進に関する法律」が施行され、アイヌ民族ははじめて正式に「日本列島北部周辺、とりわけ北海道の先住民族」と認定された。このように、国際的な先住民の権利を拡大する動きに呼応して、日本でもアイヌ政策は少しずつ前進してきた。

◆アイヌ女性への複合的差別　しかし、アイヌ民族へのヘイトスピーチなどの差別や、社会的周縁化は現在も継続している。1999年に行われたアイヌの生活実態調査でも、非アイヌとの格差が顕著にみられた。例えば生活保護の割合は非アイヌの平均の２倍であり、大学進学率も半分以下の16％程度であった。貧困状態におかれているアイヌが多く、アイヌ女性の実態調査の結果からは、生活保護率、進学率がアイヌ全体の数字よりもさらに悪いことがわかっている。アイヌ女性は現在も、民族差別とジェンダー差別を複合的にうけているのである。世帯収入をみても平均が355万円程度で北海道全体の平均収入440万円に比べて低く、特に女性の個人収入は半数が200万円未満と回答している。貧困に加えて、進学においては男子が優先されるために、十分な教育を受けられないアイヌ女性も多く、非識字者さえいるという。

◆アイヌ女性と伝統文化　その一方で、アイヌの伝統的文化の復興の動きをみると女性の活躍が目立つ。アイヌの伝統的な織物、刺繍、踊り、叙事詩であるユーカラのかたりなど、芸能・生活文化に関わる分野で女性たちが活躍している。男性たちの場合はカムイノミや葬儀などの儀式に公的に関わるのと対照的で、アイヌ女性は自分たちの個人的な楽しみとしてもこうした活動を行っており、それが活動を生きいきとしたものにしていると言える。（窪田幸子）

▶参考文献

北原モコットゥナシ（2022）『つないでほどく―アイヌ／和人』
多原良子（2003）『アイヌ女性のエンパワメント』

コラム⑥ オーストラリア先住民アボリジニ——女性の儀礼世界

◆アボリジニとは？　オーストラリアの先住民であるアボリジニは、今から少なくとも5万年前にはオーストラリア大陸で狩猟採集生活をおくっていた。1788年に始まるイギリスからの入植によってアボリジニの生活は変容を余儀なくされた。入植者の持ち込んだ病気や暴力によって人口は激減し、当初の30万から20世紀にはいるころには6万人に減少した。アボリジニは死に絶える運命にあり、そうなる前に彼らの研究が必要とされた。

◆伝統的理解　研究の多くは、アボリジニのジェンダー関係は非対称で、伝統的に男性優位の社会であることを自明の前提としていた。狩猟採集という生業での生産性からみて男性は優位にあり、社会的にも優位で、女性を隷属させ、その労働力を搾取し、社会的中枢の権力を担っていたとする。アボリジニの精神的支柱ともいえる神話や儀礼は、部族の重要な知識である。そこに参加できるのは成人儀礼を経た成人男子のみである。このように、宗教的実践についても男性が差配し、女性は排除される。女性の排除は劣位の証明である。また、婚姻は親族の長老によって女性が生まれる以前に決められ、しかも一夫多妻制である。このことも、女性の従属性を示す。女性は主体性がなく、婚姻についても、長老たちによって決められた相手と婚姻し、男性に依存してしか生きることができない受け身な存在であるとする。

◆女性の主体性　それに対して、植民地化以前から、女性は主体的であった、とする立場の研究も1970年代以降にあらわれるようになった。女性の神話や儀礼へのかかわりを指摘し、生業における女性の生産量への貢献を再評価するなどの研究である。狩猟採集という生業での女性の貢献を再検討し、女性のカロリー貢献の大きさを指摘するもの、女性独自の儀礼実践があったことを明らかにし、女性は男性に隷属するだけの存在ではなかったことを確認するもの、アーネムランド海岸部での事例から、植民地化以前のアボリジニ女性の地位は相対的に男性より低かったものの、経済的には男性に依存する存在ではなかったと論じるものなどがあった。

◆女性の儀礼世界　女性は主体性がないとする理解は、研究者が男性で、対象も男性であることを背景としている。男性の研究者が女性から聞き取りを行うことは難しく、まして女性の儀礼世界を男性研究者に明かすことは考えられない。20世紀末になって、このような問題点が認識されるようになった。1989年、アデレード郊外の架橋計画が公表された。これに対して先住民女性たちから、ここは女性の儀礼の重要な聖地であり架橋は認められるべきでない、との訴えが起きた。そのような聖地の存在は聞いたことがないとの主張もあって対立した。調査の結果、女性の聖地の主張はでっちあげである、と結論がだされたが、女性たちは納得せず、さらに訴えを行った。

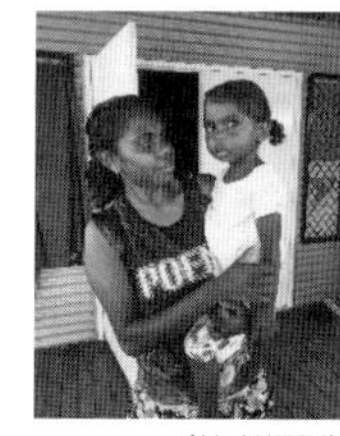
（筆者撮影）

その後の議論によって、審判等の場で女性が証拠を提出することの困難さが明らかになってきた。まず、審判の場のジェンダーの問題である。聖地についての知識は部族内の秘密であり、外部者には明かさない。特に女性の聖地は男性にその知識を明かしてならない。しかし、審判の場にいる専門家は圧倒的に男性が多い。男性が土地や聖地の守護者であるという知識は広く共有されており、女性に公開できない証拠を提出するときには、審判の場から女性を退席させることは普通に行われるのに、男性を退席させることは抵抗にあう。それと同時に、女性の知識は調査されず、記録されていないことも問題である。アボリジニの聖地の知識は口頭伝承であり、かつ女性は神話や儀礼の知識から排除された存在とされてきたため、調査の対象にならず、女性たちも自分たちの秘密を男性研究者に語らなかった。そのため、記録されてこなかったのである。このようにアボリジニをめぐるこれまでの調査と記録の問題性がジェンダー視点から明らかにされるようになっている。（窪田幸子）

▶参考文献

窪田幸子（2007）「ジェンダー視点と社会問題の交錯——オーストラリア・アボリジニ」宇田川妙子・中谷文美編『ジェンダー人類学を読む——地域別・テーマ別基本文献レヴュー』

コラム⑦

骨相学と生来性犯罪者説
――「科学」という名の女性嫌悪

◆骨相学から生来性犯罪者説へ　骨相学（頭蓋測定学）は、19世紀前半に欧米で爆発的な大衆的人気を誇った。骨相学は大学の講義科目になることはなく、1840年代には人気は衰えたが、20世紀初頭まで消えずに影響力を持った。犯罪者の頭蓋骨を計るという手法は19世紀末～20世紀初頭に権威とされた生来性犯罪者説で利用された。また、骨相学は、頭蓋骨の形状が人間の優劣を示すとしてアーリア主義を根拠づけ、19世紀末に新しい学問として登場した優生学や社会進化論（社会ダーウィニズム）を通じて人間改良論や特定民族の抹殺論につながっていった。現在、神経解剖学が発展し、骨相学の科学性は否定されている。

◆骨相学　人の顔かたちからその気質を読み取ろうとする観相学や人相占いは、洋の東西を問わず、古くから存在する。これに対し、骨相学は近代医学の一つとして登場した。ドイツ人医師フランツ・ヨーゼフ・ガルが18世紀末～19世紀初頭に脳の器官学として体系化した学説は、イギリスで骨相学と命名された。ガルは、脳は各種の精神活動（色、音、言語、名誉、友情、芸術、哲学、盗み、殺人、謙虚、高慢、社交など）に対応した27器官の集まりであるとし（図）、各器官の働きの個人差が頭蓋の形状に現れると考えた。彼は、頭蓋骨を外から視診・触診すればその人の気質や天才性・犯罪的傾向を知ることができると主張した。このようなわかりやすさが大衆に受け、長頭で額が広い男性ほど知的で道徳的で優れていると信じられたのである。

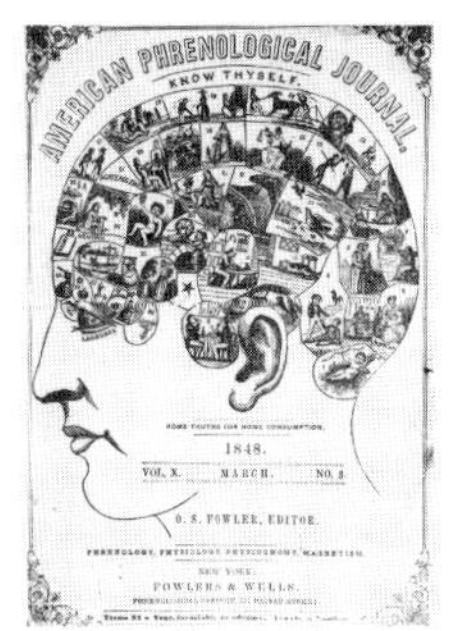

アメリカの骨相学雑誌の表紙（1848年）
https://en.wikipedia.org/wiki/Phrenology#/media/File:Phrenology_journal_(1848).jpg

◆生来性犯罪者説　生来性犯罪者説とは、犯罪人類学イタリア学派に属する精神科医チェーザレ・ロンブローゾが主著『犯罪者論』（1876年）において提唱した学説である。彼は、「狂人・犯罪者・天才」の共通点を説く『天才論』（1888年）の著者として明治期日本でもよく知られた。ロンブローゾは、すべての犯罪者を「生来的」なものと考えた。犯罪者は、ある特異な人類学的類型であり、その類型は生まれながらの共通の身体的特徴と精神的特徴を持つとロンブローゾは論じた。ロンブローゾの生来性犯罪者説は一世を風靡し、彼は「犯罪の医療化」への道を開いた人物として名を残した。

19世紀の刑法学では、犯罪は快楽を求めた理性的選択なので応報刑であるべきとする古典派（旧派）から、貧困などの環境によって犯罪が生じるという近代派（新派）へと移行し、刑罰は犯罪者の更生をはかる教育刑であるべきと主張されていた。これに対して、ロンブローゾは、犯罪者は生まれつきであるとの独自の主張を展開した。彼によれば、犯罪者は、道徳的感情の欠如・残忍性・酒色耽溺・痛覚の鈍麻などを精神的特徴とし、左右不均等な頭蓋骨・平たい鼻などを身体的特徴とする。生来性犯罪者は野蛮人類型への復帰（隔世遺伝）によって生ずるとし、身体的特徴の描写から主にアジア・アフリカ系の男性を想定していると思われる点で、きわめて差別的な学説であった。生来性犯罪者説は、イギリスの監獄医ゴーリングによって行なわれた犯罪者と非犯罪者に関する比較調査（1902～08年）によってその実証性が完全に否定された。

◆女性犯罪者と売春婦　当初、ロンブローゾは男性しか想定していなかったが、『女性犯罪者と売春婦』（共著1895年）で女性を論じた。彼の女性論は女性嫌悪の傾向が強い。彼によれば、生物学的に見て一般に女性は男性よりも残忍で、嘘つきで、嫉妬深く、子どもや野蛮人と似通っている。女性犯罪者には生来性と機会性の二種があり、生来性犯罪者の発現率は男性の半分であるが、女性の機会性犯罪者は多く、特に売春婦に顕著である。生来性の女性犯罪者は、残忍で被害者をいたぶる傾向が強いが、おしゃべりで目立ちたがりなのですぐに罪を白状する。生来性売春婦は淫乱で悪徳を不名誉だと感じない。一方、機会性の女性犯罪者や売春婦はしばしば男性に騙されて罪を犯すのであって、女性への教育や男性犯罪の防止が犯罪を抑止する。このように指摘して、ロンブローゾは社会改革の必要性を説いたのである。（三成美保）

▶参考文献

ピエール・ダルモン（鈴木秀治訳）（1992）『医者と殺人者―ロンブローゾと生来性犯罪者伝説』

第2章

生殖と生命

1）概論

生殖と生命

◆リプロダクションとジェンダー　人が子供を産み育てて世代をつなぐ営みは、古来より繰り返されてきた。しかしそのあり方は、地域ごとに時代とともに変化してきた。出生率は、経済発展や医療の水準だけでなく、どのような子供が望まれるかという社会のあり方で左右されるのであり、同じ社会の中でも民族や肌の色、階級階層、身体条件、親の社会関係などによってそれぞれ異なる。同時に、生殖＝リプロダクションをめぐる問題は、家族構造やセクシュアリティ観などの、ジェンダー構造と密接に関連している。人間の社会は、必ずしもおおっぴらに語られないが、避妊 contraception や堕胎（中絶）abortion、嬰児殺 infanticide などの手段で育てる子供の数と質を統御しようとしてきた。20世紀には近代的な方法の開発と普及によって操作可能性が増したが、同時に誰が、何を目的として操作するのかが、より大きく問われるようになったともいえる。さらに21世紀には生殖補助技術（ART）が発達して、どんな子供を誕生させるのかも操作できるようになりつつある。

◆出産の近代化　多くの前近代社会では、女性が子供を産む／人が生まれる場所は、生活の場である家庭であり、出産を介助するのは家族や地域社会で経験をつんだ産婆（Traditional Birth Attendant: TBA）であった。出産／出生は、母子にとって生命の危険を伴う関門で、これを無事に通過するための儀礼も発達していた。

このような出産のあり方は、やがて認定された助産師が助産を行い、さらには近代医学を学んだ医師が出産を取り仕切るように変化した。お産の場所は自宅から病院へと移った。出産は近代医学のパラダイムの下で捉えられるものとなり、医師とそれを認定し権威づける国家が管理監督する事項となり、人の出生は国家に管理されるものとなった。出産の医療化・施設化・国家化であり、こうした変化は出産の近代化と呼ばれる。その結果、母子の出産／出生時の死亡は大きく減少し、以前ほど生命の危険を伴わなくなった。産科医師は男性であることが多いので、これは出産が女性たちの領域から男性の監督下に移行することでもあった。

欧米では、出産の近代化は比較的長い時間をかけて進行し、おおむね20世紀前半までに出産の医療化・施設化の過程が完了した。一方、後発諸国では、20世紀の国民国家形成の過程で、乳幼児死亡率が近代化の指標の一つとされ、出産の近代化が上から進められた。日本では国家の免許を得た助産師（新産婆）による自宅出産が20世紀前半に普及し、1960年台に急速に出産の施設化が進んで、多くの場合、人は病院で生まれるようになった。植民地では、宗主国の制度に倣った近代医療体系が導入されても、ローカルなお産の現場には影響しなかったことも多い。独立後も、出産をめぐる医療衛生システムの構築が必ずしも順調に進まず、近年まで出産における母子の安全が確保できていなかった地域もある。国連ミレニアム開発目標（MDGs）は、妊産婦死亡率・乳幼児死亡率の低下を最重要課題の中に掲げ、21世紀初めまでに多くの地域で改善が見られたが、現在もさらなる努力が続けられている。

また、医師の監督下に置かれたお産を、産む女性の主体性が発揮されるものに取り戻そうという努力も、各国で助産師たちなどが中心となって進められている。

◆リプロダクティブ・ライツ―妊娠中絶　出生調整の手段としての妊娠中絶は、それぞれの地域で薬草その他によるローカルな方法が女性たちの間で受け継がれてきた。産婆がその技能を保持していたことも多い。伝統社会における出生調節の方法は、正統な行為でないと考えられていたり、文字を使うことの少ない女性の間で伝承されてきたりしたため、記録は少ないことも多いが、研究が進められている。

国家の法によって中絶が禁止されるようになったのは、ヨーロッパでは19世紀になってである。日本をはじめとする後発の国民国家も、近代化の一環として堕胎を禁じた。これに対して、女性が自身の身体と人生の決定権を求めて、また人口増による社会問題の発生を懸念して、避妊や中絶を求める運動が展開された。

1960年代末からの第二波フェミニズム（「ウーマン・リブ」）の運動の中で、女性の自己決定権としての妊娠中絶の権利が要求され、その後、欧米各国では中絶が法によって認められていった。一方、日本ではそれより早く人口政策の一環として実質的に中絶が可能になっていたし、社会主義国では早くから基本的に中絶が可能であった。1990年代以降、中絶の権利はリプロダクティブ・ライツ（生殖の自己決定権）として国際的なコンセンサスを得てゆくが、アメリカではその後もプロチョイス派とプロライフ派との論争が続いているなど、いまだ議論は絶えない。

現在も中絶が違法な国は存在するし、避妊による家族計画が推進されていても中絶ができないところもある。妊娠しても産める状況にないのに中絶が認められない時、女性は非合法堕胎を行うことになる。それは合法化された中絶より危険で、しばしば命に関わる。どのような方法の避妊や中絶が女性たちにとってアクセス可能であったのか、それは社会的に如何に受け止められ、歴史的に如何に変化したのか、等を明らかにすることは、生命と生殖の問題を考える際、重要な課題である。

◆上からの家族計画の普及　欧米と異なって多くの後発諸国では、近代的な方法による避妊は政府や国際機関の主導による家族計画によって普及した。こうした諸国で家族計画が推進される際、従来「自然に任せて」行われてきた（とされた）生殖に「科学」的な方法を導入し、自然を克服して計画的に人の再生産を行うのが、近代的で進歩的である、といった宣伝がなされ、近代化して豊かな生活を実現するためには子供の数を減らすことが重要だとして、家族計画は生活の近代化プロジェクトの一環となった。「伝統」と「近代」と重ね合わせて「自然」と「科学」の対比が語られ、「近代的」「科学的」だと推進されたのは、日本を含む上からの家族計画の特徴である。

家族計画が推進される際、どんな方法の普及がはかられたのかは多様である。以前から行われていた禁欲、周期法・膣外射精などの確実性の高くない避妊法や、コンドーム・ペッサリーなどの器具を使う避妊に加えて、20世紀には、女性の卵管結紮・男性の精管切除による永久不妊手術や、IUD・ピル・デポプラベラなどの効果が高いとされる避妊方法が開発された。途上国で家族計画が上から推進された際、できるだけ急速かつ大規模な普及のためにこれらが推奨され、宣伝された。だが、避妊は性行為や出産という文化の多様な側面に関わる行為であり、どのような方法が適切かは、単に効果効率だけでは測れない。その社会の政治的・経済的条件、家族計画を行う女性・男性をめぐる家族・ジェンダー関係などが作用する、極めて錯綜した問題である。女性の身体の内部に働いて生殖をコントロールする技術のかたちは、彼女を取り巻く生-権力の具現化したものと言える。

◆リプロダクションの政治－国家・家父長制・女性　家族計画は広範な女性に生殖コントロールへのアクセスを可能にしたが、一方で個々の女性や家族にとってそれが本当に必要で最適かどうか、充分に考慮されないまま推進された場合もあった。

生殖する女性の身体は誰のものなのか？　子どもは誰のものか？　国家か、家族か、夫か、当の女性か。子供を産むのは当事者の女性であるとはいえ、一人のヒトを育てるには多様な人々や組織が関与するので、これは簡単に答えの出る問題ではない。また、家族計画の目的は、国家の経済発展か、家族の生存戦略か、女性と子供の健康と幸福か。この問題の答えは複雑なものだが、国家の経済発展の視点からの評価だけでなく、当事者の女性と子供の立場からの検証はつねに必要であろう。

前近代社会においては、多くの場合、子供は家族のものであった。父系制が支配的な地域では、跡継ぎとなる男児への選好が見られ、女性は男児を産むまで家族・親族から強いプレッシャーを受け続けた。生殖についての決定権を、女性自身ではなく家族の権力者が持っていることも多く、乳幼児死亡率の高い社会では家族の確実な再生産のために多くの子供を生むことが期待されていた。そうしたプレッシャーと女性の対応の具体的状況は、地域の条件の下で個々のケースごとに多様である。このようなリプロダクションをめぐる政治において、新しい技術－産まないためのものであれ、産むためのものであれ―は新たな力学を持ち込むものであった。

◆生殖補助技術(ART)をめぐる政治　不妊治療の技術は近年急速に発達し、体外受精や卵子／精子／胚の凍結、また卵子提供、代理出産などさまざまな生殖補助技術（Assisted Reproductive Technology, ART 生殖補助医療とも訳される）が開発・実用化された。日本では体外受精で生まれた子供は2021年に年間７万人に近づいた。これらの技術は夫婦以外の精子・卵子による子供をも可能にするものでもあり、実用化には、技術的な問題以外に倫理的・法的・経済的な各種の問題が関係する。だが、日本社会では十分に議論されコンセンサスが得られているとはいえず、ようやく2020年12月に「生殖補助医療にかかる民法特例法」が不充分ながら成立した。

生殖医療は、成功率が必ずしも高くなく、費用もかなり高価で、くわえて多くの時間や苦痛を伴う施術を必要とすることもある、実施する者にとってかなりハードルの高い技術である。そして不妊の原因がどちらにあるかは男女半々であるにもかかわらず、「治療」を受けるのは基本的に女性だという、明確なジェンダーの非対称性をもった技術でもある。私たちはこうした新しい技術への対応を考える際、ぜひともジェンダー視点を持ち、歴史的文脈を踏まえる必要がある。

◆人口変動と家族構造　以上のような産まない／産ませる技術の展開とそれに伴う生殖をめぐる人々の考え方の変化は、経済・法制度などを含めた社会変化と相まって、個人のライフコースや家族のあり方を変化させてきた。多くの社会では、前近代の人口のあまり増えない状態から近代前夜の人口急増、多産多死から少産少死への「人口転換」、「第二の人口転換」、少子高齢社会へ、といった変化の道筋が大雑把には辿れることが多いが、具体的な様相は本章で見るようにそれぞれの社会によって多様である。（小浜正子）

▶参考文献

エドワード・ショーター（池上千寿子・太田英樹訳）（1992）『女の身体の歴史』
ミレイユ・ラジェ（藤本佳子・佐藤保子訳）（1994）『出産の社会史―まだ病院がなかったころ』
原ひろ子・根村直美編（2000）『健康とジェンダー』
高橋梵仙（1981）『堕胎間引の研究』
シャーリー・グリーン（金澤養訳）（1974）『避妊の世界史』
荻野美穂（2001）『中絶論争とアメリカ社会――身体をめぐる戦争』
マルコム・ポッツ（池上千寿子訳）（1985）『文化としての妊娠中絶』
松岡悦子・小浜正子編（2011）『世界の出産―儀礼から先端医療まで』

2)「産むべき身体」と「生まれるべき生命」

①江戸時代の出産と産科医療

Ⅰ－2－2－③，Ⅰ－コラム⑩，Ⅱ－コラム⑥　【読】 世11－11

◆賀川流産科の登場　18世紀半ば、京都で開業する賀川玄悦という独学の産科医が、「回生術」や「鉤胞術」という手術法を考案し、出産で生命の危機に瀕した産婦たちを救い、評判になっていた。回生術とは胎内で胎児が死亡して分娩が不可能になった場合、鉤と呼ばれる鉄製の金具を膣から入れ、死胎を小さく分解して摘出する手術である。鉤胞術は出産後胎盤が下りてこない時に、鉤を入れて引き出す技術である。ただし、のちに鉤を使わずに手で引き出す、より安全な技術に改変されたが、賀川流はこれを鉤胞術と呼び続けた。

当時の産科医療は、いまだ難産に対してほとんど実効ある対応ができていなかった。産科医療の主流であった中條流産科は、胎児が胎内で死んでしまった場合には、水銀などを使った「腐れ薬」と呼ばれる堕胎薬を飲ませてから、産婆に命じて胎児を腹部から押し出させるというレベルの対応をしている（旭山戸田斎増訂『中條流産科全書』1751年）。

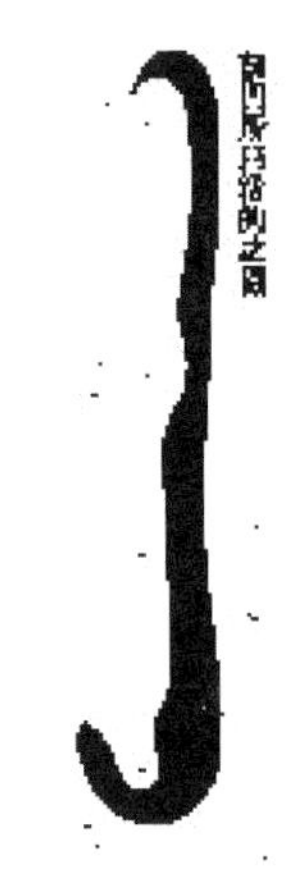

図1　回生術・鉤胞術で用いられた鉤（奥劣斉口授『回生鉤胞秘訣』年未詳）

◆回生術・鉤胞術の効果　このような時代、回生術と鉤胞術が難産の現場で果たした役割は大きかった。幕末の備前国（現岡山県）で賀川流産科術を行った村医者が、37年分の産科治療記録「回生鉤胞の臆」を残している（鈴木 2015）。回生術・鉤胞術の他に坐草術（分娩介助術）、子宮脱・子癇への対応など総件数274件が載る。施術の多くは鉤胞術が占めていて、回生術も76件に及ぶ。江戸時代、庶民が出産で医者を呼ぶのは、産婆では対応不可能なレベルの難産に通常は限定される。この数字からは、生死に関わるような難産で医者が呼ばれても、賀川流の鉤胞術と回生術の技術なくしては患家の期待に応えられなかったであろう状況がうかがえる。

274件中、産婦の死亡は21件にのぼり、うち９件の死因は胎盤が下りなかったことにある。ベテランの医師であっても鉤胞術で対応しきれない場合もあったことがわかる。賀川玄悦著『産論』(1765(明和２)年)は胎盤が下りない場合は10人中、４、５人が死亡すると記す。実際、江戸時代において妊娠・出産は女性の死因の中で大きな位置を占めた。社会学の人別帳分析研究は結婚後10年以内の妻の死亡率は25.3%で、その夫の２倍にのぼるというデータを示し、妻たちの死亡は、その年齢から妊娠・出産に伴うものであったと推測している(乾 1990)。ここからも、回生術・鉤胞術が従来なら救えなかった女性たちの命を救う、極めて重要な技術であったことがわかる。

◆正常胎位の発見　賀川流産科の画期性は産科医療技術の開発に留まらない。玄悦は妊娠中の胎児が「背面倒首」の姿勢、すなわち母胎のなかで頭を下にして母親のほうを向いていることを明らかにした。玄悦の時代、中国医学もヨーロッパ医学も、胎児は頭を上にしており、生まれる直前に回転し(「子返り」)頭を下にして出て来ると考えていた。陣痛とは胎児が胎内でこの「子返り」をするときの痛みだとみなされた。逆子や横産(胎児が子宮内で横に入っている状態で、分娩時に手が先に出てくるため難産となる)は、未熟な産婆や医者が陣痛が十分進むまで待てず、焦って早めに妊婦にいきませるために子返りが不十分となった結果と理解されていた。『中條流産科全書』には、胎児は胎内で手足を動かして母親の口から手を出したり、母親の太もものなかに足を踏み込んでしまったりすることがある、という記述すらある。

◆腹帯の否定　玄悦は妊娠中および産後ケアについても、新しい知見を示した。妊娠中に身につける腹帯は、江戸時代は現代の腹帯と異なり乳房の下で細くひも状にした布をきつく結んだ。腹帯は胎児が大きくなりすぎるのを防ぐとともに、胎児の気(胎気)が上に上がってくるのを防ぐ効果があると考えられていた。これに対して玄悦は、腹帯で縛り付けることで子宮内に「悪血」が滞り、出産時に胎盤が出なくなったり、胎児が成長するにつれて居ずまいが悪くなって逆子や横位の難産となるとして腹帯の着用を否定した。

図2　腹帯図(『孕家發蒙図解』)
乳房のすぐ下に強く巻く。

◆産椅の否定　江戸時代は産後一定期間、産椅と呼ばれる椅子に産婦を正座させ続け、横になって休むことを許さない習慣が広く定着していた。玄悦は著書『産論』(1765年)のなかで、産椅は中国医書には見られない日本独自の習慣であり、しかも日本でもさほど古い習慣ではないことを指摘するとともに、産後７日間も産椅に座らせて眠らせないのは産婦の疲労を増加させ、産後の出血や足腰の障害などを招いていると批判する。

なお、日本の産椅はヨーロッパのお産椅子が分娩に用いられるのと異なり、産後にのみ使用する。

図3　産椅図（山田久尾女『孕家發蒙図解』1851年）。身分・階級により産椅の装職や仕様に差はあるが、出産後に正座して座り続ける習慣は共通する。

◆賀川流産科と産科医療の近代化　上記のような賀川流産科の革新性は、医学史研究においては日本近代産科学の礎となった医学として、すでに明治期から高く称揚されてきた。これに対して1980年代の末からジェンダー研究が活発になるなか、近代産科医療がもたらした負の側面が指摘されるようになり、賀川流産科医学を現在に続く徹底した出産の医療化の出発点とみなす研究が出てくる。技術と知識を独占した賀川流の医者が妊娠・出産の初期から産婦を医学の管理下に置き、産婦をとりまく女性ネットワーク・家族を出産の場から排除するという構図が示された。出産の場は男性産科医と女性の妊婦というジェンダーが反映された場に変わっていったことが強調される。しかしながら賀川流産科医療は医師1人で行う場合だけでなく、産婆をアシスタントとして使ったり、産婦の家族の女性を産婦の傍らに付き添わせたりする場合もあった。また、基本的に異常産にしか介入しない賀川流産科医学が、通常産の出産現場に与えた影響は限定的と考えるべきである。それは賀川流産科が強く否定して廃止を説いた産椅と腹帯の習慣が、前者は明治まで続き、後者は現在に至るまで形を変えつつ継承されていることがよく示している。

◆“産婦”の発見　賀川流産科の歴史的位置づけを評価するために現段階で必要なのは、賀川流の登場がもたらした変化を史料に基づいて検証し、積み上げていく作業である。そのような変化の一つを、医者と産婦の関係性のなかに見出せる。産婦の体と心に対して配慮をすることが賀川流産科医書には記載され、また医学教育のなかでマニュアル化されていく。施術前に産婦の下半身に衣装をかぶせてから帯を解かせる、産婦に対してリラックスさせるのは大切だけれども決してなれなれしくしてはいけない、姉妹や産婆を産室に入れて施術の時には産婆か近親の婦人に手を握らせて安心させるといったことが教えられた。このような注意が払われた背景には、産婦たちが難産の場にあっても男性産科医の介入を拒絶することがあったからだ。全身麻酔術を使えない中、産科手術は産婦の合意と協力なくては実施できない。賀川流産科の誕生は、日本の産科医学が「産婦」という存在に初めて正面から対峙するようになった、もしくはせざるをえなくなった出発点だったのである。医療の近代化が医者の権威化に結びついていったことも事実だが、患者は一方的に医者の権威の前にひれ伏してきたわけではなかった。

◆女性産科医の活躍　賀川流産科がもたらした二つめの変化は、男性医師と同じ高度な医学修行をする機会を女性に提供した点である。明和6（1769）年から明治8（1875）年までの京都賀川家の門人帳には、確実に女性と判断できる門人の名が946名中5名見られる（鈴木 2017）。彼女たちは男性医師同様に保証人を立てて門人帳に正式に記載されている。彼女たちの年齢は30代から40代で、出身地は山城国3名、播磨と讃岐が各1名である。年齢から推測するに、男性入門者同様にすでに他の師匠のもとで医学の基礎を身につけて臨床も経験した後に、医学修行の総仕上げとして京都賀川家に入門したと考えられる。賀川満定（1771-1833年）の時代には朝廷の女医博士にも任じられた名門京都賀川家が、少数とはいえ女性の入塾を正式に受け入れていたことは特筆すべき事態である。なぜならば現存する江戸時代の他の著名な医学塾の門人帳に女性の名前は見られないからである。京都賀川家以外で学んで活躍した女性賀川流産科医もいた。例えば森崎保佑は産科専門書を、山田久尾女は産科啓蒙書を上梓している。史料に名を残した女性達の活躍の裾野に、少なくない数の女性産科医の存在を想定することは可能だろう。

◆胎児の命への着目　三点目の変化として、賀川流の登場が医療倫理や生命倫理の問題を医学界と社会に問いかけることにもなった点を指摘しておく。回生術は玄悦の時代から幕末に至るまで、同じ産科医たちから、胎内の子供を鉤で分解して引き出す技術が堕胎法としても使われているとか、賀川流の医者の中には功にはやり、まだ生きている子供に鉤をかける者もいると批判された（本来賀川流では死胎にしか施術を許していない）。回生術が、すでに死んでいるにしても胎児に対して残虐であると言う認識は玄悦自身も強く抱いていた。賀川流産科は、死胎に傷をつけないだけでなく、難産の生胎を生きたまま胎外へ出す道具と技術（母子双全術）の開発に、熱心に取り組むことになるのである。（鈴木則子）

▶参考文献

乾宏巳（1990）「大坂菊屋町における結婚・出産・死亡―近世後期における―」『大阪教育大学紀要第Ⅱ部門』39(1)

沢山美果子（2005）『性と生殖の近世』

鈴木則子（2015）「『回生鉤胞の臆』からみた中島友玄の産科医療」中島医家資料館・中島文書研究会編『備前岡山の在村医　中島家の歴史』

鈴木則子（2017）「近世後期産科医療の展開と女性～賀川流産科をめぐって」『アジアジェンダー文化学研究』創刊号

▶図版

増田知正・呉秀三・富士川游選集校訂（1895）『日本産科叢書』

2）「産むべき身体」と「生まれるべき生命」

②江戸期日本の間引きと堕胎

Ⅰ−2−2−①, Ⅰ−2−2−③, Ⅰ−2−2−④　【読】世7−3, 日9−17

◆歴史人口学からみた間引き・堕胎　歴史人口学では近世日本の人口を「宗門改帳」等の史料を用いて分析し、人口の推移と、単婚家族を最小単位とする当該期日本人のライフヒストリーを描き出した。近世日本の人口は、17世紀に新田開発や農業技術の発展により著しく増加したあと、18世紀に入るとおよそ100年にわたり停滞の傾向を示し、19世紀前半に再び増加に転じ明治期の人口増加へと続く。この人口停滞期は、気候変動による寒冷化や自然災害がもたらした作物の減収、凶作が主な要因で、東日本でより顕著であったとされる。とりわけ北関東、東北地方では享保、天明、天保期に代表される飢饉により、著しい人口減少を経験した。これには飢餓や疾病による出生数に比しての死亡数の超過、労働力としての都市への人口流出等のほか、産児数制限のための出生コントロールの存在が指摘された。特に農業労働力として重視されない女子をその対象としたことが通説とされている。その方法として、出生後の赤子を殺害する「間引き」（「子返し」「押返し」などともいわれた）や母体内にある赤子を殺害する妊娠中絶としての「堕胎」、第三者による養育を期待して、生まれた子を遺棄する「捨て子」などがあった。また、間引き教諭書や間引き禁令等、出生コントロールを戒め、取り締まる側が出す史料においては「間引き」と「堕胎」の境界（殺害が出生の前か後か）は必ずしも明確ではなく、近世においてはその使い分けは意識されなかったと考えられる。

◆管理される「産む」身体　1990年代以後に研究が蓄積された社会史、女性史の立場からは、女性を取り巻く社会環境や規範、家族のあり方に注目し、その心性を史料から読み取ろうとする研究が行われた。一関藩、仙台藩、水戸藩等の東北・北関東諸藩や、津山藩、土佐藩等の中四国地方では18世紀以後、人口増加への対策として産児養育制度を設ける藩や地域がみられた。これらの地域では、領民に対し間引き・堕胎の禁令を出し、教諭するとともに、妊娠・出産・流産などの届け出を義務付けた。申請の遅れや無申請での出産は処罰の対象となり、出産の場には町村役人や隣家などの共同体構成員が監視のために立ち合う事例もみられた。女性の身体は権力の下に管理され囲い込まれることとなった。

このような領主側の論理を補強するため、庶民の生活規範においては親へ孝養を尽くし、子へ情愛を注ぐといった道徳観念が求められた。子どもは「授かりもの」として愛情深く育てることが母親の務めであるとされ、間引きや堕胎は「不仁の行い」「悪弊」「因習」として否定され、これらの教諭・教戒が「産む」身体である女性やその家族に向けられた。

◆女性のライフコースと出生コントロール　間引きや堕胎といった出生コントロールの原因は、単に貧困を理由とするものではなく、家族規模を制限して一定水準以上の生活を送り、子どもを人並み以上の環境で育てようとする養育思想によるもので、そこには家族計画の萌芽ともいうべき考え方があった。また、農業労働のサイクルに合わせた受胎調節（農繁期を避けた出産など）や母乳哺育期間の延長による受胎間隔の延長なども試みられていた。しかしこのような民衆の意思と、出生数の増加を企図する支配層の間には出産をめぐる相克が生まれた。「産む」身体を管理しようとする支配層の、産の現場にまで踏み込むほどの厳しい取締りにより、出産後に子どもを殺害することは難しくなり、堕胎を選択せざるを得ない状況が生まれていた。妊娠を届け出る「懐胎届」などの一次史料によれば、胎死（流産）の届け出は、多くの場合、妊娠中の病気や不注意のけがによるものと申告され、妊娠5カ月以後の事例が多くみられたという。5カ月という月数は、「胎内十月之図」（『女重宝記大成』）に代表される当時の胎児観において、子宮内で胎児が人形（ひとがた）を形成する時期と捉えられていた。胎児はこれ以後、母体からの分離が可能となると認識され、堕胎の実行にも影響を与えたと考えられる（沢山、1998：265-270）。結果として一家族の子供数は少なく抑えられ、乳児死亡率の高さだけでは説明できない、出生コントロールの存在を予想させる状況が生まれていた。このような妊娠中絶の方法は、民間療法、庶民向けの医書等に掲載され、庶民に広く受容された。18世紀半ば以降、賀川流をはじめとする外科的知見を取り入れた産科学が台頭し、都市部だけでなく在村医にもその門人を広げた。そこでは難産を救う外科的療法と堕胎術の近似性から、産科医自らがその差別化を訴え、堕胎批判を展開した。批判の対象とされたのは、「産む」身体である女性たちに加えて、経験的な知見によって平常産や「産まない」要望に応えてきた在地の産婆（トリアゲババ）たちであった。近世社会で一般化していた、平常産は在地の産婆たちが、異常産は医者が扱うという産における住み分けは、明治以後、出産の医療化が進む中で、医者の職掌として囲い込まれていく。（高村恵美）

▶参考文献

落合恵美子編著（2006）『徳川日本のライフコース　歴史人口学との対話』
沢山美果子（2005）『性と生殖の近世』
速水融編（2002）『近代移行期の家族と歴史』

2)「産むべき身体」と「生まれるべき生命」

③前近代ヨーロッパの堕胎・子殺し

Ⅰ－2－3－③，Ⅰ－コラム⑨，Ⅱ－2－4－② 【読】 世9－3

◆古代ギリシア・ローマ社会 西洋社会では子殺しの風習は長い伝統をもつ。古代ギリシア・ローマ法でも古代ゲルマン法でも、家父長男性には子を遺棄する権利（遺棄権）が認められていた。アリストテレスは、障害児の遺棄と人口調節のための堕胎を推奨している。彼は、堕胎が非合法になるのは胎児の「感覚や生命がある」場合であり、男児は受胎後40日目、女児は90日目とした。これを「生気説」とよぶ。キリスト教会は、1869年に公式に否定するまで、長く「生気説」の立場をとっていた。ローマの十二表法も身体障害児の殺害を認めた。ローマ法では胎児は人格とはみなされなかった。ローマ法大全（6世紀）には自己堕胎を処罰する規定はなく、薬物利用による妊婦の殺害と「父権の侵害」としての胎児の殺害に言及がある。

◆ゲルマン法 ゲルマン慣習法を成文化した中世初期の部族法典では、女性本人による自己堕胎ではなく、第三者が妊娠中の女性に何らかの暴力や薬剤を用いて堕胎させた場合を処罰する規定がある。その際に重視されたのは、子の「生存能力」（母体を離れても生存可能なこと）である。『バイエルン部族法典』（8世紀前半）は、妊婦を堕胎させようとして妊婦が死亡した場合には殺人とみなして320ソリドス（金貨）の人命金（贖罪金）、生存能力ある胎児の死亡は自由人男性と同額の人命金160ソリドス、生存能力がない場合には20ソリドスの支払いを定めた。

◆キリスト教の影響 ヨーロッパがキリスト教化されると、教会婚姻法に照らして婚外子は「罪の子」として差別されるようになる一方、子の生命の絶対的保護が図られ、生殖コントロールはいっさい禁止された。家父長権から遺棄権が消え、家父長による子の扶養養育義務が前面にあらわれる。四肢欠損の場合には「生存能力」がないとみなされて嬰児殺が黙認されたが、女児遺棄の風習は消え、障害児への差別も否定された。しかし、「産む性」たる女性の身体や生命よりも、生まれ来る子の生命が尊重されるという新たな問題が生まれた。避妊も堕胎も禁じられたからである。教会は、婚姻目的を「生殖・姦淫防止・相互扶助」におき 、夫婦間の性関係は生殖目的のためにだけ許された。その結果、度重なる妊娠・出産を妻が一方的に引き受けねばならず、妻はしばしば生命の危険にさらされたのである。

◆婚外出生と嬰児殺　近世ヨーロッパでは避妊も堕胎も禁じられていたが、しばしば産婆が密かに堕胎を手伝った。堕胎は危険で、避妊知識を持たない女性たちにとって、嬰児殺はある意味で最も確実な生殖コントロール手段であった。その意味で、「避妊・堕胎・嬰児殺」は一連の生殖コントロール行為とみなすことができる。近世ドイツで殺された嬰児はほとんどが婚外子であり、実行犯は未婚の母たる実母であった。カロリナ刑法典（1532年）は、嬰児殺犯女性に対し、生き埋め刑か杭刺し刑を定めている❶。嬰児殺は一般の殺人罪（絞首刑）よりも重い刑罰を科せられたのである。近世のうちに斬首刑（処刑方法として最も軽い）に軽減されていき、例えば、ゲーテ『ファウスト』のグレートヒェン悲劇のモデルとなった女性は、広場で公開斬首刑に処せられた（1772年）。宿屋で働くズザンナが行きずりの宿泊客に酒を飲まされ強姦されて妊娠し、洗濯場にて１人で子を産み落としたが、子は死んでしまったという事件であったが、事故を主張する弁護人の弁護は認められなかった。その頃から、嬰児殺は啓蒙主義の重要なトピックになっていく。

◆嬰児殺規定の変化　教育学者ペスタロッチーは、婚外子を生んだという恥を隠すことこそが女性としての美徳であり、その美徳こそが家庭を守る（夫以外の子を産まない）と主張した。哲学者カントは、婚外子は市民社会のなかの「禁制品」であり、生命を保護される権利はないと論じた。カントは徹底した同害報復論者であったが、未婚の母が婚外子を殺すことは「女性の名誉を守るための特別な行為」であるから死刑にはあたらないとした❷。このような男性知識人の言説を反映して近代刑法は嬰児殺を一般殺人よりも軽い刑とし、ヒューマニズムの成果と称えられた。嬰児殺規定は、ドイツでは1990年代まで存続する。一方、近代刑法には堕胎罪が設定され、自己堕胎を含むあらゆる堕胎が禁止された。分娩を介助する専門家は産婆から男性産科医に移行し、女性は危険な闇堕胎を強いられるようになる。20世紀初頭に産児制限運動が広がると、中産層女性は避妊し、労働者女性は闇堕胎をするという生殖の階層差があらわになった。（三成美保）

---

❶ カロリナ刑法典（1532年）（塙浩『西洋法史研究４』信山社、1992年）

第131条　女が、自己が生命と肢体とを与えたる自己の児を、密かに、悪意にて、意思して殺害するときは、彼女は通常生き埋めにせられ、かつ大地に杭刺しにせらる。

❷ カント『人倫の形而上学』（1797年）（三成 2005、122頁）

「婚外子として生まれた子どもは、法律［つまり婚姻］外に、したがってまた法律の保護の外に生まれたのである。その子どもは公共体へといわば［禁制品のように］運びこまれたのであり、したがって公共体もまた子どもの存在を［その子どもは本来ならこうした方法で存在するべきではなかったのだから］無視し、したがってまたその子どもの抹殺をも無視することができる。ところが、婚外出産が知れわたった場合に生ずる母親の恥辱は、どんな命令によってもこれを排除することはできないのである。」

▶参考文献

三成美保（2005）『ジェンダーの法史学―近代ドイツの家族とセクシュアリティ』
橋本伸也ほか編（2014）『保護と遺棄の子ども史』

2）「産むべき身体」と「生まれるべき生命」

④中国における出生統制　—不挙子・溺女・人工流産

Ⅰ−1−2−①, Ⅰ−2−5−③, Ⅰ−コラム⑯, Ⅱ−2−4−④　【読】 世7−3, 世7−4

◆古代からの「不挙子」　中国の漢族社会では、早い時期から父系の家父長制家族が成立し、女児よりも男児を重視することが行われた。紀元前の諸子百家の書物の一つ『韓非子』には、「男を産めばともに祝い、女を産めばこれを殺す」という記述が見える。また、『漢書』には、生まれた子を育てない「不挙子（子を挙げず）」と呼ばれる出生調整が行われていたという記述がある。

宋代（10～13世紀）以降になると、「不挙子」についての史料はたくさん見えるようになる。詩人の蘇軾は政治家として左遷された先の湖北省黄州の風俗を「小民貧者は子を生んでも挙げないことが多く、生まれてすぐに盥の水に浸けて殺す」と述べた。嬰児殺は、特に中国の南方で盛んであったと言われ、男女の嬰児に行われたが、女児に対してより頻繁であった。

朝廷は北宋末から「不挙子」を禁じるようになり、南宋では救済策も講じられるようになった。官営の捨て子の収養施設である慈幼局を設立したり、産婦に産子米を与えたりされるようになった。朱熹の出身地の福建はとくに嬰児殺しが盛んと言われたが、朱熹の上奏によって各地に挙子倉が設けられて産婦に米が与えられた。元代の法は、嬰児殺は成長した子を殺すのと同罪としたが、民間の意識では、近代に至るまで嬰児殺は良くないことではあるが犯罪だとは考えられていなかった。

◆ジェンダーの刻印された「溺女」　明代（14～17世紀）の末頃には嬰児殺は「溺女」と呼ばれて、明白にジェンダーの刻印が押される行為となる。貧しい家だけでなく、豊かな家も結婚の費用をおもんばかって「溺女」を行った。明末には生命あるものを生かそうとする「生生の思想」が流行して溺女を社会問題とする意識も広まった。官はしばしば溺女を禁じる告示を出し、溺女を戒める絵入りの通俗書が多数刊行され、また捨てられた嬰児を育てるための育嬰堂と呼ばれる民間慈善施設が江南の多くの都市に建てられた。しかしながら溺女は容易になくならなかった。明清時代の中国ではこのような性差別を組み込んだ出生調整が行われており、全体として婚姻出生力はそれほど高くない社会であったと、近年の人口研究は指摘している。そのため、男性人口が女性よりかなり多い、性比の不均衡が激しい社会であり、「光棍」

と呼ばれた結婚できない流浪する男性が大量に存在して社会不安の要因ともなった。

◆民間の堕胎知識の蓄積と近代国家による統制

中国医学の流れを汲む民間療法による避妊や堕胎も行われていた。20世紀前半に上海で発行されていた新聞には月経不順を整えるという「調経薬」の広告が見えるが、これと堕胎薬との境界は曖昧なものであったろうし、地域社会には堕胎のために使う薬草などの知識が伝えられていた。出産には民間で助産技術を熟練させてきた産婆が呼ばれたが、一方では彼女たちは堕胎を施す者だとも思われていた。民間社会には出生統制の技術と知識が蓄えられていたのである。

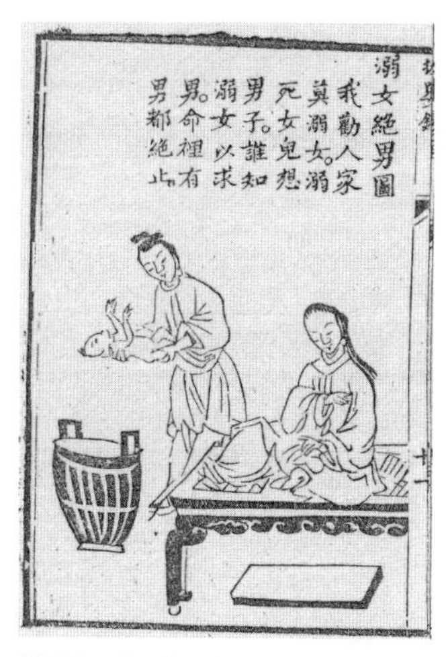

『救嬰録』（19世紀刊）より、溺女を戒める図。男児を得ようとして溺女を行うと男児の絶える運命となる、と書かれている。

だが中華民国（1912～1949）が近代的な法制度・医療制度を整えてゆく中で、嬰児殺はもちろん堕胎も犯罪とされるようになる。政府は「遅れた」産婆ではなく近代医学を学んだ正規の医師・助産士による出産介助＝管理を推進しようとした。とはいえ、膨大な人口を抱えた中国のすべての出産を扱うには近代的な産科医・助産士はとうてい足りなかった。結局、中華人民共和国政府は、産婆に近代的な消毒などを教えて「改造」して訓練産婆としたり、初等教育を終えた農村の若者に短期間の医療訓練を施して初級医療者である「はだしの医者」として養成したりして、初歩的な母子衛生を普及させることになる。人民政府は各村に女性の「はだしの医者」を配置するというジェンダー・センシティブな方法をとったこともあり、プライマリヘルスケアは大いに向上した。

近代国家によって犯罪化された堕胎も、1950年代後半に急速過ぎる人口増を抑えるために計画出産が導入される中で、人口調節のための人工流産として公認されるようになった。それができるのは国から認められた医師のみとされ、出生統制の主体として、家族や産む女性だけでなく国家の姿が大きく現れてくる。（小浜正子）

▶参考文献

李貞徳（2008）『女人的中国医療史—漢唐之間的健康照顧与性別』
李中清・王豊（2000）『人類的四分之一—馬爾薩斯的神話与中国的現実（1700-2000）』
姚毅（2011）『近代中国の出産と国家・社会—医師・助産士・接生婆』
夫馬進（1997）『中国善会善堂史研究』

コラム⑧ インドにおける間引き・中絶

◆サンスクリット文献における堕胎と流産　胎児の庇護を強調する文言は、インド最古の文献群であるヴェーダ文献（紀元前1200-前600年）のなかにすでにうかがえる。例えば、ヴィシュヌ神を胎児の庇護者と同定するといった『リグ・ヴェーダ』などである。紀元前数世紀以降に登場する、バラモン的な規範を示したダルマ・シャーストラ文献群において、流産と意図的な堕胎とははっきりと区別されている。前者は、妊婦に穢れをもたらすが、その穢れは、妊娠していた月日と同じ期間を過ぎれば消滅する。一方、堕胎は大罪として位置づけられた。例えば、『ヴィシュヌ・ダルマスートラ』は、妊婦の殺害（胎児の殺害でもある）はバラモン殺しと並ぶ大罪とする。また、胎児殺しという行為は、他の罪の重大さを示すためにしばしばメタファーとして使われた。こうした言説が、死亡率の高い時代・社会において、子孫（とくに男子）の誕生への強い希求と結びついていたことは想像に難くない。

インド古代の医学書を代表する文献の一つ『スシュルタ・サンヒター』（成立時期についは説が分かれる。紀元1千年期の前半ころか）では、母体を救うといった特別の条件下での堕胎を認めていた。同書では、流産が起きた時期によって流産を記述する表現が異なっており（例えば、4カ月までの流産は、胎児の「排出」、5、6カ月では「降下」）、これは、胎児の成長に関する理解と対応していた。

◆民間での堕胎・避妊　規範として堕胎が否定されていたとしても、実際には、意図的な堕胎や避妊が行われていたことは間違いない。しかし、実態については研究が進んでいない。今日にいたるまで、インドに豊富に生息する薬草類が大いに利用されてきたことが知られる。具体的には、薬草の葉や根、種が、煎じられたり、乾燥した上で粉状にされて飲まれたり、膣を刺激することによって堕胎の誘発が試みられた。

◆イギリスによって発見された「女児殺し」の慣習と男児選好　18世紀後半以降、イギリス東インド会社が各地を征服する過程で、現地の主にラージプート諸集団や有力な農民カースト集団のあいだで、女児を出産時に殺す慣習が報告された。イギリスは、女児殺しの慣習の抑制を現地の支配層に強要することを、会社政権への従属を推し進める政策と組み合わせた。イギリスによる女児殺し抑制政策は、1870年の「嬰児殺法」に帰結するが、徹底されることなく、1906年に打ち切りにされた。民族運動への対応がより急務とされたと思われる。

こうした女児殺しの慣習は、当該カースト集団（とくにラージプート）において行われてきた上昇婚と関連するが、より一般的な男児選好の価値観との関係も否定できないであろう。男児選好を示唆する現象は数々ある。例えば、ヒンドゥーの上位3ヴァルナの男子をもっぱら対象にする通過儀礼（サンスカーラ）の一つは、妊娠初期に行われるが、それは、胎児を男児にすることを目的とした。

◆人工中絶と「消えた女性（missing women）」・「消えた女子（missing girls）」　ノーベル経済賞を受賞したアマルティア・センが1992年の論考で論じた「消えた女性」、つまり、本来ならば生存しているはずの女性が、医療、栄養その他の面で不平等な扱いを受けたことによって亡くなるという問題は、出産前の性別判断による人工中絶の広まりによって深刻化している。1994年に「出生前診断技術（規制と乱用の防止）法」によって規制が試みられ、2003年にはさらに規制を強めた「着床前・出生前診断技術（性選択の禁止）法」が成立したが、改善の兆候はみえていない。

男女の人口比は、20世紀初頭から悪化の傾向を示し、1991年には男性1000に対して女性927まで下がったが、その後、2011年には同数値は940へと改善の傾向がみられる。一方、0－6歳児の男女比はいまだ悪化している。男女の性別人口比は地域差も大きい。

「生むか生まないかは女が決める」といったフェミニスト的な観点というよりも、もっぱら人口対策として、インドは世界でも早く人工中絶を認める法律「医療的妊娠中絶法」（1971年）を成立させ、2021年にさらに同法を修正し中絶条件を緩和した。インドでは、今世紀にはいって、堕胎用の経口薬の使用が承認された。中絶をめぐる政治は、ますます複雑化している。（粟屋利江）

コラム⑨ オウコチョウ

◆オウコチョウの歴史的背景　中米カリブ海の西インド諸島に現在も自生するオウコチョウというマメ科の植物には、女性の妊娠中絶をめぐる長い歴史が秘められている。鮮やかな赤色と黄色からなる美しい花を咲かす樹高2～3メートルのこの植物は17世紀末には西インド諸島から広く西洋に移送され、ヨーロッパ中の植物園で育てられていた。それにもかかわらず自生地におけるこの植物本来の用途は長らくヨーロッパで知られることはなかった。植物はその伝播とともに、食用であれ医薬品であれ、その用途は伝えられることが普通である。美しい花ということで観賞用植物ということもあり得ないわけではないが、オウコチョウの種子がもつ中絶薬としての用途が西洋に伝わらなかった経緯は、認識論的な研究からアグノトロジー（無知学）の典型例とされている。すなわちある知識が隠蔽され故意に伝わらない状態というのも、知識の伝播と同様に無知の伝播として、興味深い事例探究の対象なのである。

◆科学する女性画家メリアン　この植物の本来の用途に関する情報を西欧にもたらしたのは、植物や動物の写実的な記録画で知られるマリア・シビラ・メリアン（1647-1717）である。幼くして死別した版画工の父から画才を受け継いだ彼女は、さらに継父となった画家のマレルの指導の下で科学的観察眼と優れた描写力を養い、当時においては珍しく女性画家として自立できるまでになった。1699年アムステルダム市の資金援助を受けて彼女は南米スリナムに渡り、蝶や蛾の発生や変態の研究に邁進した。しかし1701年マラリアに感染してやむなく帰国し、その後に彼女はスリナムで行った仕事を著作『スリナム産昆虫の変態図譜』（1705）にまとめ出版した。この本の中でメリアンはオウコチョウの中絶誘発に関する効能を記載していた。

◆産婆の衰退　残虐な奴隷主に対し中絶をもって一種の政治的闘争を行う女奴隷に同情を寄せつつ、メリアンは有効な中絶薬という情報と共にオウコチョウの記録を持ち帰った。しかし18世紀を通じ産婆は、男産婆や男性産科医によって地位を奪われ、薬草の知識や産婆の「手技」に代わって、鉗子や外科的処置が主流になっていった。多くの薬が海外からもたらされたが、メリアンのオウコチョウの中絶薬としての効能は、ヨーロッパの主要な『薬局方』に記載されることもなかった。

◆アグノトロジーに関連して　オウコチョウの事例は、西洋で中絶薬に関する情報を隠蔽する力が働き、効用が知られぬままになったが、ジェンダーに関する知識に限らず歴史の解明にはこうした故意に作り出された無知に留意する必要がある。本シリーズ第3巻に掲載されたスペイン風邪については、その大流行が第一次世界大戦中の災禍であったために、中央同盟国側も、連合国側も自国の感染状況に関する情報を極力抑え込み、あたかもそうしたパンデミックが存在しなかったかのような歴史記述を余儀なくされた。そうした知識の隠蔽は、歴史研究の中で正していかなければならないことである。（小川眞里子）

▶参考文献

ロンダ・シービンガー（小川眞里子・弓削尚子訳）（2007）『植物と帝国―抹殺された中絶薬とジェンダー』。挿絵は出版社の許可を得て同書より掲載。

ロンダ・シービンガー（小川眞里子・藤岡伸子・家田貴子訳）（2022）『科学史から消された女性たち（改訂新版）』

中央に描かれた毛虫の右側に見える莢の中の種子に中絶誘発作用があると考えられていた。

コラム⑩ フランスの産婆椅子

◆残存する奇妙な椅子　16世紀から19世紀までの西ヨーロッパでは、座部のくりぬかれた奇妙な椅子が流布し愛用されていた。この椅子は、19世紀末には廃れ、屋根裏にしまわれ、やがて不用品として廃棄されたり焼却されたりして、視界から完全に消えていった。それが1960年代に、ドイツやフランス、イギリス、イタリアなど各地で再発見され、珍品として蒐集され、博物館に展示されるに至った。

アルザス博物館蔵
所有者Anne Willig 1837

◆助産の道具「くりぬき椅子」　この椅子はしかし単純な古民具ではない。近世期の内科医と外科医の権力闘争を映し出す痕跡でもある。この椅子は、発見当初、貴族の寝室で用いられていた夜用のトイレだと考えた者もいた。しかし実際には分娩のときに産婦が座る椅子であり、助産する者が、妊婦を固定し、助産を円滑に行うために考案されたものである。

残存する産婆椅子の形態はさまざまである。写真にあるような、産婆自らが所有し持ち運ぶのに便利な軽い組立て式のものもあれば、富裕層の家に代々受け継がれ所有されてきた家具調のものもある。施療院や病院に設置されていた素っ気ない椅子もあれば、村の教会の倉庫に保管され、必要に応じて産婦の家まで荷車に載せて運ばれた教区共有の椅子もあった。しかし共通して座部に空隙があることから、近世期の文献には「くりぬき椅子」と記されている。

◆椅子の起源と改良　その起源は、ルネサンス期にある。内科医が古代の文献からヒントをえてお産用のスツールとして考案したのが始まりで、印刷本に挿入された木版画を通じて広く知れ渡った。16世紀のものは、手をかける小さな溝はあるものの、背もたれは低く、産婦の自力や周囲の人間の手助けを前提とした単純な腰掛にすぎなかった。しかし17世紀末までに徐々に改良が施され、一見したところ身体の形に添う、使い勝手のよい椅子へ変化していった。例えば、背もたれが高くなり、蝶番によって傾きが変えられ、ひじ掛けや握り棒、足をかけて踏ん張る足台の付随する椅子も現れた。各パーツは容易に組外し、折り畳んで運んだり、屋根裏や倉庫にしまったりできる。

◆内科医と外科医のヘゲモニー闘争　改良に熱心だったのは内科医である。彼らは血のタブーにより助産の現場に入ることができない。そのため産婆椅子を通じて間接的に助産に関与しようとしたのである。一方の外科医は当時、床屋外科医として社団をなしていた。その起源は傷病者の治療のために王権が保護し始める中世に遡るが、賤業でありその地位は低かった。瀉血用のナイフや鍵の手など金属具を操ることから難産に際して助産に呼ばれることもあったが、しかし杜撰な摘出手術は産婦の身体を傷つけ、障害や死を招くと怖れられ忌避されていた。それが17世紀に、フランソワ・モリソーやモケ・ド・ラモットのような床屋外科医が助産経験を積み、出版を通じてそのプレゼンスを高めていくと、お産椅子は危険な道具として批判されていく。内科医の外科医への嫌悪と恐れ、対抗心は急速に強まっていった。近世期には、「助産」はなお女の領域であったが、両者はこの未開の領域に自らのヘゲモニーを獲得せんと、熾烈な闘争を繰り広げていた。

◆解剖医学と鉗子の普及　18世紀に入り、解剖が床屋外科医の権威の拠り所となり、鉗子が推奨されていくと、興味深いことに、イギリスでもフランスでも1740年頃に、床屋外科医の社団から床屋が切り離されていく。外科医は単独の社団として再出発し、外科学を純然たる科学として離陸させ始める。医学部社団に対抗して外科医の学校も設立されていく。産科学が医学の専門領域として姿を現すのもこの時期以降のことである。一方、助産婦も18世紀を通じて外科医の下に再編されつつあった。こうして産婆椅子は床屋外科医の攻勢によりその基盤を掘り崩され、地歩を奪われていく運命にあったのである。（長谷川まゆ帆）

▶参考文献

長谷川まゆ帆（2004）『お産椅子への旅――ものと身体（からだ）の歴史人類学』

長谷川まゆ帆（2011）『さしのべる手――近代産科医の誕生とその時代』

コラム⑪ ムスリム社会の生殖とジェンダー

◆聖典クルアーンにおける人間形成　クルアーンには、人間が土から一個の生き物になるまでの過程が次のように記されている。「われは泥の精髄から人間を創った。次に、われはかれを精液の一滴として、堅固な住みかに納めた。それからわれは、その精滴を一つの血の塊に創り、次にその塊から肉塊を創り、次いでその肉塊から骨を創り、次に肉でその骨を覆い、それからかれを外の生命体に創り上げた（第23章第12-14節）」。また、魂が吹き込まれて生き物が人間になる過程を次のように述べている。「いやしい水（精液）の精からその後継者を創られ、それからかれ（人間）を均整にし、かれの聖霊を吹き込まれ、またあなたがたのために聴覚と視覚と心を授けられた御方。（第32章第８－９節）」。この入魂の時期について、ハディース（預言者ムハンマドの言行録）は、120日とする。ただし、40日目とする別のハディースもあり、イスラーム法には入魂を40日目、80日目とする学説もある。

◆中絶と避妊へのイスラーム法学者の見解　中絶の議論において、この入魂の日数は重要である。なぜなら、胎児に魂が吹き込まれ、人間としての尊厳と権利をもつようになれば、人殺しの罪にあたるからである。スンナ派四大法学派のうちハナフィー学派は120日以内を容認するのに対して、ハンバル学派は40日以内であれば容認、マーリク学派はいかなる時点でも中絶を禁止している。他方、クルアーンには、避妊を禁止する聖句は存在しない。そのため避妊の可否はクルアーンやハディースをもとに解釈され、賛否両論が存在する。避妊を嬰児殺と同義とみなす反対論、人口増加が富国強兵につながると価値をおく反対論、ハディースにアズル（性交中断）を容認する記述があることや、妊娠の回避は中絶とは異なるとする賛成論があるが、歴代のイスラーム法学者の多くは後者の避妊を容認する立場をとってきた。

◆国家と生殖　多くの中東北アフリカの国々では母体に命の危険がある場合を例外として禁じられているが、チュニジアでは、フランス保護国統治下の1913年以来禁止されていた中絶を、1965年に５人以上の子どもを持つ女性に対して容認し、1973年に妊娠３カ月以内であれば無条件に容認した。また、トルコでは、1983年に妊娠10週以内の中絶を配偶者の合意があれば女性に容認している。20世紀後半以降、人口問題の管理を正当化する根拠として、イスラーム法学者の見解が援用された。ただしイスラーム法学者の見解は一枚岩ではなく、1994年のカイロ人口開発会議では中絶をめぐり論争が繰り広げられた。

◆家族計画と女性　家族計画プログラムは、米国援助庁などの国際援助機関の技術・資金援助の下で、1960年代以降、チュニジア（1964年導入）やエジプトを筆頭に多くの中東・北アフリカ諸国で導入された。その導入に際しては、開発か人口抑制か、イスラームの教義に照らして家族計画が容認されるか否かをめぐり、宗教指導者やさまざまな政治勢力からの反対があったとされる。しかし、そうした論争をよそに、家族計画サービスは農村部においても急速に普及した。女性と家族にとって、避妊は母子の健康、家族の経済的困難の回避、子育てといった複合的な問題に対処するためのものだからである。歴史的にも、避妊は、中世のエジプトやシリアなどのムスリム都市民によって、経済的困難な時に実行されていたことが報告されている。また、オスマン帝国下のトルコやエジプトにおいては、1838年に法的に禁止されるまでは、中絶が行われていたことが知られている。（岩崎えり奈）

▶参考文献

Abdel Rahim Omran (1992) *Family planning in the legacy of Islam*

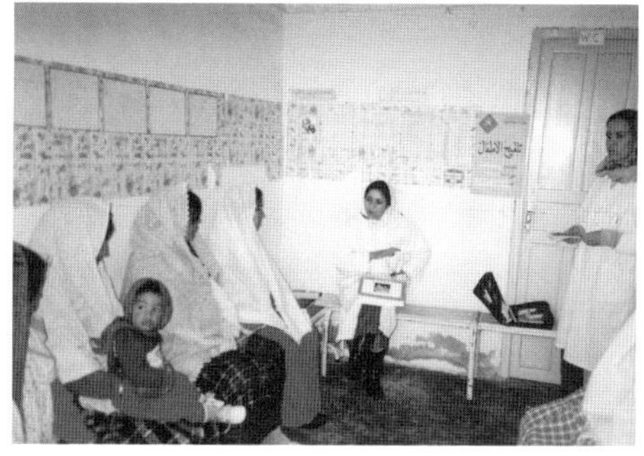

村の保健センターでの家族計画普及活動（チュニジア・タタウィーン県トラーレト村にて1997年筆者撮影）

3）リプロダクティブライツ

①バースコントロールと優生思想 ―マーガレット・サンガー

I－2－2－③, I－2－5－③, I－2－5－④, I－4－2－②　【読】 世1－4, 世11－9, 世13－5

◆新マルサス主義　欧米の社会は、キリスト教とくにカトリック教会が避妊や堕胎に対して否定的だったため、これらをタブー視する傾向が強かった。だが欧米では、家庭の中の子供の数を「適当」な水準に留めようという考え方は19世紀までにかなり広まっていた。イギリスではまず中産階級が生活水準を維持するために子供の数を減らし始め、労働者にもその考えが広まった。ドイツでは20世紀初めに一組の夫婦の産む子供の数は５人から２人へと減少した。アメリカでも、白人女性の生む子供の数は1800年の7.04人から1900年の3.56人へと、19世紀に大幅に減少している。このような出生率の低下は、結婚している夫婦が、避妊などによって子供の数を意図的に制限するようになったことを示しており、欧米諸国では、国家による政策ではなく民間の自発的な動きによって出生率の低下がもたらされた。19世紀後半、人口増が貧困による社会不安をもたらすとする新マルサス主義者たちが避妊を唱え始めていた。一方、フェミニストたちは女性がいつどれだけの子供を持つかを決める権利として「自主的母性」を要求し、禁欲によってそれを実現するとした。社会の安定を重視するものと、女性の自立を重視するものとの、二つの考え方は、こののちも対抗しながら、生殖をコントロールすることが広がってゆく。

◆バースコントロール　20世紀、避妊を広めるのに大きな力があったのは、マーガレット・サンガー（1879-1966）である。アイルランド移民の11人きょうだいの６番目として生まれたサンガーは、若い頃、ニューヨークのスラムで訪問看護婦として働き、堕胎を繰り返した挙句に若くして亡くなった女性を目の当たりにして、女性たちが避妊などの性の知識を持つことが重要だと活動し始めたという。彼女は1914年に「バースコントロール」という言葉を作り出し、労働者階級の女性向けに『女反逆者』という雑誌を創って避妊の知識を広げ、「女の身体は女だけのものだ」として、女性は月経の記録を取るなど自分の身体を知って主体的に行動するよう呼びかけた。アメリカ初という避妊クリニックを開いて活動していた彼女は、わいせつ行為を禁じるコムストック法違反として逮捕されるが、裁判を宣伝の機会とするなどして、バースコントロールを広めていった（バースコントロールがコムストック法の「わいせつ」の対象でなくなったのは1936年)。一方、イギリスではマリー・ストープス(1880-1958)が「母のクリニック」を作って避妊を広めていった。

サンガーもストープスも、避妊は大いに勧めても、堕胎については語らなかった。女性の解放にとっては性と生殖の自立性が保障される必要があると、はやくも1917年にはっきりと中絶を女性の権利として主張したのはステラ・ブラウンである。イギリスでは1936年に堕胎法改正協会が結成され、ブラウンは副議長となっている。

◆サンガーと優生学　著名人となったサンガーは、全米で講演旅行を行っただけでなく、石本静枝(のちの加藤シヅエ、1897-2001)の招きで1922年には日本を訪れ、続いて中国に渡って両国で産児制限のブームを巻き起こした。この頃、サンガーのバースコントロールの主張は、優生思想を重視するものに変わりつつあった。

1920年代以降、バースコントロール運動は優生学との関係を深めた。ヒトの改良をめざす「種の衛生学」優生学は、ナチス・ドイツの人種政策に利用されて批判的にとらえられるようになったが、両大戦間期までは最先端の科学として多くの政策の基礎となり、また社会活動家を惹きつけていた。優生学には社会的に価値ある者を増やそうとする促進的優生学と、無価値な者を産ませまいとする抑制的優生学とがあるが、1920年代には優生学者たちは「好ましからざる血統」の人々のバースコントロールが重要だと考えるようになる。サンガーやストープスもまた、積極的に優生学と提携しようとした。サンガーは、アメリカ社会で進行しつつある「種の劣化」を防ぐ道はバースコントロール以外にあり得ないとしている。怠惰で無責任な劣った人々は多産な傾向があるとして、そうした人々が増加する「逆淘汰」を防ぐために断種も提唱した。アメリカでは1907年のインディアナ州を皮切りに30年代末までに32の州で断種法が制定されたが、サンガーもそうした「時代の科学」を取り入れた。バースコントロールの目的は初期の女性のからだの自律性の実現から、かなり方向が変わっていったのである。(小浜正子)

サンガーが1917〜29年に発行していた雑誌 Birth Control Revi(パブリックドメイン)

▶参考文献
荻野美穂(1994)『生殖の政治学—フェミニズムとバース・コントロール』
バンクス夫妻(河村貞枝訳)(1980)『ヴィクトリア時代の女性たち—フェミニズムと家族計画』

3）リプロダクティブライツ

②産む産まないは女が決める—日本のリブ

Ⅰ-2-2-②，Ⅰ-2-5-②，Ⅰ-4-2-②　【読】世14-8，日9-17，日10-12

◆「リブ」という呼称　「リブ」とは、解放（liberation）を縮めた和製語である。1960年代後半から先進諸国で盛んになっていた女性解放運動（women's liberation）と日本での動きを、1970年にマスメディアが「ウーマン・リブ」という呼称で報道した。当時、日本には母親運動や主婦連合会など性別役割を基盤とする運動があり、男主導の労働組合活動や反体制運動、反戦運動にも多くの女が参加していた。しかし、それらの運動のあり方に疑問をもった女たちが、この報道後、自分たちの新しい解放運動のために「ウーマン・リブ」「リブ」を呼称として選びとった。

◆リブの特徴　リブとそれまでの女性解放運動との違いは、自らの体を含めた丸ごとの人間存在として解放を求めるがゆえに「個人的なことは政治的なこと」と考え、①私的領域、特に体と性に関わる差別からの解放を問題としたこと、②自己の意識変革と日々の生活での実践を出発点としたこと、③水平な関係の女同士の繋がり（sisterhood）によって社会変革を目指したことである。「母」「女の子」「処女」「娼婦」「奥さん」のようなカテゴリー化と分断、差別を拒絶し、「女」であることによって連帯しようとした。

◆歴史の中のリブ　戦前の日本においても第一波フェミニズムの影響を受け、堕胎の権利や母性保護をめぐり論争が起こされたが、国民優生法が制定され、国のための母性保護しか実現されなかった。第二次世界大戦後、憲法において男女平等が実現された。しかし現実には、戦前から続く家父長制的慣習に加えて、戦後に先進諸国から導入された近代的ジェンダーによる性差別があった。リブは、先進国における第二波フェミニズムの影響を受けつつ、日本のこの差別的現実を無くすために始まった。

◆「産む産まないは女が決める！」　戦後、過剰人口対策のために優生保護法で人工妊娠中絶が条件付きで合法化され、大企業を中心とする家族計画運動も展開されて、1970年代初頭には合計特殊出生率は2をわずかに上回る安定した水準となっていた。一方、高度経済成長のもと、労働力不足や人口の質的向上が問題とされて優生保護法改定の動きが起こっていた。体と性を大切と考えるリブにとって、他の先進国と異なる状況は、中絶が既に合法化されていることだったが、リブはこれを既得権とせず、優生思想に基づく国家の生殖管理だとして改定に反対した。「産む産まないは女が決める！」は、産むことも産まないことも、女にとって同じ重みをもつと考え、女が決めるべきだというリブの主張である。

この主張に対し、同じく優生保護法改定に反対していた障害者団体が、女は障害児を殺すのかと糾弾した。この状況も日本のリブに特有である。この対峙から生まれた次の主張が「産める社会を！ 産みたい社会を！」である。この主張は決して母性主義ではない。リブは共同保育やコレクティブなど、家父長制的家族やジェンダー化された近代家族からの解放実践とともに、避妊や中絶の知識の普及にも取り組み、女だけに強制されていた結婚退職や出産退職の慣行、未婚の母差別、胎児の障害を理由とする中絶合法化や出生前診断といった性と生殖に関わるさまざまな差別に抗議した。「ピルは飲んでも飲まれるナ」と、避妊も含め、女の選択を真に可能にする社会を目指したのである❶。

◆女から女たちへ　リブは、マスメディアによって「からかい」の対象とされた❷。しかし、「女」という性を尊重する私個人を出発点にして、「女たち」と連帯し、この社会を変えてゆく力となった。リブは若い世代から、戦前を経験してきた高齢者世代までの多くの女を力づけ、「中年リブ」を自認するグループ、女の健康のための運動、アジアの女たちとの連帯、ミニコミ、女性学など、その後の女性解放運動にさまざまな形で受け継がれたのである。現代もまだ、緊急避妊薬や経口中絶薬の問題、人権としての性教育、マタニティハラスメントなど、「産む産まないは女が決める！」ことをめぐり、リブから引き継いだ課題は多い。（田間泰子）

---

❶ 田中美津・三田村そう子・米津知子「ピルは飲んでも飲まれるナ」（1973年10月10日）

「ピルは、あくまで女がその生き方を余裕をもって選択しようとする時に役立つホルモン剤であって、それ以上でもそれ以下でもないという認識がまずもっと大切だ。あなたあってのピルだということ。ピルは飲んでも飲まれるな。」リブ新宿センター編（2008）『リブニュース―この道ひとすじ』76頁。

❷ 江原由美子「からかいの政治学」『増補　女性解放という思想』（2021）

▶リブ新宿センター資料保存会編（2008）『リブ新宿センター資料集成』インパクト出版会刊は、他にビラ編、チラシ編がある。「産む産まないは女が決める！」は優生保護法改悪阻止・東京集会1972年10月15日、ビラ編37頁。「産める社会を１産みたい社会を！」は優生保護法改悪阻止東京実行委・行動の記録と資料、1973年６月30日、パンフレット編148頁。同センターのほか、全国各地でグループをつくって活動したリブの貴重な記録は、溝口明代・佐伯洋子・三木草子編（1992～1995）『資料日本ウーマン・リブ史』全３巻、松香堂書店参照。インターネットのなかった時代に、多くの女たちがリブとして、当時広範に存在していた性差別を問題化したことがわかる。

▶参考文献

秋山洋子（1993）『リブ私史ノート―女たちの時代から』
秋山洋子（2016）『フェミ私史ノート―歴史をみなおす視線』
行動する会記録集編集委員会編（1998）『行動する女たちが拓いた道―メキシコからニューヨークへ』
荻野美穂（2014）『女のからだ―フェミニズム以後』

3）リプロダクティブライツ

③堕胎罪からプライバシー権へ —20世紀欧米の妊娠中絶

Ⅰ−2−3−①，Ⅰ−2−4−②　【読】世13−5，世15−2，日9−11，日10−12

◆堕胎罪　伝統的キリスト教社会では、妊娠中絶は禁じられてきた。中絶禁止は19世紀になっても続く。近代刑法において、中絶は「堕胎罪」として処罰されたのである。日本では、フランス刑法（1810年）の影響を受けて旧刑法（1880年）に堕胎罪が導入され、現行刑法（1907年）に継承された。日本で中絶を合法化した優生保護法（1948年）やその改正法である母体保護法（1996年）に基づいて認可された医師が法に定める要件を満たして中絶を行う場合には、違法性が阻却される。日本の中絶合法化は欧米より早く、中絶件数も多い。

◆ソ連　ロシアでは帝政時代まで中絶は犯罪とされてきた。しかし1920年、ソ連政府はこれを合法化した。世界で最も早い。ところが、スターリン体制下の1936年に中絶は再び禁止され、1955年に改めて合法化された。1964年には560万件もの中絶手術が実施されている。その後もソ連は世界で最も中絶率が高い国として知られた。中絶を女性の権利とみなし、中絶手術が無料でしかも病院で申し込んだ当日に受けることができたことなどが背景にあった。旧東ドイツを含む旧社会主義国では、ソ連に倣って1950年代から中絶が認められた。

◆適応規制型と期間規制型　今日、世界の中絶法制は大きく二つに分けられる。「適応規制型」と「期間規制型」である。適応規制型は、母体の生命の危機、レイプされた場合、経済的理由、胎児の障害などを理由に中絶を認める法制である。日本の優生保護法・母体保護法はこのタイプである。期間規制型は、妊娠初期3カ月など一定期間については女性の「プライバシー権」として中絶を認める法制である。欧米では、1960年代に適応規制型に従って中絶が合法化され始め（1967年イギリス）、1970年代に適応規制型から期間規制型への移行が進んだ（1973年アメリカのロウ対ウェイド判決）。国や州によって中絶法制が異なった時期には、中絶禁止国（州）から中絶可能国（州）への「堕胎旅行」が流行した。21世紀の現在、多くの国が期間規制型を取り入れている。一方、カトリックやイスラーム諸国の中には、厳格な適応規制型が採られ、母体の生命危険時以外は、たとえレイプ被害であっても中絶できない国もある。

◆プロライフとプロチョイス　胎児の生命を擁護する考え方を「プロライフ」、女性の自己決定権を尊重する考え方を「プロチョイス」と言う。胎児の生命も女性の自己決定権も重要な人権であり、人権の調整が必要になる。この調整方法として、ロウ判決は妊娠期間を３期に分けた。妊娠初期３カ月では女性のプライバシー権が優先され、女性は自由に中絶できる。妊娠中期３カ月は胎児の生命と中絶の権利の調整をはかる時期とされ、レイプ等による場合には中絶を認めた。後期３カ月は母体を離れても胎児が生存できることから母体生命危険時以外の中絶は原則として禁じられた。ロウ判決は、第二波フェミニズムにふさわしい画期的判決として世界中に大きな影響を与えた。フランスやドイツでは著名な女性たちが中絶体験を告白して、中絶の権利を擁護した。

◆ドイツ統一　ドイツでは、中絶全面禁止（1871年ドイツ帝国刑法典）から、母体危険時のみ中絶を事実上容認（ワイマール期）、遺伝的障害がある場合の中絶強制（ナチス期）、占領軍兵士による大量レイプ時の中絶許可（戦後占領下）を経て、戦後再び母体危険時以外は中絶が禁止された。1970年代初頭、「わたしの腹はわたしのもの」というスローガンが掲げられ、期間規制型の刑法改正が実現した（1974年）。しかし、ドイツ連邦憲法裁判所は、胎児もまた「人間の尊厳」を持つ存在であり、母の自己決定権よりも胎児の生命が尊重されるとして違憲判決を下した（1975年）。1990年に東西ドイツ統一がなると中絶法をめぐって国民的議論が沸き起こる。東ドイツは期間規制型、西ドイツは適応規制型と分かれていたからである。結果的に期間規制型に決まったが、女性は中絶前にカウンセリングを受けることが義務付けられた（1995年）。

◆ロウ対ウェイド判決の否定　2022年６月、世界に衝撃が走った。アメリカ連邦最高裁が49年ぶりにロウ対ウェイド判決を覆し、中絶の権利を事実上否定したからである。伝統的に共和党は中絶反対（プロ・ライフ）、民主党は中絶容認（プロ・チョイス）の立場を示し、中絶の是非は大統領選の重大な争点となってきた。トランプ政権下の2018〜20年に、共和党が強い州ではいわゆる「ハートビート法」（胎児心拍が確認される妊娠６週目以降の中絶を禁止する）が可決された。ロウ判決否定によってハートビート法が自動的に有効となり、全州の半分近い州で中絶が事実上禁止された。プロライフとプロチョイスの対立はアメリカ社会を分断する動きを見せている❶。（三成美保）

---

❶ ロウ対ウェイド判決とその否定

アメリカでは、家族や生殖の問題は州法に委ねられてきた。連邦最高裁は、州法が連邦憲法に違背しているか否かを審査する権限を持つ。ロウ判決は、母体の生命危険時以外に中絶を認めなかった31の州法を違憲無効と判断し、31の州法は効力を停止された。2022年のロウ判決否定によって今度は逆のことが生じた。ロウ判決の否定は、連邦最高裁の判事構成によるところが大きい。連邦最高裁の判事は９名からなり、終身制で、空席になったポストはそのときの大統領が任命できる。トランプ政権時代に３名の判事が交代し、共和党寄りの判事が６名、民主党寄りの判事が３名という構成になった。前者の１名が判例変更に反対し、５対４の僅差でロウ判決が覆された。

▶参考文献

三成美保ほか（2019）『ジェンダー法学入門（第３版）』

コラム⑫ ピル（経口避妊薬）がもたらしたイノベーションと日本の状況

◆ピルと女性の生殖コントロール　避妊（Birth control）の方法や効果にはジェンダーバイアスがある。一般に女性の負担が大きい。避妊にはジェンダー以外にも宗教・文化・科学などが交差的に深く関わる。コンドームは男性外性器に装着するため男女ともに身体への直接的負担はないが、失敗率が高い。また、コンドーム着用は男性の任意となりやすく、女性にとっては相手男性との交渉が必要になる。他方、ピル（経口避妊薬 Oral contraceptive=OC）は内服用のホルモン剤であるため、副作用がある。しかし、女性の身体的・経済的負担はピル服用よりも人工妊娠中絶の方がはるかに大きい。ピル服用は女性が単独で決めることができ、ほぼ確実な避妊と計画的妊娠が可能となる。その意味で、ピルの開発こそが女性の生殖コントロール権を決定したと言って良い。

◆コンドーム　キリスト教は伝統的に避妊を認めなかった。ただし、コンドームは性病予防具として早くから開発が進んだ。決定的であったのは、1490年代の梅毒流行である。16世紀イタリアでは解剖学者がリネン製のコンドームを開発した。18世紀には中上層男性の間でコンドームの着用が広まる。避妊目的というよりも、感染防止によって彼らの性行動の安全を確保するためであった。コンドーム着用は19世紀初頭には下層男性にまで広がり、やがてゴム製のコンドームが開発された。1920年頃にラテックス製のコンドームが発明され、大量生産が可能となる。二度の世界大戦では兵士にコンドームを支給する国も多かった（日本の「突撃一番」など）。戦後、コンドームの利用は爆発的に増え、途上国の人口増を緩和する手段としても利用された。ピルが広まるといったん利用が減少したが、1980年代にHIV予防策としてコンドームは再び市場を拡大した。1990年代にはポリウレタン製が開発され、日本でもコンビニなどで手軽に入手できる。世界のコンドーム市場は92億米ドル（2020年）と推計されている。

◆ピルによるイノベーション　ピル開発が始まったのは20世紀前半である。1910年代に「バースコントロール」という語を生み出したマーガレット・サンガーは、1920年代以降、産児制限運動を展開した。当時のヨーロッパでは中絶は禁じられており、彼女はコンドームの普及に努めたが、同時にピルの開発も強く働きかけた。

1960年代、欧米ではピル（当時は高用量ピル）が承認されて以降、女性は妊娠・出産をコントロールして大学で学び、キャリア確立を目指すことができるようになった。女性の社会進出が本格化して女性の所得水準は上がった。性行動は自由化し、結婚年齢が高まり、出生率の急激な減少（ピル屈折）を招いた。ピルは、女性の行動様式をかつてないほどに変え、家父長制家族と男性中心の経済社会は根本的に変わった。その意味で、ピルは社会と経済に大変革（イノベーション）をもたらしたのである。

◆日本　日本でも1960年代にピルは生理不順薬として認められたが、低用量ピルが開発された後も避妊薬としてはなかなか認められなかった。避妊薬としてのピル承認（1999年）は、国連加盟国の中で最後である。このような背景から、日本における生殖コントロールは妊娠中絶とコンドームに依存し、避妊を女性主体と捉える考え方は弱い。

ピルの承認が遅れた背景には、日本医師会の強い反対がある。ピルの副作用やコンドーム使用の減少による性感染症の増加が理由とされた。中絶の市場規模が240～510億円に上り、産婦人科医の重要な収入源になっているとの指摘もある。バイアグラ（男性の勃起不全治療剤）は1998年にアメリカで発売され、厚労省は申請からわずか半年で日本での使用を承認した。ピル承認との差は歴然である。（三成美保）

▶参考文献

三成美保ほか（2019）『ジェンダー法学入門（第3版）』

コラム⑬ 移民女性の視点で見た日本における避妊と中絶の課題

◆移民女性にとっての生殖　2020年現在、出身国を離れて暮らす移民は世界で約2.8億人。その約半数が女性である。難民や避難民以外に、就労や留学が目的の人も含まれる。国連の統計で生殖年齢にあたる15歳から49歳までの割合が高く、渡航先で妊娠や出産をする人は少なくない。

女性の家事労働者の受け入れ国のうち、シンガポールとマレーシアは、外国人家事労働者に妊娠検査を課し、妊娠したら強制帰国になる。このように移民女性の妊娠を制限する国は減っているが、法律で明文化されていなくても、移民女性はマタニティ・ハラスメントを受けやすい。

◆日本における妊娠の制限　日本にも生殖年齢期の移民女性が約100万人いる。うち23万人は、技能実習、特定技能、留学といった家族の帯同が認められにくい在留資格者である。出身国の送り出し機関や日本の受け入れ企業、あるいは学校から「妊娠したら帰国させる」と警告された人もいる。彼女たちは、解雇や退学処分になることを恐れるため、妊娠しても相談できず、ひとりで問題を抱え込んだ結果、孤立出産になってしまう例が跡を絶たない。就労や留学の目的を遂げずに、帰国を余儀なくされる人がいる。その背後には、家族の帯同を認めない入管政策、妊娠した女性全般に対する支援体制の未整備のほか、利用できる避妊の選択肢の少なさといった問題がある。

◆女性主体の避妊の選択肢　移民女性は、予定外の妊娠を防ぐためにどのような工夫をしているのだろうか。

「世界の避妊法利用」を見ると、日本は諸外国と比べて認可されている避妊法が少なく、利用率も低いことがわかる。男性主体のコンドームが30%、近代的避妊法には分類されない膣外射精が７%で、女性主体の避妊法はいずれも１%以下である。

未認可の避妊法の１つである皮下インプラントは、ホルモン剤の入った3cm程度の棒を上腕に埋め込むもので，３年程度有効である。これは、人口抑制政策が厳しい国で普及したことから、国家による女性の身体への介入として批判されてきた。しかし、現在では、世界保健機関（WHO）の必須医薬品モデルリストに入っており、欧米だけでなく、アジアでも使われている。このインプラントを入れて来日する人もいるが、日本で妊娠を望むようになったときに抜去できる医療機関を見つけられず、そのために一時帰国する人もいる。

◆移民女性にとってのハードル　経口避妊薬（低用量ピル）は、諸外国より数十年遅れて日本でも認可されたが、医師の処方箋が必要である。移民女性が病院を受診するには、まず「言葉の壁」を越えなくてはならない。また、避妊目的では健康保険が適用されないため、月3,000円程度かかる。処方箋なしに市中の薬局やインターネット薬局で買える国、健康保険が適用される国、公的医療機関では無料で入手できる国もあり、移民女性は、日本では費用負担が大きいと感じている。

避妊に失敗したり、性暴力被害に遭ったりしたときに、72時間以内に服用することで高い確率で妊娠を防ぐことができる緊急避妊薬（アフターピル）も、薬局で買える国が多い。日本でも、新型コロナウイルス感染拡大後、時限的にオンライン診療でも処方箋を入手できるようになったが、どの病院が対応しているか、移民女性が見つけることは容易ではない。低用量ピル同様、医療機関では無料の国もあるが、日本では１万円はかかる。

また、彼女たちの出身国の多くで、人工妊娠中絶は薬剤で行うことができ、配偶者同意も不要で、費用が安い。

◆求められる日本のルールの見直し　避妊のための低用量ピルやアフターピルに処方箋が必要で、価格も高いこと、また、外科的手術以外に中絶の選択肢がないことは、移民女性だけでなく、日本で暮らすすべての女性の課題である。移民女性が避妊薬や中絶薬を出身国から持参したりSNSで購入したりする背景として諸外国の事情を知ることで、日本におけるルールの見直しを加速化できるのではないだろうか。（田中雅子）

▶参考文献

UNDESA Population Division (2021) World Contraceptive Use

4）生殖革命と生殖補助医療

①生殖革命と生殖補助技術

Ⅰ−2−4−②，Ⅰ−コラム⑭，Ⅰ−コラム⑮　【読】 世15−10

◆生殖革命と生殖補助技術　生殖革命は一般に体外受精および体外受精以降の生殖補助技術をいう。生殖補助技術（Assisted Reproductive Technology: ART）は、文字通り、生殖を補助する技術であるが、国際ART監視機関（ICMART）とWHOによる定義では、排卵誘発などの医薬や、人工授精は含まず、卵子、精子、胚を体外で扱うこと（体外受精、顕微授精）を指す。排卵誘発、排卵のコントロール、人工授精、ARTを含む生殖技術は、Medically Assisted Reproduction（医療補助生殖：MAR）という。卵子を体外に取り出すことによって、受精胚の凍結、卵子の持ち主ではない人への移植などが可能になる。

体外受精以降、生殖技術は、精子細胞の培養、卵子の凍結、卵巣組織の凍結と移植、子宮移植、人工子宮、卵子間核置換、ES細胞やiPS細胞からの生殖細胞（卵子のもとになる卵原細胞等）の作成、クローン等々、急速に展開している。

◆生殖革命以前の不妊への対処　では生殖革命以前は不妊への対処ができなかったかというと、そうではない。例えば江戸期は中医学、東洋医学がベースで（江戸中期以降は蘭学など西洋近代医学も輸入されていたが）、不妊の原因は、血気（気血：人体内の生気と血液。血液の循環。東洋医学で臓腑にエネルギーを供給するエネルギー源。）の欠乏によるとされ、腎に気血が満ちると精が生まれるのだから、男性は性欲を少なくして「節度をもった交合」がよいとされて、男性不妊の原因は「手淫過多・多淫」と考えられていた（Shirai 2017）。明治期の書籍では解剖学的に生殖器や妊娠のメカニズムが説明されるようになったが、そこでも「手淫過多・多淫」が「精液の元素を損なう」とされている（例えば平野 1880）。日本の養生訓パラダイムは「オナニー有害論」として、1940年代まで継続していた（赤川 1999）。

ここで人工授精、すなわち「人の手によって、精液を子宮に送り込み、妊娠させる方法」について見てみると、人間への適用より前から、家畜の繁殖や改良にも使用されていた。

レントゲンが医療現場で普及したのは1940年代、超音波画像診断については1970年代、排卵誘発剤が広く臨床的に利用されたのは1960年代から70年代だが、人工授精は、中医学とともに、古くから認知されてきた。世界で初めての人間に対する人工授精は、記録では1776年だ（スコットランドのジョン・ハンターによる）。日本では、ドイツ医師によるとされる『人工妊娠新術』が1891年（明治24年）に翻訳された。明治期、人工授精は精子の通過障害や性交障害の場合に「男女が性交しなくても子を生む方法」（男女相交わらずして子を生むの法、人力にて精液を子宮腔内に送致し妊娠せしむる法なり）だと紹介された。そこで興味深いのは、精子を採取する方法である。「男女が性交しなくても子を生む方法」であるものの、精子の採取は、男女の性交を前提としており、「性交して精子を（花柳で遊ぶ人が使う）コンドームに採り、ポンプで子宮に潅注する」と書かれている。明治37年に緒方正清という著名な医師が執筆した（翻訳書ではない）『婦人科手術学』でも、性交後に膣内から精液を吸い取る方法と、コンドームを装着して性交して精液を採取する方法が紹介されている。人工授精時の精液採取の方法で「自慰」が回避された背景にあるのは、先述の養生訓や男女の交合を是とする考えだろう。

その後、中医学に基づく不妊への対処が西洋医学に取って代わられ、レントゲンによる卵管や子宮の造影や卵管の通水・通気、医薬による排卵誘発、超音波画像診断による排卵時期の推定へと展開していった。そして冒頭でみた体外受精の登場に至るわけだが、実は1978年にイギリスで初の体外受精児のルイーズ・ブラウンが生まれる以前から体外での受精の試みはあり、マウスやウサギなどヒト以外で実施がされていた。ヒトについても、未受精卵の分割の可能性があると1944年に報告がある（由井 2016）。ヒトでの受精卵の作成や移植・妊娠には生命倫理的な観点から反対があり、試験に参加する対象がいなかったり、移植しなかったりしたという。

現在の生殖技術は、ARTやMARなど不妊への対処（不妊治療）にとどまらない。不妊でなくてもARTやMARを利用することがある。生殖技術は、性交によらない妊娠、精子・卵子提供や代理出産など第三者が関わる生殖技術など、リプロダクションや親子や家族のあり方を変えていくものでもあり、単に技術や医療にとどまらない社会的な存在だと言えよう。（白井千晶）

▶参考文献

赤川学（1999）『セクシュアリティの歴史社会学』

Shirai, Chiaki. (2017) The History of “Artificial Insemination” in Japan during 1890-1948: Issues concerning insemination and donor sperm, *ASIAN STUDIES*, 12

由井秀樹（2016）「体外受精の臨床応用と日本受精着床学会の設立」科学史研究 55（278）

平野助三（1880）『懐妊避妊自在法』

4）生殖革命と生殖補助医療

②バイオエシックスの展開と生命倫理法制

Ⅰ－2－4－①，Ⅰ－4－2－②，Ⅰ－コラム⑫　【読】世15－2

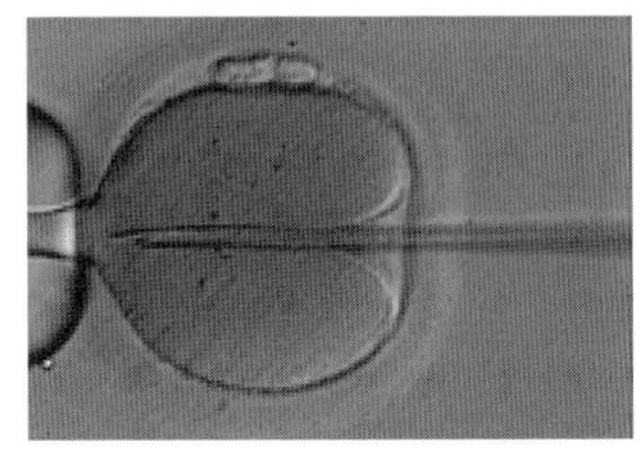

◆先端医療と「不妊の医療化」　先端医療には、移植医療、遺伝子診断・治療、生殖医療の三種がある。移植医療は1967年の心臓移植実施によって新たな段階に入り、これが脳死問題を生む。遺伝子診断・治療は、DNA二重らせんの発見（1953年）に始まり、遺伝子診断（61年）、遺伝子治療（70年）を経て、ヒトゲノム計画（1990-2003年）へと発展した。生殖医療は、「生殖革命」と呼ばれる体外受精の成功（1978年）以降、急速に進展している。体外受精と顕微授精（図）等を「生殖補助医療」（広義には人工授精も含む）という。今日、遺伝子診断・治療と生殖医療は不可分に結びつき、ヒト・クローン胚、ヒトES細胞（胚性幹細胞＝何にでも発展しうる細胞）、着床前遺伝子診断・遺伝子治療の技術が進んでいる。こうした先端医療技術は、今や国益をかけたバイオテクノロジー（生命工学）として発展しているが、ヒトという種の存続に関わる重大な生命倫理上の問題をはらんでいる。しかし、国によって規制の程度（法制）は異なる。

生殖の先端医療は「不妊の医療化」を意味する。本来、妊娠出産は病気ではない。しかし、生殖補助医療においては、子を産みたいという女性の気持ちを煽るような形で卵子や子宮を含む女性身体が先端医療の材料・道具にされ、観察対象とされている。女性の自己決定権という文脈で事実上の人体実験が正当化されている。

◆バイオエシックス　「バイオエシックス」（生命倫理）は、「生命科学と医療における人間の行為を倫理原則の見地から検討する体系的研究」（『バイオエシックス事典』1978年）である。もともとは、1971年にアメリカの生化学者ポッターが提唱した用語であり、人口・食糧・環境問題を包括する広い概念であった。やがて、生命に関する人間の自己決定権をめぐる概念として広く普及した。ドイツでは「バイオポリティクス」（先端医療や生物技術に関する政策論）が好んで用いられ、1990年代からはバイオエシックスの概念を拡大して「生命環境」を含むものとなっている。アメリカでも1990年代以降バイオエシックス概念が拡大し、①理論的、②臨床的、③法制的、④

文化的バイオエシックスの四つに分類されるようになった。

◆バイオエシックスの展開　20世紀後半の国際社会におけるバイオエシックスの展開は3期に分けられる。第1期（1960年代半ば～1970年代半ば）には、人体実験とインフォームドコンセントが焦点とされた。第2期（1970年代半ば～1980年代半ば）には、生命の終わりと始まりをめぐる線引きが議論された。第3期（1980年代以降）には、バイオエシックスが経済化し、医療経済が国家によっても重視されるようになった。これを受け、21世紀はバイオポリティクスの時代となっている。

◆ニュルンベルクコード　バイオエシックス第1期の起点となったのは、1965年のヘルシンキ宣言である。同意なき人体実験の禁止（ニュルンベルクコード）を世界医師会で確認した宣言であった。ニュルンベルクコードは、ナチスを裁いた医師裁判の判決（1946年）の一部であって、国家主義的なナチス優生学の否定を意味する。しかし、現実にはアメリカでも人体実験が行われ続けていた。1972年のタスキギー梅毒人体実験のスクープは、アメリカ社会に大きな衝撃を与えた。ナチス成立（1933年）以前の1932年から40年間にわたって男性の梅毒患者と非患者の計600名に本人の同意なく人体実験を行っていたことが暴露されたからである。

◆脳死と中絶　バイオエシックス第2期のテーマは、脳死と中絶であった。1968年に札幌医科大学で国内初（世界30例目）の心臓移植が行われ、脳死による臓器移植の是非は日本のマスコミでもさかんに論じられた（1997年に臓器移植法が成立）。しかし、日本では優生保護法の下で事実上自由に中絶を行うことができたため、中絶の是非はほとんど議論されなかった。これに対し、アメリカでは中絶が最重要トピックとされ、二面で議論された。ロウ対ウェイド判決（1973年）を受けた女性の自己決定権としての中絶の是非と、出生前診断と結びつく選択的中絶の是非である。選択的中絶は、男児選好（インドや中国）による胎児の性別選択の手段としてあるいは胎児に障害がある場合に行われる。

◆出生前診断　出生前診断には2種がある。子宮に針を刺したり（羊水穿刺）、子宮内細胞を取り出したり（絨毛生検）する侵襲的な診断方法と、超音波画像診断や血液検査（トリプルマーカーテスト）などの無侵襲的な診断方法である。最も早く開発された羊水穿刺（1956年）は妊娠中期以降でなければ実施できず、流産のリスクもある。このため、より簡易で安全な検査方法が目指された。1970年代には遺伝子診断技術が急速に進み、無侵襲的な出生前診断が広まる。選択的中絶が女性の自己決定権の文脈で、生殖コントロールの1つとして組み込まれていったのである。選択的中絶のためのマススクリーニングは障害者差別につながりうるが、個人の希望に基づく検査であれば許容できるとされた。しかし、「障害」の定義は難しい。例えば、ヒトにおいて最も多い遺伝性疾患であるダウン症（1000出生に1人が発症）は、染色体の突然変異（21番目の染色体が1本多く3本となる）によって生じるが、個人によって症状は多様であり、適切な支援を受ければ多くの者が日常生活をほとんど支障なく送れる。従来の無侵襲的な診断方法は確定判断ができず、リスクを予想するだけであったが、2013年に導入された新型出生前診断は血液検査で確定的な遺伝子診断ができる精度の高い検査法である。しかし、どの診断方法をとろうとも、出生前診断によって障害の程度を予測することはできない。

◆「損害としての子」訴訟　1980年代以降、ドイツでは出生前診断の誤りや未実施によって障害児が生まれたときに医師に対して訴訟が提起されるようになった。これが「損害としての子」訴訟である。1983年判決は、医師に対して子の養育費の支払いを命じた。その結果、医師側の防御的姿勢が強まり、出生前診断に拍車がかかる。1997年にも同様の訴訟において、医師に子の養育費全額と母への慰謝料支払いが命じられた。ドイツ連邦憲法裁判所は、損害は「子」ではなく、親の計画に反する出生によって生じる親の養育負担であるとした。今日、ドイツでは出生前診断の利用が多く、とりわけ高学歴女性ほど出生前診断を受ける率が高い。

◆生殖革命　生殖革命以降、生殖技術は根本的に変化し、生殖は人が介入可能な領域になった。女性身体では通常は月に1個の卵子しか排卵されない。このため、体外受精に必要な卵子を採取するために排卵誘発剤が使われる。体外受精卵のうち、「健康そうな」3個ほどが子宮に戻され、残り（余剰胚）はバイオテクノロジーの実験材料となることもある。体外受精の成功率はきわめて低く、費用は高額である。また、体外受精が失敗するほど、実験材料としての卵子や受精卵を多く確保できる。2005年、韓国の著名な研究者が、ES細胞を作るために女性の同意を得ずに2000個超もの卵子を収集して研究に使っていたことが暴露された。

◆バイオテクノロジーと生命倫理法制　バイオエシックス第3期は、バイオテクノロジーの発展によって特徴付けられる。バイオテクノロジーでは、体外受精で子宮に戻されなかった余剰胚や卵子が利用される。このため三つの問題が浮上した。①胚は「ひと」なのか否か、②着床前診断は許されるか、③胚段階での遺伝子操作は認められるかである。こうした状況を背景に、生命倫理に関する法律が制定されはじめる。今日、欧米の生命倫理法制は大きく三つに分けられる。法規制が存在しない国（アメリカなど）、厳しい法規制を行う国（ドイツ・イタリアなど）、両者の折衷型の国（フランス・イギリスなど）である。ドイツは、ナチスの人体実験への反省から1990年に胚保護法を制定した。同法は、受精時点で「ひと」と定義し、胚を用いた実験をいっさい禁じた（輸入した胚での実験は可能）。日本では余剰胚は「特定胚」と呼ばれ、「ひと」としては扱われていない。フランスでは、余剰胚の研究は認める一方で、生殖細胞の売買・着床前診断・代理母の禁止などを含む生命倫理法を定め、民法第１編「ひと」の中に挿入した（2004年）❶。一方、連邦の法規制がないアメリカには「超人」を生み出そうとする民間組織が存在する。遺伝子操作は、個人の自己決定権に基づく限り、「リベラル優生学」として正当化されている。日本では長く生殖法制がなかったが、2020年に生殖補助医療で生まれた子の親子関係を定める民法特例法が成立した。しかし、代理懐胎については明言を避けており、生殖細胞や胚の保護まで規定した生命倫理法とは言えない。

◆エンハンスメント　出生前診断は不都合な遺伝子を排除する「抑制的優生学」の手段であるが、着床前診断は人間改造を目指す「促進的優生学」の手段ともなる。人間改造はナチス期には夢であったが、今日では遺伝子操作によってヒトの能力や性質の「エンハンスメント」（増殖的介入）を行い「デザイナー・ベビー」を生み出すことは可能である。しかし、それは種としてのヒトの未来を変えてしまう。生体の遺伝子治療は一代限りであるが、胚への遺伝子操作は世代を超えて継承されるからである。このため、今日、多くの国で胚への遺伝子操作は禁じられ、着床前診断と男女産み分けは重篤な遺伝性疾患をもつ場合以外は禁じられている。ヒト・クローン研究についても、クローン胚を子宮に戻すことは禁じられている。しかし、2018年、中国で世界初の「ゲノム（遺伝子）編集ベビー」が誕生したと報道され、世界の科学者に衝撃を与えた。巨大な利権と化したバイオテクノロジーは、科学の名の下に、自己決定権を根拠にエンハンスメントを追求し続けている。（三成美保）

---

❶ フランス民法（2004年フランス生命倫理法改正法）

第１編　人　第１章　私権について　第２節　人体の尊厳

第16条　この法律は、人の優越性を保障し、その尊厳へのあらゆる侵害を禁止し、及び人をその生命の始まりから尊重することを保障する。

第16-1条　何人も、自己の人体を尊重される権利を有する。人体は不可侵である。人体、その構成要素及びその産物は財産権の対象としてはならない。

第16-5条　人体、その構成要素又はその産物に財産的価値を与える効果を生ずる契約は、無効とする。

第16-7条　他人のための生殖または妊娠を目的とする契約は、全て無効とする。

第16-9条　この章の規定は、公序に関わるものとする。

▶参考文献

服藤早苗・三成美保編（2011）『権力と身体』
市野川容孝編（2002）『生命倫理とは何か』
資料集生命倫理と法編集委員会編（2003）『資料集生命倫理と法』　図 Wikipedia

問い　①「デザイナー・ベビー」について、親と子のそれぞれの立場から考えてみよう。
②あなたやあなたのパートナーが妊娠したとき、出生前診断を受けるか否か考えてみよう。

コラム⑭ 代理出産

私たちが「代理母」ないし代理出産、代理懐胎と聞いて思い浮かべるのはおそらく、現在よく目にする「大金を払って、夫婦の受精卵を、海外の女性に妊娠・出産してもらって、日本に連れて帰る」方法（これは商業的体外受精型の代理出産である）だろう。しかし少し前まで体外受精は存在しなかった。では代理出産がなかったかというと、そうではない。ここでは、代理出産の歴史、さらに代理出産からみえる歴史を紐解いてみよう。

◆医療化した代理出産　卵子を体外に取りだして精子と受精させ、できた受精胚（受精卵の分割が始まったもの）を、卵子の持ち主の子宮に移植せず、他の人の子宮に移植したら、卵子の持ち主ではない人が妊娠・出産できる。これが冒頭の体外受精型の代理出産である。卵子は採れるが、子宮に疾病があって妊娠・出産できない女性が夫の精子を使って夫婦の遺伝的子どもを持つことができる。

それだけではない。自分（たち）以外の人の卵子や精子で受精胚を作り、自分（たち）以外の人の子宮に移植することもできる。典型的には、子どもを育てたい人（子どもがほしい人）が依頼主（クライアント）で、妊娠・出産する人が代理母である。

体外受精が可能になる前にも代理出産はあった。妊娠・出産する人の子宮に直接精子を注入する方法で、人工授精型代理出産と呼ばれる。1975年に米・ミシガン州・デトロイト郊外の弁護士、ノエル・キーンが人工授精型代理出産のあっせん業者を設立して契約をとりまとめ、1976年に子どもが出生した。それに端を発して80年代には医師や弁護士が契約をまとめて、業務としてあっせんを行った。

現在、営利目的であっせん業務が行われるものは商業的代理出産、そうでないものは非商業的代理出産（例えば親族が当人に代わって妊娠・出産するもの）と呼ばれるが、非営利でも機会費用の補償や謝礼として代理母に対して金銭が渡されることもあれば、商業的だから代理母が利己的、非商業的だから利他的とも言い切れない。

◆慣習としての代理出産　上記の人工授精型代理出産、体外受精型代理出産は、医療機関で施術が実施される、医療化された代理出産である。人工授精も生殖技術に含めるならば、生殖技術による代理出産とも言える。

ここで人工授精を生殖技術に含めるならばと述べたのは、子宮（ないし膣）に精子を注入することは、医療機関でなくても可能だからである。その意味では、どれが世界初の人工授精型代理出産かはよくわからない。

さらに、シリンジやチューブを使用して人工授精するのではなく、性交して妊娠させ、出産後に子どもを引き取る方法は、古くから存在する。あらかじめ子どもの引き取りを目的に性交する方法は、聖書にまでさかのぼり（柳原 2011）、韓国には、シバジという妻に代わって男児を生む女性がいた（淵上 2008）。

妊娠した子を引き渡すことがあらかじめ明らかでなくても、日本でも「妾」や「愛人」の子どもが「本家」にもらわれたり、養子になったり、跡継ぎになることもあった。そう考えると、「代理出産」の境界は曖昧である。

◆代理出産から見える歴史　もっと言えば、夫婦の間に子どもが生まれないときに、親族内で子どもが移動することは継承戦略として行われていた（例えば長男夫婦に子どもが生まれないときに、次男夫婦の男児が長男夫婦の養子になる。成人養子のこともあれば、乳幼児期の移動もあった）。さらに、拡大家族制や一夫多妻制では子どもの所属先の移動がなく共同で子どもを育てることもある。

そのように考えると、現代社会の代理出産は、子どもが産めない妻の代わりに夫婦の子を産むという、近代家族の擬制を念頭に置いていることがわかる。代理母は、母の代理なのか、代理の母なのか。何を代理しているのか。私たちが代理母と呼ぶことを通して、夫の子を産むべき妻の代わりに妊娠・出産するという近代家族の現代史が浮き彫りになるだろう。（白井千晶）

▶参考文献

柳原良江（2011）「代理出産における倫理的問題のありか―その歴史と展開の分析から―」『生命倫理』21（1）

淵上恭子（2008）「「シバジ」考―韓国朝鮮における代理母出産の民族学的研究―」『哲学―特集文化人類学の現代的課題Ⅱ』119

コラム⑮ 生殖医療の商業化

◆商業的精子バンク　提供精子を利用した人工授精（AID）の歴史は長く、1884年に米国のフィラデルフィア大学でウィリアム・パンコーストが、男性不妊患者の妻に学生の精子を使って実施したのが最初のAIDであると言われている。しかし多くの国で、AIDが実施されるようになったのは1940年代後半からで、日本でも、AIDは1948年より実施され、これまで一貫して提供は無償で行うことを原則としてきた。しかし、近年、ドナーの匿名性の廃止を求める動きが活発化し、ドナー情報が開示されることを懸念して、精子ドナーの減少が大きな問題となっている。日本のAIDの中核を担っていた慶應義塾大学病院でも、新たなドナーの確保が難しくなり、2018年８月、AIDを希望する夫婦の新規受付を中止した。またこれ以外にも、日本産婦人科学会に登録されているAIDの実施機関でありながら、ドナー不足を理由に、AIDの新規患者の受付を中止するところも複数出てきている。

こうしたドナー不足に目をつけ、近年、日本にもデンマークや台湾等から、商業的精子バンクが進出してきている。またSNS等を通して個人的にドナーを探す人も出てきており、その中にはレズビアンカップルやシングルの女性もいる。インターネットを介して得たドナー精子の利用に際しては、ドナー情報（学歴や職業、家系の遺伝情報や病歴等）の正確性や精子の質や安全性の面から、レシピエントや出生者へのリスクも大きい。実際にトラブルとなったケースもある。こうした状況から、2021年、獨協医科大学を母体とする、みらい生命研究所が商業的精子バンクを創設し、同年６月１日より運用を開始している。

世界各地で精子バンクが設立されるようになった当初は、利用者のほとんどがヘテロセクシャルの不妊のカップであった。そしてその目的も、法学者の金城が述べるように、AIDで子どもを持ち、夫の不妊を隠蔽するためであった。しかし現在では、商業的精子バンクの利用者の中でも独身女性やレズビアンカップルの割合が増えている。今後、多様な家族のかたちを尊重する社会へと変化していけば、ますます精子提供の需要は増えるだろう。ドナー不足への対応として、商業的精子バンクの是非も検討する必要がある。

◆卵子提供と生殖ツーリズム　体外受精技術によって卵子を体外に取り出すことができるようになったことで、卵子提供が可能になった。しかし日本では国内初の体外受精が実施された1983年より、日本産科婦人科学会の会告で卵子提供を禁止してきた。それでも卵子提供による治療を望むカップルは多く、卵子を求めて外国に渡る生殖ツーリズムが2000年代から注目されるようになった。海外で卵子提供を受けるためには、多額の費用がかかり、生殖ツーリズムを利用できるのは経済的に余裕のある一部の人々である。また渡航先の物価などによって卵子ドナーへの報酬額も変わるため、経済的に貧しい国の女性たちが排卵誘発剤による過排卵等の身体的リスクを負いながらも、報酬を求めて卵子提供をする状況が、一種の搾取として問題視されている。

これらの状況から2008年日本生殖医療標準化機構（JISART）が機構内のガイドラインに従って、卵子提供での体外受精を実施すると公表した。卵子提供は無報酬で実施され、JISARTの会員であるクリニックでは卵子提供によって複数の子どもが誕生している。

2020年12月、日本では国内初の生殖医療関連法である民法特例法が成立し、これによって国内での卵子提供も容認されることになった。しかし、精子同様、卵子提供も無償であることを原則としており、卵子ドナーが見つからなければ、国外の卵子バンクに提供を求める人は、今後も出てくるだろう。

◆生殖医療の商業化　精子提供も卵子提供も、誕生する子どものウェルビーイングに最も配慮する必要がある。そして、提供を求める人々への公平な提供や、ドナーの健康や利益をも考えた上で、精子・卵子の商業的取引の是非を検討する必要があるだろう。（仙波由加里）

▶参考文献

金城清子（2012）「配偶子提供」粟屋剛ほか編著『生殖医療（シリーズ生命倫理学６）』

5）人口と家族

①近世日本の人口変動と家族

Ⅰ−2−5−②, Ⅱ−1−2−⑥, Ⅱ−1−3−④, Ⅱ−1−4−②　【読】日7−9

近世日本の「人口—家族システム（demo-family system）」の地域性について、歴史人口学者たちは東北、中央、西南に分ける3地域分類を用いている。

◆近世日本の世帯と継承　世帯構造については、核家族世帯が41％と多数派の中央日本、33％が直系家族世帯の東北日本、直系家族は22％だが合同家族世帯が9％にのぼる西南日本という違いがある。継承については、長男子継承の割合は東北日本で高く（56％）、中央日本ではそれほどではない（35％）。継承年齢まで生存する男子数の影響も受けるので、この違いがそのまま規範の強さを示すとは言えないが、中央日本における女性戸主割合の高さ（36％）は注目に値する。女性による継承の大半は妻によるものである。家長の死亡時点で妻と息子がいる場合、息子の年齢が低くても息子を次の家長とするか、あるは妻（母）が家長となるかは、その社会における女性の地位を示すとされる。女性戸主割合は西南日本がこれに続き（21％）、東北日本では11％にすぎない。

◆近世日本の婚姻　婚姻については、婚姻年齢の地域差は、東北は低く（男性21歳、女性17歳）、中央（男性29歳、女性23歳）と西南（男性31歳、女性25歳）は高いという、「西高東低」のパターンが明確である。他方、離婚率は婚姻年齢と反対に「東高西低」であった。頻繁な離婚と再婚は東北日本の婚姻システムに組み込まれていた。再婚は西南日本と中央日本でも決して低くはなく、女性の再婚が忌避された中国、朝鮮など東アジア圏の婚姻慣習と比べて際立つ特徴と言える。

「伝統日本は皆婚社会」という定説を覆す高さの生涯独身率が見出されたことも特筆しておきたい。皆婚社会のイメージに近いのは東北日本（生涯独身率は男性2.2％、女性0.1％）のみで、中央日本も西南日本もそうは言えない。とりわけ西南日本の女性の20.6％が生涯独身という割合の高さが目を引く。18世紀初めの屋久島では、男女とも有配偶率が低く、かつ妻がいない「夫＋子ども」の組み合わせが多数発見された。男女が生家に住んだまま事実上の婚姻関係にあった「夫問い（ツマドイ）婚」とも呼ぶべき慣習が存在したと推定される。18世紀後半以降の野母村（現在の長崎県）では、未婚のまま子どもをもつ男女はそこまで多くないが、1760〜70年代には第1子出産と同年に結婚を登録するケースが4分の3を占める。結婚前の男女が性交渉をもつヨバイや足入れ婚と呼ばれる慣習があった証拠と言えよう。

◆近世日本の出生　出生についても「西高東低」であるとされているが、東北日本でも太平洋側は低いが日本海側は高いという違いがある。また合計出生率と合計有配偶出生率を比較すると、西南日本では差が大きい。高い生涯独身率のせいだろう。ただし西南日本では婚外出生割合も11.7%にのぼる。婚姻と出生についての西南日本の特徴が目を引く。なお、中央日本における婚外出生割合も西南日本と同等以上とされる。出生性比は「東高西低」であり、東北日本では男児が女児よりも多く（115／100）、女児の間引きが行われたことを示唆している。

なお、ヨーロッパの婚姻が年月日を特定できる「イベント」であるのに対し、日本の婚姻は性的関係の開始、同棲の開始、関係の安定、社会的承認、公的機関への届け出の間にずれがあり、ある程度の時間をかけて進行する「プロセス」であると捉えられる。宗門帳への記載のタイミングが東北日本では早いのに対して西南日本では遅く、東北日本では婚姻関係が安定するまでに離婚が多発し、西南日本では記載前に出生が起きることもあるということではないだろうか。

◆近世日本の労働　労働については、奉公人割合は村の総人口に占める奉公人の割合、奉公経験率は生涯に奉公経験のある人の割合を示す。前者は東北日本の方が高いが、奉公経験率は中央日本の方が高い。中央日本の奉公経験者は村外に移動して戻らない場合が多いからである。奉公人の未既婚の別は東北日本と中央日本で大きな違いを示す。中央日本では結婚前の一時期に奉公を経験するという、ヨーロッパの「ライフサイクル奉公人」と同じパターンが主であるのに対して、東北日本では結婚後に奉公に出てほとんどが村に戻る帰還型移動（circulation）であった。

◆近世日本の世帯形成システム　以上の比較の成果を踏まえ、東北日本、中央日本、西南日本の「世帯形成システム」を次のようにまとめておこう。ジョン・ハイナルにならい、(1)婚姻（と出生）、(2)世帯形成、(3)労働（等）による人の移動に注目したものである。

東北日本型世帯形成システム：(1)男女ともに早婚だが、離別も再婚も多い。出生間隔が広く出生率は低い（経済停滞期）、あるいは高い（経済成長期）。(2)1人の既婚子が親の世帯に留まって直系家族世帯をつくる。長男子継承の傾向が強い。(3)既婚の男女が奉公人となり、移動したのち家に戻る帰還型移動を行う。跡取りでない男子は他の世帯の養子となり跡取りとなる（経済停滞期）、あるいは分家する（経済成長期）。

中央日本型世帯形成システム：(1)男性は晩婚、女性はやや晩婚だが、離別も再婚も比較的少ない。生涯独身率は低くはない。出生間隔が短く出生率は高い。⑵１人の既婚子が親の世帯に留まって直系家族世帯をつくるが、婚姻年齢が高いので核家族世帯および寡婦となった母親が子供の核家族と同居する拡大家族世帯の割合が高い。⑶跡取りでない未婚の男女がライフサイクル奉公人となり、離家する。

西南日本型世帯形成システム：⑴男女ともに晩婚であり生涯独身率が高い。結婚前の性交渉、妊娠が多い。離別は比較的少なく、再婚は多い。⑵しばしば複数の既婚子が親の世帯にとどまり、あるいは親族が合同家族世帯をつくる。⑶子どもが世帯間を移動する。婚外子は特に移動性が高い。

◆明治維新に先立つ日本社会の統一　各地域の研究が深まり、時系列的変化も含めた地域間比較が可能になるにつれ、明治維新に先立って、18世紀末ないしは19世紀前半から地域的多様性が縮小し、標準化へと向かう変化が始まっていたことが浮かび上がってきた。研究者にとっても一般の人々にとっても典型的な日本の伝統家族と思われているような特徴を備えた家族が、この頃になって庶民層にも成立したということである。地域的多様性という観点から見れば、前節で見たような特性をもっていた各地域の家族が、標準的な家族モデルに向かって変化していった。

従来の日本家族研究では、庶民レベルでの典型的「家」の成立は、17世紀の「単婚小家族化」によるとするか、明治国家の政策とりわけ民法制定によるとするのが有力な見解だった。しかし歴史人口学的研究は、17世紀以降も地域的多様性が色濃く残り、「単婚小家族化」と言われるような変化も地域によって世紀単位の時間差をもって進行したこと、しかしその多様性が縮小して日本全土（本州から九州までとしておく）に及ぶ標準化の動きが、民法制定どころか明治維新以前に始まっていたことを明らかにした。近代国家が日本を統一したのではなく、むしろ社会レベルでの日本の統一が明治維新を可能にし、中央集権的近代国家成立の地ならしをしたという、歴史観の転換である。

人口学的に見れば、幕末に始まる人口増加の第四の波と共に「徳川体制からの人口学的離陸」が起きたと言えるが、それは出産、間引きなどの人口学的行動にとどまらず、家族の変化や全般的な社会変動を伴うものであった。

◆変貌する3地域　この時期、３地域ではそれぞれ特徴的な変化が起きていた。東北日本においては、「家の確立」と「ライフコースの均質化」というマクロとミクロの両面の変化が起きた。「家」は永続性、単独相続、家産の維持、直系家族的世帯構造などに特徴づけられるとされるが、これらの特質をもつ「家らしい家」は東北日本では19世紀初頭に確立した。他方、跡取りでない息子は分家をするのではなく、他家に養子に行くのが一般的になった。労働については、18世紀にはほぼ存在しなかった未婚の女性奉公人が、19世紀には60〜70%を占めるようになる。それに伴い、出生性比が改善し、女性の初婚年齢が上昇した。養蚕と織物業の発達により、女性労働の価値が高まったのである。

西南日本では、18世紀半ばから19世紀半ばまでの1世紀間に、婚前妊娠割合が7割以上から4割以下に減少した。すなわち幕末には、結婚してから子供をもうけるという「標準的な結婚」が浸透しつつあった。

中央日本の濃尾地方では、構造の単純な小家族を特徴としていたこの地域で、幕末に向かって直系家族世帯が増加する。わずかではあるが世帯規模の拡大も見られる。3地域のいずれにおいても、程度の差はあるとしても、また複雑性の上昇（中央日本）の結果なのか単純化（西南日本）の結果なのかという方向は異なっても、直系家族世帯が標準的な世帯構造となるという同じ趨勢が見られる。

家の確立とそれに伴うライフコースの変化は武士についても見られ、17世紀には長男相続の制度は緩やかで、家督を継がない長男や二男以下には別家の道もあったが、18世紀にはその道は閉ざされて他家へ養子に入るのが一般的となり、18世紀後半には出家者も増加した。

◆変化の要因　そのような全国的な社会変化は何により引き起こされたのだろうか。市場経済の発達、人口移動、都市文化の地方への伝播、それにいささかトートロジカルではあるが、宗門改帳そのものが日本を均質化させる作用をした。18世紀末を境として、二者関係の集合体としての家族から筆頭者中心の家族へ、宗門改帳の記載方式が変化した。「家」的な記載への変化である。また、嫁や養子が檀那寺を持ち込むなどの「半檀家」という慣習が18世紀の初めにはかなりの地域に分布していたが、19世紀中頃までの間に次第に減少して一家一寺制が確立した。一家一寺制は、双系的な先祖観から家の先祖という観念への転換を制度的に推進した。家を単位とする先祖祭祀の強化と言えば、儒教イデオロギーの影響を想像するが、幕府の通達では宗門帳編纂事務の簡便化と説明されており、イデオロギー的な理由付けは見つけられないという。国家による支配方式の統一であり、明治国家による全国一律の家制度施行の地ならしの役を果たした。（落合恵美子）

▶参考文献

落合恵美子編（2015）『徳川日本の家族と地域性─歴史人口学との対話』
森本一彦（2006）『先祖祭祀と家の確立─「半檀家」から一家一寺へ』
平井晶子（2008）『日本の家族とライフコース─「家」生成の歴史社会学』
中島満大（2016）『近世西南海村の家族と地域性─歴史人口学から近代の始まりを問う』

5）人口と家族

②人口変動と近代 —東アジアの圧縮近代と半圧縮近代

Ⅰ－2－5－①，Ⅰ－2－5－③，Ⅱ－1－3－④　【読】世1－4，日1－4

◆人口転換　近代家族概念の操作化として、出生率と女子労働力率を近代家族成立のメルクマールとすることができる。近代の家族変動と社会変動を捉えるための理論的基礎は人口転換（demographic transition）とジェンダーだということである。人口転換とは、周知のように、高出生率・高死亡率均衡から低出生率・低死亡率均衡への社会の不可逆的転換である。産業革命が「物の（生産の）近代」を出現させたとすれば、「人の（再生産の）近代」を生み出したのは人口転換であった。

人口転換は、近代家族の成立を可能にする条件を生み出した。人口転換における出生率低下は、一夫婦あたりの子ども数を２、３人にする低下である。乳幼児死亡率の低下を受けて、親たちは死亡リスクを考えずに子どもの数を減らし、１人の子どもにこれまでにはなかったほどの愛情と費用をかけて育てることが可能になった。近代家族の子ども中心主義という心性のいわば人口学的下部構造である。

死亡率の低下は、高齢期以外に人はめったに死ななくなるということも意味していた。そのことにより人生の安定性と予測可能性が高まり、家族経験の同質性が高まったとマイケル・アンダーソンは言う。ライフステージを順々に昇ってゆく標準的なライフコースが可能になり、死別が減って結婚の絆も長続きするようになった。誰もが結婚し、ほぼ一生添い遂げるという人口学的条件が成立して、近代家族を社会の基礎単位とする社会が可能となったのである。

すべての個人は家族に属し、家族が社会の基礎単位であるという近代社会のイメージを最初に描いてみせたのは、ヘーゲルの『法の哲学』（1821年）であろう。しかし、ヘーゲルの描いた世界が社会のマジョリティにとって実現可能となるには、人口転換の完成を見なければならなかった。社会の中にいくつかある家族類型の一つでしかなかった「19世紀近代家族」と、社会のどの位置にいる人にとっても、同型的な家族が成立しているはずだということを前提としている「20世紀近代家族」を区別するべきであるのは、このためである。山田昌弘が提案したように、実態レベル（実際の家族が近代家族の性質を備えている）と制度レベル（社会が近代家族を前提として構成されている）を区別して、前者を「近代家族」、後者を「近代家族システム」と呼ぶなら、人口転換は制度レベルでの「近代家族システム」の成立を可能にした。

◆第二次人口転換　人口転換ののち、出生率は人口置換水準程度に保たれ、ほとんどの男女が結婚し、2、3人の子どもをもつ「近代家族システム」がしばらく続いた。しかし1960年代末になると、北西ヨーロッパを皮切りに、ふたたび出生率低下が始まった。ただし今回は人口規模を維持できる人口置換水準を割り込む水準への低下であった。並行して離婚率が上昇し、結婚制度によらない同棲が増加し始め、婚外子として生まれる新生児の割合も上昇した。

この変化は、どうやら不可逆のようだということで、「第二次人口転換（the second demographic transition）」と呼ばれるようになった。結婚するかどうかはもはやライフスタイルの選択の問題になったと言われ、ライフコースがふたたび多様化し始めた。社会の基本単位はもはや家族ではなく、個人となった。「近代家族システム」はここに終焉した。このように見てくると、ウルリッヒ・ベックらの言う「第一の近代」と「第二の近代」は二つの人口転換と深く関わっていることに気づかされる。「個人化」と「親密性の変容」という「第2の近代」の特徴は、まさに第二次人口転換の帰結であった。

近代の転換のメルクマールとして、もうひとつ注目すべきなのが、ジェンダーである。経済発展と既婚女性の労働力率との間にはU字型の関係があると言われる。経済発展の初期の段階では、農業やその他の伝統産業の縮小により女性の雇用機会が減少し、また家族収入が増加するので、女性が働く必要も低下する。こうして女性の労働力率が低下することを、「主婦化（housewifization）」と呼んでおこう。性別分業に基く「近代家族」の成立である。しかし、「第二の近代」が始まった1970年代以降、欧米諸国においては、女子労働力率は大幅な上昇を見せた。これを「主婦化」と対比して「脱主婦化（dehousewifization）」と呼べるだろう。

以上のように、人口転換とジェンダーの変容は、近代家族の成立と変容、および「第一の近代」と「第二の近代」と呼ばれる近代の局面転換と深く関わっている。

◆圧縮近代と半圧縮近代　ここまでの整理は、おもに欧米圏の歴史的経験に基づくものであった。アジアに目を転じたとき、そこで起きている変化はこれとまったく同じではないが、そのずれをいかに理論化することができるだろうか。

理論化の契機として着目したいのが、欧米圏の数ヶ国と日本を含む東アジアおよび東南アジア諸国（ここではこの二つの地域を合わせて広義の「東アジア」と呼んでおこう）における合計出生率（TFR）の長期的変動を示した図1である。2回の人口転換は、それぞれ異なるタイプの出生率低下をその構成要素としている。第一次人口転換では人口置換水準までの低下、第二次人口転換ではそれ以下への低下が起きた。注目したいのは、出生率低下は、わずかな例外を除いて、地域ごとにまとまって起きているということである。第一の出生率低下が起きたのは、ヨーロッパでは1880年代から1930年頃まで、東アジアでは1960年代から1980年代であり、その間に約半世紀の隔たりがある。例外となるのがヨーロッパではフランス、東アジアでは日本であり、日本はヨーロッパと東アジアのちょうど中間にあたる1950年代に第一の出生率低下を経験した。

これに対して第二の出生率低下は、いつ起こっただろうか。第二の低下はヨーロッパでは1960年代末から、日本では70年代半ばから起きている。第一の出生率低下についてはヨーロッパと日本の間には四半世紀の開きがあったが、第二の出生率低下についてはわずか数年の違いしかない。すなわち第一の低下と第二の低下との間隔はヨーロッパでは約半世紀あったが、日本では20年ほどに短縮されている。

この現象を、韓国の社会学者チャン・キョンスプ（張慶燮、Kyung-Sup Chang）の言葉を借りて、「圧縮近代」（compressed modernity）と呼んでおこう。後発国の近代はただ遅れて起こるのではない。「経済的、政治的、社会的、あるいは文化的な変化が、時間と空間の両方に関して極端に凝縮されたかたちで起こる」とチャンは言う。「そして、互いに共通点のない歴史的・社会的諸要素がダイナミックに共存することにより、きわめて複雑で流動的な社会システムが構成かつ再構成される」と言うのである。

では日本以外の東アジア諸国では出生率の第二の低下はいつ起きたのだろうかと、図1をあらためて見直すと困惑せざるをえない。これらの諸国では出生率低下はひと続きであり、二つの低下の間の境目がわからない。そこで、人口置換水準以下への低下が第二の低下であると定義すれば、シンガポールでは1970年代半ば、韓国では80年代初め、タイでは80年代後半、中国では90年代に第二の低下が始まっている。

二つの出生率低下の間の、出生率が人口置換水準付近で安定した時期を「第一の近代」の黄金期と考えると、その期間はヨーロッパやアメリカでは約50年、日本では20年続いたが、他の東アジア諸国ではまったく存在しない。日本以外の東アジア諸国の近代は、日本よりもさらに圧縮されており、欧米諸国や日本が経験したような「第一の近代」と「第二の近代」の区別なしに、近代をひと続きのものとして経験している。

チャンがこの状態を「圧縮近代」と呼んだのだとすれば、まがりなりにも二つの異質な近代を意識することのできる日本の近代はこれと同じではない。そこで、日本近代を「半圧縮近代」として概念化することを提案したい。

◆東アジアの極低出生率　「半圧縮近代」と「圧縮近代」の区別は、現在の日本とその他の東アジア諸国との社会状況や政策の違いを説明するために極めて有効である。「半圧縮近代」の日本は、典型的な近代社会を実現することができた。近代以前

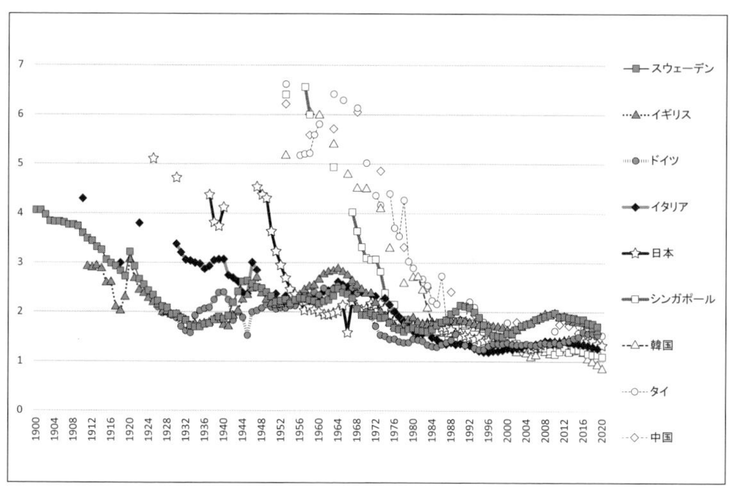

図1　合計出生率（TFR）の長期的趨勢　ヨーロッパとアジア
注：イギリスはイングランドとウェールズ
出所：各国政府統計

の日本は女性の就業率の高さを特徴とするような社会だったが、近代的な性別分業がすっかり根付いた。欧米圏が「第二の近代」に入って新たな社会の仕組みを模索していた1980年代に、日本は経済的繁栄の頂点にあり、日本の文化的優位性が勝利の原因と考えて、欧米圏のような「個人を単位とする社会」と「ジェンダー平等」へ向けての制度改革を行なう代わりに、主婦の優遇政策など、高度経済成長期の社会構造を固定し、むしろ家族主義的傾向を強めるような（反）改革を行った。このため、1990年代に高齢化率が欧米社会に追いつき追い越し、いよいよ改革が必要になったときにも、制度が固定されて対応できずに長期の停滞に陥った。

これに対して、「圧縮近代」である他のアジア諸国は、近代社会や近代家族を確立する間がないまま、「第二の近代」になだれ込んだ。近代以前から続く家事労働者を雇用する習慣が消えぬうち、グローバル化の時代に突入し、外国人家事労働者を雇用して自国の女性の就労を促進する政策をとったシンガポールのような国もある。しかし福祉国家建設よりも市場化を志向する新自由主義的政策は、家族の経済的負担を増すため、これらの国々は「極低出生率」と呼ばれるような極端な出生率低下を招いた。これに困った韓国や台湾は少子化対策など福祉国家建設の方向に舵を切ったが、教育費、住宅費などの基礎的な支出が軽減されないため、なかなか出生率上昇という結果に結びつかない。（落合恵美子）

▶**参考文献**

落合恵美子（2023）『親密圏と公共圏の社会学—ケアの20世紀体制を超えて』

5）人口と家族

③アジアの人口政策と家族計画

Ⅰ－2－3－①，Ⅰ－2－3－②，Ⅰ－コラム⑯，Ⅱ－1－2－②，Ⅱ－1－2－④　【読】世1－4，日1－4

◆上からの家族計画　現在の社会では、適切に避妊（場合によっては中絶も）を行って子供の数を適当な水準に抑えることが、「市民道徳」の一種とみなされている、と荻野美穂は指摘する。このような家族の中の子供の数を「適当」な水準に留めようという考え方は、欧米では避妊を否定するキリスト教や国家の政策に抗して広がった。これに対してアジアでは、20世紀後半以降に、むしろ国家による上からの政策で家族計画が進められた。

◆国際家族計画連盟　アジアの各地域は、第二次世界大戦後に「多産少死」、すなわち出生率は高いままに乳幼児死亡率等の低下を実現し、人口の急増に見舞われた。これに対して、地球規模での「人口爆発」を食い止め、人口増加を適正な規模に抑えるためとして、1952年に国際家族計画連盟（IPPF）が８カ国の民間団体の家族計画連盟の連合体として発足した。マーガレット・サンガーはその初代会長となっている。その後、冷戦の下でIPPFは1966年からアメリカ政府の資金を得るようになり、人口調節はアメリカの世界戦略の重要課題となって、アメリカの援助を受ける国は人口調節プログラムを要求された。

1967年には国連人口基金が設立された。これらの先進国主導の国際機関の援助のもとで途上国の政府は家族計画を推進し、バースコントロールの普及が図られるようになった。子供の少ない家庭の価値と、近代的な手段による各種の避妊が国によって大々的に宣伝され、場合によっては既婚女性は避妊を義務づけられた。そこでは女性が自身の身体をコントロールすることよりも、国家の指導の下で家族が子供を計画的に生み育てることが重視された。こうしたアジアの上からの家族計画の推進は、欧米とは異なったリプロダクションの環境を現出させた。

◆東アジアの家族計画　戦後のベビーブームに見舞われた日本では、1948年に優生保護法が制定されて妊娠中絶が可能になり、1952年には実質的にほぼ自由に行えるようになった。これと並行して受胎調節指導も始まり、助産婦・保健婦・看護婦が受胎調節実地指導員となっていった。こうした「家族計画」は、国の人口政策として、大企業の従業員の妻や農村地域の女性たちを対象とする講習などによって推進され、子供の数を少なく抑えることが自分や家族にとって利益や幸福をもたらすと宣伝された。女性たちは自発的に家族計画に取り組むようになり、子どもは「授かりもの」から計画して「作るもの」に変わった。その結果、合計特殊出生率は（TFR）は1947年の4.54から1960年には2.00と短い期間で急落する。この間、妊娠中絶は1950年代前半に急増して届け出数が最も多い1955年には117万余件となる。多くは子供を数人生み終えた既婚女性によるものだったが、避妊の普及とともに減少して1960年代後半には80万件を切った（2020年度は14万余件）。とはいえ当時アメリカの統治下にあった沖縄では、逆に当局は人口政策への直接介入を避け、日本本土で施行された優生保護法も適用されず、家族計画の開始は本土より十数年遅れるというねじれた経過をたどった。

アジア諸国の合計特殊出生率

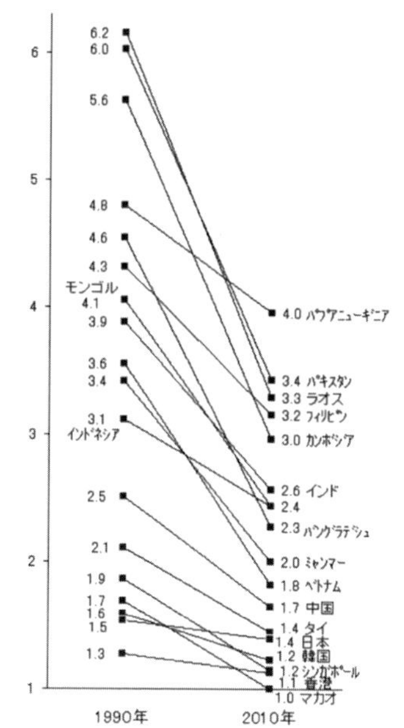

（資料）World Bank, World Development Indicators 2014.2.15
（「社会情報データ図録」より）

日本にやや遅れて1960年代までに、韓国、台湾でも国家による家族計画の推進が開始された。韓国、台湾は冷戦下で西側の最前線となっていた地域だが、家族計画は後ろ盾となっていたアメリカの強いテコ入れの下で推進された。これらの地域では女性たちにIUD（子宮内避妊具）の装着が強く推奨されたが、それはアメリカから提供されたものであった。このような人口政策により、韓国・台湾では1960年代に急速な出生率の低下が実現した。

中国では1950年代後半から都市部で計画出産が始まり、1970年代には全国で推進されて急激な出生率の低下が起こった。その後さらに出産を抑制しようという「一人っ子政策」が始まって1980年代には大きな反発と混乱が起こったが、1990年代には出生率はさらに低下した。現在、日本・韓国・台湾・香港・中国など東アジアは世界でもっとも出生率の低い地域の一つとなり、人口置換水準を下回っている。

◆インドの強制断種　第二次世界大戦後に独立を果たしたインドでは、はやくも1952年に家族計画を国家の開発５ヶ年計画の柱として開始している。1976〜77年にインディラ・ガンジー首相が非常事態宣言を発動して強権政治を行った時、主として農村の貧困男性を対象に半強制的な不妊手術を行い、年に800万人にのぼった。反発は大きく、インディラ・ガンジー首相は失脚することになったが、男性への半強制的な断種手術は大きなトラウマを残した。その後、インドの家族計画の対象は女性に大きくシフトして、女性の卵管結紮による不妊手術が中心となっていった。

現在のインドではTFRは2.4程度で、かつてのような強制的な家族計画は行われず、リプロダクティブ・ライツに基づく自己決定が基本である。だが生殖は女性の役割という意識は強く、父系的な観念の強い社会で、性別選択的な中絶は禁止されているにも関わらず、男児が女児を上回って出生性比が拡大する傾向がある。

◆東南アジア　社会主義政権のベトナムでは、人口増加に対して1988年から子供を2人以下に制限する政策が始まり、2003年には人口規制法によって「二人っ子政策」を実施した。「夫婦と子供2人が幸せな家庭」というスローガンのもとに、3人目が生まれると罰金が科されたり産休中の休業補償金が支払われなかったりする。それでも3人目を産む人も少なくなかったが、近年、TFRは人口の置換水準を下回ったと言われている。

インドネシアでは、1969年からの第一次5ヵ年計画で、家族計画は経済開発を支えるための人口抑制策とされた。翌年には国家家族計画調整委員会（BKKBN）ができて最重要の政策の一つと位置付けられた。保健省やBKKBNの各支部だけではなく、県から村落に至る行政機構や各地の婦人会、時には軍まで動員して、女性たちに避妊を義務付けている。その結果、出生率は順調に低下してスハルト大統領は1989年の国連人口賞を授与された。TFRは2007年には2.2となっている。

以上のような、国家が人口増加に対して国際機関との連携の下で強力に人口抑制策を展開した国だけではなく、そもそも人口抑制の必要の感じられない国にも援助とともに家族計画が入っている。ラオスでは、以前の旧社会主義国からの援助に代わって1993年ごろから西側の援助が入るようになったが、総人口400万人余り（1994年）のこの国では、1994年から母体の健康のために出産間隔を空けるBirth Spacing Programが始まった。翌年には国連北京女性会議を受ける形でリプロダクティブ・ヘルスという言葉がそれを抱合するものとして使われるようになったが、現場のサービスは特に変化しなかったという。現場で活躍したのはラオス女性同盟で、そのネットワークを使って母子保健を推進し、妊産婦死亡率や乳幼児死亡率の低下に大きく貢献した。ラオスのTFRは1990年に6.15、2010年には3.29である。

ネパールでは、1959年からIPPFの支援の下でネパール家族計画協会が家族計画普及活動をスタートさせたが、政府による家族計画が始まったのは1960年代半ばである。1970年代には母子保健の一部として推進され、1980年に6.3だったTFRは1990

年には5.5、2001年には4.3、2011年には2.6に低下した。こうした出生率の低下は、開発や生活水準の向上と結びついた家族計画の意義と方法が、成人女性への識字教育や学校教育を通じて広められ、地方のヘルスポストなどで避妊薬具が提供されるといった体制によってもたらされた。

ネパールのバーススペーシング推進のためのパンフレット（幅崎麻紀子「「リプロダクションの文化」としての家族計画」、小浜・松岡編（2014）より）

◆世界人口会議　1974年、ブカレストで開かれた世界人口会議で、途上国の代表たちは「開発は最善の避妊薬である」として、「人口爆発」を防ぐのに家族計画や避妊の普及のみに腐心する先進国を批判した。また1970年代には第二派フェミニズムが広がって妊娠中絶禁止の廃絶を求める声が高まり、1975年には国際女性年宣言が出される中で、性と生殖に関する女性の権利への関心が高まった。こうした中で、IPPFはジェンダー視点を取り入れ、「計画出産と女性の開発プログラム」を開始する。1984年のメキシコシティ世界人口会議を経て、1994年のカイロ国際人口開発会議は、女性をエンパワーメントすることが人口抑制につながるという視点を打ち出し、またリプロダクティブ・ヘルス＆ライツ（性と生殖に関する自己決定権）を提唱した。こうして国際社会の人口問題への対応は、女性の主体性を重視するものとなってゆき、それは各国の家族計画推進の現場にも、それぞれの事情に左右されながらも徐々に浸透していった。（小浜正子）

▶参考文献

荻野美穂（2008）『家族計画への道─近代日本の生殖をめぐる政治』

田間泰子（2006）『「近代家族」とボディ・ポリティクス』

サンドラ・ウィットワース（武者小路公秀ほか監訳）（2000）『国際ジェンダー関係論─批判理論的政治経済学に向けて』

小浜正子・松岡悦子編（2014）『アジアの出産と家族計画─「産む・産まない・産めない」身体をめぐる政治』

白井千晶（2022）『アジアの出産とテクノロジー─リプロダクションの最前線』

5）人口と家族

④ヨーロッパ諸地域の少子高齢化

Ⅰ－2－5－②，Ⅰ－コラム⑲　【読】 世1－4，日1－4

◆人口の変化　国連の推計では、世界人口は2022年11月に80億人に達し、2080年代に104億人でピークに達すると予測されている（『世界人口推計2022年版』）。紀元前47年、シーザーが終身独裁官となった時、共和政ローマの支配領域は地中海沿岸ほぼ全域に及び5000万の人口を擁した。当時の世界人口２億5000万の２割である（モーランド 2019：18）。1500年頃の世界人口は５億人と推定されている。18世紀の産業革命以降、急速に増加ペースが速まり、20世紀には「人口爆発」と呼ばれる人類史上最大の人口増加を経験した。いち早く工業化をなしとげたヨーロッパでは18世紀後半から人口増加が始まったが、2000年からは人口減少に転じ、少子高齢化が新たな問題となっている（図１）。

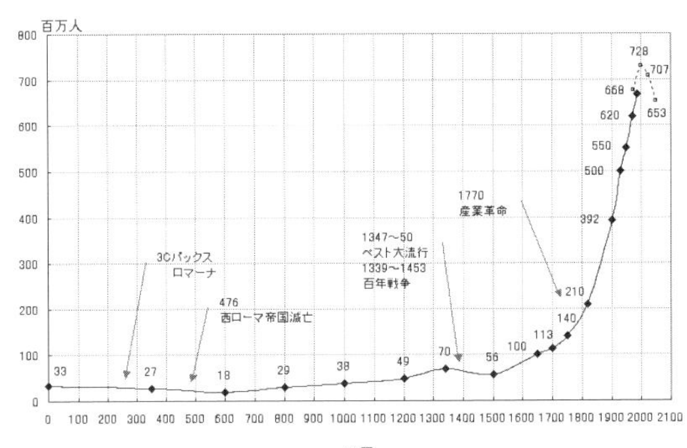

（注）過去推移はウラル山脈以西の地域をヨーロッパとしている。点線は国連による将来推計人口（2004年改訂）。
（資料）T.G.ジョーダン「ヨーロッパ文化」（原著1988）、人口問題・社会保障研究所「人口統計資料集」2006年版

図1　ヨーロッパの超長期人口推移

◆人口転換　人口動態は、経済社会の発展に伴い、一般に「多産多死」（第一段階）から「多産少死」（第二段階）を経て、やがて「少産少死」（第三段階）に至る。このような三段階からなる人口変動モデルを「人口転換理論」と呼ぶ。第一段階は、合計特殊出生率（１人の女性が一生の間に産む子どもの数、以下、出生率）も死亡率も高水準にある低発展段階であり、近代化以前の伝統的農業社会（日本では1870年以前）がこれにあたる。第二段階は、出生率は依然として高いが死亡率が急速に低下する段階である。都市化・工業化が進み、公衆衛生や医療の水準が上がって死亡率が低下するが、出生率は高水準のままであるため、急激に人口が増加する（日本では1870～1960年）。第三段階では、出生率、死亡率とも低水準に達して安定化する（日本では1960年以降）。ヨーロッパでは人口転換には200年を要した。18世紀後半に多産多死か

ら多産少死への人口転換が始まり、急激な人口増加が生じた。多産少死から少産少死への転換は19世紀後半に始まり、1960年頃まで続く。

◆第二次人口転換　人口転換理論では、第三段階で出生率は人口置換水準（人口が増加も減少もしない均衡状態となる出生率の水準）である2.1前後に達したあと安定すると考えられていた。しかし1965年頃から西ヨーロッパの出生率はほぼ一斉に低下して、2.1を大きく下回ったまま低迷している。2.1以下の低出生率は構造化して不可逆的であるというのが「第二次人口転換論」である。出生率が人口置換水準を下回り、死亡率がますます低下した結果、今日のヨーロッパでは少子高齢化が急速に進展している。このような第二次人口転換は、今では先進国全体に広がっている。

◆出生率の地域差　1960年代以降、ヨーロッパ諸国の出生率は全体として人口置換水準以下であるが、地域差も大きい。北欧諸国やイギリス・フランスでは、出生率はおおむね1.7～1.9と比較的高水準である。南欧諸国は1990年代に入っても低下し続け、スペインやイタリアの出生率は1.1～1.2と世界最低レベルであったが、最近やや好転している。ドイツ及びドイツ語圏では、1970年代に出生率が大きく低下した後、長期にわたって1.3～1.5で低迷し続けている。先進国の中では例外的にアメリカで1950～60年代に出生率が3.5を超え、ベビーブームが到来した。戦争で抑制された結婚意欲が高まり、好景気がこれを後押しした。早婚と大家族は成功の証とされたのである（図2）。東欧

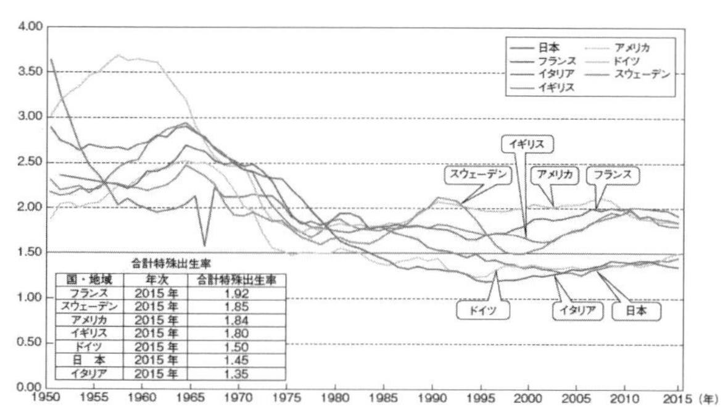

合計特殊出生率

国・地域	年次	合計特殊出生率
フランス	2015年	1.92
スウェーデン	2015年	1.85
アメリカ	2015年	1.84
イギリス	2015年	1.80
ドイツ	2015年	1.50
日　本	2015年	1.45
イタリア	2015年	1.35

資料：1959年までUnited Nations "Demographic Yearbook" 等、1960年以降はOECD Family database（2017年5月更新版）及び厚生労働省「人口動態統計」を基に内閣府作成。

図2　諸外国の合計特殊出生率の動き（欧米）

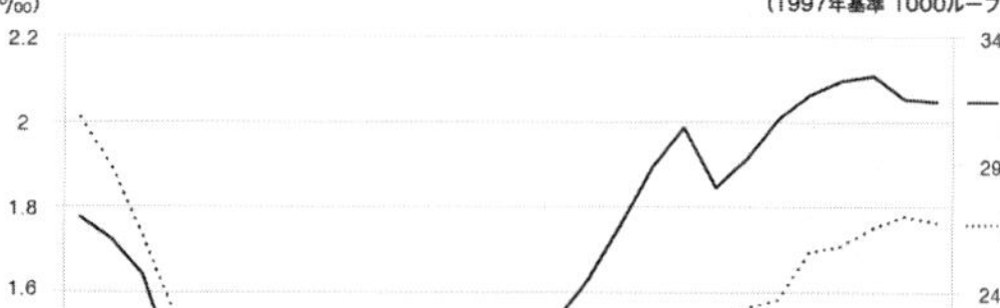

出所：ロシア連邦統計局『ロシア人口年鑑』および同『ロシア統計年鑑』より筆者作成

図3　ロシアにおける合計特殊出生率と1人あたり国内総生産、1989年～2016年

諸国・旧ソ連の出生率は、1990年頃の社会主義政権の崩壊とともに急低下した。ロシアでは、1989年に2.0であった出生率は、1999年は1.2を下回った。しかしその後、出生率は上昇しており、2015年には1.8近くまで回復している。このような出生率の変化は１人当たりの国内総生産の変化と密接に連動している（図３）。

◆晩婚化と晩産化　第二次人口転換の背景には晩婚化・晩産化・未婚化がある。晩婚化・晩産化・未婚化をもたらしたのは、主に①1960～70年代に生じた価値観の転換、②1970年代以降の女性の高学歴化、③青年期の不確実性の拡大である（ビラーリ2008）。①1960～70年代には、学生運動やウーマン・リブなど、伝統的な権威や価値観に対して異議申し立てをする動きが強まった。結婚や出産よりも個人の自己実現をはかることを重視し、同棲・婚外出生などの「新しい」家族行動も出現した。これはライフコースの個人主義化の徴候であり、「ポストモダンな出産選好」が生じたとも言われる。ただし、スウェーデンとロシアについては晩婚化が見られず、むしろ早婚化している。②女性の学歴が上昇するほど出産が先送りされる傾向が認められる。学生期には出産を避けるなど、ライフイベントをめぐる女性の意思決定が重視されるようになったからである。1960年代に避妊薬ピルの服用が可能となり、1970年代には女性の自己決定権としての中絶が認められるようになったことが背景にある。③青年期における不確実性（経済的不安さなど）のゆえに親元にとどまる時期が長くなること（成人未婚子の増加）も晩産化の要因である。この傾向は特に南ヨーロッパに強く、出生率が非常に低い要因となっている。

◆高齢化と長寿化　総人口に占める65歳以上人口の割合を「高齢化率」と呼ぶ。高齢化の進み具合を示す指標が「倍加年数」である。倍加年数とは、「高齢化社会」（高齢化率が７％を超えた社会）から「高齢社会」（同14％を超えた社会）に達するまでの所要年数を指す。日本は24年であり、アジア諸国はさらに短い。一方、フランス（115年）など、欧米諸国は総じて長い（図４）。ヨーロッパ諸国は19世紀半ばから20世紀前半に高齢化社会に突入したが、高齢化の進展は比較的緩やかであったことがわかる。今後、欧米諸国もアジア諸国も高齢化率は高まると推定されている。高齢化は長寿化（平均寿命の延伸）とも関わっている。アメリカ・イギリス・フランスの場合、平

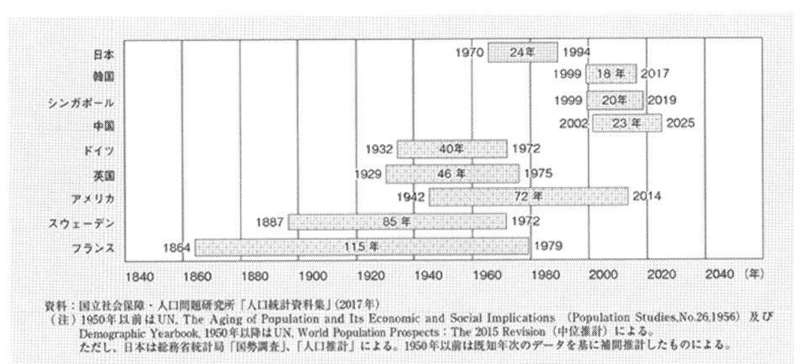

図4　主要国における高齢化率が7%から14%へ要した期間

均寿命は1820年には40歳程度であったが（日本は32歳）、1950年には60歳代後半（日本は61歳）、1999年には77〜78歳（日本は81歳）にまで伸びた。2022年には女性の平均寿命が最も長い国は日本・香港・マカオで88歳、男性については82歳（日本など10カ国）であった。

◆少子高齢化とジェンダーバイアス　少子高齢化が問題視されるのは、生産労働人口（15〜64歳）の減少、社会福祉の世代間分担の崩壊、ケア労働負担の拡大などが懸念されているからである。少子高齢化は長寿化と出生率低下によって人口構成のバランスが崩れている状態であるため、出生率が上昇すれば高齢化も改善する。しかし、出生率上昇をめぐっては慎重に考えるべきいくつかの問題がある。①人口爆発を迎えた地球で出生率上昇を目指すことがはたして妥当かという根本的な問いに加えて、②生産労働人口不足を補うものとしての移民政策、③女性に対する出産強制やケア労働の偏りの問題である。特に②と③については、ジェンダーバイアスが大きいほど少子高齢化対策のひずみもまた深刻になる。

21世紀になってスペインやイタリアでは、移民が生産労働人口不足を補い、出生率も高めているが、ヘイトクライムや移民の選別などの人権侵害が懸念されている❶。また、欧米先進国の女性がキャリアを継続するために、アジア途上国の女性を安価な移民ケア労働者として雇用するという構造が強まっており、労働搾取が深刻である。他方、北欧諸国やフランスでは生産労働人口の男女比率に差が少なく、保育園などの公的な育児支援の充実によって出生率の極端な低下は避けられている。ドイツでは2005年に家族政策が大転換され、ケア労働を生計労働と同等に位置づけ、男女労働者がケア時間を自分で設計できるようにする時間政策を家族政策の柱に据えた。これに対し、無償ケア労働を家族に依存する家族主義的な福祉国家の場合（日本など）には、女性がケアのためにキャリアを中断して生産活動から撤退するため、労働人口や納税者の減り方がきわめて深刻になる。人口減少社会に対応した持続可能な政策をグローバル規模で考える必要性が高まっている。（三成美保）

---

❶ イタリアは1970年代までヨーロッパ有数の労働力輸出国であったが、フランスやドイツで移民制限が始まった結果、移民受け入れ国となった。1990年代以降、移民流入が社会問題となり、2000年代初頭には中道右派政権によって移民規制の強化が施行された。一方、中道左派政党は移民の社会統合を志向してきた。2020年、移民数は640万人で、総人口に占める移民比率は１割を超えている。

▶参考文献

モーランド（2019）『人口で語る世界史』／ビラーリ（2008）「ヨーロッパの極低出生力」『人口問題研究』64(2)／リヴィーバッチ（2014）『人口の世界史』／エーマー（2008）『近代ドイツ人口史—人口学研究の傾向と基本問題』

問い　「少子化を防ぐために女性が働くのをやめるべきだ」という主張にどう反駁するか？

コラム⑯

中国の計画出産と「一人っ子政策」

◆都市における計画出産のはじまり　中国の人口政策では、「一人っ子政策」がよく知られているが、これは1979年から2015年まで行われた「一組の夫婦に子供一人」を基本とする強制力を持った基本国策である。だが、中国の政策的な出生抑制が始まったのは、じつはこれよりずっと早い。1949年に中華人民共和国が成立してしばらく、共産党政権はようやく平和で人民が安心して子供を産み育てることが出来る社会を実現したとして、出産奨励政策を取っていた。しかし1953年の人口センサスの結果、総人口が６億人に達していることが判明し、人口増加抑制に舵が切られた。日本で家族計画が始まるのと、ほぼ同じ頃である。1950年代後半には北京、上海などの大都市で「計画出産」と呼ばれるバースコントロールの宣伝が始まった。毛沢東の「大躍進政策」（という名の混乱）による中断をへて、1960年代には都市の女性労働者の間で避妊がかなり普及し出生抑制のための人工流産（妊娠中絶）も可能になって、都市部の合計特殊出生率（TFR）は３程度にまで低下する。

その際に普及していったのは、子供を産み終えた女性の卵管結紮による永久避妊手術と、出産間隔をあけるためのIUD（子宮内避妊具、リング）の装着であった。生育は女性のことという観念の強い中国社会で、より負担の少ない男性の精管結紮（パイプカット）などの方法はあまり普及せず、卵管結紮とIUDそして妊娠中絶が、その後も計画出産の主要な方法となってゆく。女性の身体に大きな負担をかけつつ、中国は急速な出生率の低下を実現したと言えるが、社会主義下で仕事と家事の二重負担を背負っていた女性は、子供の数を減らすため、むしろ積極的に計画出産を受け入れていった。とはいえ60年代には農村部ではまだ計画出産はあまり普及しておらず、全国のTFRは６を超えていた。

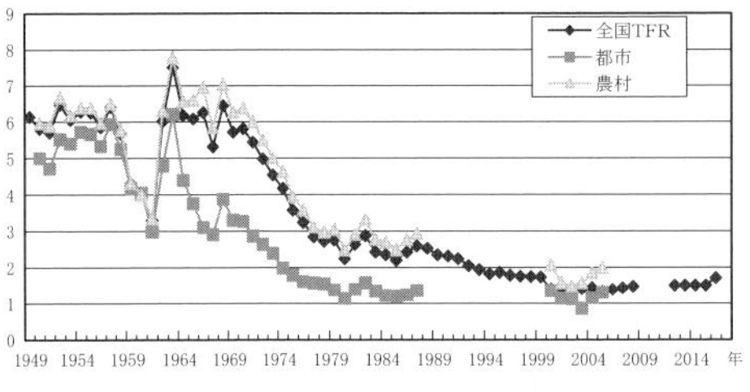

中国（全国）・都市・農村の合計特殊出生率の変化

◆農村での計画出産の普及　1970年代には「一人でも少なくない、二人が良い、三人は多い」などのスローガンのもとに全国的にキャンペーンが展開されて農村部でも計画出産が普及した。当時の中国農村では「はだしの医者」と呼ばれる短期間で要請された初級医療従事者がプライマリヘルスケアを担っていたが、政府は各村に女性の「はだしの医者」を配置するジェンダーセンシティブな政策を取っており、彼女たちの努力で母子保健の水準が上がって乳幼児死亡率が低下していたことや、村の婦女主任が避妊を宣伝したりしたことが、計画出産の普及を後押しした。農村部ではそれまで容易にアクセスできなかったIUDや卵管結紮手術、また妊娠中絶も無料で行えるようになった。キャンペーンで「少なく子供を産む」ことが宣伝されたのは、「多子多福」の観念が支配的であった中国社会に新しい価値観を持ち込むもので、それまで多くの子供、特に男児を産むことを家父長制的家族から期待されていた女性をプレッシャーから解放する側面があった。彼女たちがこれに応じてゆく中で、生殖する女性の身体を行政や医療のシステムが掌握し管理することも広がっていった。

その結果、中国の出生率は70年代に最も急激な低下を見せ、71年に5.44であったTFRは79年には2.75に低下した。とはいえ計画出産の進展度は地域によって大きな格差があった。

◆近代化と「一人っ子政策」　1970年代末、改革開放政策が始まって経済発展が追及されるようになったが、ほぼ同時に「一人っ子政策」が始まった。1980年代には50－60年代生まれのベビーブーマーが続々と生殖年齢に達して多くの出生が予想され、急速すぎる人口増加が経済発展の足枷になることが懸念されたのである。いまだ社会主義体制下にあった当時、都市では生産年齢≒生殖年齢の男女の多くは国営・公営の職場で働いていたが、職場を通じた出産管理が徹底してゆく。子供は一人と宣言すれば様々な優遇措置が受けられたが、逆に「計画外」に産めば給料カットをはじめとする厳しい懲罰的対応がなされ、第二子以上の出生は非常に少なくなった。だが人民公社が解体して個別農家による請負経営が始まったばかりの農村では、重労働を担う男児を得られない家族が出る「一人っ子政策」は大きな反発を受け、女児や女児を産んだ女性への虐待なども頻発した。そのため、80年代半ばから政策は若干緩和され、多くの地方の農村では、第一子が女児の場合は4～5年の間隔をあけて第二子の出産が許されるようになった。この明確なジェンダーバイアスを持ったやり方は「1.5子政策」とも呼ばれるが、ともあれ農村部の混乱はやや収まった。

とはいえ、政策の浸透度合いは地域と現場によって大きな差があった。村によっては幹部は上からの政策の執行に努めて「計画外」の出産を取り締まったが、村によってはどの家にも男児を確保して家父長制家族を存続させようと政策からの盾となる幹部もいた。さらには、恣意的に罰金を取って権勢をふるう幹部もいた。現場の裁量の大きな中国社会の構造が、そうした違いを招いた要因だといえる。また、強力な生殖年齢の女性の身体管理のシステムが広がり、「計画外」の妊娠は中絶が要求されるとともに、第一子の出産後はIUDの装着、第二子の出産後は卵管結紮がルールとなった村も多い。こうした強制力を持った一律の出生統制は、多くの女性の健康を損なった。さらに超音波診断装置を使った性別選択的中絶が広がり、1980年に107.2だった出生性比は、1990年に113.9、2000年に119.9、2010年には121.2と上昇し続けた。父系観念の強い中国での「一人っ子政策」は女性に多くの犠牲を強いるものであったと同時に、人口学的な歪みは将来の男性の結婚難をもたらすものともなった。

◆少子高齢化する中国　21世紀に入ると、都市部ではすでに一夫婦に子供一人の体制は定着し、農村部でも「1.5子」がかなり浸透して、出生率は人口の置換水準を下回るようになった。人口学者はむしろ少子高齢化を心配して政策の転換を提案するようになったが、ようやく2016年に、すべての夫婦に第二子の出産が許されて、「一人っ子政策」は終了した。

だが「一人っ子政策」終了後も出生数の大幅増加は起こらず、少子化に危機感を持った政府はむしろ出産奨励に転じて、2021年5月には第三子も

計画出産のスローガン
「人口の発展と調和のとれた社会は共に歩み、結婚出産の新風俗とゆとりある生活は共に実現する」（筆者撮影、2010年）

全面的に解禁された。とはいえ中国政府はリプロダクションを全く自由にした訳ではなく、計画出産政策自体は継続している。出生の「数」の規制はほぼ撤廃されたが、「優生優育」を掲げて民族の資質を高めるという人口の「質」の管理は強化され、政府は出生前診断による「出生欠陥防止」を積極的に推進しており、生殖する女性身体への管理は強化されている側面もある。

二世代以上にわたって計画出産政策が続いた中で中国の家族規模は小さくなり、父系制家族の存続は難しくなっている。都市の女の子が多くの教育投資を受けてたくさんのチャンスを手にする一方で、農村の女の子は戸籍登録もされない「闇っ子」とされるケースをはじめとして多くの犠牲を強いられ、女性の中でも光と影が見える。中国の家族と社会が今後どう変化するかは、まだまだ予断を許さない。（小浜正子）

▶参考文献

小浜正子（2020）『一人っ子政策と中国社会』
若林敬子（2005）『中国の人口問題と社会的現実』

コラム⑰ 東南アジアの人口とジェンダー

◆小人口世界の大開発　東南アジアと聞いて読者は、①オランウータンが住むような密林、②米などを生産する農村、③しばしばスラムをともなう巨大都市のどれを思い浮かべるだろうか。古代以来長い間、東南アジアは圧倒的な①の中に②と、海上交易などが生み出す③が点在する世界だったが、全体としては密林の開発の技術的困難、湿潤熱帯や火山帯の自然災害の強烈さ、同じく湿潤熱帯（特に低地）にはびこる病気などのせいで、極端な小人口世界だった。東南アジアは全体で、漢族が主に住む「インナーチャイナ」にほぼ等しい440万平方kmの面積（日本列島の12倍近く）をもつが、1600年の総人口は2500万人以下と見積もられ、すでに1億を超えていた中国やインド、蝦夷地を除いても1700万人が住んでいた日本列島などと比べると圧倒的に少ない。しかも自然の不安定さと域内外の活発な交易の両方が、住民に高い移動性・流動性をもたらす。東南アジアに関する定番の形容である「驚くべき多様性」は、社会の均質化には一定の人口規模と定着性が必要だという「歴史の公式」を証明するのである。ところが「長い18世紀」からシャム（タイ）を除く全域が植民地支配を受けた19世紀末にかけては、開発の進展と並行して移民を含めた人口の急増が起こった。その勢いは第二次世界大戦後の脱植民地化や開発政治の下でも継続し、6億を優に超える人口を擁する現在の東南アジアには、「手つかずの自然」はほとんど残っていない。

◆経済と出生率　ジェンダー格差指数において、フィリピンが一貫してアジアのトップを走るなど、東南アジアは全体に格差が小さく、特に経済面での男女格差は小さい。植民地期以降にも小農主体の農業生産や商業・貿易だけでなく、植民地期の織物や輸出用の食品・タバコの加工から最近の半導体まで「手先の器用な女性」が主役になれる工業生産も含めて、経済活動における女性の役割は小さくない。それは逆に、支配層などの一部を除いて「専業主婦」が成立しない構造であり、そこでは男性を含む家族・親族や近隣の育児・家事に関する相互扶助が当たり前であるにせよ、出生率はさほど高まらないだろう。単純な人口転換モデルで説明できない近代以降の人口急増の背景については、ジャワ島に人口急増をもたらした「強制栽培制度」の役割を肯定する政治性を帯びた「学説」なども含め、各地で論争が行われている。

◆少子高齢化のゆくえ　20世紀後半以来の経済成長や教育の普及、文化と情報のグローバル化が、家族構造・ジェンダー秩序を変容させつつある。そこでは「教育程度の高い新興市民層」が、主婦化を含む欧米的規範やイスラーム的規範への自己同化を強めているとされる一方で、非婚化や性的多様性の承認も進んでいる。「圧縮された近代」を体現するそのような状況下で、もともと香港や台湾と似た趨勢をもつシンガポール以外の東南アジア諸国でも、東アジアの後を追う急速な出生率の低下が起こり、タイでは1993年からTFRが2を割り、ベトナムも2000年以来2.0前後で低迷、マレーシアも2020年は2.0となった。2020年代中に総人口が減少に転じる勢いのタイでは、若年労働者の不足、老人のケアなどを目前の政策的・社会的課題とする認識が広がりつつある。イスラーム教徒が多いインドネシア、カトリック教徒が多いフィリピンでも、2050年までにTFRが2.1を切ると予測されている。しかもシンガポール以外の諸国は、まだ「中所得国」である。東アジア諸国が享受したような「人口ボーナス」を受け取れないままに少子高齢化が進むという事態は、東南アジアをどう変えるだろうか。それは日本に無縁の事柄ではない。現在の日本は若年労働者やケア労働者の供給を東南アジアに仰ぐケースが増加しているが、経済のパイが縮小する一方で外国人労働者に冷たい日本に、自国の労働力が不足に向かう東南アジア諸国はいつまで都合良く労働者を送り出してくれるだろうか。（桃木至朗）

コラム⑱ 南アフリカの家族計画と人種

◆白人入植植民地の人口問題　黒人の暮らす土地に少数の白人が入植して作り上げた国、南アフリカでは、人口構成は国家の政治、経済、社会の根幹をなす問題だった。少数派の白人は、多数の黒人を労働力として搾取するために極端な人種主義体制を敷き、彼らを徹底的な無権利状態においた。白人人口を増やすための方策として、19世紀から20世紀初めまでは、アジア系をはじめとする有色人に対する移民制限が試みられるが、産児制限等の形でより積極的な人口政策が論じられるようになるのは、外部からの非白人の流入が完全に禁止された1930年代からである。

その背景には、いわゆる「プアホワイト」問題の激化、すなわち貧困化した白人層と非白人との社会経済的実態における相違が小さくなり、人種の境界が曖昧になることへの危機感があった。そうした中で、二つの立場から人口政策論が提唱された。一つは「プアホワイト」層を優生学的に劣り優秀な白人の存在を脅かす存在とみなし、その出生率を下げ、「白人を改善」しようとする主張である。他方、英国系白人を中心とするリベラル派からは、貧困問題解決の観点から、産児制限が論じられた。リベラル派は、「プアホワイト」を主たる対象としつつも、黒人の貧困問題にも目を向けた。それぞれの立場から、この時期、産児制限についての啓蒙・相談を行うクリニックが多数つくられ、それらが合流し、公衆衛生省の支援を得て1935年には「南アフリカ母性・家族福祉協会」が設立された。

こうした動きを受け、1930年代末からは白人の出生率が減少していくが、一方で黒人の出生率に大きな変化はなく、結果として人口中の黒人比率はますます高まっていった。

◆アパルトヘイト体制下の家族計画論　第二次世界大戦を経て1948年にはアパルトヘイトを公式の政策として掲げる政権が成立するが、この時期、アフリカ大陸全体では植民地が続々と独立し、南アフリカにおいても解放を求める黒人の動きが活発化していく。白人たちの間で「黒禍」が語られる中で、国家は全面的な人種差別・隔離の法制を矢継ぎ早に整えるとともに、児童扶養手当の支給や土地獲得のための優遇策を通じて白人人口の増加を図った。白人の経済状況改善を目的とする従来の家族計画政策は、非白人人口の増加を抑えるという、より明瞭な目的を帯びるようになっていく。1974年には、政府が既存のすべての家族計画クリニックを管理下に置き、「全国家族計画プログラム」を発表した。このプログラムは、形の上では国連の「世界人口年」に呼応し、文面において「人種」に言及することなく、すべての人に対して「家族計画」すなわち避妊の相談と避妊具の配布のサービスを無料で提供するものであった。しかし、アパルトヘイト体制下の南アフリカでは、社会生活のすべての領域で人種別の隔離が徹底されていたから、このプログラムの実施においても、人種別の居住地域ごとにその実際は異なっていた。1980年代までに無数の家族計画クリニックが設置され巡回サービスが実施されたが、それは圧倒的に黒人居住区を対象とした。ただし、投下された人口あたり予算は、黒人地域では白人地域の７％にすぎない。解放運動の指導者たちは総じてこのプログラムに反対の態度を示し、亡命中の南アフリカ共産党はこれを「黒人に対するジェノサイド」と厳しく批判した。

国際的には、1980年代以降、「家族計画」は、人口工学的な観点から女性と子供の健康と人権の観点へと考え方を大きく転換させていくが、南アフリカにおいてはそのような観点が政策に採り入れられず、発がん性が高いとしてアメリカや近隣のアフリカ諸国で禁止された経口避妊薬（「デポ・プロヴェラ」）も使われ続けた。

◆家族計画における黒人女性の主体性　一方、解放運動の指導者たちの批判にもかかわらず、黒人女性たちが避妊を求めたことも見過ごすわけにいかない。アパルトヘイト体制下で、男たちは出稼ぎ労働者として都市や鉱山に出ていき、女性と子供たちが黒人居住区に残され、極限的な貧困を強いられていた。他のアフリカ諸国に比べて女性の出産率が低くとどまった陰には、アパルトヘイト国家の意図とは異なる、自らの生活維持のために、妊娠・出産を避けようとした女性たちの主体的選択があった。今日に至る南アフリカ女性の出産率の継続的な低下は、こうした流れの延長線上にある。（永原陽子）

▶参考文献

Susanne M. Klausen (2004) *Race, Maternity, and the Politics of Birth Control in South Africa, 1910-1939.*

コラム⑲ 北欧の家族政策

◆ノルウェーの育児休業制度と少子化対策

時代とともにジェンダーによる社会的役割が変化し、女性も多様な人生を歩むようになった。非婚を通したり、出産しない女性も増えている。しかし、女性が出産しなければ、次世代を担う子どもは減少の一途をたどり、社会の規模が縮小することにつながりかねない。女性の社会進出と出生率は反比例せざるをえない側面があるからである。

北欧諸国にもそれぞれ少子化の波が押しよせた時期があった。ノルウェーを例に挙げれば、1966年を境にそれまで2.9あった合計特殊出生率（女性が出産可能年齢に産む子ども数の平均値）は、減少の一途をたどり、1975年には２を割り込んで1.98へと低下した。その後も下降を続けるが、1984年の1.66を底に再び上昇に転じる。"国連女性の10年"（1976年から1985年）、女性差別撤廃条約の採択（1979年）及び批准（1981年）、という国際的な動向も相まって、この時期、ノルウェーはさまざまな方面から女性の権利を見直していき、出産後の労働市場への復帰を促す制度についても整えていった。妊娠、出産、育児を理由にした離職を抑制し、雇用を継続するために休業を付与する制度、すなわち育児休業制度である。まさに社会民主主義レジームに分類される福祉国家としての方策で、少子化を克服していったのである。

ノルウェーの育児休業制度は、労働環境法（Arbeidsmiljøloven）及び国民保険法（Folketrygdloven）に定められている。1977年の同法改正で、それまで12週間だった育児休業（有給）を18週間に延長したのを皮切りに、1981年のILO 156号条約（及び165号勧告）批准を挟んで、さらに育児休業を好条件へと拡張していく。休業期間は延長され、1987年には20週間、1988年に22週間、1989年には24週間となった。1990年に28週間となった際には、休業前賃金の80％給付なら35週間の休業を取れるという選択肢も設けられた。このように、100％給付と80％給付という２通りの給付・休業期間から、労働者にとって魅力ある方を選択することができるやり方は、現在にいたるまで継続され、現在は休業前賃金の100％給付なら49週間、80％給付なら59週間となっている。また、ノルウェーの大きな特徴として、パパ・クオーターと呼ばれる父親専用休業も設置、拡張されてきた。同休業は、母親が代わりにとれない父親専用のものであり、失わないためには受給資格のある父親が取得しなければならないため、父親の休業取得率は非常に高く、有資格者のうち９割近い水準の統計値が確認される。父親も育児を担当することで、母親の就労継続が望め、結果的に福祉体制の充実につながっている。

父親に育児休業を取得してもらいたいのは日本も同様であり、現在は、「パパママ育休プラス」という、両親がともに休業すれば２ヶ月休業期間が延長する制度が設けられているが、成果はいまひとつである。同制度を残しつつ、2021年には「出生時育児休業」を新設する改正法が成立、2022年10月に施行された。父親専用の育児休業という点ではノルウェーと同じだが、子の出生後８週間以内に計４週間、分割取得可能とされ、当該期間中は、使用者との予めの合意により、休業中に就労日を設けることができるなど、運用に際して問題が生じてきそうではある。

このように、ノルウェーでは、妊娠、出産、育児に関しての負担が、女性に偏らないような制度設計がなされ、出産後も働き続けやすい社会環境がつくられた。その結果、出生率は回復し、1985年以降は上昇に転じた。1990年には1.93（上昇後最高値）、それ以降2012年までは1.8を下回ることがなかった。

しかし、2013年以降、再び出生率は1.7台となり、2017年には1.62、2019年には1.53（統計上最低値）まで下降した。2019年に関しては新型コロナウィルスの影響はないため、この下降がどのような原因から生じたものなのか、今後はどうなるのかを注視していく必要があろう。（菅野淑子）

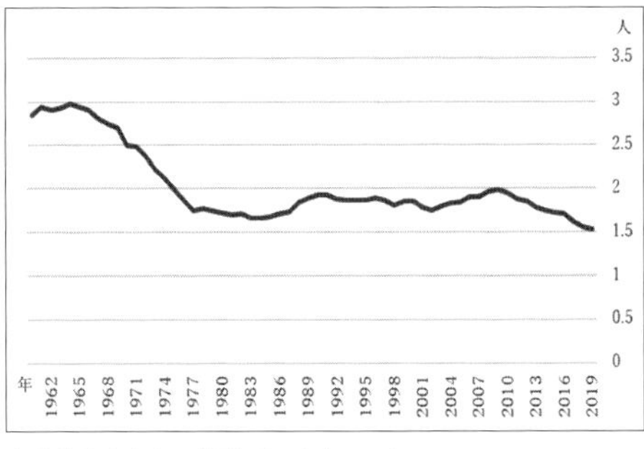

合計特殊出生率の推移（ノルウェー）
（Statistiks Norway のデータより作成）

第3章

セクシュアリティと性愛

1）概論

セクシュアリティ規範とその変化

◆セクシュアリティ　「セクシュアリティ」とは「性の在り方」全般を指す包括的用語であり、（身体的な）性の特徴・性的指向（性愛）・性自認・ジェンダー表現という四つの要素の組み合わせを軸に多様な様相を呈する。本章では、「セクシュアリティと性愛」をテーマに、「セクシュアリティと性愛・結婚」「LGBT／SOGI」「歴史のなかの『性の多様性』」「男性同性愛と政治」を取り上げる。本項では、前提としてセクシュアリティ論に関わる三つの理論を紹介しておきたい。

◆近代的セクシュアリティ規範　近代的セクシュアリティ規範は、「ヘテロセクシュアル（異性愛）＝正常／ホモセクシュアル（同性愛）＝異常」という構図（異性愛主義）をとる。「ホモセクシュアル」は、19世紀半ばの造語である。同性愛は生来の特性であって、犯罪（ソドミー罪）ではないと主張するために創り出された。その後、ホモセクシュアルに対抗して「ヘテロセクシュアル」が対概念として生み出された。いずれも西洋近代社会の価値観を反映した概念である。

21世紀の今日、異性愛主義は相対化され、セクシュアリティは最も配慮を要すべきプライバシーとされる。本人の同意を得ずに性的指向や性自認を暴露する行為（アウティング）は著しい人権侵害となる。セクシュアリティを「個人の尊厳」に関わる人権として尊重するという考え方は、長い権利獲得闘争を経た歴史的成果である。しかし、近代科学は、セクシュアリティの尊厳をめぐる長い闘争を十分に直視してきたとは言い難い。ようやく1970年代からセクシュアリティが歴史学でも注目されるようになった。その画期となったのが、フランスの思想家ミシェル・フーコー（1926-84年）（図）の議論である。

◆フーコー『セクシュアリティの歴史』　フランスを中心に、思想の領域では1960年代に構造主義（社会の深層にある構造が人間の社会的・文化的現象を形作っているという考え方）が隆盛した（構造主義革命）。その後起こった「ポスト構造主義」（1960年後半～1970年後半頃：構造の生成過程や変動の可能性に注目する）を代表する思想家の１人が、

フーコーである。彼は、「近代」という時代を考えるための「知」の構図を根本的に変革した。フーコーの代表作は、『狂気の歴史』（1961年）、『言葉と物』（1966年）、『知の考古学』（1969年）、『監視と処罰』（1975年）、『性の歴史』３部作（1976-84年）などである。『性の歴史』は「知への意思」（1976年）、「快楽の活用」（1984年）、「自己への配慮」（1984年）からなり、セクシュアリティを論じている。フランス語の原語タイトルに従うならば、『セクシュアリティの歴史』と訳すべき著作である。

◆「狂気」と「人口」　『狂気の歴史』において、フーコーは、狂気を「精神疾患」とみなす意識自体が「近代」特有の産物であると指摘する。彼によれば、中世及びルネサンス（16世紀末まで）では、狂気は「宇宙的な闇夜のヴィジョン」であり、人びとを魅了するものであった。しかし、17〜18世紀（古典主義時代）に社会的排除の在り方に大転換が生じた。西洋社会で長く排除されてきたのはライ病（ハンセン病）患者であったが、「一般施療院」創設（1656年）が象徴するように「狂人」が収容されるようになったのである。監禁されたのは「狂人」だけでない。貧者・浮浪者・浪費家・涜神家・無宗教者・自殺企図者のほか、性病患者・同性愛者・放蕩者などの性的逸脱者も含まれた。彼らは「理性」に欠ける危険な存在とみなされ、監禁による社会秩序維持と労働訓練による社会復帰が目指されたのである。

18〜19世紀には監禁の社会的効果が疑問視され、工業化の進展とともに貧民が労働力として「人口」に含まれるようになった。一方、「狂人」は精神医学の名の下に医師によって教導される「反自然的な」存在とみなされるようになった。18〜19世紀には一夫一婦制が規範化され、人口調整が国家の課題とされた結果、健全な「国民」を生み出す生殖に結び付かない性行動（子ども・「狂人」や犯罪者・同性愛者の性行動）が問題視されるようになったのである。

◆「生一政治」と「セクシュアリティの科学」　『性の歴史』におけるフーコーの問題関心は、「かつては大らかに扱われていた性に関わる事柄が、近代に入って禁止・抑圧され、口にされなくなっている」という命題への反駁にあった。フーコーによれば事実は逆で、近代は「科学」あるいは「性の解放」という文脈でセクシュアリティをめぐる言説を膨大に形成してきた。

キリスト教会には、罪を告白して赦しを乞う「告解」という信仰儀式（カトリックでは秘蹟とされる）が存在する。性欲に関する告白は、中世まで修道院内部に限られていたが、16世紀には一般信徒が司祭に対して性に関する事細かな告白を行うよう求められるようになった。17世紀にはこれが広まり、性を監視するシステムが構築されていったとフーコーは説く。フーコーによれば、近代は人間身体を主要な統治対象とした。アンシャンレジーム期の国王権力は古い権力で「死を与える権力」であったが、17世紀頃から「規律」という形で「身体の調教」が始まり、性に関するあらゆる言説が饒舌になる。18世紀末に統治対象が領土から人口に移るとともに権力モデルが転換した。「生かす」ための新しい「生─権力」(「生命に対して積極的に働きかける権力、生命を経営・管理し、増大させ、生命に対して厳格な管理統制と全体的な調整とを及ぼそうと企てる権力」)が登場して「生─政治」(生命＝生活に関わる政治、「人口」の調整)が始まったのである。セクシュアリティが注目されるようになり、「正常なる性」が規範化されて「性(セクシュアリティ)の科学」が誕生したとフーコーは考えた。ただし、「セクシュアリティの科学」は「性倒錯に関する理論」であり、規範性に照らして「異常者」を排除するために近代社会が考案した学問の一つであった。

◆セクシュアリティのテクノロジーと装置　フーコーによれば、18世紀末以降、セクシュアリティが国家の問題となり、まったく新しい「セクシュアリティのテクノロジー」が誕生した。それには四つの側面がある。①女性身体のヒステリー化(「母性」イデオロギーの形成)、②子どもの性の教育化(子どもの自慰行為の禁止)、③生殖行為の社会的な管理(優生学と人種政策)、④性倒錯に関する医学的な関与(「正常─異常」の定位)である。これらをフーコーは「知への意志」の続刊として執筆予定であったと考えられる。近代的なセクシュアリティ規範は法律や道徳的な主張、医学的診断などに内在し、それらは、人々が「正常／異常」基準に照らして自身の「異常」を発見し、治療し、矯正するための「装置」(ネットワーク)として機能した。セクシュアリティは「生殖＝人口増大」と「性的逸脱を規制する規律」の双方に関わる。これゆえに、近代社会においては、身体管理と結び付いたセクシュアリティの問題がきわめて大きな意味をもった。

◆ジェンダー視点からの検討　フーコー自身はジェンダー概念を用いていないが、ジェンダー視点から見てもフーコーのセクシュアリティ論は多くの示唆に富む。特に重要な示唆を3点指摘したい。

第一は、セクシュアリティを私的秘事ではなく、公的関心事であると位置付けたことである。公的関心事でありながら禁句とされたのは、「正常」なセクシュアリティが家族の中に閉じ込められたからであり、人々は「異常さ」の露見を恐れて率先して治療を受け、家庭や学校の中で子どもたちを教導して「異常さ」を覆い隠そうとしたからである(クローゼット化)。セクシュアリティを公的に「語らない」ことへの圧力の裏に何があったのかを問う視点は、近代歴史学にはほとんど欠落していた。

第二は、セクシュアリティが「近代」の科学・テクノリジー・装置として機能したという指摘である。近代国家は「生—権力」モデルをとって「生—政治」を展開した。「生—政治」の本質は人口調整すなわち生殖管理にあり、近代国家は女性身体の統治とセクシュアリティの規範化を重視した。こうした指摘は、政治の分析にジェンダー視点が不可欠であると言っているに等しい。

第三は、近代科学の「規範定立性」への着目である。近代法学も裁判実務も、女性には性衝動はないという前提で性犯罪規定を制定・運用してきた。精神医学は、性的逸脱行動を排除する権力を正当化した。教育学では、「無垢な」子どもたちに時期尚早な性教育をしてはならないと主張された。歴史学でも、「ひと」はセクシュアリティとは無縁な抽象的「人格」であるとの前提が広く共有され、性も家族も私的領域に属するがゆえに歴史学の対象とはならないと考えられた。これに対して、フーコーは、「国家—個人」「正常—異常」「規範—逸脱」という関係の表裏性を常に問い直し、近代科学が序列を伴う分類の根拠として成立したことを喝破した。

◆「ホモソーシャル」と「マスキュリニティ」　フーコー以降で、セクシュアリティを説明する分析概念として重要なのが、①Y・セジウィックの「ホモソーシャル」（男性同志愛）論と②R・コンネルの「マスキュリニティ」（男性性）論である。

①近代では、政治や経済などの公的領域は男性の領域とされ、意思決定は男性に握られた。フランス革命のスローガン「自由・平等・友愛」のうち、「友愛」は「兄弟愛」を指す。こうした兄弟たちの「男性同盟」をつなぐ絆を、セジウィックは「ホモソーシャル」と名付けた。欧米近代市民社会では、ホモソーシャルはホモセクシュアル関係を排除するための「男性同盟」の紐帯とされた。

②コンネルは複数の「マスキュリニティ」を提示した。家父長制社会において意思決定を行う少数男性が「覇権的マスキュリニティ」、それに同調する多数男性が「共犯的マスキュリニティ」、家父長制社会から排除される少数男性（典型的には男性同性愛者）が「従属的マスキュリニティ」である。マスキュリニティ論は男性社会内部の序列構造とそれへの女性の関わり方（多くの女性が覇権的マスキュリニティを支援して家父長制に加担する）を説明する理論として有効である。（三成美保）

▶参考文献

『フーコー・コレクション』全6巻
『フーコー・ガイドブック』
中山元（1996）『フーコー入門』
桜井哲夫（2003）『フーコー—知と権力』
服藤早苗・三成美保編（2012）『権力と身体』
イヴ・K・セジウィック（上原早苗・亀澤美由紀訳）（2001）『男同士の絆—イギリス文学とホモソーシャルな欲望』
レイウィン・コンネル（伊藤公雄訳）（2022）『マスキュリニティーズ—男性性の社会科学』

2）セクシュアリティと性愛・結婚

①古代エジプトの兄弟姉妹婚

Ⅱ−3−1−①　【読】世2−2, 世2−5

◆ファラオ時代　そもそも兄弟姉妹同士の結婚は、ごく一部の王族を除いて世界史的に稀である。一般の古代エジプト人も実の兄弟姉妹とは結婚しなかったが、ファラオ時代の王族が異母兄弟姉妹と、時には実のそれと結婚するのは珍しくなかった。これは神話のイシスとオシリスの兄妹婚を連想させることで、ファラオの神聖な性格を強調し、王が一般人から隔絶した存在であることを暗示した。実際問題としても、理想の王妃は王族から選ぶのがふさわしい上、近親婚は未婚で終わりかねない王女たちに釣り合いの取れる王族の夫を与えた。また王族同士で結婚すれば貴族階級と姻戚関係を作らずに済み、貴族が血縁によって王位に挑戦するのを防ぐことで、王権を強化することができた。とはいえファラオにとって、兄弟姉妹婚は標準でも必須でもなかった。王をとりまく女性たちの称号は、「王の母」「偉大なる王の妻」「王の姉妹」「王の娘」などだが、エジプト語の姉妹は妻や愛人をも表すため、称号から直ちに兄弟姉妹の関係が証明できるわけではない。

代表的な事例を挙げると、ピラミッドで有名な第4王朝のクフ王は、実の姉妹2人と結婚したと思われる。第18王朝のハトシェプスト女王は異母兄弟のトトメス2世と結婚、トゥトアンクアメン（ツタンカーメン）も異母姉妹アンクエスエンアメン（アンケセンナーメン）と結婚した。第19王朝のラメセス2世は実の娘ビントアナトと結婚し、彼女には子供がいたが、それは彼女の以前の結婚から生まれたのかもしれず、父と娘の結婚自体が名目上のものだった可能性がある。

◆プトレマイオス朝　アレクサンドロス大王の死後、将軍の1人プトレマイオスが前4世紀末のエジプトにプトレマイオス朝を建てた。実の兄弟姉妹で最初に結婚したのは、前275年頃、プトレマイオス2世と姉のアルシノエ2世である。個人的な動機が何であれ、王家が異民族であるエジプト人を支配するためファラオの伝統にならうのは理にかなっており、この結婚はエジプト人には受け入れ易かったろう。他方で首都アレクサンドリアに住むギリシア人は、近親婚を忌避するゆえに嫌悪感を抱いたと思われる。もっともギリシア神話の最高神ゼウスの妻ヘラは彼の姉妹である。ともあれ神話を模倣した近親婚は、過剰なまでの富や贅沢と同じく、王家の特別な地位を誇示するものだった。ギリシア・ローマの作家たちは、この結婚をエジプト人一般の伝統にならったものと理解したが、これ自体、プトレマイオス２世が自身の結婚を正当化するために広めた説明に由来すると思われる。結果的にそうした誤解が王家の兄弟姉妹婚を合法化し、王朝末期からローマ時代にかけては一般エジプト人にも広がった。

◆王朝の表象　兄弟姉妹婚はプトレマイオス朝の王朝祭祀とも密接に関連する。プトレマイオス２世は亡き両親の神格化に続き、自分たち夫妻を「神なる姉弟」として生前に神格化した。歴代の王の名前はすべてプトレマイオスなので、現在の国王夫妻は前のそれの生まれ変わりに見え、これが王族同士の近親婚を事実上制度化するのを促進した。また貨幣に刻まれる夫妻の姿は、王と王妃を対にした形で王権を表象する。こうして兄弟姉妹婚は王朝祭祀や貨幣の表象と相まって、王家の自己表現の一環をなし、連綿と続く独自の王朝イメージを創り上げた。

プトレマイオス朝で、実の兄弟姉妹である王と王妃の結婚は計９組ある。このうち５組が子供をもうけ、そのうち２人が王となり、１人が王妃となった。中でもクレオパトラ２世は実の兄弟２人（プトレマイオス６世・８世）と、プトレマイオス９世は実の姉妹２人（クレオパトラ４世・５世）と結婚した。最も有名な女王クレオパトラ７世は18歳で即位すると（前51）、実の弟で８歳年下のプトレマイオス13世と結婚したが、弟一派と内乱に陥り、カエサルの支援で弟に勝利（前47）。次いで実の弟で10歳年下のプトレマイオス14世と結婚し、事実上単独で統治した。（森谷公俊）

1 トトメス2世

2 ハトシェプスト

3 プトレマイオス2世とアルシノエ2世

4 プトレマイオス8世とクレオパトラ2世

1,2,4：図録「クレオパトラとエジプトの王妃展」(2015) No.138, 37, 112.
3：Richter, G.M.A, The Portraits of the Greeks, Cornell UP, 1984, p.232

▶参考文献
エリザベス・ドネリー・カーニー（森谷公俊訳）(2018)『アルシノエ二世―ヘレニズム世界の王族女性と結婚』
ジョイス・ティルディスレイ（吉村作治監修・月森佐知訳）(2008)『古代エジプト女王・王妃歴代誌』

2）セクシュアリティと性愛・結婚

②一夫一婦婚の強制 —教会法とセクシュアリティの抑圧

Ⅰ−3−3−①，Ⅰ−5−3−②，Ⅱ−2−4−②　【読】世6−11，世8−4

◆結婚／婚姻　人間の性関係には多様なものがあり、その一部が「結婚／婚姻」と位置付けられる。「配偶関係の締結」を「結婚」、「配偶関係の締結及び状態」を「婚姻」と呼ぶが、日常生活では両者はほとんど区別されない。

19世紀には、初期人類社会は乱婚制であったと考えられた。しかし今日では、霊長類社会にはインセスト（近親性交）回避など性交に関する厳然としたルールがあることが明らかにされており、初期人類社会に乱婚制や集団婚が存在したとの説は根拠がないとされる。しかし、何らかの形の婚姻はどの社会にも存在した。

配偶者数が２人のものを単婚（一夫一婦婚）、３人以上のものを複婚と言う。複婚には主に一夫多婦婚と一婦多夫婚がある。一婦多夫婚はきわめて稀であるが、一夫一婦婚と一夫多婦婚はどの社会にも広く存在する。ヒンドゥー教は一夫多婦婚を認めており、イスラーム教は１人の男性が４人まで妻をもつことを認める。一夫多婦婚は中央アジアからサハラ以北のアフリカ諸国で普及しているが、複数の妻をもつ男性は必ずしも多くない。一方、キリスト教は厳格な一夫一婦婚をとる。今日、欧米や日本・中国などでは一夫一婦婚以外は禁じられており、複婚は「重婚罪」という犯罪とされる（日本刑法184条「配偶者のある者が重ねて婚姻をしたときは、二年以下の懲役に処する。その相手方となって婚姻をした者も、同様とする」）。

◆宗教婚と民事婚　婚姻が成立するには何らかの「承認」手続が必要である。結婚式等を行って社会的承認を得ることや、当局に届出をして婚姻を登録するなどである。儀式や登録を宗教組織が管理する場合を「宗教婚」と呼び、近代国家が法律を定めて婚姻成立を管理する場合を「民事婚」（法律婚）と呼ぶ。キリスト教的西洋諸国では、近代化（法の世俗化）とともに宗教婚から民事婚へと移行したが、婚姻をめぐる教会と国家の権限争いは熾烈であり、妥協も図られている。例えば、カトリック国スペインでは宗教婚も可能で、国家はこれを民事婚同等に保護している。同性婚が認められたとき（2005年）、ほとんどの教会が宗教婚を拒否した。

国家による民事婚以外に婚姻の成立を認めない立場を「強制的民事婚主義」（法律婚主義）と呼ぶ。最も初期の例であるフランスでは、革命期にカトリック教会の婚姻管轄権を否定し、国家が国民を直接把握するために強制的民事婚主義に移行した。ドイツではドイツ民法典（1896年）が強制的民事婚主義を導入した。日本も明治民法（1898年）以降、現在に至るまで法律婚主義をとり、役所に婚姻届を提出してはじめて婚姻が成立する。

◆セクシュアリティの抑圧と肉欲の放棄　旧約聖書は一夫一婦婚を原則としつつも（創世記）、父系の家系を維持するために一夫多婦婚・義兄弟婚・側妾・離婚を認めていた。これに対して、イエスは「夫の特権」とされた離婚・再婚を否定した。２世紀にキリスト教会がストア派の禁欲主義を取り入れたことにより、「性の抑圧と肉欲の放棄」という「西洋史の根本的な出来事」（ル＝ゴフ）が生じた。キリスト教神学では、西ローマ帝国が崩壊した５世紀からキリスト教神学理論が確立する12世紀にかけて、「原罪」は「傲慢の罪」から「性的な罪」に変えられていった。教会は、生殖に結びつかないすべての性的行動（自慰・中絶・避妊・同性間性交・獣姦）を「自然に反する罪」とみなした。この場合の「自然」とは「神が創造した秩序」を意味する。同性間性交と獣姦は「ソドミー」とよばれ、死刑相当（火刑・絞首刑など）の宗教的大罪とされた。しかし、実際にソドミー罪が適用されるようになるのは、世俗権力が性道徳に介入するようになった近世（16～18世紀）である。特に魔女裁判が多発した17世紀前半には、ソドミー罪による処罰も増えた。

◆教会法の成立　教会固有の目的を達成するために信仰・道徳・規律・教会組織について定められた法規範を教会法と言う。第１回公会議であるニカエア公会議（325年）以降、公会議（司教たちの全体会議で教皇が召集・主宰する最高会議）の決議が国家法とは区別されて教会法が形成され始めたが、教会法が確立したのは12世紀である。その基礎となったのは、「グラティアーヌス教令集」（1140年頃成立、正式名「矛盾教会法令調和集」）であった。ボローニアの修道士兼教会法教師グラティアーヌス（1179年以前没）がまとめたもので、過去1000年にわたる管区会議や公会議の決議、教皇の書簡、教父文書から抜粋された法文およそ4000が収められている。教令集は教会の法学教育用手引き書ともいうべき私的著作であったが、グラティアーヌス教令集は、その優れた内容から、12世紀末には教皇庁の法実務、大学での法学教育に不可欠のものとなった。こうして、神学から独立した教会法学（カノン法学）が発展していく。

グラティアーヌス教令集は全３部からなる。第１部では法文が年代順に配列され、第２部には訴訟法や教会財産法が収録され、第３部には教会の秘蹟や典礼といった祝聖事項が収められている。同教令集は、法を神法（自然法）と人法（習俗）に区別し、公会議決議と教皇令（教皇による個別事件に対する法の宣言や裁判）を教会法の筆頭に置き、ローマ法や慣習法をその下におくという構成をとった。

グラティアーヌス教令集以降の教会立法の中心をなしたのは、教皇令である。これをまとめたものが「グレゴリウス9世の教皇令」(全5巻)であり、裁判所構成法、訴訟法、教会官僚制、婚姻法、刑法を収録した。1234年、同教皇令が公布と共に諸大学に送付され、これにより教会法学は最盛期を迎えた。宗教改革への対抗策を決議したトリエント公会議(1537-45年)後に集大成されたのが「教会法大全」(カノン法大全:1582年)である。「教会法大全」は12～15世紀に編まれた複数の法令集(公撰5部と私撰2部)の総称であり、グラティアーヌス教令集はその筆頭に置かれた。「教会法大全」は、「教会法典」(1917年)までカトリック世界で効力をもった。

◆教会裁判所　1200年頃、高位聖職者の会議からなる巡回裁判所のほかに、司教区裁判所とよばれる新しいタイプの教会裁判所があらわれた。1250年頃には、ほとんどの司教区裁判所で、教会法を学んだ裁判官が教会法に基づいて単独で裁判を行うようになった。その裁判の特徴は、非公開審理で書面主義をとり、法律専門家(裁判官・弁護士・裁判所書記など)が関与する点にあった。異端審問も行うため、糾問主義が導入された。教会裁判所は、聖職者同士の紛争や教会の財産・権利に関わる問題といった教会独自の問題以外にも、聖職者と俗人との紛争や寡婦・孤児・貧民などの要保護者の訴訟、婚姻問題について裁判を管轄した。中世には、教会が人々の性風俗を管理統制したが、その紛争解決は教会裁判所が担ったのである。

◆カトリック教会婚姻法　教会婚姻法は、教会法の成立と同時に12世紀に確立した。キリスト教は、他の宗教にもまして婚姻に重大な関心を寄せたが、それは婚姻を推奨したからではない。むしろ逆であった。キリスト教の教義では、「罪」を犯さないこと(姦淫しないこと＝独身でいること)が高い価値をもつ。このため、聖職者は独身でなければならないとされた(聖職者独身主義)。しかし、聖職者以外の人々は「罪」の誘惑に負けやすいため、また社会として子孫を得る必要があるため、婚姻が認められた。婚姻は、姦淫(性交)という「罪」を婚姻内に閉じ込めるための単位とされたのである。こうした考え方の下に、教会婚姻法は次のような婚姻ルールを定めた。下記のうち、①・②・③がカトリック教会婚姻法の三大原理である。

①一夫一婦婚主義:婚姻は一組の男女(夫婦)の間で成立する。婚姻の目的は、生殖・姦淫防止・相互扶助にある。婚姻以外の性的な関係(婚前交渉・姦通・買売春・同性間性交)はすべて「罪」(宗教的な罪であり、かつ、世俗的な犯罪である)である。夫婦間の性交は「快楽」を伴ってはならず、性交可能日・体位・性交頻度などが事細かに規制された。性交はあくまで生殖を目的とするため、避妊は認められなかった。

②婚姻非解消主義：婚姻は神の祝福を受けた「秘蹟」であるため、ひとたび締結された婚姻は人間の意思では解消（離婚）できない。③合意主義：婚姻は男女が「結婚する」と合意し、同衾した時点（神が祝福を与える）で成立する。婚姻の成立を祝福（承認）するのは神のみであり、共同体や教会に届け出る必要はなかった。このため、中世末にひとの移動が激しくなるにつれ、共同体仲間の承認を受けていない「秘密婚」が数多く発生し、重婚が生じやすくなった。④婚外子差別：婚外子は「罪」の証拠とされたため、さまざまな不利益を被った。婚外子は、親の王侯貴族身分を継承できず、相続権を認められず（親が遺贈をするのは可能）、聖職者になれず、市民権（親方資格）も認められなかった。⑤多数の婚姻障害：教会法は多くの婚姻障害（婚姻できない条件）を定めた。婚姻できない親等の範囲が非常に広く設定され、代父母（子の洗礼時に父母の代わりを務める）も近親相当とされた。性的不能の場合には「婚姻無効」とされた。⑥婚姻許可と婚姻無効宣言：上記⑤の通り、婚姻禁止親等はきわめて広かったが、王侯貴族は身分を維持するためにしばしばいとこ同士で婚姻した。その際、多額の寄付（免罪符）とひきかえに、教皇から特別な許可をもらうのが常であった。また、教皇は、婚姻無効宣言を発することができたが、これは事実上の離婚を認めるものであった（イギリスのヘンリー８世は婚姻無効を認められなかったために教会から離脱した）。⑦卓床分離：離婚ができない代わりに、裁判による別居が認められた。

◆宗教改革と婚姻　宗教改革によって、婚姻法は大きく変容する。カトリックでは引き続き教会法が適用されたが、プロテスタントでは婚姻は秘蹟ではなく、人間同士の契約とみなされるようになった。このため離婚が可能となる。プロテスタント地域では、上記①と④は存続したが、⑤はかなり限定されるようになり、②・③・⑥は否定され、⑦は離婚までの一過程となった。しかし、離婚の自由が確立したわけではない。離婚の目的はあくまで「無責配偶者の救済」に置かれ、世俗当局が新たに設けた婚姻＝道徳裁判所で離婚の可否が審理された。また、プロテスタントでは、家父長による婚姻の承認が必要とされるようになり、家父長制の強化が進んだ。一方、カトリックでも秘密婚を排除するために教会への婚姻登録や教会での結婚式が義務づけられるようになった。（三成美保）

▶参考文献

三成美保ほか（1996）『法制史入門』
三成美保編（2015）『同性愛をめぐる歴史と法』
ホセ・ヨンパルト（1997）『教会法とは何だろうか』
ジャック・ル＝ゴフ（池田健二・菅沼潤訳）（2006）『中世の身体』

2）セクシュアリティと性愛・結婚

③近世期の春画に描かれた性と身体

Ⅰ−1−2−①，Ⅰ−4−5−②，Ⅰ−4−5−④　【読】世8−3，日7−13

◆出版物としての春画　春画とは、あらゆる性の交わりや性愛にまつわる事象を描いた絵のことであり、枕絵や笑い絵などの呼称もある。書冊の形態のものを艶本（えほん）、春本などとも呼ぶが、本稿ではそれらをまとめて「春画」と記す。古くは絵巻物などの肉筆画で作られていたが、近世期に入り出版が産業として成立するようになると、京・大坂・江戸を中心に版画・版本として多様な春画が刊行されるようになった。ただし、好色本の類は近世初期より取締の対象であった。当初はゆるやかなものであり、絵師や版元も明記されていたが、1722（享保7）年に江戸の町触として発布された出版条目❶で好色本の出版が禁止されて以降、本屋仲間による検閲の手続きを踏まない非公刊の出版物として扱われるようになり、制作者の情報も記されなくなった。なお、近世期では引き続き肉筆画の春画も作られていたが、こちらは取締の対象外であった。

◆誰が作り、誰がながめたのか　前述したように1722年以降春画は非公刊となったが、春画の制作に関わった版元・作者・絵師はそれ以前と同様に公刊の出版で活動する人々だった。つまり、春画が厳格な取締の対象となったあとも、公刊／非公刊の別はありつつも、春画は美人画や風景画・役者絵・黄表紙・読本・洒落本など数ある出版物のジャンルの一つとして認識されており、版元や絵師はこれらを隔てなく手がけていた。主な享受者は男性であったが、女性にも鑑賞され、読まれていたことは当時の日記や随筆などからうかがえる❷。贈答品としても扱われ、嫁入り道具や年始の配り物としても用いられた。春画は災いを避ける力があるとも信じられており、甲冑などを入れる具足櫃や家の蔵に春画を納めることもあった。また、肉筆画に関しても大名や富裕町人などが著名な浮世絵師に作らせた豪華な絵巻物、掛幅、屏風などが残されており、訪れた客のもてなしとして鑑賞することもあった。

◆春画に描かれた性　春画の序文にはしばしばイザナギ・イザナミの二神による国生み神話が引用される。二神が男女の交わりを行ったことで国土山川草木が生み出されたのであり、男女（夫婦）の和合はありがたい神の道であると好色の正当性を説く論が展開される。子孫繁栄につながるこの考えは家の永続を第一とする封建社会が求める道義に重なるものであり、春画に描かれる性の組合せとして異性が最も多いのは当然のことだろう。春画に登場する女性の属性が、遊女や芸者に比べて「地女／素人女」が圧倒的に多いことの要因もここにある。ただし、春画には生殖に結びつかない交わり―子ども同士、対老人、男と男、女と女―も描かれた。当時は若衆や野郎が男性の性の対象でもあったことから、異性愛の図に次いで男色図が多い。また、登場人物は必ずしもふたりとは限らず、第三者が当然のようにその場に在ることもしばしばである。いずれにしても、描かれた人物の多くは町人階層であり、出版された春画の主要享受者層が町人自身であったことを示唆している。また、春画には動物や幽霊・妖怪・神仏といった異類も登場するが、ほとんどの場合、交わりや存在を滑稽なものとして描いている。

菱川師宣『若衆遊伽羅之枕』1675（延宝３）年頃（国際日本文化研究センター所蔵）

◆性を笑う　近世期、春画は「笑い絵」「笑い本」とも呼ばれた。性をめぐって起こる人間の欲望や諍い・駆け引きを笑うだけでなく、夫婦や恋人たちの長閑な交わりを笑いでことほぎ、性器を誇張したり擬人化したりすることで身体そのものも笑いの対象とした。性を笑うことは古くは天の岩戸神話にみられる。アメノウズメノミコト（天宇受売命）が性器をあらわにしながら舞う姿を見て八百万の神々がどっと笑い、それによって天の岩戸に隠れた天照大神を引き出すことに成功するというこの神話は、性がもつ力を示すものでもある。また、男性器を象った作り物を御輿に担いで神へ奉納する神事や、舞台の上で男女の交わりを滑稽に舞って一年の豊作を祈る祭礼など、笑いを伴った性信仰の儀礼は各地で行われており、その一部は現代まで残っている。春画の基底にはこのような性に対する意識が流れている。

◆性器の表現　誇張された性器表現は近世春画の一つの特徴だが、これは中世の絵巻物《勝絵絵巻》に描かれた「陽物くらべ」にすでに見える。裸の男たちが性器の大きさや強さを競い合うというもので、性交場面はないもののあからさまな性描写が繰り広げられる。同時代の『古今著聞集』（1254（建長６）年成立）には、「偃息図（おそくず）（春画の古名）」が男性器を誇張描写することにつづいて、絵を得意とする法師が「ありのままの寸法にかきて候はば、見所なき物に候故に、絵そらごととは申事にて候」という見解

喜多川歌麿「願ひの糸ぐち」1799（寛政11）年（国際日本文化研究センター所蔵）

を示す逸話がある。《勝絵絵巻》と近世春画における誇張表現を直接的に結びつけることは難しいが、性器を大きく描くことによって笑いを誘発しようという点は共通する。近世春画では18世紀後半以降に性器を誇張する傾向が強まり、その大きさはそれぞれの顔とほぼ同じとなる。春画において人物の顔と性器は同等の重点が置かれるものであり、この二つを正面に向けて描くことが一つの定型となっていた。それゆえ、人体の構造上不可能な構図となることも多々あるが、「絵空事」として描ききるところに絵師の力量が問われた。

◆裸体と着衣　前近代の東アジアにおいて裸体が絵の主題として扱われることはなかった。日本の春画においても、衣服をまとわない完全な裸体像はほとんど描かれず、基本的には着衣のままである。春画の主眼は、裸体そのものを描くことよりも、その人間がまとう物語を浮かび上がらせながら性の悦び、おかしみを描くところにある。その読み解きに重要な役割を果たすのが衣服であり、人物の周りに置かれた調度品などの小道具である。近世の社会では、身分や年齢などの社会的属性によって髪型や衣服、装身具などが規定されていた。それゆえ、描かれた人物の性質を表す記号として機能した。

◆養生・健康の手引き　春画のなかでも、書冊形態の艶本はテキストの比重が大きい。特に上方（京・大坂）の艶本は、性の指南書・実用書としての性格が強かった。快楽を得るための技術だけではなく、お互いを尊重するための振る舞いや性道具の使い方・性薬の調法・性交によって心身の健康を保つための知識なども重要視された。このような情報の多くは、中国の養生書に淵源をもつ。その一つが明の嘉靖年間（1522-66）に刊行された『素女妙論』である。房中術に通じた仙女である素女に黄帝が長寿の秘訣を問うという問答形式で記された本書は、室町末期に医学者曲直瀬道三によって『黄素妙論』として抄出和訳され、そのテキストが近世期の艶本のなかへ取り込まれた。中国の養生書は陰陽思想を基底としたものであり、しばしば艶本にみられる「男を天とし、女を地とする」という身体観にもその影響をみることができる。

◆結婚・出産　前述したように春画は夫婦和合を祝するものでもあった。若夫婦から老夫婦まで各年代の夫婦生活が描かれ、時には子どもの姿も添えられた。ただし、子どもを性の対象として描くのではなく、大人の「現場」に無邪気な子どもを置くことで笑いが生まれることを狙ったものである。一方、当時多くの女性に読まれていた女訓書の言説をもじり、おかしみを演出した艶本も作られた。貞節を守り慎み深く親や夫に仕えることを教える女訓書に対し、夫婦生活で最も重要なのは色道であり、女性も性をたのしむことをすすめている❸。しかし、艶本の言説もあくまで性的な面に対する道徳的な教えを反転させたものであり、女性は男性やその親に仕えるべきという儒教の基本的な規範を覆すものではない。また、数こそ多くはないが出産の瞬間を描いた春画もある。産婆に助けられながらいきむ妊婦から今まさに血にまみれた赤子が生み出される絵は、春画が検閲に縛られないメディアであったからこそ描くことができたといえる。（石上阿希）

---

❶ 1722（享保7）年江戸町触　出版条目

一　只今迄有来候板行物之内、好色本之類ハ、風俗之為にもよろしからさる儀ニ候間、段々相改、絶板可仕候事、（高柳眞三、石井良助編『御触書寛保集成』（岩波書店、1934年、p.993））

▶**解説**　1722（享保7）年11月、江戸町触にて出版に関する五箇条が発布される。翌年3月に大坂、4月に京都でそれぞれ同内容の町触が出された。「好色本の類は風俗に良い影響を与えないため、徐々に改めて絶版にするように」という町触に従って、これ以降「好色」を冠した浮世草子や春画の類の出版はしばし途絶えた。

❷ ヘンリー・ティリー（Henry Arthur Tilly), Japan, the Amoor, and the Pacific, 1861

「猥褻な絵本や版画はありふれている。若い女が当然のことのように、また何の嫌悪すべきこともないかのように、そういったものを買い求めるのは、ごく普通の出来ごとである。」（渡辺京二『逝きし世の面影』（平凡社、2005年、p.316））

▶**解説**　著者のヘンリー・ティリーはイギリス人としてロシア艦隊に勤務。日本、アジア、オセアニア、アメリカを周航し、各地の様子を記録した。日本には安政6年（1859）に滞在。

❸ 月岡雪鼎『女大楽宝開』1756～57（宝暦6～7）年頃

「一　夫女子は成長して他人の家へ行、夫に仕るものなれば、色道の心がけ第一なり。一　父母ももとより其道を好たるゆへに子孫もつきざるなり。」（国際日本文化研究センター）

▶**解説**　本書は女訓書『女大学宝箱』（1716（享保元）年）を徹底的にもじった艶本。女訓書は基礎的な教養や生活の知識が記されたものだが、儒教思想を基づいた規範を女性の生き方に求めるものでもあった。『女大学宝箱』は「一　夫女子は成長して他人の家へ行、舅姑に仕るものなれば、男子よりも親の教ゆるかせにすべからず」と始まり、親や夫に従って慎ましく結婚生活をおくること説いている。一方、『女大楽宝開』では、冒頭からそのテキストを変奏し、夫婦生活で何よりも大事なのは色道であり、この道を好むことが子孫繁栄につながると述べる。

▶参考文献

Timothy Clark, C.Andrew Gerstle, Aki Ishigami, Akiko Yano, ed. (2013) *Shunga: sex and pleasure in Japanese art*, The British Museum Press / 矢野明子監訳、早川聞多・石上阿希訳（2015）『大英博物館　春画』
石上阿希（2015）『日本の春画・艶本研究』
アンドリュー・ガーストル（2011）『江戸をんなの春画本―艶と笑の夫婦指南』

問い

①なぜ春画が「笑い絵」と呼ばれたのか。表現内容と文化的背景の二つの観点から考えなさい。

②性を自由に描くことができた春画という表現媒体の成立には、どのような社会的背景があったのだろうか。

2）セクシュアリティと性愛・結婚

④イスラーム法とセクシュアリティの管理

Ⅰ－コラム㉗，Ⅱ－2－3－④，Ⅱ－2－4－③，Ⅲ－3－4－③　【読】 世5－2，世5－4，世7－6，世15－8

◆聖典クルアーンにみられる性の規範　西暦７世紀に成立したイスラーム教の聖典クルアーンは、神が人間に与えた言葉を集めたものである。クルアーンは、男女それぞれに、「目を伏せ、陰部を守るように」と命じ、近親者（マフラム）❶以外の異性との接触を戒めている。女性にはさらに、胸元にヴェールを垂れて美しい場所を隠すことが指示された❷。こうした章句をもとに、女性は、男性の性欲を刺激せぬように、外出時などには、頭髪を覆うヒジャーブやゆったりとした衣服が規範とされるようになったとされることもある。ヒジャーブの形状や色などのきまりはなく、その慣行は時代や地域によっても異なり、必ずしも強制ではなかった。神はまた、「姦通した男と女は100回鞭打て」❸と命じて、婚姻外での性交渉を禁じた。婚姻は、異性間でのみ合法とされたため、同性間の性交渉も姦通罪とみなす学者もいた。いずれにせよ、男女ともに、正規の手続きを踏まない非合法の間柄における性的関係については、厳しい態度がとられたのである。

チュニスの旧市街を歩く女性（筆者撮影）

ただし、婚姻内であれば、性交渉を楽しむことはむしろ好ましいことと考えられた。「あなたがたの中で独身の者、またあなたがたの奴隷の男と女で廉正な者は、結婚させなさい（クルアーン第24章第32節）」という章句のほか、預言者ムハンマドの慣行の記録（ハディース）にも、「結婚は信仰の半分である」という言葉が伝えられており、結婚をすすめている。そもそも、神が最初に創った人間であるアダムには配偶者（イブ）が創られ、２人から無数の男と女を増やし広めたと語られている（クルアーン第４章第１節）。そして、そこには安らぎと愛情が生まれることが示されている（クルアーン第30章第21節、第７章第189節）。11～12世紀に活動した著名なムスリム学者ガザーリーは、著書『宗教諸学の再興』のなかの「結婚の作法」という章で、結婚のすすめや結婚後の夫婦のあり方について論じている。

◆イスラーム法の婚姻規定　イスラーム法学者たちは、クルアーンと預言者ムハンマドの慣行の記録（ハディース）をもとに、イスラーム法の婚姻規定を整備していった。イスラーム法は、スンナ派四大法学派およびシーア派の複数法学派がそれぞれの学説を継承し、一つに統一されたものではないが、婚姻が契約であり、これが必須であることに異論はない。婚姻契約は、証人２名の前で夫婦となる２人（女性の側は多くの場合、後見人）が取り交わす。アラビア語で婚姻を示す言葉「ニカーフ」が、もともと性交渉を示したといわれ、婚姻契約というのは、男性がその女性との性交渉の権利を得る対価として女性に婚資を支払うことで成立し、夫は妻を扶養する義務を負う。イスラーム法は、身体的成熟を成人の定義とし、女性は初潮以降、男性は精通以降に責任能力者となる。婚姻契約を結ぶことのできる最低年齢の規則はないが、夫が未成年者のうちは扶養義務を負うことがない。男性が一度に４人まで妻帯できる一夫多妻制は、クルアーンに根拠をもつとされている❹。婚姻内で生まれた子の扶養と教育の義務は父親が負うが、自身の子でないことを確信する場合に呪詛を行って否認することができる。クルアーンによって養子が禁じられたとされ、子はすべて実子である。奴隷身分の女性との性交渉においては、必ずしも婚姻契約を結ぶ必要はないが、生まれた子を認知することができる。奴隷の場合には、父性の混乱を防ぐために、事前に妊娠判定を行う制度がある。

イスラーム法では、離婚は許されており、離婚後に生まれた子の父親を特定する目的で待婚期間が設けられている。女性は三度の月経を見るまでが待婚期間とされ、その後は再婚することも可能である。離婚のもっとも一般的な形式は、夫からの一方的離婚宣言によるもので、二度目までの待婚期間中には復縁することが可能とされている。三度目の離婚宣言後は、元妻が別の男性と再婚し離婚した後であれば、新たに婚姻契約を結ぶことは可能である。

◆イスラーム法の姦通罪規定　嫡出子のみを自身の子とできる制度は、婚姻外での性交渉を厳格に戒める姦通罪とも整合性の取れたものである。姦通罪は、神によって固定された刑（ハッド刑）の対象となり、クルアーンに基づき鞭打ち100回の刑が定められたが、一度でも結婚したことのある者には、ハディースに基づき石打ちの刑とされた。ただし、姦通罪を確定させるためには、自白あるいは公正な成人男性４名による目撃証言が必要とされ、立証できなかった場合には逆に姦通中傷罪の対象となるとされた❺。前近代の歴史においては、実際に姦通がハッド刑に処されたとされる証拠はほとんど残されていない。イスラーム法の裁量刑（タアズィール刑）

として統治者による処罰、あるいは土着の規範に基づく制裁が行われていた可能性はあり、姦通には何らかの社会的制裁が加えられたとも考えられる。

◆同性愛をめぐる言説とイスラーム　婚姻契約は男女間でのみ有効となるため、同性婚は認められておらず、同性間の性交渉を姦通罪とする学説も見られた。クルアーンの言葉「あなたがたの女たちの中、不貞を働いた者には、あなたがたの中から、かの女らに対し４名の証人を立てなさい」を根拠に、女性同士の行為も姦通とみなす学者もいたが、ハッド刑ではなく裁量刑とした。クルアーンに示された旧約聖書のロトの物語❻に由来するリワートを、男性同士の姦通とみなす学説においては、これをハッド刑の対象としている。前近代の時代においては、少年愛が比較的寛容に扱われたのに比して、近代以降のムスリム諸国のなかには、同性愛者を罰する条項が法制化された国もあり、イランでは男性の同性愛行為が死刑となる。一方で、近年のLGBT容認への世界的な関心の高まりに連動し、クルアーンの再解釈によって同性愛をイスラームの文脈で肯定的に評価しようとするイスラーム教徒も現れている。

◆現代ムスリム各国の結婚と離婚　19世紀以降、商法や民法（家族関連を除く）、刑法などが、ヨーロッパ近代法に範をとって立法される中で、家族法のみはシャリーア法廷での裁判規範としてイスラーム法の運用がなされ、一夫多妻制が引き続き合法とされた。20世紀に入ると、オスマン家族権利法（1917年）を嚆矢として、エジプトなどでもイスラーム法を取捨選択して法典化する動きが続き、各国の家族法は多様な展開をみせるようになる。トルコ共和国の成立（1923年）後、スイス民法に倣った民法が1926年に制定され、オスマン家族権利法はレバノンやパレスチナなどの旧オスマン領でのみ存続した。エジプトでは、1920年代より法典化が進み、一部の条項ではイスラーム法規定を変更し、女性の権利を拡大した。1956年にフランス保護領から独立したチュニジアでは、同年に制定された家族法典において、一夫多妻や夫からの一方的離婚を禁止するなど、イスラーム法から大きく離れた改革がなされた。レバノン、インド、マレーシアなど、一つの国のなかに宗教別の異なる家族法を定める国もある。

◆現代における新しいイスラーム刑法の導入　1970年代以降、スーダン、イラン、パキスタンなどのムスリム諸国において、イスラーム刑法の導入が相次いだ。それぞれの国で古典イスラーム法からの継承の度合いは異なるが、本来は男女ともに刑罰の対象となる姦通罪の立証において、レイプの被害を受けた女性による申し立てが自白とみなされてしまうケースもあり、人権擁護の立場から問題視されている。

近年では、インドネシアのアチェ州、ブルネイ、ナイジェリア北部などでもイスラーム刑法が新たに施行されている。また一部の国では、風紀を管理する理由から、公的あるいは私的な「宗教警察」によって、婚姻外の男女による交際が疑われた場合に罰せられることがある。

◆名誉の殺人はイスラームの規範なのか　女性に姦通が立証されたり疑義が生じたとき、既婚者であれば夫、未婚者であれば親族男性（多くの場合、父や兄弟）が、一族の名誉を汚されたとして彼女を殺害する事件が起きることがある。このような殺人は「名誉の殺人」等と呼ばれ、西アジアや地中海沿岸、インド地域などに広く行われていた慣行であり、現在のムスリム社会でも被害が報告されることがある。これをイスラームの名のもとに正当化する人々もいる一方で、妻や親族の殺害はイスラームの教えに反するとして批判する人々もいる。いずれにせよ、親族の絆の結びつきの強い慣習をもつ社会において、一族に属する女性のセクシュアリティを管理することが男性成員の義務とされることにより起こるものと考えられている。（小野仁美）

---

❶ マフラムとは、婚姻障害の生じる血縁者のことで、女性から見て、自身の夫、父、息子、兄弟、オジなど、男性から見て、自身の妻、母、娘、姉妹、オバなど。

❷「男の信者たちに言ってやるがいい。「（自分の係累以外の婦人に対しては）かれらの視線を低くし、陰部を守れ（貞淑を守れ）」。「信者の女たちに言ってやるがいい。かの女らの視線を低くし、陰部を守れ（貞淑を守れ）。外に表われるものの外は、かの女らの美しいものを目立たせてはならない。それからヴェールをその胸の上に垂れなさい。自分の夫または父の外は、かの女の美しいものを表わしてはならない。ただし、夫の父、自分の息子、夫の息子、また自分の兄弟、兄弟の息子、姉妹の息子または自分の女たち、自分の右手に持つ奴隷、また性欲を持たない供回りの男、または女の体に意識をもたない幼児は別である」。（クルアーン第24章第30～31節）

❸「姦通した女と男は、それぞれ100回鞭打て」。（クルアーン第24章第２節）

❹「あなたがたが、もし孤児に対して公正にしてやれそうにもないならば、あなたがたがよいと思う２人、３人または４人の女を娶るがいい。だが彼女たちに公平にしてやれそうにもないならば、ただ１人だけにするか、あなたがたの右手が所有する者（奴隷の女）で我慢しておきなさい」。（クルアーン第４章第３節）

❺「貞節な女を非難して４名の証人を上げられない者には、80回の鞭打ちを加えなさい」。（クルアーン第24章第４節）

❻「またロトを（遣わした）。神はその民に言った。「あなたがたは、あなたがた以前のどの世でも、誰も行わなかった淫らなことをするのか。」「あなたがたは、情欲のため女でなくて男に赴く。いやあなたがたは、途方もない人びとである」。（クルアーン第７章第80-81節）

▶参考文献

大川玲子（2021）『リベラルなイスラーム――自分らしくある宗教講義』
森田豊子・小野仁美編（長沢栄治監修）（2019）『結婚と離婚（イスラーム・ジェンダー・スタディーズ１）』
松山洋平編（2018）『クルアーン入門』
高尾賢一郎（2018）『イスラム宗教警察』

コラム⑳ フランス文学と恋愛

◆「恋愛」とフランスというイメージ　フランスと聞いてどのようなものを思い浮かべるだろうか？ファッション、コスメ、料理、芸術などに加えて、「恋愛」や「性的」（エロチック）なイメージが想起されるかもしれない。このような、フランスと言えば「恋愛」「性的」というイメージの固定化は日本に限られたものではないのだが、こうしたステレオタイプが保持されているのには、12世紀以降、「恋愛」に関するテクストを絶えず生み出し続けてきた「文学」の果たす役割が大きいと思われる。なかでも恋の発端から進展、別れまでの気持ちの変化を細かく描写する恋愛心理小説（ラファイエット夫人『クレーヴの奥方』／1678、コンスタン『アドルフ』／1816、ラディゲ『肉体の悪魔』／1923など）や、男性の欲望を思いのままに操る「ファム・ファタル（＝運命の女／悪女）」が登場する作品（アベ・プレヴォー『マノン・レスコー』／1731、メリメ『カルメン』／1845、ゾラ『ナナ』／1880など）がフランス文学の代表として扱われることで、私たちの頭の中に「フランスといえば恋愛・性的」という構図が植えつけられることになる。

◆フランス文学的恋愛の型　フランス文学に描かれる「恋愛」のなかで最も特徴的と言ってよいのは、その多くが男性と、結婚している女性との間に生じていることだろう。これにはおそらくフランス文学的恋愛観が強く影響していて、およそ12世紀にその誕生を見て以来、騎士（男性）が敬愛する奥方（既婚女性）に心を捧げるという恋愛の型が受け継がれていると考えられる。この型を実践する「恋愛」は、したがって、男女を社会の仕組みとして結び付ける「結婚」とはまったく次元の異なるものと設定されており、あくまでも個人的な経験として、日常感覚とはかけ離れた高揚感に浸ることとみなされる。すでにあげた恋愛心理小説の数々もほぼこの型を持っているし、スタンダール『赤と黒』（1830）やバルザック『谷間の百合』（1836）、フロベール『ボヴァリー夫人』（1857）などもその典型と言えるだろう。

ただ、ここで注意しておきたいのは、このような型が維持されることによって「恋愛」がほぼ「男女」という異性間に限られてしまうこと。また、このような関係性であれば、恋を仕掛ける男性とその愛情を受ける女性という性別による役割が固定されてしまうことが多く、さらに女性側は道ならぬ恋に身を投じることによる負荷に耐えることにもなる。つまりこの種の「恋愛」からは男女以外の関係が排除されていると同時に、そこに描かれる男女の立場も決して対等とは言えないのだ。さらに興味深いことに、一見すると女性側が優位に振る舞い男性を破滅に追いやるように思われる「ファム・ファタル」の物語も、細部を観察してみるとそうでもないことがわかる。『マノン・レスコー』に代表されるように、結果として男性主人公が身を滅ぼすのはそのとおりなのだが、その破滅的な姿は女性が狙ってそうさせたのではなく、思い定めた女性を何とかしてつなぎとめ、自分だけのものにしておきたいという男性側の強い欲望が生じさせたものであるとも考えられる。ここにもまた、恋愛という関係性において期待される男女の役割の差異が反映していると言えるだろう。

◆「恋愛」とフランス文学の現在　性自認や性的指向のあり方についての考えが深まればそれだけ、「恋愛」についての私たちの捉え方や感じ方は変化していくだろう。それは文学においても同じで、フランス文学における「恋愛」の様子も少しずつ変わってきている。男性・女性の別なく、同性間の恋愛を描く作品は、20世紀以降だんだんと増えてきているし（コレットやラシルド、プルースト、ジッド、ジュネ、といった作家の作品）、19世紀の女性作家ジョルジュ・サンドは女性が自ら選んだ相手との充足した関係を結ぶ様子を小説（『モープラ』／1837など）の中に描き続けた。また、2022年にノーベル文学賞を受賞したアニー・エルノーの作品『シンプルな情熱』（1991）などを代表として、現在活躍する女性作家たちの作品には、愛や性をめぐる女性の肉声がほとばしり出ているとも言える。過去から現在にいたるまで、フランス文学に描かれた「恋愛」はその姿を変えつつ、性を持つ存在としての〈ひと〉の経験を広く深く探究した結果を私たちに示し続けている。（髙岡尚子）

▶参考文献

工藤庸子（1998）『フランス恋愛小説論』
村田京子（2006）『娼婦の肖像―ロマン主義的クルチザンヌの系譜』

コラム㉑ アフリカの女性婚

アフリカは日本の約80倍の面積に10億に近い人口を擁する大陸である。2000とも3000とも言われる民族集団が西欧列強によって恣意的に分割され、現在56ヶ国（西サハラとソマリランドを含む）に囲い込まれている。

その結果として、ジェンダー関係を実質的に規定し続けているのは国家が制定している「近代法」というよりは、民族集団それぞれが祖先から受け継いできた慣習法や民族宗教である場合が多い。そうしたアフリカ社会との長い付き合いの中で驚かされることがいくつもあった。その一つが多様な婚姻制度である。

一夫一婦、一夫多妻、亡霊婚、レヴィレート、ソロレート、そして「女性婚」である。今では消滅してしまった制度もあるが、その多くは、女性の再生産能力を最大限に引き出し、父系社会を強化する目的で編み出された形態である。例外は「女性婚」。これは、女性がジェンダーを移行して「夫」となり、妻をめとる婚姻制度である。女性が「婚姻」という社会制度を自分のために利用して生活圏の確保を可能にするアフリカ固有の制度である。ナイジェリア、スーダン、南部アフリカ、ケニアなどでの事例が報告されている。それぞれに微妙な違いがあるが、ここではケニアのギクユとキプシギスという二つの民族集団の事例を紹介する。

ギクユでは、「夫」になることを社会的に認められた女性が、長老会（ギアマ）を通して、あるいは自ら花嫁を募集する。候補者が現れて合意が成立すると、友人や親族が贈り物を交換し、両家の長老による儀礼が行われる。そのプロセスは、ほぼ通常の慣習婚と同じである。男性と結婚している女性が、女性を「妻」として迎えることもある。その目的については、不妊症とわかったため「妻」をめとり子どもを産んでもらうため、ひとりでいる寂しさを和らげるため、家父長的権威による支配から逃れるため、男性とは一緒に暮らしたくないが家族はほしいから、といった多様な回答が当事者から寄せられたという。

次に、牛牧民キプシギス社会の事例である。この社会で女性婚が増加したのは、植民地下での「英国法」の導入によって慣習法のもとでは困難だった離婚が容易になり、離婚した女性が女性婚を選択するようになったからだという。横暴な夫に苦しめられた経験から男性との結婚は望まない……しかし男性にしか所有権のない土地を入手して自立したい……子どもも欲しい……そのための唯一の方法が、「夫」として社会的に認知される女性婚なのだった。

こうして見てくると、女性婚は、女性同士の結婚であるが、「夫」となる女性がジェンダーを移行して「男性」として社会的に認知されるというプロセスを介入させ、なるべく通常の結婚形態に近づけようとする力学が作用していることがわかる。しかし、外形的には、いわゆる「同性婚」や「代理出産」と近似しているといってよい。ただし、「同性愛」とは一線を画している。

アフリカには、こうしたジェンダー操作によって共同体的規制を迂回し、土地所有権の問題や、われわれが現在直面している女性の不妊や同性婚の問題を解決してきた民族集団が現在も存在しているのだ。

私が驚かされたのは、「女性婚」そのものというより、西欧が「ジェンダー」を「発見」するはるか前から、生物学的な性を含めて「性は文化的・社会的に構築され得るもの」と捉え、それを実践していた民族集団がアフリカに存在していたことである。

キリスト教会などによって「不道徳」のレッテルを張られ、存亡が危ぶまれている女性婚だが、家父長社会の中で女性が自己主張できる貴重な選択肢を提供してきたことは疑いない。（富永智津子）

▶参考文献

小馬徹（2018）『「女性婚」を生きる―キプシギスの「女の知恵」を考える』
和田正平（1988）『性と結婚の民俗学』

3) LGBT/SOGI

①「同性愛」の発見・犯罪化・脱病理化・女性同性愛の周縁化

Ⅰ−3−5−④, Ⅰ−コラム②, Ⅲ−3−3−③

◆同性間性交と同性愛　行為として外に現れる「同性間性交」と、性的指向という内面に関わる「同性愛」は区別して考える必要がある。両者はセットになる場合もあるが、歴史的背景は異なる。同性間性交はいつの時代にもどの社会にも見られる普遍的な性行動の一つであるが、その社会的意味づけは非常に多様である。社会的承認を受けることもあれば犯罪とされることもある。支配＝従属関係の表現であったり、異性間性交の代替や侮辱行為であったりする場合もある。これに対し、「同性愛」(Homosexualität) は、同性間性交を説明するための概念として1869年にドイツ系ハンガリー人ベンケルトが考案した新語である。彼は、同性愛の生得性を強調して、当時編纂が検討されていたドイツ帝国刑法典のソドミー罪（175条）❶の撤廃を目指した。ソドミー罪は、元来はキリスト教における宗教的大罪であり、同性間性交と獣姦を含む。主に男性間性交が処罰されたが、女性間性交が排除されていたわけではない。しかし、近代のソドミー罪は、明確に男性間性交と獣姦に限定された。近代市民社会における男女の非対称な関係を反映して、同性間の性交・性愛についても男女が非対称であったことはきわめて重要な論点である。

酒の神デュオニソスとして葡萄を摘み取るアンティノウス（130-138年大理石：ローマ国立博物館蔵）

◆古代地中海世界の少年愛とその否定　古代アテナイでは、男性間性交は禁止されておらず、男娼も存在したが、一つの重大な禁忌があった。受動側になることのタブー視である。市民男性は、性行動において常に「支配側」（能動側）でなければならず、女性・少年・外国人男女・奴隷男女は、市民男性に対して「従属側」(受動側) と位置づけられた。他市民の妻や娘に性的関心を向けることや成人男性間の性的関係は「市民の平等」を損なう行為とされ、禁止された。成人市民男性が少年に求愛すること（少年愛）は、「市民の平等」とも異性婚とも矛盾せず、少年が市民男性になるための教育として機能した。ただし、少年愛は、求愛に儀礼が伴い（強姦の禁止)、必ずしも性交を伴ったわけではない。ローマ帝国では少年愛はアテナイのように賛美されることはなかったが、タブーでもなかった。2世紀前半の五賢帝の1人ハドリアヌスは美少年アンティノウス（図）を寵愛し、彼の死を悼んで神格化した。2世紀後半、最後の五賢帝マルクス＝アウレリウス＝アントニウスは、ストア派を代表する哲人皇帝であり、彼の治世以降、禁欲主義を特徴とし、性的快楽を含むあらゆる快楽を悪徳とみなすストア思想が広まっていく。キリスト教会はローマ多神教や皇帝の神格化に対抗してストア的禁欲主義を取り入れ、同性間性交のタブー視を鮮明にしていった。

◆キリスト教のソドミー罪　キリスト教会がストア派の禁欲主義を取り入れたことにより、「性の抑圧と肉欲の放棄」という「西洋史の根本的な出来事」（ル＝ゴフ）が生じた。同性間性交と獣姦は「ソドミー」とよばれ、死刑相当（火刑・絞首刑など）の宗教的大罪とされた。しかし、実際にソドミー罪が適用されるようになるのは、世俗権力が性道徳に介入するようになった近世（16～18世紀）である。特に魔女裁判が多発した17世紀前半には、ソドミー罪による処罰も増えた。

◆異性愛主義と同性愛嫌悪　19世紀半ばのドイツ語圏で「同性愛」という新語が生み出されると、それとの差異化を図る形で「異性愛」という語もまた登場した。しかし、両者の関係は対等ではなかった。「異性愛（正常・自然）／同性愛（異常・反自然）」という非対称な性愛二元論が確立し、近代的異性愛主義を正当化した。異性愛規範は、社会における公私分離と「私的な情愛共同体」としての近代家族の成立と平行しつつ確立・浸透していく。同性愛嫌悪（ホモフォビア）は、近代的異性愛主義の副産物として生み出された価値観であり、普遍的なものではない。

近代西洋市民社会は、「ホモソーシャル」（兄弟愛）社会を目指した。男性市民は「自由・平等」であり、互いに対等であることによって「男らしさ」（男性性）を誇示できた。このホモソーシャル社会を支えたのが、性別役割分担に基づく公私二元的なジェンダー秩序（公的領域［政治・経済］＝男性／私的領域［家族］＝女性）である。現実の市民社会では一握りの男性に権力が集中し、多くの男性が差別された。「男らしさ」は男性間差別を正当化するわかりやすい表現であった。その尺度とされたのは、財産・教養・健康・品行などである。男性同士の親密な関係は、病気あるいは不品行・犯罪とみなされた❷。他方、公的領域が私的関係によって浸食されることは、公私分離を旨とするホモソーシャルな市民社会への脅威に他ならず、深刻な逸脱として排除された。男性同性愛のみが禁圧され、女性同性愛が放置されたのは、近代市民社会の本質に根ざしていたのである。

◆集団カテゴリーとしての「(男性)同性愛者」　こうした抑圧に対して、19世紀末以降、男性同性愛者の解放運動もまた各地で展開した。集団カテゴリーとしての「同性愛者」が問題にされはじめたのである。例えば、ドイツのヒルシュフェルトは、同性愛を「第三の性」と呼んで、「性科学」を打ち立てた。20世紀初頭のアメリカではホモファイル団体（同性愛差別撤廃団体）が登場し、「精神異常者」たる少数者としての同性愛者の権利を守ろうとした。一方、同性に親密感情を表現するふるまいは風紀紊乱罪・猥褻罪・徘徊罪などの軽犯罪に問われるようになった。性愛二元論が確立した20世紀前半には、（男性）同性愛者の表現の自由・親密関係を築く権利を含む市民権は完全に奪われていたと言えよう。

男性同性愛が「男らしさ」を損なうとの考え方は、軍事国家や軍隊における男性同性愛者の排除につながった。ナチス・ドイツでは1935年に刑法が改悪された結果、刑罰が強化され、構成要件が拡大され、「性交類似行為」も含まれるようになった❷。一方、アメリカでは、第2次世界大戦中に軍隊で同性愛問題が表面化し、除隊規定が設けられた（1942年）。1993年、アメリカ軍は「DADT政策」（「問わず、語らず」の原則＝入隊時には審査しないが、発覚すれば除隊）を採用した。

◆女性同性愛者の不可視化　近代市民社会では、女性であることと同性愛者であることが交差する位置に置かれたレズビアン女性は、不可視化されやすかった。19世紀以降、ヨーロッパでは、男性間性交を犯罪とし続ける国（ドイツなど）と非犯罪化した国（フランスなど）に二分されたが、どちらの国でも男性同性愛は精神障害とみなされた。しかし、19世紀市民社会において、女性間の性交・性愛はほとんど問題視されなかった。女性間の性交は生殖につながらないため夫の家父長権を侵害する恐れがなく、男性社会の男性性を脅かすこともない。また、女性間の性愛は私的秘め事にとどまって公私分離原則を危機に晒すこともなかった。何より、女性には性的衝動がないと想定されていたため、あえて取り沙汰する必要もなかった。このように女性間の性交・性愛が不可視化されたのは、性行動や生殖の主導権を男性が握るという家父長制規範を反映している。

◆1970年代以降のゲイ解放運動　アメリカのストーンウォール暴動（1969年）は、ゲイ解放運動のきっかけとなった。1970年代のゲイ解放運動は、反体制の性格を強く有しており、婚姻という制度も否定していた。要求の中心は、あらゆる差別の廃止であった。しかし、1980年代のHIV問題を受け、同性カップルは同居生活の法的保障を求めるようになる。「家族」でないとされて、パートナーの死に目に立ち会えなかったり、共同生活の財産を失ったりしたからである。1990年代になると同性カップルの権利を保障する動きが登場する。フランスでは1999年に同性カップルの共同生活を保障するパックス（連帯民事契約）が認められた。アメリカでは、1989年にニューヨーク州最高裁が同性カップルを家族と認めた。同性カップルの婚姻を認めるか否かが重要な政治的争点となり、危機感を募らせた連邦政府が成立させたのが婚姻防衛法（1996年）である。同法は、「婚姻」は異性間に限定されるとして、異性婚主義を明確にした。2013年に婚姻防衛法は違憲とされ、2015年6月、連邦最高裁は同性婚禁止の州法（14州）を違憲無効と判示し、アメリカ全州で同性婚が容認されることとなった。2022年、中絶を容認する最高裁判決（1973年）が覆され、同性婚についても判例が覆される恐れが指摘されていたが、2023年1月、連邦レベルで同性婚が法制化された。

◆21世紀国際社会における二極化傾向　LGBTQ（性的マイノリティ）の権利保障をめぐって、21世紀の国際社会は二極化している。このため、国連総会での決議が行われず、人権理事会や人権諸機関が声明や宣言を発して、LGBTQの権利保障に取り組んでいる。性的指向の自由については、オランダ（2001年）を皮切りに同性間の婚姻が認められつつある❸。現在、47カ国で同性間の婚姻が認められている。EU基本権憲章（2000年）やオリンピック憲章❹もまた性的指向による差別を禁じている。他方、世界で同性間の性愛関係に刑事罰を科す国は73カ国にのぼる（うち13カ国は最高刑が死刑）。ロシアの同性愛宣伝禁止法（2013年）やその拡大（2022年）、中国における同性愛を扱った映像作品の上映禁止（2015年）などの動きも登場している。国際社会の二極化は深刻度を増している。（三成美保）

---

❶ 1532年神聖ローマ帝国カロリナ刑事法典（出典）塙訳257頁 http://de.wikisource.org/

第116条（自然に反してなされた不倫に対する刑罰）　さらに、ある者が、畜類と、または男が男と、または女が女と不倫をなすときは、その者どもも生命を奪わるべく、しかして、一般慣習に従いて、火をもって生より死へと処刑せらるべし。

❷ ドイツ帝国刑法典174条（1875）（出典）http://de.wikisource.org/wiki/Strafgesetzbuch

第175条　反自然的なわいせつ行為は、男性間でなされた場合でも、男性と獣との間でなされた場合でも、禁固刑に処せられる。また、それに加えて、公民権の剥奪を言い渡すこともできる。

❸ フランス同性婚法（2013）

第1条　婚姻は、異性又は同性の両当事 者間で締結される。（民法典第143条）

❹ 東京オリンピック憲章（2020）

6．このオリンピック憲章の定める権利および自由は人種、肌の色、性別、性的指向、言語、宗教、政治的またはその他の意見、国あるいは社会的な出身、財産、出自やその他の身分などの理由による、いかなる種類の差別も受けることなく、確実に享受されなければならない。

（出典）https://www.joc.or.jp/olympism/charter/pdf/olympiccharter2020.pdf

▶参考文献

三成美保編（2015）『同性愛をめぐる歴史と法』
ロバート・オールドリッチ（田中英史・田口孝夫訳）（2009）『同性愛の歴史』
ルイ＝ジョルジュ・タン編（金城克哉監修、齊藤笑美子・山本規雄訳）（2013）『〈同性愛嫌悪〉を知る事典』

問い　①「同性愛」が特定社会で「犯罪」とされた宗教的・社会的背景は何か？
②なぜ、主に「男性同性愛」が規制対象となったのか？

3) LGBT/SOGI

②トランスジェンダーとその脱病理化

Ⅰ－コラム②，Ⅰ－コラム④，Ⅰ－コラム㉓

◆割り当てられた性別　人は生まれたとき、主に外性器の形状に基づいて性別を判定される。これが「割り当てられた性別」（指定された性別）である。割り当てられた性別は家族や共同体、国家によって認知され、ひとにはその性別にふさわしいふるまいが期待される。近代欧米国家は、民事身分変動（出生・婚姻・死亡）を把握・管理する権限を教会から奪った。親は生まれた子の性別を国に届け出るようになった。これが子の「法的性別」であり、日本では戸籍上の性別がこれに当たる。

◆戸籍と性別　近代日本では、徴兵制を整備するために国民の性別と年齢の情報が必要とされた。最初の近代戸籍（壬申戸籍1871年）は、生活単位である「戸」は一つの「姓」をもつとし、戸主に戸員の名・年齢・戸主との続柄を申告させて、戸籍簿は男尊女卑で記載された。明治民法（1898年）によって「家」制度が導入されると戸籍制度も改められ、現況主義を排して「本籍地」概念が導入された。戦後の民法改正によって家制度は廃止されたが戸籍制度は残り、親子までの「一家族一戸籍」とされて、婚姻により新戸籍を作る制度に改められた。夫婦の共通姓となった者が戸籍筆頭者になる。戸籍簿には性別記載欄があり、性分化疾患など性別を決め難い場合には空欄にできるが、ほとんどのケースでは男女いずれかの性別が記載される。このような戸籍上の性別が法的意味を持つのは婚姻である。日本は同性婚を認めていないため、同性カップルは婚姻による新戸籍を作成できず、婚姻登録ができない。

◆性自認　性自認（Gender Identity）とは、自分の性別に対する自己認識を指す。性自認は、女性・男性・決めていないなど多様である。このような性自認と割り当てられた性別が一致する人を「シスジェンダー」と言い、一致しない人を「トランスジェンダー」と呼ぶ。性的指向は性自認との関係で決まる。トランス女性（割り当てられた性別が男性で性自認が女性）が女性を愛する場合には同性愛となる（Ⅰ-コラム②）。

◆トランスジェンダーと性同一性障害　トランスジェンダーと「性同一性障害」は同じ意味ではない。今日、性同一性障害という語は、国際社会ではもはや使われず、「性別違和」「性別不合」が用いられる。性別違和感を持つことは、精神障害ではなく、性の在り方の一つの特徴とみなされるようになったからである。近世欧米では、軍隊で女性が男性兵士として働くなど、性別越境の記録が散見される。19世紀後半に同性愛が概念化され、精神医学で「変態性欲」の一つとして定義された頃、トランスジェンダーは「服装倒錯」などと呼ばれた。20世紀前半には「トランスセクシュアル」(性転換症) という呼称が登場し、心を身体に合わせる精神治療が施された。1978／80年、「性同一性障害」という語が精神疾患名として登場した。その治療法として身体を心に合わせる外科手術（性別適合手術、当時は性転換手術と呼ばれた）が主流となっていく。日本では、1969年に性別適合手術を行った医師が優生保護法違反で有罪とされた結果、1997年まで国内で手術は行えなかった。トランスジェンダーの人びとにとって手術と法的性別変更を可能にする法律は悲願であった。

◆医学モデルから人権モデルへ　2003年、日本で性同一性障害者特例法が成立した。同法に定める５要件❶をすべて満たせば、戸籍上の性別を変更できるという法律である。特例法は、性同一性障害を精神障害とみなす「医学モデル」にのっとっており、成立当時は世界標準であった。しかし、21世紀国際社会のLGBTQ権利保障は急速に変化しつつある。同性愛に関して世界が二極化しているのと同様、トランスジェンダーの権利保障についても二極化が著しい。国連や欧米ではトランスジェンダーの「脱病理化」が進み、「人権モデル」へと移行しつつある。それらの国では特例法が定める５要件のほとんどが必要とされなくなった。一方で、同性愛を排除する傾向が強い国の多くは、トランスジェンダーの法的性別変更を認めていない。

◆トランスジェンダーの権利保障　「トランス」とは「移行」を意味する。移行には過程があるため、トランスジェンダーの人々の望みも外見も実に多様である。トランスジェンダーのうち、性別適合手術を望む者は２～３割とされる。性別違和感を持ち始めるのは小学校入学前が多く、特に第二次性徴の時に自分の身体変化や制服に強い嫌悪感を持つ者が少なくない。第二次性徴期にホルモン治療を受けると性自認に即した外見に非常に近づく。非婚要件は、ドイツでは同性婚容認（2017年）前の2011年に違憲とされた。不妊要件は健康な身体にメスを入れて内性器を取り去り、生殖能力を奪うことを意味する。2014年、WHOなど８機関は不妊手術の強制を人権侵害とし、2023年、日本の最高裁も不妊要件に違憲決定を出した。（三成美保）

---

❶ 性同一性障害者の性別の取扱いの特例に関する法律（性同一性障害者特例法：2003年・最終改正2022年）

（性別の取扱いの変更の審判）第三条　家庭裁判所は、性同一性障害者であって次の各号のいずれにも該当するものについて、その者の請求により、性別の取扱いの変更の審判をすることができる。

一　十八歳以上であること。二　現に婚姻をしていないこと。三　現に未成年の子がいないこと。四　生殖腺がないこと又は生殖腺の機能を永続的に欠く状態にあること。五　その身体について他の性別に係る身体の性器に係る部分に近似する外観を備えていること。

▶参考文献

三成美保編（2017）『教育とLGBTIをつなぐ』／三成美保編（2019）『LGBTIの雇用と労働』

コラム㉒ 国際人権とSOGI

◆ソドミー処罰規定　世界各地には同性間の性行為を刑事処罰の対象とするソドミー処罰規定が存在している。1994年、国連自由権規約委員会はオーストラリア・タスマニア州にあったソドミー処罰規定がプライバシーの権利を侵害し、性的指向に基づく差別に該当すると認定した。以後、性的指向は国連をはじめとする国際的人権保障のテーマとなった。しかし、国連の場で正式な議題とすることについては、伝統的家族観や宗教規範を背景とする反対意見も根強い。例えば1995年の北京女性会議では成果文書の草案にあった性的指向などを含む「性の権利（sexual rights）」が採択前に削除されている。2000年代に入り、当時の国連人権委員会（2006年に国連人権理事会へ改組）では「性的指向と人権」決議案が提出されたが、反対意見が多く寄せられたために採択手続きに入ることができず、事実上の廃案となった。

◆ジョグジャカルタ原則　このような膠着状態を打開するために作成されたのが「ジョグジャカルタ原則」である。2006年に採択されたこの原則は、性的指向と性自認に関連する国際人権法の解釈実践に携わってきた条約機関の委員や著名な裁判官、研究者、人権擁護者らにより起草・採択された文書である。保障されるべき権利のリストとともに、国に課せられる義務も具体的に列挙されている。国家間で作られた文書でないにもかかわらず、国連をはじめとする国際機関や各国の裁判所や行政機関において、権威ある解釈基準として活用されている。なお2017年には、主に性的特徴（sex characteristics）に関連する新たな原則を加えた「ジョグジャカルタ＋10」が採択された。

◆国連人権理事会決議　「ジョグジャカルタ原則」により国際人権法上で国家に課されている人権保障義務の内容と範囲がある程度明確になったことで、国連はこのテーマを正式な議題とする方向で動き出した。2011年に国連人権理事会で採択された「性的指向・性自認と人権」決議がその方向性を決定づけた。この決議がLGBTQや性的マイノリティでなく、性的指向・性自認（SOGI）の用語を採用したのは意図的である。多様な歴史的・文化的背景をもつ国々で構成される国連において、欧米起源の主体・アイデンティティ概念ではなく、人間を区分する概念を用いるべきとの考えである。決議は僅差での採択ではあったものの、この決議をきっかけに国際社会の取り組みは加速していく。

◆『Born Free and Equal』　国連人権理事会で「性的指向・性自認と人権」決議が採択された翌年、国連人権高等弁務官事務所は国に課せられた主要な義務をまとめた『Born Free and Equal』を刊行した。同性愛嫌悪やトランス嫌悪による暴力からの保護、SOGIを理由とする拷問等の禁止、同性愛の非犯罪化、SOGIに基づく差別の禁止、表現・集会・結社の自由の保障の五つの義務が明記されている。この文書の刊行にあわせて、LGBTに関連する国際的な意識啓発のための「国連Free and Equalキャンペーン」も開始された。2016年には各国が参考にできる国家の実践例を記録した『Living Free and Equal』も刊行され、2019年にはインターセックスに関する記述を追加するなど一部の内容を改訂した第2版が刊行された。

◆SOGI独立専門家　2016年には国連人権理事会の特別手続の一つとして、SOGI独立専門家（independent expert）のポストが新設された。世界各地で生じているSOGIに基づく暴力や差別に取り組むため、各国の政府代表者や市民社会、宗教指導者などのステークホルダーとの対話、現地訪問に基づく調査と報告、人権侵害事例に関する情報収集を行っている。国連総会と国連人権理事会に毎年提出される2本の報告書には、SOGIに関する国際人権法の動向に加えて、各国が果たすべき役割や国際機関、企業、市民社会に求められる行動なども明記されている。（谷口洋幸）

▶参考文献

谷口洋幸（2022）「セクシュアルマイノリティに関する国際社会の議論の到達点と課題」二宮周平・風間孝編『家族の変容と法制度の再構築―ジェンダー／セクシュアリティ／子どもの視点から』

谷口洋幸（2022）『性的マイノリティと国際人権法―ヨーロッパ人権条約の判例から考える』

国連人権高等弁務官事務所編（山下梓訳）（2016）『みんなのためのLGBTI人権宣言―国際人権法における性的指向と性別自認 BORN FREE AND EQUAL』

コラム㉓ トランスジェンダー学生と女子大学

◆顕在化された課題　米国の歴史ある女子大学の一つ、スミス大学で2013年、カライオピー・ウォン（Calliope Wong）という人物が、大学から出願を拒否された。女性であることを自認するウォン氏が、連邦政府の学費援助の申請書類に記載する性別欄で「男性」を選択していたからである。この決定に対して、スミス大学の学生たちが激しい反対運動を展開し、大きく報道された。ウォン氏は結局、他大学に入学したのだが、トランスジェンダー学生の受け入れがどの女子大学にも共通する課題であることを顕在化させる出来事だった。

米・教育省は2014年４月29日、教育機関での性差別を禁じた法・タイトルⅨ（1972年制定）によって、トランスジェンダー学生も差別から守られなければならないと発表した。この発表に後押しされた形で、2013年から15年にかけて、米国のセブンシスターズと呼ばれる歴史的に重要な女子大学（現在も女子大学を維持しているのは５校：バーナード、ブリンマー、マウントホリヨーク、スミス、ウェルズリー）で、トランスジェンダー学生の受け入れをめぐる課題に取り組み始め、出生時に男性とされたが女性と性自認をするトランスジェンダー（MTF）学生を受け入れるアドミッションポリシーを次々とウェブサイトに公開した。

◆日本も調査・検討へ　日本の女子大学の場合はどうだったのか。2015年２月25日、日本学術会議に性的マイノリティに焦点を絞った初めての分科会、「法学委員会、社会と教育におけるLGBTIの権利保障分科会」（以後、LGBTI分科会）が立ち上がった。

2017年２月25日に開催された日本女子大学人間社会学部学術交流シンポジウム「『多様な女子』と女子大学―トランスジェンダーについて考える」では、2015年末に日本女子大学の附属中学校に電話で寄せられた「一本の問い合わせ」に、学園全体がどのように向き合ったかが紹介された。その問い合わせとは、戸籍上男子の小学４年生の母親から、性同一性障害の診断書があるので男児の受験が可能であるか、というものだった。プロジェクトチームを立ち上げて検討した結果、「時期尚早」という判断に至ったわけだが、その模索の過程や残された課題を外に広く開いた日本女子大学の推進力こそが、本課題を国内すべての女子大学に問う重要な契機となった。

メディアの影響力もあった。シンポジウムで扱われた課題は朝日新聞（2017年３月20日）に「『心は女性』女子大入学可能に？　日本女子大、検討へ」という見出しで掲載され、さらに、同紙は４月に全国の76女子大学の学長を対象にアンケート調査を行い、トランスジェンダー学生受け入れについての検討の有無や性的マイノリティの学生支援について問いかけ、64大学から回答を得た（回答率84％）。６月19日の朝日新聞に掲載された調査結果によると、MTF学生の受け入れを「５校が検討中、３校が検討予定」であり、さらに「検討するべき課題」と回答した女子大学が41と６割を超えていた。

◆学ぶ権利の保障を　日本学術会議LGBTI分科会は３回の公開シンポジウムの成果として提言「性的マイノリティの権利保障をめざして―婚姻・教育・労働を中心に」（2017年９月29日）をまとめ、その中に女子大学におけるトランス女性の「入学保障」も盛り込んだ。2018年７月10日、お茶の水女子大学は2020年度からトランス女性の出願を認めるという決定について記者会見を行ったが、同提言の中の、「『文科省通知』にしたがって性自認に即した学校生活を保障されているMTFが、女子校・女子大に進学できないとしたら、それは『学ぶ権利』の侵害になると言えよう」という一文は、お茶の水女子大学の決定の根拠にもなっている考え方だ。2022年10月現在で、同大学に続いて、奈良女子大学、宮城学院女子大学、日本女子大学、ノートルダム清心女子大学がトランス女性の出願資格を認める発表をしている。

本課題に取り組むことは、21世紀における女子大学の意義を最新化することでもある。多様な女性たちを中心に位置づけた教育空間で、女性が高等教育を受ける価値をよりいっそう明確にする必要があるからだ。（髙橋裕子）

「『心は女性』の学生を女子大が受け入れる意味―トランスジェンダーを巡る歴史的経緯とは？」（東洋経済オンライン、2018年７月14日）からの抜粋を改訂し転載。

4）歴史のなかの「性の多様性」

①多様な性のあった江戸時代

Ⅰ−3−3−①，Ⅰ−3−5−③，Ⅱ−1−2−⑥　【読】日7−15

◆日本近世史における研究状況　江戸時代を「性の多様性」という観点に立ってみると、これまでは武士層を中心とした男性同性愛（男色）、歌舞伎の若衆と密接な関係にある陰間、女装者などの様相は一定程度注目されてきた。しかし、それらは主として男性中心の性愛や性的指向への関心に重きがおかれ、女性同士の同性愛や性的マイノリティに主眼を据えた考察はほとんど顧みられることがなかった。2000年代に入り、国内外の社会の変容や社会学・ジェンダー学の研究成果に影響されて、近世史においてもその必要性がやっと認識されてきたという段階である。研究方法としては既出史料を新たな視角から読み直す作業や、関連分野の業績に学ぶことが求められる。ここでは現在のわずかな研究状況という範囲で論じてみたい。

◆無宿人竹次郎こと「たけ」　ここで紹介するのは出生時に身体的には女子であったが、長じて（幼年期を含む）自分を男だと認識した人物である。その人物は1814（文化11）年、江戸山王町（現東京都中央区銀座）に住む火消人足長吉の娘たけとして誕生した。幼少期に両親が亡くなったため親類に引き取られて育ち、12、３歳の頃、武州八王子宿（現東京都八王子市）の飯売り旅籠屋に年季奉公に出される。そこでたけは男子に混じっての遊びを好み、旅籠屋の主人に強く叱られても止めず、また男性客を取らされる年齢になるとみずから髪を切り、若衆姿（前髪を遺した少年）へと変わった。つまり女郎仕事への断固たる拒否の意思表示である。旅籠屋主人がたけに閉口したのも無理もない。そうこうするうち、たけは年季途中で旅籠屋から逃げ出し、江戸に出て月代を剃って男装（野郎姿）し、竹次郎と名乗って料理屋の担ぎ（出前持ち）などの職を転々としたのである。

◆男が子どもを産んだ！　「四ツ谷内藤宿」（現東京都新宿区）の蕎麦屋で担ぎとして働いていたとき、竹次郎はそこで男子を出産する。半纏・股引姿の気風の良い男とばかり思われていた人物が子を産んだのであるから、周囲の驚きは計り知れず、すぐに江戸中の噂となった。月代を剃った銀杏髷姿は成人男性の象徴であり、この外見からは「女」とは想像できない。実は、竹次郎は居酒屋で知り合った男に女であると悟られ、その場で性交を迫られたのである。断れば女であることを吹聴すると脅され、仕方なく応じた末の悲劇であった。その子は生まれてすぐに死んだが、しばらくして竹次郎はその蕎麦屋を出奔し、知人宅に干してあった帯などを盗み、さらに男装をしているという廉で逮捕され、1832（天保3）年に幕府評定所の裁判にかけられた。その裁許により入墨の上、過怠牢、男装の禁止などを言い渡され、無宿人に落とされた。しかし出牢後も竹次郎は男装を止めなかった。

◆「人倫を乱し候もの」　その後竹次郎は火付盗賊改配下の手先として雇われ、江戸町方の警備・捕縛に立ち回っていたが、1832年、男装して身分を偽り、手先を笠に着て金をゆすり取ったなどの罪で逮捕され、再び評定所での裁判となる。前回の裁判からこの間に男装の罪で二度ほど捕まり、押込の刑に服している。彼は幕府の裁判記録『御仕置例類集』「女之部」の中に、ただ1人「人倫を乱し候もの」（人として守るべき道を混乱させた者）として記載されている。竹次郎の扱いはあくまでも「たけ＝女」である。「女」が男装して生きることは、幕藩権力にとっては社会秩序を根底から覆す悪行と認識された。この裁許により竹次郎は入牢し、従来の裁許慣例よりも重い八丈島への流刑とされ、翌天保8年に島送りとなった。『八丈島流人銘々伝』によれば、竹次郎は島では男仕事である鍛冶職として暮らし、1838（天保9）年10月、24歳の若さで病死したと記されている。

◆竹次郎の人となりとは　これまで研究史では竹次郎＝たけについて、強固な男尊女卑社会に抗し、たった1人で男装して挑んだ勇敢な女性として評価されてきた。しかし、度重なるお上からの男装禁止にどうしても従えず「男装」を貫き、また携わった仕事も担ぎや鍛冶職という「男並み」の力仕事であったことを考えると、竹次郎がトランスジェンダーであったと想定することで、幼少期から晩年までの動向が腑に落ちるのではないか。ことに自分の性自認に即した髪形や衣装を着ることはごく自然な行為であり、竹次郎の種々の行動がこれを裏付けている。現在ではトランスジェンダーの人々は、まず小学校入学以前に性の違和感を覚えるという報告や、反対の性の服装着用への強い拒否感が知られているが、竹次郎の場合も同様の状況を看取できる。ただし、竹次郎が裁許違反を繰り返してまでも「男装」を続けたのは、トランスジェンダーの有無を超えて、1人の人間として時代に立ち向かった強烈な決意の象徴であったことは間違いないだろう。

◆性別による「異性装」対応の差異　身分、君臣・主従、親子、男女（夫婦）の峻別を支配秩序の根幹とし、そこからの逸脱を許さない江戸時代では、「女」の「男装」に対しては竹次郎のように厳しく否定された。それでは「男」の「女装」についてはどうだったのだろうか。

文政３（1820）年、青山千駄ヶ谷で金貸しを営むお琴は女装者であったが、商売も繁盛し立派な住居に暮らしていた。周囲の者たちはお琴の女装については承知していた。このお琴が武士の娘と馴染みになり結婚を申し込んだが、その父親から反対される。この経過には諸事情があったが、ともかくもこの風評が元で、お琴が以前、大名家の奥向きへ女装姿で立ち入り、「寝泊り迄も」していたことが露顕して召し捕えられ、現在入牢しているという事件記録がある。ここで注目したいのは、日頃「女装」で商売をしているお琴が、そのことだけでは罰を受けていないという点である。入牢はあくまでも身分を偽り、「女」を装って奥向きで宿泊したという事実に対する罪科である。また、お琴は娘に恋をし、結婚を望んでいることから性自認は男である可能性が高い。幕藩権力は竹次郎が日常的に「男装」することを決して許さなかったが、お琴の「女装」については特段の拒否をしていないのである。

◆「ええじゃないか」にみる「女子・子供」の男装　少し違った角度からだが、幕末に頻発した「ええじゃないか」での事例を紹介しよう。1867（慶応３）年９月、駿府城下（現静岡市）で熱狂的な「ええじゃないか」が勃発した。「ええじゃないか」では世直し運動の高揚により、社会秩序の混乱・打破を目的とした男女領域の越境（男女の異性装）がみられるのが特徴だが、駿府でも同様の状況が展開した。鎮静後、駿府町奉行から町年行事宛てに出された「口達」が興味深い。「市中女子子供、男の姿をまね、或は髪を切り、風俗を相乱し、如何の事に候」と述べ、女・子ども（娘）の男装は日常生活を混乱させる忌避すべきものとして、参加した女性252人の名前を列挙している。そしてこうした女・子どもの誤った行動は、家長の家族員に対する管理責任の怠慢であると断じている。ところが一方の男たちによる女装に関しては、まったく不問に付しているのである。要は、判断力もなく社会的地位の低い女が、高次である男の真似をするのは許しがたいということであろう。支配権力による男女への対応の明確な差は、近世社会の支配原理を反映している。単純に「男女一般の異性装」として割り切れないのが江戸時代の特質である。

◆藤枝宿近在の女性同性愛者　前述のように、男性同性愛にくらべて女性同性愛については関心がもたれてこなかった。しかし既出史料を読み直してみると、女性同性愛者と思われるものが見つかる。1835（天保６）年、藤枝宿（現静岡県藤枝市）近在で女同士が密会して１人が懐妊したという記述である。懐妊した女は芸者をしており、他方はそれなりの家柄の生まれで、幼いころから男装して育ったという。「密会」を字面から読めば「恋愛関係にある者同士の逢瀬」である。２人が生物学的に女であるなら、１人が懐妊することはない。しかし芸者という仕事柄、客の男との懐妊も想定される。この男装者と身重の２人は手に手を取って駆け落ちしてしまったという。この史料は女性同性愛者の事例として理解してよいだろう。１人は男装して育ったという記載から異性装者という可能性もある。

◆男だった「女髪結」　武士層の男色や陰間買いなどは推奨されるものではないにせよ、恋愛感情に基づく「慣習」や「商売」としては存在した。幕府は禁止の方向を打ち出し、排除・刑罰も試みたが徹底されなかった。ここでは男性同性愛について考えてみたい。18世紀半ばを過ぎると、一般女性たちは遊女の豪華な髪形に憧れ、髪結を雇って賃銭を払ってまで結ってもらうことが流行した。「女髪結」とは女性の髪を結う女性の髪結師のことで、女性の稼ぎ仕事としては有効であった。幕府は奢侈禁令の観点から女髪結を取り締まり、捕縛を繰り返した。そんな折、捕らえた「女髪結」が女装をした男だったのである。男の名ははつ（出生時は初治郎）、23歳。鳶職の金五郎、38歳の「妻」である。２人は周囲も認める「夫婦」として暮らしていた。はつは幼少期から女装し、親が注意しても聞かなかったという。幕府法令によれば、「女髪結」自身は「重敲」同等の「百日過怠牢」。親・夫は「過料三貫文」同等の「三十日手鎖」である。ところが江戸町奉行ははつを「遠島」、金五郎を「重追放」とした。通常よりもはるかに重い刑である。その理由として金五郎・はつ夫妻が「通常ではない夫婦」であることへの脅威、すなわち幕藩権力による男性同性愛への徹底的な拒絶・排除の構造と捉えることはできないだろうか。

◆「家」重視の江戸時代の社会構造　江戸時代は庶民層にまで広範に「家」が成立した。それは一対の夫婦とその子らによる小家族を基本とし、その維持・継承を重視する社会であった。もっとも重要な性規範は「家」維持のための夫婦間の子の出産である。これらに抵触するもの、すなわち支配体制の維持や再生産に寄与できないものへの徹底的な拒絶・厳罰の仕組みが、ことに性的マイノリティの人々の上に重くのしかかったのが江戸時代である。また、支配原理としての男尊女卑観念により、女性の異性装者に対しては、男のそれよりも罪悪視・忌避する傾向の強かったことは諸事例からみて否定できないだろう。性の多様性は江戸時代にも確認できるが、時代の特質が招く人間としての生きにくさの存在をしっかり理解する必要がある。（長島淳子）

▶参考文献

長島淳子（2023）『増補改訂　江戸の異性装者（クロスドレッサー）たち―セクシュアルマイノリティの理解のために―』

4）歴史のなかの「性の多様性」

②中国史上の同性愛

Ⅰ－1－3－②，Ⅰ－1－4－③，Ⅱ－2－3－①，Ⅱ－2－4－④　【読】 世4－5

◆同性間性関係の許容　中国の伝統社会では、性（セクシュアリティ）に快楽を求めることは人の営みとして受容されており、同性間性関係も忌避されなかった。男性同性愛を示す雅語に「断袖」や「分桃」があるが、前者は漢の哀帝（位前７－前１）が膝枕で寝ていた愛人の董賢を起こさないよう袖を切った話に由来し、後者は『韓非子』にある前３世紀の衛の霊公に愛された美少年弥子瑕（びしか）がおいしい桃の半分を主人に分けた故事に基づく。社会に受容されていたことがわかるロマンティックなエピソードである。明清時代には、（「男」と「南」が同音なので）男性間性関係は「南風」「南色」と呼ばれ、北京や江南の文人はエキゾチックな空想をかき立てた。

とりわけ社会的にセクシュアルな関心が高まったのは16世紀頃からで、明の四代奇書のひとつ『金瓶梅』には、異性愛とともに同性愛にも快楽を求める人々が描かれている。性愛文学の古典とされる李漁の『肉蒲団』などの艶情（ポルノ）小説が書かれたり、春画や性具などが出回ったりもした。男系血統を繋ぐことを重視する社会で、子孫を残すことに抵触しない限りは、同性愛は忌避されなかったのである。

女性隔離が規範となっていた近世中国では、多くの人はほとんどの時間を同性と過ごした。生涯結婚できない「光棍」と呼ばれるたくさんの男性は流浪の人生を送り、彼らは、秘密結社、船乗りの仲間、労働者の集団などの男だけの仲間うちで性関係を求めたとされる。また、エリート文人たちが、芝居の女形である「旦」との恋愛遊戯にふけるのは、上品な遊びとみなされた。とはいえそうした男性同士の関係は、対等な関係の愛情表現というよりは、優位の者が劣位の者に挿入するヒエラルキーを伴う社会関係とみなされていたという。

中国の女性間の性関係が、男性のものほどよくわからないのは、他の社会と同様である。19世紀の広東デルタには、婚約した女性が夫の家に移り住まず娘宿で暮らす「不落戸」という慣習があった。彼女たちは金蘭会というシスターフッドを結び、結婚のプレッシャーに共同して対抗し、「磨豆腐（モートウフ）」と呼ばれる性関係をもったりした。一生結婚せずに「自梳女」（既婚女性の印である髷を自分で結う意）となる女性もいた。製糸業などで自活できることが、この習慣を支えていた。

◆近代における異性愛規範の広がり　こうした同性関係についての見方は、近代になって西洋的なセクシュアリティに関する考え方が入ってきて変化した。中華民国期には新文化運動がおこり、儒教の規範を脱し男女が恋愛して結婚することが近代的知識人の流行となった。民族の前途を担う優秀な子供を生み育てるにはどんな家庭がふさわしいかといった議論がさかんに行われ、優生学にも関心がもたれていった。「性欲」は「正常」なものと「異常」なものとに分けられ、近代的な国家建設に奉仕する生殖に結びつかないものは「異常」とされるようになる。「変態性欲」という言葉は1910年代に、「同性愛」は1920年代に、日本語に訳されたものが中国でも使われるようになり、近代東アジアの思想連鎖が性科学の分野にも及んでいた。「変態性欲」として特に問題視されたのは、手淫と同性愛である。同性愛は「自然に反する」もので人格を損い、「精神病」として治療すべきと考えられるようになった。

◆現代中国のセクシュアリティの一元化とその揺らぎ　20世紀の後半、中華人民共和国が成立して、同性愛への抑圧は最も強くなる。共産党政権は異性愛規範を堅持し、結婚して子供を生み社会主義建設に尽力する家庭を築くことを、事実上全人民に要請した。セクシュアリティは生殖と強く結びつけられて禁欲的な性教育が広まり、（未婚の男女のものを含めた）婚姻外性関係には厳しい制裁が科されるようになった。金蘭会や自梳女の習慣も改めさせられ、結婚が奨励された。1956年には同性間性関係は流氓（フーリガン）行為の一つと規定され、文化大革命期には同性愛者が労働改造などのペナルティを科されたりした。同性愛が犯罪規定から取り除かれたのは1997年、精神病の分類リストから除かれて非病理化されたのは2001年になってからであった。

1980年代以来の改革開放政策の進展の中で、国外のゲイコミュニティの動向を知るようになった男性同性愛者たちは、お互いを「同志（トンジー）」（元来は共産党員同志が互いを呼ぶ言葉）と呼ぶようになり、香港や台湾の「同志」ともネットワークを作るようになった。現在、「同志」は広くセクシュアルマイノリティを指す言葉としても使われている。北京では2001年から中国同性愛映画祭（後、中国クイア映画祭と改称）が始まり、2010年代にはパレードも何度か開催されるなどLGBT 運動も活発になった。習近平政権下の各種の運動へのプレッシャー強化の中で、近年はこうした活動が困難になっている状況もあるが、国外とも連携した当事者たちの権利回復への努力は続いている。（小浜正子）

▶参考文献

スーザン・マン（小浜正子、リンダ・グローブ監訳）（2015）『性からよむ中国史─男女隔離・纏足・同性愛』
白水紀子（2015）「セクシャリティのディスコース」小浜正子編『ジェンダーの中国史』
遠山日出也（2018）「セクシュアル・マイノリティ」小浜正子ほか編『中国ジェンダー史研究入門』
邱海濤（納村公子訳）（2000）『中国五千年─性の文化史』

4）歴史のなかの「性の多様性」

③東南アジア社会のLGBT

Ⅰ－1－3－③，Ⅰ－コラム⑰，Ⅱ－1－2－④　【読】　世3－4

◆LGBTの許容から抑圧へ　昨今、東南アジアでも性的指向や性自認の点で少数派である人たちが差別撤廃、社会的受容、同性婚などを求める社会運動が活発である。性的指向や性自認はさまざまなものがあるが、こうした社会運動は、レズビアン、ゲイ、バイセクシュアル、トランスジェンダーの頭文字をとってLGBT運動と呼ばれることが多い。東南アジアの伝統的社会では、性的マイノリティであること自体が問題になることはあまりなく、さまざまな儀礼で重要な役割を果たすトランス女性もいた。しかし、欧米が東南アジアを植民地支配してキリスト教的価値観を広めると、同性間性交渉、ゲイなどの性的指向をモラルの逸脱とみなした。現在のマレーシア、シンガポール、ミャンマーにあたる英領は刑法で同性愛を犯罪化した。さらに、第二次世界大戦後に独立を果たした東南アジア諸国は家父長的家族観を強調し、異性婚に依拠した家族を規範化して、公的空間から性的マイノリティを排除した。ショービジネスなどでは活躍の場はあったものの、私的空間でも性的マイノリティであることが分かれば家族や社会から差別や抑圧を受けることにもなった。カミングアウトしたトランス女性の場合、そうした差別や抑圧から逃れるために、都市部に流入して貧困に苦しみながらセックスワーカーなどで生計を立てるケースも目立った。タイの場合、冷戦下の米軍駐留が大きな契機となり、70年代以降、バンコク、そしてパッタヤーの歓楽街でゲイバーやトランスジェンダーのショーが始まり、ゲイやトランスジェンダーのアジール的機能を果たした。

◆LGBTの組織化と運動化　1980年代以降、HIV/AIDSが性的マイノリティの間で蔓延しはじめると、性的マイノリティは激しい差別を受けつつ、政府やドナーによる支援の受け皿となる組織づくりを始めた。その主な担い手は、欧米に留学してゲイの権利要求運動を経験した東南アジアのゲイやレズビアンである。

90年代には、欧米発のグローバルなLGBT運動が東南アジアでも始まった。アメリカ発の性的マイノリティのパレード、プライド・パレードは、1994年にタイのプーケットで始まった。2000年代には欧米を中心にして同性婚が認められるなど、性的マイノリティの権利容認の動きが広まると、東南アジアでも性的マイノリティの公的、政治的承認を求める動きが目立ち始めた。インドネシアでは政界進出や国家人権委員会の委員立候補を行うゲイやトランスジェンダーが現れ、タイやフィリピンでは実際に議員選挙で当選を果たすものも現れたし、フィリピンではラッドラッド党というLGBT政党が誕生した。

2006年にはインドネシアのジョグジャカルタに各国の有識者が集い、法の下の平等、人身の安全、プライバシー確保といった国際人権に関する規定が性的マイノリティにも適用されるとするジョグジャカルタ原則を採択した。2011年にはASEAN諸国の性的マイノリティ活動家が集って、性的マイノリティの人権尊重を求めるアドボカシー・グループ、ASEAN Sogie Caucusを発足させた。

◆各国のLGBTへの対応　LGBT運動が盛り上がる一方、政府の対応はさまざまである。基本的にイスラーム圏はLGBTに不寛容である。聖典クルアーンに同性愛性行為を不道徳とみなすと読める記述があることが一因である。スルタン国家ブルネイには同性愛行為者を死刑にする刑法がある。イスラームを国教とするマレーシアでは、主要政党がムスリム支持を狙って反LGBT運動に加担している。ムスリムが多数派の民主主義国家インドネシアではイスラーム保守派の反LGBT運動が目立つ。

ベトナムは共産党一党独裁体制で政治的自由は乏しいものの、2014年に改正した家族婚姻法で同性婚禁止条項を削除した。シンガポールも権威主義体制で政治的自由は乏しいが、2022年8月、植民地時代から続く同性愛を禁じる刑法条項を撤廃した。タイでは、民主主義体制期の2012年に国家がLGBTを支援対象とし、ジェンダー平等法を定め、軍政下の2017年には同性カップルに結婚とほぼ同じ権利を認める法律を公布した。民主主義国家フィリピンでは、20以上の自治体でLGBTを含めた差別禁止条例が制定されている。しかし、カトリック教会による反発もあり、国政レベルではそうした法律が実現していない。

以上のように、LGBT運動のグローバル化の影響を受けて東南アジアでもLGBT運動は活発になってきている。政治体制との関係では、抑圧的な体制でもLGBTに寛容な姿勢を示す点は興味深い。ムスリム圏では反LGBTの動きが強いものの、インドネシアでは、日常生活ではそれほどLGBTへの反発がない場合もあり、中長期的にLGBTへの寛容度を高める地道な努力が続けば変化の可能性はある。（岡本正明）

▶参考文献

日下渉・伊賀司・青山薫・田村慶子編著（2021）『東南アジアと「LGBT」の政治―性的少数者をめぐって何が争われているのか』

岡本正明（2016）「民主化したインドネシアにおけるトランスジェンダーの組織化と政治化、そのポジティブなパラドックス」『イスラーム世界研究』9

伊賀司（2017）「現代マレーシアにおける「セクシュアリティ・ポリティクス」の誕生―1980年代以降の国家とLGBT運動」『アジア・アフリカ地域研究』17(1)

4）歴史のなかの「性の多様性」

④インドのヒジュラー

Ⅰ−5−3−③，Ⅱ−2−2−③　【読】 世3−2，世7−7，世12−2，世12−8

◆ヒジュラーとは誰か　南アジアで去勢者、男でも女でもない者、トランスジェンダーなど第三の性を表す用語の一つである。ヒジュラーはeunuch（去勢者）、hermaphrodite（両性具有者）と訳されてきたが、男子として生まれた者がグルと師弟関係を結んでヒジュラーの疑似親族的共同体に参入し、宗教的な入門儀礼として去勢手術を行う場合が多い。各地方で呼称や慣習は多様でタミルナードゥ州のアラヴァニ、カルナータカ州のジョーガッパなどが有名だが、ヒジュラー自身は天上の楽士を表すキンナルという呼称を好む。通常、ヒジュラーは女装して女のようにふるまい、同性愛者とされるが全インドではコティという用語が同性愛の女役を指して用いられる。コティは閉鎖的共同体を形成せず、ヒジュラーがすべてコティであるとは限らない。すなわちヒジュラーは性的指向のみで決定づけられず、宗教的な慣習伝統との結びつきが重要である。なお、インドで性的マイノリティの権利保護を求める運動が盛んになると、2005年にパスポートの性別欄にユーナックの頭文字「E」が導入され、2011年の国勢調査では性別欄に第三の性を示す「その他」のカテゴリーが導入された。2018年に最高裁が第三の性の権利保護を公式に表明、選挙権カードや鉄道にも「その他」のカテゴリーが導入され、パスポートでは「E」が「トランスジェンダー」に変更された。

◆ヒンドゥー神話とヒジュラー　ヒンドゥー神話には、両性具有や性転換といった男と女という二つの性を超越した相をもつ神々がしばしば登場する。中でもアルダナーリーシュワラはシヴァ神の右半身とパールヴァティー女神の左半身が合体した姿で表され、男性原理と女性原理の結合による神の遍在性を象徴する神として信仰を集め、ヒジュラーの守護神とされる。タミルナードゥ州のアラヴァニは自らを「男の体に捕らえられた女」と認識し、毎年春にクリシュナ神が女として顕現したモーヒニーとアラヴァン神との婚姻儀礼を盛大に祝う祭りを開催する。グジャラート州のバフチャラマーター女神寺院はヒジュ

アルダナーリーシュワラ神（エレファンタ島、6～8世紀頃）

ラーの聖地として有名である。ヒジュラーは女神の帰依者であり、女神の恩寵を授ける「吉なる存在」でもある。最も神聖かつ崇高な役務は子の誕生や結婚式で音楽舞踊によって祝福することである。女神寺院の参詣者や近隣商店などに布施を要求するのも宗教的には正統な行為だが、人々から疎まれることも多く、ヒジュラーにとっては苦行となる。実際は宗教的行為のみで生計をたてることは難しく、特定の男性との親密な関係を維持するとか、売春を主な収入源とする者も多い。

◆イギリス植民地支配と法制度　ヒジュラーはかつて社会的に認められた存在であったが、英領期に入ると性的逸脱者として公的に排除と差別の対象となっていく。刑法第377条（1860年成立）は、「あらゆる男、女、動物との自然の摂理に反する性行為」を禁じ、違反者には最高で終身刑となる重い刑罰を科すものであり、これによって同性愛が犯罪とされた。さらに1871年に成立したクリミナルトライブ（世襲・職業的犯罪者集団）法では、ヒジュラーを「去勢男性」と位置づけ、登録と規制の対象とした。この法は、1857年のインド大反乱を経験したイギリスが反英的集団への対応策として、集団的範疇としての「カースト」を特定の世襲的職業に結びつけ、犯罪を生業とする「生来的な犯罪者集団」を特定し管理下に置くために制定された。独立後の1952年に法は撤廃されたが、英領期に強化されたヒジュラーに対する偏見が変わることはなかった。

◆ヒジュラーからトランスジェンダーへ　独立後、刑法第377条が適用された事件の被害者の多くは男児で、成人の同性愛者に適用されることはほとんどなかったが、同性愛者を潜在的犯罪者とみなす差別的な視線は変わらなかった。平等で公正な社会を目指して1994年に設立されたナーズ財団（Naz Foundation）はHIVやLGBTQIA＋の問題に積極的に取り組み、2001年、刑法第377条が同性愛男性のHIV予防運動を妨げているとして裁判所に提訴した。2009年、デリー高裁は同法が「法の下での平等」を定めた憲法第14条に反するとして違憲判決を下すが、2013年に最高裁はこの判決を覆して同法を合憲とし、再び同性愛は違法とされた。しかし2018年、最高裁は正式に同法を違憲とした。判決では「裁判所はLGBTを含む社会の個々人の尊厳を保護するよう努めなければならない」と表明、翌年「トランスジェンダー（権利保護）法が成立した。紆余曲折を経て、未成年者に対する行為などを除く同性愛が合法化されたのである。（井上貴子）

▶参考文献

セレナ・ナンダ（蔦森樹、カマル・シン訳）（1999）『ヒジュラ―男でも女でもなく』
Jessica Hinchy (2019) *Governing Gender and Sexuality in Colonial India: The Hijra, c.1850-1900.*

4）歴史のなかの「性の多様性」

⑤現代トルコの性的少数者

Ⅰ－コラム㉙，Ⅱ－2－5－⑥　【読】世12－3，世13－7

◆政策と法律　国民国家の歴史は均質化の歴史である。トルコ共和国（1923年成立）においても、建国期のエリートは国民統合のために異性愛に基づく核家族を規範として強調したが、同性間の性行為を非合法化することはなかった。1950年代まで性的少数者に関する記録は限られる。同性間の性行為やジェンダー倒錯は、国家により把握されない個人的な営みとして存在していたと考えられる。80年代ごろから公共空間における可視性が高まるにつれ、性的少数者は警察や検察など公的機関による実質的な統制のもとに置かれるが、法律の対象外であり続けた。

性的少数者の存在を公的に認める例外的な制度として、男性同性愛者の兵役免除制度がある。18歳以上の男子は兵役義務が課せられるが、審査により「性心理障害」があると認められれば兵役を免除される。1986年に導入されたこの制度は、同性愛を障害と同定するのみならず、2015年に申告制に変更されるまで申請者に同性愛者であることを証明する写真の提出を求めるなど、屈辱的な手続きを定め、懲罰的な性格をもつ。市民的権利は大幅に制限され、同性愛者の結婚の権利やそれに付随する年金・保険、相続の権利、性的指向や性自認に基づく差別からの法的保護を定める法律はない。性転換手術とそれに伴う身分証の性別変更は1988年に合法化された。2013年に性的少数者差別廃止の憲法への明記が野党から提起されたが実現をみなかった。

◆公共空間における可視化　性的少数者が公共空間に姿を現すのは1960年のことである。イスタンブルの新市街に異性愛に基づく家族関係から離れて同性愛関係のなかで生きる男性たちが現れ、ゲイバーが誕生した。70年代末には同性愛者として知られた男性人気歌手がトランスセクシュアルを公表、性別適合手術を受けて舞台活動を禁じられ、フェミニンな男性同性愛者の象徴となった。80年代以降グローバル化と新自由主義、欧米の同性愛文化の流入を背景として英語から借用された「ゲイ」を自称し男性的な身体を強調する男性同性愛者が現れた。商業映画や小説などゲイ文化が花開く一方、ホモフォビアと結びついたHIV/AIDS患者差別や、ゲイバーなど公共スペースにおけるハラスメントや警察による暴力の激化がみられた。2000年代に入ると、EU加盟交渉と民主化改革を追い風として、クィア団体の組織化やプライドパレードの開催が実現するなど、性的少数者の承認と権利の状況は大きく前進した。

◆社会階層との交差　同性愛者のあり方は社会階層と密接に結びついている。「ゲイ」はトルコ語の口語において文化資本に恵まれ洗練されたエリートを表し、中上流階層に属すことを含意する。換言すれば、男性同性愛者がゲイになるには、階層的な基準—都会で世俗的な生活を送る、大卒、外国語に堪能、グローバルな流行に敏感、自己管理の重視など—を満たす必要がある。それらの文化資本や記号コードから排除された男性同性愛者を表す言葉として、男性的な異性愛者の雰囲気をまとうヴァロシュや、女性的なルブンヤがある。ヴァロシュはもともと不法住宅の住民や労働者階級を意味し、ゲイの俗語でミドルクラス的価値観の欠如や精悍さ、正統的な男性性を意味する。ルブンヤはトランス女性に近い存在とされる。

◆イスラーム　国民の大部分がイスラーム教徒（ムスリム）であるトルコでは、宗教道徳が人々の道徳規範の重要な一角をなす。主流のイスラーム解釈は、同性愛行為を罪と位置づけ、同性愛者に対して拒絶的である。同性愛者は周囲から信仰の有無を問われるなど日常的に宗教と緊張した関係を強いられることから、信仰をもちながら礼拝など宗教実践とは距離を置く傾向がある。ただし宗教道徳の参照や実践は一律ではなく、社会階層などによる多様性を含む。

イスラームと性的少数者の関係が焦点化されたのは、2000年代以降のことである。2010年前後から権威主義を強めた親イスラーム主義の公正発展党政権は、それまでの人権擁護のポーズを捨て、アイデンティティの政治に対し抑圧的な態度に転じた。クィア運動は、欧米の価値観の押し付けでありイスラームの道徳に反するとして、フェミニズムやクルド民族主義などとともに国民の敵とされた。クィア批判にイスラームが参照される背景には、9.11後の欧米諸国で性的少数者の抑圧がムスリム社会における人権侵害の象徴として対テロ戦争の正当化に利用される状況があった。同政権は、対外的には欧米の偽善を批判しイスラーム的道徳の真正性を強調することにより、植民地主義的でモダンなクィア運動と、伝統的で真正なイスラームという二項対立を国内につくりだし、前者の周縁化と支持層固めをはかったのだった。（村上薫）

▶参考文献

Cenk Özbay (2017) *Queering Sexualities in Turkey: Gay Men, Male Prostitutes and the City*, I.B. Tauris .

Evren Savcı (2021) "Turkey' s Queer Times: Epistemic Challenge" in *New Perspectives on Turkey* 64.

5）男性同性愛と政治

①少年愛と異性婚の両立

Ⅰ－コラム①，Ⅱ－3－3－①　【読】世2－3，世2－4，世2－6，日6－8

古代ギリシアでは、各地で、少年愛が、通過儀礼としての役割を果たしていた痕跡がある。前5世紀から前4世紀にかけてのアテナイでも、少年愛は異性婚のかたわらで、社会的に承認されていた。異性婚と少年愛の関係について見ていきたい。

◆異性婚　ギリシアでは、ホメロス以来、正妻とのあいだに生まれた嫡出子が、家の継承を担っていた。家の断絶は回避されるべき事態であり、前4世紀の著述家クセノフォンの『家政論』は、結婚の目的を、夫婦が共同し互いに信頼して家を経営し、子を育てることに見出している。

その際、クセノフォンは、夫婦の情愛を、恋愛感情から区別している。同じ頃、エウリピデスの悲劇『アンドロマケ』では、アンドロマケが、夫への性愛に支配される正妻ヘルミオネを批判し、夫婦間の親愛は、色恋とは違うのだと諭している。アテナイでは、ショーターの「近代家族」論の言うような「ロマンティック・ラブ」は、結婚の要件ではなかったのである。

◆婚姻外の異性愛　恋愛対象として表立って現れるのは、むしろ性産業に従事して婚姻制度の外に位置する女性たちであった。彼女たちは、家庭のなかに隔離される市民家庭の女性とは異なり、男性たちが社会規範を侵さずに付き合うことのできる相手であった。市民家庭の妻女が恋愛対象とならなかったわけではないが、姦通は、市民の家を破壊するため、厳しい社会的・法的制裁を伴っていた。

◆少年愛をめぐる社会規範　それにたいして少年愛は、容認され、男性の成長過程のなかに組み込まれていた。法廷では、少年に恋をすることは美しいことだと堂々と主張され（アイスキネス『ティマルコス弾劾』）、喜劇でも、体操競技場で尻の跡を消しておくことが性的誘惑を避けるための古風なたしなみであると述べられている（アリストファネス『雲』）。ただし、少年愛もまた、社会的制約の下に置かれていた。

第一に、少年愛は排除されていなかったが、快楽の抑制に価値を見出す倫理的価値観のもとに置かれていた。身体的な欲望にもとづく誘惑は、少年を堕落させる。それゆえ、アイスキネスは「ティマルコス弾劾」で、恋の告白は少年に分別がつくまで待つべきであると述べている。能動的な立場の男性たち（エラステス）と、受動的な立場の少年たち（エラメネス）のあいだには、欲望を抑制することで、欲望の対象である互いの価値を高めあう、根くらべ的な求愛ゲームが繰り広げられていた。その一方で、受動的な快楽に支配されることは市民男性にふさわしくないことであり、少年期を過ぎても受動的な快楽に屈し身を委ね続ける男性は、「キナイドス」と呼ばれて蔑視の対象となった❶。

ブリセリスの画家による赤像式キュクリス杯、紀元前480年ごろ。
ルーブル美術館蔵。

第二に、少年愛は、法的な保護と規制の対象でもあった。まず、第一に、奴隷が自由人の少年を誘惑することは禁じられていた❷。これは、「愛され役」が従属的な立場であったためであろう。第二に、男色売春は市民権の行使に抵触するとみなされ、市民としての政治的権利を剥奪された❸。身体を売る者は、自らの身体に「侮蔑」を加えるのであり、身体を金銭で売るように、政治的見解も売るからである。

少年愛はアテナイ社会の構造の中に組み込まれていた。男性はその人生の過程で役割を替えながら、市民としての男らしさの規範が許す限りで、少年愛と異性愛の両方に関わっていたのである。（栗原麻子）

---

❶ 求愛図では、贈り物をする側が、あごひげを蓄えているのにたいし、贈り物を受け取る少年は、華奢で髭もない裸体で描かれる。

❷ アイスキネス「ティマルコス弾劾」139節

奴隷は自由人身分の少年を恋してはならず、つきまとってもならない。違反の際は国家による鞭打ち50回の刑を受けることとする。（アイスキネス（木曽明子訳）『弁論集』京都大学学術出版会、2012年、以下同）

❸ アイスキネス「ティマルコス弾劾」26節

（立法家が、「演説資格審査」において演説者の資格なしとみなす第３のカテゴリーは、）「あるいは男娼歴、あるいは男妾履歴のある者」です。わが身を淫行（原文は「ヒュブリス（侮蔑）」）のために金で売った者は、国事をも簡単に売るだろうと立法家は考えたのです。

▶参考文献

ケネス・J・ドーヴァー（2007）（中務哲郎・下田立行訳）『古代ギリシアの同性愛　新版』
ミシェル・フーコー（1986）（田村俶訳）『性の歴史Ⅱ　快楽の活用』
デイヴィッド・M・ハルプリン（1995）（石塚浩司訳）『同性愛の百年間―ギリシア的愛について』

問い

①ポリス社会にとって望ましく理想的な少年愛とはどのようなものか。
②男性売春は、なぜ市民の政治的権利に抵触したのだろうか。

5）男性同性愛と政治

②中世ムスリム社会の男性同士での性愛関係と政治

Ⅰ－1－2－④

◆前近代ムスリム社会における理念と実態　男性同士での性愛関係はイスラーム法では理念上、禁忌とされるが、実態としては広く存在していた。それは基本的に、古代ギリシアなど他の多くの前近代社会と同様、成人男性が主体的立場（能動側）を担い、少年や奴隷を性的客体（受動側）として扱う一方向的なものであった。成人男性を中心とした社会秩序のなかで、それ以外の者（女性や子ども、奴隷など）は身体的な性別にかかわらず、ともに性の対象となりえたのである。

◆宮廷における男性同士での性愛関係　イスラーム諸王朝の政治の場であると同時に君主の私的空間でもあった宮廷内でも、男性同士での性愛関係は珍しくなかった。例えばズィヤール朝のある君主は、息子のための君主鑑として記した『カーブースの書』の「性の愉しみ」の章で、女性と若男の両方を偏らずに可愛がるよう諭している❶。イスラームの理念を体現する存在のカリフを頂点としたアッバース朝宮廷でも、こうした関係を描いた逸話は多く残る。ある年代記には、第４代カリフのアミーンは眉目秀麗な宦官を買い集め、昼夜問わず彼らと私室で快楽のままに過ごしたと伝えられる。また別の史料によれば、この状況を知って世嗣断絶を心配した母后が男装させた女奴隷を送り込むと、アミーンは彼女たちを気に入り人々に見せびらかしたため、ついには市井の間でも女奴隷に男物の衣服を着せることが流行したという。これらの逸話が事実かはさておき、重要なのは、宮廷においても身体的性が男性同士の性愛関係がありえたことと、しかし基本的には成人男性が若男や奴隷など立場が下の存在を性の対象とする関係であったことである。またかかる客体側の者については、その性の境界が非常に曖昧だったことが窺える。

◆宮廷文人による「寛容」と「非難」　男性同士の性愛関係は、詩や文学作品の格好の題材ともなった。有名なものに、アッバース朝宮廷にも出入りしていた詩人アブー・ヌワースによる恋愛詩がある。彼は飲酒や美少年への愛というセンシティブな題材をあえて取り上げ、ときに称揚した❷。宮廷と関わりのある文人たちが残した、男性同士の性愛関係にまつわる面白おかしい滑稽話や感動的な人情話からは、かかる関係がありふれていた当時の宮廷の様子が窺える。しかしあくまでも宗教的・倫理

説話文学の挿絵として13世紀に描かれた写本絵画。主人公の老人(中)が美しい少年(左)をだしに法官を欺く場面を描いている。

的には忌避されるべき行為であり、全面的に寛容に捉えられていたわけではない。むしろ禁忌であるが故の混乱や珍妙な出来事が、文学的題材として好まれたと言えよう。また成人男性でありながら受動側での性行為を好む者は、とくに強く非難された。

◆政治的中傷の対象として　詩や逸話では肯定的に捉えられることもあった、少年・若男などとの性関係も、とくに公的性質の強い政治的な場では中傷の対象となった。例えば、9世紀アッバース朝宮廷でカリフに次ぐ地位にあったヤフヤー・ブン・アクサムという人物は、同時代史料で優秀な法官として描かれる一方、性的な目的で数多くの美しくて髭のない少年を集めたとして非難され、彼を風刺・中傷する詩や逸話が盛んに記された。彼への中傷の効果の程はわからないが、年代記史料によると、彼を重用していたカリフは、息子への遺言でヤフヤーの任用を禁じ、その理由に「彼の評判の悪さ」を挙げたという。さらに興味深いことに、時代は下り14世紀、イスラーム史を代表する学者イブン・ハルドゥーンは『歴史序説』のなかで、ヤフヤーを「若者好み」だとする非難は、その権力を妬む者の讒言だと記した❸。ヤフヤーの実際の性的指向はもとより、一連の事柄が事実か否かを知ることは難しい。しかし少なくとも同性との性関係が、政治的有力者に打撃を与える醜聞と捉えられ得たことは確かである。成人男性が能動側を担う場合の同性との性愛関係は、実態としては寛容に捉えられる場合もあれど、宗教・倫理的理念としてはあくまで禁じられた行為であった。政治的中傷はその狭間に生じる齟齬の一つであると言えよう。(辻大地)

---

❶「女と若者のいずれの性に片寄ってもならぬ。いずれからも愉しめようし、いずれかがそなたの敵にならぬようにせよ。〔…〕夏には若者、冬には女をかわいがれ。あまりその気にならぬようこの章は簡略にしておかねばならぬ」(カイ・カーウース［黒柳恒男訳］(1969)「カーブースの書」『ペルシア逸話集』平凡社)

❷「私は公然と快楽を求め｜心の秘密を暴露した〔…〕盃と少年があれば、私はこの世に満足｜何故それがよいか、聡明な人には分かるまい｜ノアの時代に仕込まれた古い酒を注ぐのは｜腰が細く、尻に肉のついた少年」(アブー・ヌワース［塙治夫編訳］(1988)『アラブ飲酒詩選』岩波書店)

❸「恥知らずな人々は、ヤフヤー＝ブン＝アクサムを若者好みだと非難した。これは神への冒瀆であり、宗教学者に向けられた悪意のある偽りである。これは講談師の愚かな報告にもとづいたもので、おそらく、ヤフヤーの敵の作りごとであったに違いない。というのは、彼の完全性と支配者との親交のために、彼がひどく妬まれていたからである」(イブン＝ハルドゥーン［森本公誠訳］(2001)『歴史序説(一)』岩波書店)

▶参考文献

アブドゥルワッハーブ・ブーディバ(伏見楚代子・美観橋一郎訳)(1980)『イスラム社会の性と風俗』
清水和裕(2005)『軍事奴隷・官僚・民衆—アッバース朝解体期のイラク社会』

5）男性同性愛と政治

③江戸期日本の男色と政治

Ⅰ－3－5－②，Ⅰ－3－5－④，Ⅱ－2－3－②　【読】世4－5，日6－8

◆武家社会と男色　「当時主将ごとに、男色か女色か、曽て好まざると云うは百人の中に一人もなし」これは1690（元禄3）年頃に成立した大名評判記『土芥寇讎記』（著者未詳）のなかの一節である。17世紀の大名は好色が当然であるという認識、男色と女色が同列に扱われていることが注目される。戦国期、合戦の場に女性を伴うことができない代わりに、武将が元服前の小姓を身近に置くことが定着した。以降、江戸前期までの武家社会で男色は、ほぼ習俗化したと考えられている。

◆「衆道」の成立　武家の男色は年上でかつ社会的に上位の立場にある男性と、年少者との関係が一般的であった。17世紀半ばには成人男性＝「念者」と元服前の前髪のある少年＝「若衆」の男色関係を指す「衆道」という言葉も成立する。男性同性愛にも道義（モラル）と作法が求められ、「道」と位置づけられたのである。

◆五代将軍綱吉の時代　『土芥寇讎記』が成立した次期は、五代将軍徳川綱吉の治政（1680-1709）にあたる。本書は藩政に影響しない程度の大名男色は許容しているが、寵愛する小姓を家格や能力と関係なく登用することや、歌舞伎役者を大金で身請けして士分化し、旧来からの家臣団をないがしろにする行為を手厳しく批判する。しかしながら、実際には将軍綱吉自身が男色関係に基づく人事を数多く行っている。戸田茂睡著『御当代記』は、出自を問わず美男や能役者が頻繁に綱吉の側近職に登用される状況や、旗本・御家人・大名であっても意に沿わなければ短期間で役職を解く恣意的人事が横行している様を批判的まなざしで記録する。訊洋子（太宰春台の筆名か）著『三王外記』もまた、綱吉がお気に入りの大名や小姓らを側用人柳沢吉保邸に集住させ自由な行動を束縛するとともに、太りすぎないよう体重のコントロールまでしていたことを記す。綱吉政権期は衆道関係が政治に及ぼす負の側面が顕在化した時代

「念者と若衆」井原西鶴『男色大鏡』（1687（貞享4）年刊）より（国会図書館蔵）

であり、将軍に仕える旗本・御家人たちの人事への不満や、江戸城の綱紀のゆるみにつながった。

◆武家衆道の衰退　六代将軍となった徳川家宣は、悪名高い生類憐れみの令の撤廃とともに、1709（宝永6）年に綱吉が新設した側近職をほとんど廃止した。幕府だけでなく諸藩も衆道に関しては批判的姿勢を取るようになり、武家社会の衆道は18世紀以降はほとんど史料に現れなくなる。支配の継続と安定を求める将軍・大名権力と、支配の公平さを求める家臣団との力関係のバランスが、武家の男色を規制したと考えられる。幕藩体制国家における官僚制は、将軍・藩主と家臣間の個人的寵愛関係に基づく身上がり（出頭人）を否定した上に成り立つ。衆道は能力重視の官僚制的秩序や幕政・藩政の合理化と相反する行為として抑制されていったのである。

◆幕藩官僚制と親密関係　ただし幕藩官僚制には同時に、知行・俸禄を前提とする給与形態や、将軍や藩主に対する忠誠をもっとも重要な規範とするような臣隷的・臣従的性格をもつ封建主従制原則が貫かれていた。この封建主従性的特質によって幕藩政治は、出頭人政治が出現する可能性を恒常的にはらみ続けたことも事実である。将軍・大名と側近の親密関係は、主君と家臣団の緊張関係のバランスの中で、公然化や史料に書きとどめることははばかられつつも、現実には政治に影響を与えていた可能性がある。だが従来の日本史研究のなかでは、例えば古代の摂関政治のように、男女の婚姻による姻戚関係が政治に大きな影響を与えたことは自明視される一方で、男性同性愛に基づく親密関係の影響はほとんど分析されてこなかった❶。その背景には既述のような史料的制約とともに、国文学研究が指摘するように、男色を学問対象として論じることへの過去のタブー視も影響していよう。男色関係という分析視覚によって政治史の新たな可能性を開くことは、今後の日本史研究の課題の一つとして残されている。（鈴木則子）

---

❶ 男色と政治の関係に着目した研究としては、後白河院・上層貴族と平家公達らとの男色関係が院政期の政治を大きく動かしたことを示した五味文彦の研究や、江戸時代前期まで武士の「忠」と「恋」の感情が不可分であったことを指摘した氏家幹人の研究がある。また拙稿（2015年）でも、綱吉政権期の将軍・大名の男色に対する幕府上層部や旗本・御家人の意識について論じた。

▶参考文献

金井圓校注（1967）『土芥寇讎記（江戸史料叢書）』
五味文彦（1984）『院政期社会の研究』
氏家幹人（1995）『武士道とエロス』
鈴木則子（2015）「元禄期の武家男色─『土芥寇讎記』・『御当代記』・『三王外記』を通じて」三成美保編『同性愛をめぐる歴史と法─尊厳としてのセクシュアリティ』
同（2019）「江戸前期の男色・恋愛・結婚」奈良女子大学生活文化学研究会編『ジェンダーで問い直す暮らしと文化─新しい生活文化学への挑戦』

5）男性同性愛と政治

④歴史のなかの「同性愛」

Ⅰ－3－2－②

◆異性愛と同性愛のあいだ　異性愛と同性愛は単純に二分化されるものではない。多くの「儀式」の中で、同性間性行為は見られる。特に男性の場合、スポーツなどで頻繁に行動を共にし、男の絆を確認する。brother（兄弟）と romance（恋愛）から造語されたブロマンスという概念も使用される。また、デミセクシュアル、ホミーセクシュアルといった概念で表されるのは、「友情」と「恋愛」が混濁するグラデュエーションの世界である。

こうした男性間の関係性をセジウィックはホモソーシャル❶と呼んだが、これは、軍隊や宮廷をはじめとする政治の場で展開されることも多く、特徴として、ミソジニー（女性嫌悪）とホモフォビア（同性愛嫌悪）を前提として、社会の男性支配を担保する機能を果たす。

ドイツでは、ホモソーシャルが実態化した「男性同盟」の伝統が強く、青年運動や学生連盟、ワンダーフォーゲル運動、さらには軍隊組織などにこの関係が認められ、それは他国にはない「典型的なドイツ的なもの」とまで呼ばれている。

◆時代の変化　特に宮廷内部では、例えば18世紀に生きたフリードリヒ大王の同性間関係は、当時から盛んに噂され、フランスから招請した啓蒙思想家ヴォルテールとの関係も含め、さまざまな臣下との噂話は絶えなかったものの、とくにスキャンダル化することはなかった。

これが19世紀も末になると、状況は大きく変化しようとしていた。ヨーロッパ中で異性愛主義、モノガミー、貞操等を前提とする市民的価値であるリスペクタビリティが重んじられるようになり、それまで黙認されてきた同性間の関係性が、「同性愛」として問題視されるようになっていた。

他方、ホモソーシャルな社会において忌避の対象とされた女性や「同性愛者」が自意識を伴いながら権利を主張し、解放運動を展開し始めた。作家ハンス・ブリューアーなどは、ワンダーフォーゲル運動を論じる中で、男性同盟的結合におけるホモエロティックな繋がりをむしろ肯定する議論を展開するようになっていた。

◆ヴィルヘルム2世の性愛　こうした転換点の中で、浮上して来るのが、1888年ドイツ皇帝に即位したヴィルヘルム２世とオイレンブルク伯爵との関係であった。弱冠29歳にして即位した若き凡庸な新生ドイツの皇帝ヴィルヘルムは、有能な外交官でもあったオイレンブルクとのホモセクシュアルな関係を通じて、かろうじて支配体制を維持していた。オイレンブルクをはじめとする側近達の密会の場がオイレンブルクの所領リーベンベルクであったところから、「リーベンベルク円卓」と称されたホモソーシャルなサークルには、重要な政治家、軍人、外交官などが参加し、その場で男性同盟的関係が確認されたり、首相人事が決められたりするなど、ドイツ帝国の重要な政策決定が行われた。まさにこの場は、「親政」とも訳される「私的関係による公的支配」の中心であった。

「リーベンベルク円卓」の世界
Peter Jungblut, *Famose Kerle*, Hamburg 2003

だが、この時期「同性愛」がスキャンダル化するようになって❷、イギリスの作家オスカー・ワイルド、フランスの詩人ヴェルレーヌ、ドイツの「大砲王」クルップなど、次々と「同性愛者」として、裁判にかけられたり、自殺に追い込まれていた。そして1906年になるとついに「リーベンベルク円卓」が突然「同性愛」スキャンダルにさらされることになった。

◆オイレンブルク事件　この事件は、「女のくさったような同性愛者の一味が皇帝を操っていて、強力な大国としての政策を不可能にしている」と憤るハルデンというジャーナリストが火付け役であった。その背後には、多くの政敵たちがいた。新しく登場してきたホモフォビアの攻撃にリーベンベルク円卓はさらされたと言ってもよかろう。事件は、裁判にまで発展し、「リーベンベルク円卓」における赤裸々な同性愛関係の実態が暴露されることとなり、皇帝の権威は著しく傷ついた。結局、オイレンブルクは「自然に反する」性行為を禁じたドイツ刑法175条違反に問われることになり、逮捕されるにまで至った。オイレンブルクの失脚によって、皇帝ヴィルヘルムは自分を支える支柱を失うことになり、ドイツ帝国の没落への道を歩むこととなった。（星乃治彦）

---

❶ ホモソーシャル　セジウィックは、異性愛者の間に同性愛的な関係が入り込んでいるものの、それが直截には表現されずに、女性をいわば鏡としてつなぎとめられている関係性を「ホモソーシャル」概念で説明した。（イヴ・コゾフスキー・セジウィック（1999）『クローゼットの認識論―セクシュアリティの20世紀―』青土社）

❷「同性愛」概念が初めて登場したのは、1869年ケルトベニーの著作の中である。それまでは獣姦を含む「自然に反する猥褻行為」をするソドミストという概念が使われていた。

▶参考文献

星乃治彦（2006）『男たちの帝国―ヴィルヘルム２世からナチスへ』

コラム㉔

台湾の同性婚

◆同性婚の合法化　21世紀に入って世界は同性婚の時代を迎えたと言える。2001年にオランダが世界で初めて同性婚を合法化して以来、31カ国が追随している。大半は法律によって全国的に同性婚を合法化したが、一部の国は国民投票や裁判所の委任を受けて法律を制定した。2017年に台湾の憲法裁判所は、民法が同性婚を禁止していることについて、憲法上の平等と婚姻の自由に反するという判決（司法院解釈第748号「同性婚事件」）を下し、立法院に2年間の期限を設けて対応を求めた。そして2019年に特別立法が成立し、台湾はアジアで初めて同性カップルの婚姻を認めるところとなった。

台湾における同性婚は長い戦いの成果である。特に1987年の戒厳令解除前の台湾社会には、言論、集会、結社および出版の自由はなく、性的マイノリティの人々に対する受容度が高くなってきたのはここ最近の出来事である。

そのきっかけとなったのは、1986年3月に祁家威（ハウジャウェイ）氏が同性同士の結婚を求める請願を行ったことだった。彼はその年に海外のメディアを前に自分の性的指向を明らかにした。これは台湾において、初めて同性愛者が公の場でカミングアウトした出来事であった。同年に彼は台北地方裁判所の公証人役場へ行き、パートナーとの市民結婚を行おうとしたが拒否された。その後彼は何度も結婚に挑戦したがすべて却下され、婚姻制度から同性愛者が排除されている現実を訴え続けることになった。しかし、祁家威氏個人による抗議は、2009年末に性的マイノリティ団体（伴侶連盟）が設立されることによって、体系的かつ計画的な運動へと発展した。この団体の構成員のほとんどがレズビアンのフェミニストであり、彼女らはかつて長期にわたって台湾の女性運動に携わってきた経験を持っていた。このような民間団体の努力に加え、進歩的な議員の協力や、その後の政権交代を経て、2014年に東アジアの歴史上初めて婚姻権の平等に関する法案が国会で審議されることになった。だが国会の場では、最終的に具体的な結論は出ず、2015年に高雄市政府が初めて「同性カップル」の登録（パートナーシップ制度）を受け入れ、その後主要な都市部も登録を開始した。この登録措置は法的効力をもたないが、医療用身分証明書や関係証明書として使用することができた。パートナーシップ制度は広がっていたが、同性婚を求める動きは止むことなく、ついに2019年5月24日、同性婚のための特別法が施行されることになった。こうして、祁家威氏が始めた運動がやっと成果を見たのである。

◆同性婚を可能にした背景　台湾で同性婚が合法化された背景には、政治家との密接な関係がある。台湾は移民社会で、大部分が中国から移り住んだ人たちであるため、儒教思想が基盤にある。また台湾は、スペイン、オランダ、清朝、日本、中国による植民支配を受けた歴史があり、人々は従来の文化や言語は政府が変わると通用しなくなることに何度も直面してきた。そのような状況の中で、2003年に当時の総統であった馬英九は国家の予算でマイノリティのイベント（台北同玩節）を実施し、次の総統選挙の候補者であった蔡英文も同性婚の合法化を目指すと約束した。その後、彼女は総統になり、それを実行した。つまり、為政者の支持や理解によって、台湾の同性婚運動が一気に加速したと言えよう。

しかしながら、現在の台湾の同性婚には、まだ課題も残っている。例えば、現在の法律では、同性カップルが養子を迎え入れる場合、どちらかのパートナーの実子でなければ法的に認められないという制限がある。異性婚の夫婦であれば、血縁関係がなくても養子を迎え入れることが可能であるのに、同性婚夫婦には認められないのは平等なルールとは言えない。また、同性婚が合法化されて3年が経った今でも、多くの同性カップルが「結婚」できずにいる。なぜなら、結婚は台湾社会の中で特別な意味合いをもち、家族の理解やサポートが欠かせないからである。結婚したくても、理解が得られなければ結婚できないという価値観は台湾の人びとの間に根付いている。したがって、同性婚の合法化は、同性カップルが結婚という選択肢を手に入れただけでなく、その親や家族が同性愛という現実に向き合い、態度を鮮明にする機会にもなっている。その意味で、同性婚の合法化は、当事者はもちろんのこと、家族メンバーの真の理解を促す重要な法律でもあると言えよう。（曾璟蕙）

第4章

身体管理と身体表現

1）概論

身体管理と身体表現

本章は、身体に付随するさまざまな事象のうち、衛生・病気・スポーツなどの身体管理に関わることがら、服飾・化粧・アートなど身体表象に関わることがらを取り上げて、それらに内在するジェンダー史の要素を読み解いている。この総論では多岐にわたる本章各論の関係性を概観するために、帝国日本の女性身体をめぐる歴史の中に各論を位置づけることを試みるとともに、最後に近代科学による身体管理の問題について、現代まで射程に入れて述べた。

◆人種改良論の時代　本巻第１章で論じられたように、日本における江戸時代の身体は、原則的には武士であれば主家や主君の安寧のために、妻の身体は婚家の繁栄のために存在した。ところが近代以降、男女を問わず国民の身体は国家の発展と結びつけられていく。帝国主義の時代、明治政府の富国強兵政策のもと、ことに女性は優秀な兵力を産み育てるための健康な身体と衛生知識を持つことを要請された。

そのような中で国力増強をめざした人種改良論が、1887（明治20）年前後から展開される。人種改良論は西洋人との混血を進めることによって達成しようとするものと、日本女性の改良によって優秀な子孫を産ませようという考え方とがあった。後者の改良論の口火を切ったのが、福沢諭吉が85年６月に『時事新報』に連載した社説「日本婦人論」である。福沢は、母胎となる婦人の身体を強壮化するために、その心をも活発にする必要性を説いた。

ただし、啓蒙家たちから改良対象の中心とみなされたのは、中産階級以上の女性たちであった。彼女たちは女子体育や衛生教育に基づいて、自覚的に健康な身体作りに取り組み、学校教育の中で形成した自己の優秀な形質を、母となって次世代に「遺伝」させていくことが期待される。

◆『女学雑誌』の誕生　「婦女改良」の啓蒙活動を担う雑誌として登場したのが『女学雑誌』（1885年創刊）であった。本誌は創刊の辞に「欧米の女権と吾国従来の女徳とを合せて完全の模範を作り為さん」と謳う。『女学雑誌』創刊号が懸賞論文を募集している。テーマは「婦女改良論」。その第一席「日本婦人改良論」（『女学雑誌』第22号、1886年）は、「智」「徳」「体」の三方面からの婦人改良を論じ、特に肉体労働と無縁の「中等人種」以上の女性は「体」の改良が必要と指摘した。

◆女子体育の導入　東京大学教授櫻井錠二の「女子の体育」は、西洋人のような体格と「活発」な精神を獲得するために衣食住の改良と運動が必要であること、これを実行すれば日本人は将来「西洋人に近き人種」になりうると説く（『女学雑誌』第63・64号、1887年）。女性といえども「脳髄」を労する必要のある文明社会では、将来健康な母親になるために女子の「体育」が必要であるとする。

そもそも近代スポーツは帝国主義下の欧米で、男らしさを身につけるための教育的身体文化として広がった。したがって、女性がスポーツすることについては社会的抵抗があったが、健康な母の育成という目的から、女性らしさを損なわない範囲で女子スポーツが奨励されていく。

◆「衛生の手先」『女学雑誌』には衛生関連記事も多い。衛生学者で当時東京大学医学部助教授の坪井二郎「家内の衛生」は、衛生の担い手としての女性の役割を「衛生の手先」「衛生学の母」と表現する（『女学雑誌』第89号、1887年）。江戸時代は家族の健康管理の責任は家父長にあったが、主婦が家庭における衛生管理の担い手としての役割を求められるようになったのである。

◆衛生と美容　衛生はさらに、美容と結びつけて説かれていく。『女学雑誌』は、「美人」の要件は「健康」と「賢良」さであり、「美人」となるには「衛生」に注意し、「教育」を受けることが必要と説く「読売新聞」の記事「美人を組成する要件」を紹介している（「近時の女学論」『女学雑誌』第120号、1888年）。

美容と結びついた衛生は、一つのマーケットを形成した。商品名に衛生を冠した石けんや歯磨き粉、種々の化粧品広告が『女学雑誌』誌上に登場する。本誌の衛生記事で啓蒙された読者は、このような化粧品の格好な購買層であった。広告には顧問として西洋人の名が挙げられたり、フランス流行の化粧品、美しい肌は「文明社会交際場裡」に生きる人に必須の要件、といったキャッチコピーが踊る。

◆西洋的身体美の導入　彫刻や絵画などのアートの制作と鑑賞もまた、単なる文化的営みに留まらず、国家による身体管理の手段として機能した。アートの制作は権力者や社会の意向を反映し、またアートは人間の肉体を理想化して社会に美の規範を視覚情報の形で浸透させる力も発揮する。近代日本について言えば、西洋アートの裸婦像を高尚な「芸術」として受容することが文明化とみなされ、それは同時に西洋の身体美基準を受容することも意味した。

ただし、アートの額縁に押し込められた女性身体をまなざす主体は、あくまでも男性であった。見る者＝男性という構図は現代のポルノグラフィーにまで継承されていることは言を俟たない。

◆女性風俗の啓蒙　国や啓蒙家が西洋文化や西洋的美意識への追随を奨励しても、国民がただちに伝統的な美意識やその表現である服飾・化粧などの風俗を手放すことはなかった。そもそも前近代社会の風俗は男女を問わず、身分や社会的地位、経済力の表現手段として厳格に規定されていた。洋の東西を問わず、男性権力者は服飾によって身体の男性性をことさらに強調すること＝服飾の巨大化によって、自らの権力を誇示している。一方、庶民階級の風俗は日本の場合江戸時代から、社会規範を超えない範囲で多様な流行を展開させて、自己表現の場としても機能していた。

それが明治維新後、風俗が国の文明化の指標とされるに及んで、断髪令に象徴される一連の男性風俗の改良が進行し、次いで女性風俗改良が課題となる。だが巷では、1813（文化10）年開版の江戸時代のベストセラー化粧書『都風俗化粧伝』が明治以降も版を重ねており、最終的に出版されなくなるのは関東大震災で版木が消失する1923（大正12）年であった。さらに、日本は1904年から1905年にかけての日露戦争に勝利して経済成長を遂げるなかで、自国の文化に強い自負心を持つようにもなっていった。その結果、西洋＝文明＝美と認識する啓蒙家たちと、従来の風俗の美意識を良しとする女性たちの間で、服装や髪型をめぐるせめぎ合いが展開される。

◆東洋の女性美　そのような時代に、欧米の化粧風俗を範としつつも、西洋人とは「人種」を異にする日本人にふさわしい化粧法・化粧品料を提唱し、明治末年から昭和初期、美容家として時代の寵児となったのが藤波芙蓉である。彼は、化粧とは高い美意識と薬物学・化学・美学などの深い学識を要する「アート」であり「サイエンス」だと説いた。日本人女性がもつ東洋の女性美を、近代的美意識と科学の力で磨き上げ、「真正の化粧美を我国土に花咲か」そうという芙蓉の化粧論は、新聞や婦人雑誌という近代メディアを舞台に展開されて、女性風俗の近代化をめざす政財界や教育界だけでなく、中流以上の女性たち自身からも強い支持を得る。藤波芙蓉とは、美容を通じて日本の近代化の促進と国際的地位向上をめざした啓蒙的美容家であった。

◆優生思想と優生学　藤波芙蓉の化粧論がそうであったように、20世紀は近代科学の言説が、権威と大きな影響力を持つ時代であった。帝国主義国家は優生学という学問の名の下に、人々の身体と命そのものの価値を序列化した。優生学に基づく優生思想は、ナチスのアーリア主義によるユダヤ人や遺伝性疾患・伝染病患者に対する迫害・差別に帰結する。

優生思想は、いまだ過去の問題ではない。むしろ、現代はそれが個人化・内面化する形で社会に根を下ろす。体外受精・遺伝子操作・着床前診断などは本人の自覚の有無にかかわらず、生まれてくる子を優生思想に基づいて選択する行為でもあり、障害者や遺伝病の否定に結びつく可能性を持つ。中東のサラセミア（遺伝病）の出生予防を目的とした着床前診断と妊娠中絶もまた、この問題を象徴する事例である。

◆病と偏見　国家や社会が身体を管理・支配しようとするとき、支配に不都合な病に対する偏見・差別が生じて、特に女性をはじめとするマイノリティが被害者となってきた。各時代の先端医学は洋の東西を問わず、例えばヨーロッパ医学は16〜7世紀のメランコリーを女性の肉体的・精神的弱さに由来するとし、江戸時代の医学は性感染症である梅毒の病毒は遊女の性器に湧き出ると説明して、病に対する社会の偏見・差別を補強・助長する役割を果たした。

病へのまなざしにセクシュアリティの問題が影響を与えるのは、1980年代に日本に入ってきたHIV差別に至っても同様だった。同じHIV陽性者でもいわゆる「薬害エイズ」と呼ばれた非加熱血液製剤で感染した血友病患者は被害者であり、男性間性行為や売買春による感染は自己責任、「自業自得」という社会的認識が広がった。「後天性免疫不全症候群の予防に関する法律」は、HIV陽性者を社会的に隔離・排除する法律であるとして血友病患者の家族らが反対運動を起こした結果、1987年、血友病患者のみHIV陽性者の報告対象から外す形で成立している（1999年廃止）。

このようにみてくると、医学とは人の身体と病を“科学的客観性”をもって研究する学問であるというイメージの陰で、むしろ科学の名の下に、国家や社会の意図に沿うような病気観、病者への処遇を確立することに加担してきた側面も持つ。そしてこうした事態は、帝国主義時代のような歴史的過去の問題とはなっていないのである。（鈴木則子）

▶参考文献

鈴木則子（2004）「「女学雑誌」にみる明治期「理想佳人」像をめぐって」栗山茂久ほか編『近代日本の身体感覚』

同　（2013）「近代日本コスメトロジーの普及と展開をめぐる一考察〜美容家・藤波芙蓉の分析を通じて」『コスメトロジー研究報告』Vol.21

同（2014）「近代日本における化粧研究家の誕生—藤波芙蓉の事跡をめぐって」武田佐知子編『交錯する知—衣装・信仰・女性』

2）身体管理と「健康」

①近代日本の衛生とジェンダー

Ⅰ－1－2－⑥, Ⅱ－4－3－①, Ⅱ－コラム⑥

◆パンデミックと近代衛生行政　近代日本の衛生行政は、19世紀に海外からもたらされたコレラをはじめとする伝染病に対する防疫活動を通じて確立されていった。インドの風土病であったコレラは、植民地経営によるグローバル化によって世界的な流行病となっていくが、1822年以降、日本へも幾度か襲来を繰り返していた。コレラは致死率がきわめて高く（第1回『大日本帝国内務省統計報告』明治19年発行において、明治10年度のコレラ致死率は58.1％と報告されている）、地方を含む衛生行政機構が整備されていった。

◆明治初期の衛生行政における女性の不在　明治初期の防疫策は、隔離、遮断、収容、消毒といった市井の人々にとって馴染みがなく強権的なものが多かったため、住民の協力よりも混乱や反発を多く招いた。初期衛生行政の導入期においては、住民、医師、警察、衛生委員などのアクターが登場するが、女性がいかに関与したのかは史料には現れず、当時の女性の立場や役割は解明されてこなかった。

◆学校教育と衛生　伝染病に対する防疫政策を中心とした明治期の衛生行政は、次第に個人による日常的衛生実践の啓蒙にも政治的関心を払うようになっていく。さまざまな伝染病を予防するために、衛生知識や衛生規範による個人の身体の規律化が新たな政治目標となったのである。この局面で重要な役割を担うことになる場が家庭と学校である。

近代学校制度を初めて定めた「学制」（1872年）では、「養生口授」「生理」「修身口授」の科目のなかで児童への西洋医学に基づいた衛生教育が目指された。しかし学制が廃され新たに制定された「教育令」（1879年）以降は儒教主義的な徳育を中心とするものに変容し、西洋医学に基づく衛生教育から精神の修養に重きを置いたものに変質する。一方、明治20年代後半以降は学校衛生が制度化され、学校の衛生環境や児童の身体発育、疾病管理の必要性が認められるようになるとともに、個々の児童に対する衛生規律の涵養も図られた。学校衛生は国家存亡にかかわる枢要な機能として位置づけられ、児童に衛生規範を教え込むだけにとどまらず、児童を通じてその親へも衛生啓蒙の波及効果が期待された。明治期の衛生教育は主に衛生講話を通して行われたが、大正から昭和初期に至って、より実際的で実効性のある規律訓練が重要視されるようになり、歯磨訓練などを通した児童への衛生規律の実践的な涵養が各地の学校で行われるようになっていく。とはいえ、小学校における衛生教育においては明確なジェンダー規範は見られない。

◆女学校における衛生教育　一方、明治20〜30年代にかけての女子中等教育の拡大により、高等女学校に進学する女子生徒に対する衛生教育も行われるようになった。1895年の高等女学校規定では、毎週２時間「理科」が置かれ、「人身生理及衛生の大要」が教授された。また「家事」科目でも「家事衛生育児」が授けられることとなっていた。1901年の高等女学校施行規則によれば、理科は第１〜３学年まで週２時間、第４学年は週１時間となっている。家事は第３学年と第４学年に週２時間ずつとなっており、「裁縫」の半分の時間数であった。また、女学校在学中は初潮を迎える時期とされ、月経中には過度の運動を控えるなど、月経時の取り扱いに関する衛生的配慮が学校にも求められた。19世紀のヨーロッパにおいて、女性がその生殖機能ゆえに男性と比較して精神的に不安定であるとラベリングする精神医学言説が広く浸透していた影響を受け、当時の日本においても、初潮が始まる時期に相当する女子学生には、注意と衛生管理の目が向けられていたと考えられる。

◆女性と衛生専門職　学校衛生は女性の専門職を生み出した。明治後期から学童のトラホーム洗眼治療において学校衛生婦（看護婦）を採用する地域がみられるようになった。大正期に入り、従来の環境衛生中心から児童の健康状態とその管理を旨とする学校衛生への方針転換に伴い、学校看護婦の存在が重要性を帯び始めた。1922年、大阪市北区の小学校６校に学校看護婦が配置された。大阪の学校看護婦の職務は傷病治療にとどまらず、児童への健康指導、家庭訪問、家庭看護法の実習指導と幅広く規定され、のちの養護訓導として職制を確立していく。文部省も積極的に設置奨励策を打ち出したため、昭和初期にはその数を飛躍的に伸ばし、学校衛生における存在感を高めていった。

◆家庭衛生の啓蒙と女性　学校とならび家庭も「第二国民」を養成する場として重要な衛生啓蒙の場となった。そこで家族の衛生管理を行う重要な主体として浮上するのが主婦（母）であった。この社会的背景として、先に述べた女子中等教育の拡大と就学率の上昇がある。高等女学校における衛生教育が開始されていたとはいえ、先に見たようにその内容は十分ではなかったため、主婦（母）たちは、育児や衛生の知識を専門家に求めた。例えば、1889年に出版された三島通良の『はゝはのつとめ』（博文館）は近代初期の代表的な育児書であり、広く読者を得たが、妊娠期から小児の未就学期間を通じた発育過程における注意点を網羅的に指南している。『はゝはのつとめ』は「国家富強の基は人民の衛生」にあり、「衛生は婦人及び小児に対して最も必要」という立場から執筆されている。また、東京日本橋で小児科医院を開業していた小松貞介による『実験小児保育法』（日高有倫堂、1909年）のはしがきには、「病気の嬰児（あか）さんをお連れになつて『私は始（ママ）めての子持ちで育児上の経験はなし、之れでも満足に育ちましやうか』と親御さまは非常に心配してお尋ねになるが斯ういふ例は従来（これまで）沢山ありました」と記されている。経験を積んだ親でさえ育児には迷いを生じやすいのに、経験のない親には疑問が絶えず、闇に迷い、雲をつかむような苦労心配が絶えないのだと小松は述べる。そのような母親にあてて家庭衛生書や育児書は編まれていた。

◆婦人雑誌における衛生言説　大正期に入ると、出版文化の拡大、とりわけ婦人雑誌の急激な発展を背景として、出版メディアに親しむ女性が、新聞、雑誌、育児書などを通じた衛生啓蒙の主要な受け手となっていく。婦人雑誌や新聞紙上には「衛生問答」といった常設欄が設けられ、読者からのさまざまな問い（読者投稿）に医師を含む「専門家」が回答を寄せた。日常生活における身体、病い、子育てに関するさまざまな質問を熱心に郵送投稿したのは女性であった。これら婦人雑誌や新聞の購読層は主として中間階層であり、第一次世界大戦中の好景気がもたらした生活水準の向上とサラリーマンの誕生は、大正時代に「新中間層の専業主婦」（家庭婦人）という独自の存在を生み出していた。

新中間層の専業主婦は、当時の社会においていまだ少数派であったが、家庭衛生の浸透という局面において、きわめて重要な意味を持つ。第一に、新中間層の主婦にとって、子どもは家庭の労働力を補う存在ではなく、かわいがり、教育する対象となっていた。わが子の成長や教育に対し、細心の注意を払った母親たちは、育児に関する知識を従来の伝統的知識から受容するだけではなく、専門家の知識も積極的に希求した。その背景には、地縁や血縁を離れ、都市部で新たに家族を形成した核家族の主婦にとって、雑誌や新聞等の新しい印刷メディアが強力な子育て支援の資源となっていたという事情がある。第二に、新聞や雑誌上で専門家（医師）の意見を求め、参照するだけではなく、特に都市部では医師の往診も行われていた。そこでは男性である医師とその指示に従う母親とのあいだに、医師―患者関係におけるパターナリスティックな構造が見られた。診断し、指示を出す男性医師と、指示に従い実践する主婦という構造である。この構造は、先に述べた衛生に関する女性専門職においても当てはまる。すなわち、男性医師とパラメディカルとしての女性看護婦というジェンダー構造である。

◆多元的な衛生戦略　とはいえ、都市部の中間層家庭が正統医療のみを利用していたわけではない。なかでも、売薬による自己治療は広く行われていた。「富山の薬売り」「大和の薬売り」がとくに知られているが、行商人が各家庭を回り配置薬を置いてゆき、次に回ってきたときに使用された薬の代金を受け取り、使用分を補充するという仕組みが一般的であった。これらの薬は医者にかかるまでもない軽い症状の際や、医者にかかるまでの一時的な応急処置として用いられた。さらに芥子の粉を水で溶いてシップとして使う「芥子泥湿布」などの民間療法も積極的に使われた。婦人雑誌にも民間療法を用いた家庭衛生、家庭看護の投稿が頻繁にみられる。健康保険法が利用できない時代においては、主婦・母親は正統医療だけではなく、売薬、民間療法等、さまざまな方法を組み合わせながら家族の健康を管理する存在であった。いずれにせよ、家族に対する衛生的管理は主婦・母親に期待されたジェンダー役割であり、衛生思想を普及するために頒布された図譜や雑誌の挿絵、家庭衛生用品の広告などには、子どもに寄り添い慈愛の目を向ける、《看病、看護する主体》として母親像が描かれている。他方で、労働者・貧困家庭における乳幼児死亡率は依然として高く、衛生意識や規範の浸透には階層差・地域差があった。そのため官民の社会事業の取組によって母子衛生の改善が目指された。

◆美容と衛生　衛生は病気予防や育児法にとどまらず、美容とも結びついた。化粧品や歯磨き粉などの宣伝文句にも「衛生」の語は頻繁に利用された。女子学生向け月刊誌『女学世界』では、「美容問答」欄が1919年より新設されている。雑誌や新聞上の衛生相談を収集して出版された岡田道一『家庭衛生問答』(内外出版、1925年)においても、「眼を大きくしたい」「二重眼瞼になりたい」「どうしたら色白に」「ニキビの療法」などの質問が載る。新聞や雑誌には化粧品や衛生用品の広告が多数掲載され、実際にそれら売薬を試してみたが効果が見られないといった相談も散見された。そのため美容衛生商品にはある程度の需要があったと推測されるが、化粧品や衛生用品の広告が掲載される雑誌を手にすることができたのは、これもまた中間層以上の子女や主婦であった。(宝月理恵)

▶参考文献

宝月理恵 (2010)『近代日本における衛生の展開と受容』
近藤真庸 (2003)『養護教諭成立史の研究—養護教諭とは何かを求めて』
新村拓 (2006)『健康の社会史—養生、衛生から健康増進へ』

2）身体管理と「健康」

②優生学・優生法制の比較

Ⅰ−2−3−③, Ⅰ−2−4−②, Ⅰ−コラム⑦　【読】 世13−5

◆歴史の中の優生思想　優生思想は、特定の優劣基準に基づく生殖介入であり、人間の選別とそれによる人間の多様性の否定を本質とする。優劣基準は一般に社会的優位者が決定するため、優生思想はきわめて強い政治性を帯びる。「優れた者」を増やすのか（促進的優生思想）、「劣った者」を減らすのか（抑制的優生思想）は時代とともに変化した。優生思想の現代的問題は、優生思想の個人化・内面化（「内なる優生思想」）である。促進的優生思想の究極目標である「人間改良」は、20世紀末の体外受精の成功と受精卵への遺伝子操作の発展によって実現可能となった。遺伝子操作は「種」としての人類にはかりしれない影響を及ぼす。このため、EU諸国は着床前診断を原則として禁じているが、アメリカでは生殖への国家的介入が忌避され、自己決定である限り「デザイナーベビー」や「超人」の創出は規制されていない。

素朴な優生思想は古くから多くの社会で見られる。古代ギリシア・ローマ法でも古代ゲルマン法でも、家父長には子を遺棄する権利（遺棄権）が認められていた。遺棄権とは、「子を家に収容しない」という決定を意味する。遺棄理由は多様で、「生存能力なき子」「障害児」「不吉な日の生まれ」「姦生子」（姦通によって生まれた子）などが捨てられた。共同体にとって不都合な子を排除するのは、抑制的優生思想の反映と言える。他方、多くの社会で通婚範囲を同じ民族・身分・階級等に限る傾向が強いが、ここには自集団を優位集団とみなして優位性を維持しようとする促進的優生思想が組み込まれている。一つの社会で両者が併存することも稀ではない。

◆「優生学」の誕生　多くの社会で見られた素朴な優生思想は、19世紀末のイギリスで「科学」として確立した。1883年、フランシス・ゴールトンは、ギリシア語のeugenes（良き生まれ）をもとにeugenics（優生学）という新語を生み出した。彼はこう定義した。「優生学とは、ある人種の生得的質の改良に影響するすべてのもの及びそれによってその質を最高レベルまで発展させるための学問である」（1904年）。新興学問であった優生学は、1912年に第1回国際優生学会が開催された頃から国際的学問へと成長した。学会活動は第一次世界大戦によりいったん停止したが、その後復活した。優生学が最も活性化したのは、1920〜30年代である。欧米各地で優生法制が作られ、社会主義国、南アメリカ、日本を含むアジア各地に優生学が広まった❶。

◆社会ダーウィニズムの流行　社会ダーウィニズム（社会進化論）とは、1870年代以降、第一次世界大戦直前まで欧米で大流行した一群の思想を指す。チャールズ・ダーウィンは、『種の起源』（1859年）では動植物の進化に対象を限定していたが、『人間の由来』（1871年）において人間にも自然選択（自然淘汰）的な進化論を適用した。ダーウィンの死（1882年）とともに自然選択論は凋落し、代わって適応進化を人間社会や人間精神に当てはめ、人為的な選択を正当化しようとする考え方が広まった。これが社会ダーウィニズムである。イギリス人ハーバート・スペンサーは、1893年に獲得遺伝形質の理論を発表した。スペンサー説に従えば、後天的な獲得形質は遺伝するがゆえに、犯罪傾向や不道徳な性向をもつ社会的「不適者」を隔離・断種（不妊化）する必要が生じる。スペンサー流の社会ダーウィニズムはアメリカで広く受け入れられ、多くの優生法制の根拠とされた。

◆アメリカの優生法制　20世紀初頭、世界の優生学を牽引していたのはアメリカである。移民国家アメリカでは、社会の核として中流白人家族を守り、異質な者を排除するべく、婚姻禁止による生殖への介入や移民制限が行われた。1913年時点で白人＝黒人間の性交渉や婚姻は32州で禁止されていた。1924年には絶対移民制限法が連邦法として成立する。皮膚の色や民族に基づく差別は移民制限法で行い、犯罪者や精神障害者の排除は断種法で行うといういわば分業体制の下で、優生学は、白人至上主義を補強し、黒人や移民を排斥する科学として重用された。

19世紀末のアメリカでは、精神障害者に対する隔離と婚姻規制、常習犯や性犯罪者に対する去勢が実施されていた。1899年、インディアナ州の外科医が去勢に代えて精管切除という新しい不妊術を開発し、若年軽犯罪者と精神障害者に施術し始めた。このような背景のもとに、1907年、インディアナ州で世界初の断種法が成立した。それは、公立施設に収容された中・重度の精神遅滞者やレイプ犯のうち、2名の外科医によって改善の余地なしと判断された者に対して低廉な費用で強制断種を施すことを認めるものであった。1909年に成立したカリフォルニア州断種法は、ナチス断種法の重要なモデルとなる。同法は、当初は性犯罪者と累犯者を想定していたが、13年には精神障害者や同性愛者、17年には梅毒患者まで強制断種の対象とした。軽度の精神遅滞者が断種者の大半を占め、男女比はしだいに半々に近づいた。

1914年に「バースコントロール」という語を生み出し、産児制限運動を展開したマーガレット・サンガーは、産児制限を「優生学的に劣る」子どもが生まれないための手段とみなした。しかし、彼女は促進的優生思想を否定していた。

◆ドイツの人種衛生学とナチス断種法　ドイツ優生学は「人種衛生学」として発

展した。19世紀末のドイツは、人口革命（多産多死から少産少死への移行）と「社会問題」（犯罪・売春・アルコール依存・精神障害者の存在）に悩んでいた。人種衛生学は、子の質量管理や「反社会的人間」の排除を通して「公衆衛生」に直接貢献できる最新科学という触れ込みで登場した。当初はほとんど顧みられなかった人種衛生学は、1920年代になると国内外で次第に影響力を持ち始める。1933年にナチスが政権を握ると、矢継ぎ早に優生法制が整えられた。婚姻資金貸付制度（1933年）と多子家族児童補助金制度（1936年）は促進的優生思想の産物であり、断種法（1933年）と「ユダヤ人」を定義したニュルンベルク法（1935年）は抑制的優生思想の発現である。アメリカの優生学者はナチス優生法制を賛美し、しばしば視察団を送り込んでいる。

ドイツで断種法の正当化根拠として好んで用いられたのが、「生きるに値しない生命」の排除という論法である❷。断種対象者となった遺伝性疾患8種（精神遅滞・統合失調・躁鬱・てんかん・ハンチントン病・盲目・聾唖・重大な奇形）と重度のアルコール依存症の人びとは本人にとっても家族にとっても「不幸」であり、国にとっては「負担」になると論じられた。ナチス期にはおよそ40万人が事実上強制断種され、男女比は半々であった。しかし、手術負担は女性のほうが大きく、死者の9割（4500人）は女性であった。断種の要否は、医師が関与する遺伝裁判所で審理された。ナチスでは基本的人権が制限され、議会制民主主義が否定されて、政府立法による「合法的手続」にのっとって重大な人権侵害が行われたのである。

ナチスは、国民にX線検査を徹底するなど「健康帝国」を志向した。断種対象者をあぶり出すために活用されたのが、保健所や福祉サービスである。これらは女性の職場であった。女性たちは専門職として善意で断種対象者を選り出す作業に関与したのであり、作成されたカルテ（個人の健康情報）はナチス政府によって保管された。断種費用は公費とされた。断種手術の効率化やコストカットをはかるために、強制収容所ではロマ（かつてジプシーと呼ばれた放浪民族）やユダヤの女性たちに強いX線を照射するなどの大量断種実験が行われた。人体実験は戦後の医師裁判（ニュルンベルク継続裁判）で裁かれたが、アメリカへのデータ提供とひきかえに刑が減免された。

ナチス優生学ポスター
「ある酒好きな女から産まれたおそるべき子供たち」
83年間で894人もの子孫がいる。437人（約50%）は反社会的で、彼らには500万マルクもかかっている。40人＝救貧院、67人＝重罪犯、7人＝殺人者、181人＝売春婦、142人＝乞食

◆戦後国際社会における優生法制　ニュルンベルク裁判（国際軍事裁判）はホロコーストと人体実験を裁いたが、優生学や優生法制を裁いたわけではない。1989年、世界に衝撃が走った。福祉国家スウェーデンで1934年から強制断種が行われ続けたことが明るみに出たからである。被害者63,000人の9割が女性であった（1999年に強制断種被害者補償法が成立）。北欧諸国では戦前

から断種法が存続し、障害者福祉を充実する反面、知的障害者や性犯罪者（同性愛者を含む）を強制断種に処してきたのである。ドイツでも1980年代にようやくナチス断種法の犯罪性が認識されはじめ❸、補償が始まった。日本では、ナチス断種法に倣って国民優生法が成立したが、結核などの感染症対策に追われていたため強制断種はほとんど行われなかった。戦後の優生保護法❹（1948～96年）のもとで24,991件の断種（うち、同意のない強制断種は16,475件）が実施され、2023年現在、全国で訴訟が続いている。（三成美保）

---

❶ 各国における優生学の展開

フランスでは優生学は国家政策としては取り入れられず、環境要因を重視する獲得遺伝形質論に基づいて医師主導による「家庭医の優生学」（育児学）にとどまった。ソ連では、ロシア末期の1900～10年代に優生学が紹介され、1920～30年に一世を風靡したが、1930年にスターリンにより禁圧された。「優生学＝遺伝学＝ファシズム」とみなされ、優生学者は「ブルジョア専門家」の烙印を押されて大学教授職を剥奪された。ただし、メンデル説を否定し獲得遺伝形質論を唱える遺伝学者たちは国家的保護を受けた。中国では、清末に主に日本経由で優生学が紹介され、1920年代に浸透した。潘光旦は五四運動（1919年）の欧化主義に反対し、アメリカの人種差別的な優生学を反欧化主義の根拠とした。周建人は遺伝よりも環境を重視して民族の「質改良」を掲げ、同性愛者や犯罪者を排除した。

❷ ビンディング／ホッヘ「生きるに値しない生命」（1920年）

「より高い国家倫理の立場から見るかぎり、おそらく疑う余地もないことだが、生きるに値しない者を無条件に扶養しようとしてきた努力は行き過ぎだった。…国家有機体とは、喩えて言えば閉じた人体のような全体であって、我々医師なら知っているように、そこでは全体の安寧のために用済みになったか、有害であるような部分や断片は放棄され、切り捨てられるのである。」（p.81）

❸ ベルリン医師会の声明「1938年11月９日*を思う」（1988年）*「水晶の夜」（ユダヤ人商店襲撃事件）

「ナチス政権掌握の何年も前から、医師たちも人間の社会的差別と少数者直迫害を奨励する思考をはっきりもっていた。遺伝優生学や人種的遺伝体質、遺伝的に劣る人間、人生の余計者、生きる価値のない人生といった思考であり、ナチス保健政策の基礎を築いた思考である。…ベルリン医師会はその過去の重荷を背負う。我々は悲しみと恥を感じている。」

❹ 優生保護法（1948～96年）

第一条　この法律は、優生上の見地から不良な子孫の出生を防止するとともに、母性の生命健康を保護することを目的とする。

第十四条　都道府県の区域を単位として設立された社団法人たる医師会の指定する医師（以下指定医師という。）は、左の各号の一に該当する者に対して、本人及び配偶者の同意を得て、人工妊娠中絶を行うことができる。

一　本人又は配偶者が精神病、精神薄弱、精神病質、遺伝性身体疾患又は遺伝性奇形を有しているもの

▶**解説**　1970年代初頭、兵庫県などのいくつかの自治体が「不幸な子どもを産まない運動」を展開し、障害者団体の抗議をうけてすぐに撤回された。1996年、優生保護法は優生規定を削除して母体保護法に改正された。2022年３月、東京高裁は強制断種を受けた人びとの賠償請求を認めたが、国は控訴して裁判が続いている。

▶参考文献

三成（2005）『ジェンダーの法史学』／アダムス（1998）『比較「優生学」史』／キュール（1999）『ナチ・コネクション』／『資料集生命倫理と法』（2003）／トロンブレイ（2000）『優生思想の歴史』／中村編（2004）『優生学と障害者』／二文字・椎木編著（2000）『福祉国家の優生思想』／坂元ひろ子（2004）『中国民族主義の神話』

問い　個人に内面化している「内なる優生思想」に対して、社会はどのように対応するのが望ましいと考えるか？

3）「病い」と「障害」

①日本近世の性感染症

Ⅰ－5－3－②，Ⅱ－1－2－⑥，Ⅱ－2－4－④　【読】日7－14

◆梅毒の侵入　梅毒とは、梅毒トリポネーマという細菌により引き起こされる感染症である。主として性交によって感染するが、妊婦が感染すると胎盤を通じて胎児も感染することがある（先天梅毒）。1943年から特効薬であるペニシリンが使われるようになって、ようやく完治可能な病気となった。

近世社会にとっての梅毒は、16世紀初めにヨーロッパから中国を経て伝わった新興輸入感染症であった。梅毒は症状が進めば潰瘍や鼻柱の倒壊などの容貌の変化はもちろんのこと、精神疾患や身体障害を引き起こし、さらには死に至ることもある。また胎児にも感染することから、個人の病というレベルを超え家全体の問題にもなった。運が良ければ自然治癒することもあるものの、江戸時代に梅毒の特効薬とされた水銀剤と山帰来という生薬の効果は限定的であった。したがって、梅毒が人々の生活に与えたダメージは小さくなかったが、特に女性にとっては性感染症であるが故に、特別な意味を持つようになる。

◆ルイス・フロイスが見た日本　そもそも16世紀から17世紀前半にかけて、日本人は不治の性感染症である梅毒に対し、さほど偏見や忌避感を持っていなかったようだ。1563年に来日したイエズス会のポルトガル人宣教師ルイス・フロイスは著書『日欧文化比較』のなかで、彼の本国では性感染症である梅毒を不名誉な病として恥じたのに、当時の日本人は男女ともに梅毒を普通のこととして恥じない、と驚きをもって記している。また、儒教道徳が定着している中国で書かれた梅毒医書『黴瘡秘録』（1632年刊）が、治験例を記すにあたって患者の名誉のため氏名を伏せているのに対し、名医として知られた京都の曲直瀬玄朔著『医学天正記』（1607（慶長12）年刊）は、治験例に患者の実名を明記してはばからない。

◆性規範の広がり　ところが17世紀末頃から、日本医学書は梅毒に対する忌避感や道徳的批判を明確に記すようになる。香月牛山著『牛山活套』（1699（元禄12）年自序）は、梅毒は外見の変化や身体障害をきたすこと、不治であることから人々から嫌われたと記すだけでなく、「淫乱なる人」が遊女からうつされるのだと、患者に対して判的なまなざしを向ける。

変化の背景として、幕府の支配イデオロギーでもある儒学の普及や、安定期に入った社会に生まれた新たな勤労倫理観の広がりを指摘できる。17世紀、山崎暗斎・山鹿素行・伊藤仁斎ら儒学者が活躍して、日本の儒学は思想的な深まりを見せるとともに、受容層を武士身分だけでなく市井の人々にまで広げていった。さらに18世紀にかけては石田梅岩の心学や、貝原益軒の一連の著作に代表されるような、勤勉・寡欲を旨とした勤労倫理観が尊ばれる風潮が、庶民にも広く受け入れられるようになる。性感染症である梅毒は恥ずべき病であるという価値観を、都市社会が共有するための思想的基盤が成立したのである。なお、こういった梅毒に対する批判的まなざしが、買売春そのものへの倫理的批判ではなく、梅毒が暗示する好色・嗜欲に対する軽蔑であった点に、近代とは異なる近世社会の特性がある。

◆蔓延への認識　18世紀後半になると、多くの総合医学書が梅毒を取り上げるようになる。梅毒専門書も次々に刊行された。その背景には都市部における梅毒の蔓延があった。梅毒が蔓延してきたという認識は、18世紀の日本医学が、梅毒の症状の多様性に注目するようになり、梅毒と診断されるケースが増えてきたことも影響している。江戸時代の医学書の多くは、症状や発症部位が異なっても「下疳」（初期硬結）・「便毒」（横痃）・「結毒」という三病は、いずれも梅毒の一症状であって発症部位の相違、もしくは梅毒の進行段階による症状の変化の過程とみなした。と同時に、梅毒ははっきりと梅毒であると診断可能な症状を呈することなく、実は種々の疾病を引き起こす基となっているという認識も広がってくる。

◆梅毒への羞恥　梅毒は珍しくない病となり、医学書にも頻繁に取り上げられるようになったが、かといって人々の嫌悪感や軽蔑、病人の羞恥心が軽減されたわけではない。医学書には、梅毒にかかったことを何とか隠し通そうとする患者の姿が描写されている。梅毒には湿や瘡（かさ）という俗称の他にも、黴瘡・楊梅瘡・唐瘡・深川瘡・湿瘡・湿毒・湿瘡・痼湿・瘡毒・便毒・横根など、実に多くの異名が確認できる。異名が多かった背景には、梅毒であることを隠したいという当時の人々の意識と、それに対する医者の配慮もあった。

人に知られることなく治療することを望む患者も多かった。18世紀以降、東の草津温泉、西の城崎温泉を中心に顕著となった梅毒治療を目的とする湯治の流行も、医者にかからずに密かに自己治療したいという、患者側の希望の表れでもあった。自己治療する患者向けの書物や市販薬も売られていた。大坂の梅毒専門医船越敬祐著『絵本黴瘡軍談』（1838（天保９）年刊）は、彼が売る梅毒薬の販売促進を目的とした書である。絵入り小説の体裁を取り、武将の姿に擬人化された梅毒薬延寿丸が梅毒軍を成敗するというストーリーである。

◆「湿家」という汚名　人々が梅毒を隠そうとした背景には、単なる羞恥心だけでなく、未婚の男女にとっては結婚に影響したからという事情もあった。梅毒が「遺毒」となって子孫に伝わる可能性があるという認識は庶民の間にも広がっており、縁談の妨げとなったのである。中神琴渓著『生生堂医譚』（1795（寛政7）年序）には、梅毒の家系を意味する「湿家」という言葉が登場する。ひとたび梅毒が家庭内に入ってくると、このような汚名を着せられた。「家」の継続に関わる病とみなされた梅毒は、特に上層社会の人々にとって避けるべき病だった。京都の医師山脇東門（1736-82年）は『東門先生随筆』の中で、梅毒は賤しい身分の者に多いが、実は「高貴ノ御方」にもある。ただそれは「秘（ひす）ル事故、顕（あらわ）ニ云カタシ」と記す。

◆病原としての下層社会　山脇東門が記したように、梅毒は下層民に多い病であると一般的には考えられていた。実際に梅毒患者が武士身分よりも庶民に多かったことは、鈴木隆雄が江戸の人骨調査から指摘している。庶民が埋葬された江戸下町の深川にある寺院から出土した人骨は、7.0％が典型的骨梅毒症で、旗本一族の墓を含む武士身分が比較的多く埋葬されている湯島の寺院では、骨梅毒症は3.0％だった。鈴木は両者の出現頻度には、統計的に有意差があると結論づけている。人骨調査では梅毒の有病率は骨梅毒症患者の10倍とされるので、深川の墓地では7割の人々が梅毒に冒されていた計算になる。江戸時代の梅毒は都市のあらゆる階層に広がってはいたが、その分布は偏りを見せていたのである。

◆感染源としての遊女　貧困や売買春と結びついた患者イメージの固定化は、感染源の候補を絞り込んでいく。遊女は感染源の一つから、唯一の感染源、もしくは病原そのものという考え方が医学書の中にみられるようになり、梅毒は遊女の身体から発生する病であるという説も登場する。18世紀前半に活躍した香川修庵著『一本堂行余医言』は、近頃の梅毒患者はみな遊女との性交によって感染した者であると述べる。さらに幕末の本間玄調著『瘍科秘録』は、梅毒は「原（もと）ハ必ス娼婦（シヤウロウ）ヨリ生ス」と、梅毒の病因は必ず遊女の身体から発生すると明言するとともに、「濁液、陰中ニオ滞シテ黴瘡ヲ醸（カモ）シ出ス」、つまり梅毒は遊女の性器から醸し出される病であると説明した。

◆売買春の拡大　18世紀以降の遊郭の拡大はことに著しかった。江戸では宝暦年間（1751-64年）に吉原の太夫・揚屋が廃絶して、買売春の文化的虚飾が後退し、散茶女郎を最上位とする大衆的売買春の場へと変質した。18世紀半ばの江戸・大坂周辺では飯盛女の規制も緩和され、遊郭外での安直な買売春の量的拡大もみられる。

京都では18世紀後半、祇園に島原から出向の女郎屋が設置され、島原より手軽に遊べる遊所として盛況を呈した。

そのような状況の中で遊女の身体への蔑視が強まり、特に下級遊女には梅毒病みが多いというイメージが定着した。下級遊女と梅毒との密接な関係を詠んだ川柳は多い。

償(つぐのい)じや夜鷹が手伝ふ入鼻代　『笠附虫目鏡』1812（文化9）年
入鼻であぶなげなしに買ふ惣嫁　『冠附(かむりづけ)名付親』1815（文化11）年
裏川岸の格子買人(かひて)も造り鼻　『挿花(そうか)から衣』三　1836（天保7年）
誰が見ても鉄砲疵にまがひなし　『たねふくべ』八　1845（弘化2）年
身の瘡を廿四文でかつて背負ひ　　同上

街娼を意味する「夜鷹」「惣嫁」「廿四文」、吉原の最下層の遊女を意味する「裏川岸の格子」「鉄砲」という言葉は、鼻が落ちるような重症の梅毒イメージと結びつけられている。これらの川柳に見る自虐的で突き抜けた笑いやある種のダンディズムは、一見江戸庶民文化の洒脱さを示すようであるが、買春をする男性の視点から徹底的に下級遊女を貶めることで、はじめて成立する笑いの世界である。

吉原の最下層の遊女「鉄砲」喜多川歌麿画（シカゴ美術館蔵）

梅毒は川柳の素材になって笑われる病であり、下級遊女やその顧客である下層民に多い賤しい病で、少なくとも武家や中流以上の商家に持ち込まれるべきでない病気だった。遊女以外の女性の性が否定されている近世社会では、女性にとってこのようなイメージを持つ梅毒は、男性以上に恥ずべき病と認識された。

◆花柳病へ　庶民男性の梅毒認識から笑いの感覚が消え失せて、恐怖と強い拒絶へ一元化されていくのは、近代以降である。江戸時代の「湿毒」「唐瘡」などの多様な呼称が消え、明治になると「花柳病」という呼び方が普及する。「花柳病」という呼称の普及と定着は、梅毒蔓延の原因を遊女と下層社会に押し付ける江戸時代の梅毒観が、衛生国家の推進の中で新しい近代科学の装いのもと、さらに広く深く定着していったことを示唆している。（鈴木則子）

▶参考文献
鈴木隆雄（1998）『骨から見た日本人　古病理学が語る歴史』
福田眞人・鈴木則子編（2005）『日本梅毒史の研究―医療・社会・国家』
鈴木則子（2022）『近世感染症の生活史　医療・情報・ジェンダー』

3）「病い」と「障害」

②西アジアの病と障害

Ⅰ−2−2−④，Ⅰ−2−3−③，Ⅰ−4−2−②

◆出生前診断と妊娠中絶の倫理　近年の生殖医療技術の発展は、種々の倫理的課題を表面化させている。中でも、出生前診断と人工妊娠中絶の倫理については、報道で目にする機会も増えた。出生前診断は、生まれる前の胎児がある特定の病気や障害をもつかどうかを調べる技術で、その結果は、親がその子を産むか産まないかを選択するために使われる。日本において出生前診断と人工妊娠中絶をめぐる倫理的課題は、次の二つの異なる立場から説明されることが多い。すなわち、胎児異常の診断を理由に人工妊娠中絶で命を奪うことは病気や障害をもつ人の生を否定することに他ならないとする立場と、望まない妊娠・出産を避ける権利を女性の自己決定権として認める立場との緊張関係である。

◆中東における出生前診断と人工妊娠中絶をめぐる議論　中東イスラーム諸国における胎児の診断と胎児異常を理由とした人工妊娠中絶の倫理は、サラセミアという重篤な貧血症状を呈する遺伝病の予防政策をめぐって議論されてきた。サラセミアは常染色体劣性遺伝の形式をとり、症状が軽い保因者同士が結婚すると、4分の1の確率で重症の子が生まれると説明される。重症型サラセミアの患者は定期的な輸血と合併症の予防療法を一生涯継続する必要があり、1人の患者にかかる医療費が非常に高額になる。保因者が多い地域には、重症型患者が生きるために必要な医療を十分に提供できない国々が多く含まれる。そのため、重症型患者の出生を減らす努力が必要とされ、各国で対策が取られてきた。中東諸国にも保因者が多い国があり、トルコやイランでは1980年代から90年代にかけて、また湾岸諸国では2000年代から、重症型サラセミア患者の出生数の減少を目標とした種々のプログラムが導入されるようになった。

◆イランの重症型サラセミア出生予防政策　筆者が研究を続けているイランでは、1997年にサラセミア保因者の婚前スクリーニングが義務化された。現在、結婚を望む男女は、サラセミアを含む数種の疾患や薬物依存等の有無を検査した結果を持参しないと合法的な結婚登録ができない。カップルの双方がサラセミアの保因者と診断された場合、遺伝カウンセリングの場が設けられ、生まれる子が重症型になるリスクが伝えられる。

イランはイスラーム共和制をとり、シーア派イスラームを国教としている。イスラームでは、母体を守る目的以外の人工妊娠中絶を禁止行為としている。胎児は全能の神の創造物で、出生前にも生きる権利をもち、魂が吹き込まれた後の胎児の命を奪うことは刑罰の対象となる。一方で、人間の身体は神からの委託物で、女性が自らの身体に関して完全に自由な決定ができるとは考えられていない。イラン革命後のイランでは、これらに依拠して母体事由以外の人工妊娠中絶が禁止され、厳罰化が進められた（細谷 2017）。

しかし、最高指導者ハーメネイー師が1997年に重症型サラセミア、あるいは血友病と診断された胎児の人工妊娠中絶は「魂が宿る前（4ヶ月）」までなら許されるとする教令（ファトワー）を発行し、これを根拠に出生前診断で重症型サラセミアと診断された胎児の人工妊娠中絶が行われるようになった。2005年には「治療的人工妊娠中絶法」が成立し、その後、胎児異常の診断結果をもとに許可が出されれば、人工妊娠中絶にも医療保険が適用されるようになった。これらは、重症型サラセミアの胎児であっても妊娠中絶を許可していない近隣のイスラーム諸国とは一線を画す政策転換だった。

イラン国内で物理的・経済的・社会的に出生前診断と人工妊娠中絶を受けることへの障壁が下がった状況と並行して、重症型サラセミアの子を生むリスクを避けるために結婚を取りやめる保因者同士のカップルの割合が大きく低下した。イスファハーン州で実施された調査によると、1997年には保因者同士のカップルの50.4%が結婚を取り消していたが、2010年には9.4%と劇的に減少した。一方、2003年には7組だけだった出生前診断を受けたカップル数は、2010年には560組に達した。出生前診断で胎児が重症型と診断された妊娠は、ほとんどの場合中絶される。こうした変化を受け、重症型サラセミアの子の年間出生数は、予測数から2008年には70%、2019年には90%減少したと報告された。保因者カップルが重症型の胎児の生命よりも望ましい相手との結婚を優先する現象は、イランだけでなく、キプロスなどキリスト教が多数派の国でも見られている。

◆受益者は誰か　出生前診断と人工妊娠中絶の倫理的ジレンマは、子が生まれないことから利益を受ける者（親や国）が、介入の対象となる者（胎児）とは異なる点にある。本来、人の生命の尊さは病や障害の有無に関係なく、その価値を他者が決定できるわけではない。だが、現在生きている重症型患者への医療配分を確保する必要から、各国の患者団体も出生予防政策に賛同しており、これが重症型サラセミア出生予防政策を、病気や障害をもって生きる権利を主張する立場から議論することを困難にしている。（細谷幸子）

▶参考文献

細谷幸子（2017）「イランの「治療的人工妊娠中絶法」をめぐる議論」『生命倫理』27(1)

3）「病い」と「障害」

③メランコリーと魔女裁判

Ⅰ−2−2−⑤，Ⅱ−2−4−②　【読】　世8−5

◆魔女裁判　16〜17世紀の西欧社会では魔女裁判が多発した。魔女裁判のマニュアルとされた『魔女への鉄槌』(1487年)は、魔女は「当然のことながら男性よりも女性の方が多い」と記している。被害者はヨーロッパで８〜10万人と見積もられるが、その８割が女性であった。魔女裁判の発生件数に宗派の違いはないが、地域差はある。最も多かったのは西南ドイツであり、フランスは中程度、イギリスでは件数はさほど多くなかった。神聖ローマ帝国初の刑事法典（カール５世刑事裁判令：1532年）によれば、魔女罪の構成要件は「悪魔との契約」（性交）であり、民間ではさまざまな害悪魔術（天候魔女・牛乳魔女・性愛魔女など）が信じられていた。魔女裁判は糾問主義という裁判手続をとる。「自白は証拠の女王」とされて拷問が用いられた。密告が奨励され、魔女の告発に熱心な共同体も存在した。

当時の知識人の中に、悪魔や魔女の実在性を否定する者はほとんどいなかった。しかし、悪魔が実体をもつ存在なのか、霊的な存在なのかについては意見が分かれた。医師ヨーハン・ヴァイアーは、著書『悪魔の幻惑について』（1563年）で、悪魔を霊的存在とみなし、魔女契約は悪魔による強制であり、幻覚であるとした。彼によれば、女性は肉体的・精神的に「弱き性」であってメランコリー気質であり、魔女の行為はメランコリーに由来する想像ないし病であった。これを批判したのが、近代主権論を打ち立てたジャン・ボダンの『魔術師の悪魔狂』（1580年）である。ボダンは、魔女は自由意思によって悪魔と契約するのであり、魔女の行為は悪魔の力を借りて現実になされる犯罪だと主張した。

◆メランコリー　近代医学成立以前の西欧社会で医学の基礎とされたのが、体液病理説である。ヴァイアーのメランコリー論は、この体液病理説に従うものであり、医学的に決して奇異な考え方ではない。ヒポクラテス＝ガレノス以来、人体には「血液、黄疸汁、粘液、黒胆汁」の四体液が存在し、これらのバランスが崩れたときに病気になると信じられた。黒胆汁が過多になると、鬱々とした精神状態（メランコリー症状）になる。男女ともメランコリーに罹患するが、女性の方が症状はひどく、老年者が罹りやすい。メランコリー罹患者は、「嫉妬深く陰気で、好色で、強欲な右手を持ち、ときおり他人を騙し、臆病で、顔は黄色」（13世紀の暗誦詩）とイメージされた。魔女裁判が多発した時代には、メランコリーは悪魔に由来し、女性や老人と親和性が高いとみなされていた❶（図）。

デューラーの版画「魔女」(1500年頃)

◆体液病理説の衰退　「医化学の祖」と呼ばれる16世紀のパラケルススは、個々の病に固有の原因があると主張した。17世紀には体液病理説が次第に衰退し、メランコリーは魔女特有の症状ではなく、誰もが陥る「悲観的・厭世的気分」になっていく。イエズス会士フリードリヒ・シュペーは、『犯罪への警告』(1631年)で、魔女は実在するが大半は冤罪であるとして拷問による自白の強要を厳しく批判した。シュペーは、女性を「弱き性」とし、拷問の苦痛に耐えることができず、口が軽いとみなした。しかし、メランコリーにはほとんど関心を寄せていない。

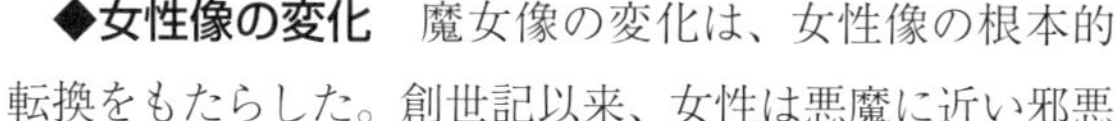

◆女性像の変化　魔女像の変化は、女性像の根本的転換をもたらした。創世記以来、女性は悪魔に近い邪悪な存在とされた。『魔女への鉄槌』は、女性は信仰が少なく、おしゃべりで怒りっぽく、嫉妬深いとみなした。ボダンもまた、魔女は自由意思で悪魔と契約し、母から娘に魔女犯罪が継承されると考えた。いずれも、「悪」に向かう女性の能動性を前提にしている。これに対し、魔女裁判批判派のヴァイアーもシュペーも女性の「弱さ」を強調した。ただし、女性の「弱さ」は、魔女裁判論の中では必ずしも負のイメージを抜け出ていない。ドイツ啓蒙主義を拓いた自然法学者クリスチャン・トマジウスは『魔女論』(1701年)で、悪魔は霊的存在であるが故に魔女契約は成立せず、魔女は実在しないとした。彼は女性像についてほとんど論じていない。宗教的邪悪性や本質的魔女性から解放された女性像は、悪とつながる能動性や老年性をも否定され、18世紀啓蒙主義の文芸作品では「うら若き」女性の「無垢」や「純潔」が強調されるようになる。娘の純潔を守るのは父の役目とされた。無垢ゆえに純潔を失う娘は命をもって贖わねばならず、その悲劇性は新興市民のジェンダー規範と合致していたのである。(三成美保)

---

❶ デューラーの版画「魔女」(1500年頃)では、好色と悪魔の表象である山羊に老魔女が後ろ向きにまたがっている。山羊の下半身は魚の姿をしており、占星術における山羊座(支配星が土星の磨羯宮)を意味している。四体液説では、黒胆汁は土星と結びつく。占星術では、土星は天体としての動きが最も緩慢であり、太陽から最も遠いために冷たい星と考えられた。デューラーのこの版画は、「メランコリーに冒された老魔女」という当時の一般的な魔女イメージを描いたものと言える。

▶参考文献

黒川正剛(2012)『魔女とメランコリー』/三成美保(2015)「魔女裁判と女性像の変容」水井万里子ほか編『世界史のなかの女性たち』

問い　魔女像の変化と女性像の変化はどのように関わるか?

コラム㉕ 女子割礼（アフリカ）

◆女子割礼　私が「クリトリス切除」という謎めいた用語に出会ったのは、高校生の時だった。1950年代のことである。事典をひっくり返して、「クリトリスは男性のペニスに相当する、だから、より女性らしくするために、男性器に類似したクリトリスを除去する風習」という解説に納得したことを記憶している。それが一部のアフリカや中東・アジアの「女子割礼」と言われている文化だと知ったのも、その頃だった。それから30年以上を経て、「女子割礼」には、クリトリス切除の他に、英語圏で「エクシジョン」（「切除」）とか、「インフィブュレーション」（「縫合」）などと呼ばれるさまざまなタイプがあることを学んだ。これらは、クリトリスどころか、その他の部位も切除する、あるいは切除した上で尿と経血の排出口を残して縫い合わせ閉じてしまう、といったタイプである。

紀元前にエジプトかエチオピアで始まったとされるその歴史や実態に関しては、数多くの研究や調査報告がなされてきた。例えば2013年のUNICEFの報告書によれば、アフリカと中東の29ヶ国において、少なくとも1億2500万人の女性がこうした「性器切除」（FGM）を経験しているとされている。

この慣習が欧米に知られるようになったのは植民地時代末期の1960年代以降であり、以後アフリカ内外で廃絶の試みが展開されてきた。しかしかえって反発を招き、帝国主義への抵抗の意志表示として広まったこともある。

◆廃絶の試み　本格的な廃絶の試みは、フェミニズムの高まりと軌を一にし、1980年代以降に高まった。「割礼」のタイプにもよるが、排尿障害や性交痛や難産など、女性への身体的・心理的影響は統計的にも明らかとなっており、アフリカ内部からも医者たちを中心に廃絶運動が展開されてきた。WHOやUNICEF、国際NGOなどの多くの国際機関もさまざまな廃絶プロジェクトをアフリカ各地に導入した。2012年、国連が廃絶を目指す決議案を採択したことも、この一連の流れを後押しした。こうして、2020年までにこの慣行が行われている29ヶ国のうち、24ヶ国（イラクのクルド自治区とイエメン以外はアフリカ諸国）が禁止法を制定している。しかし、こうした取り組みにもかかわらず、現在に至るまでこの慣習は根強く残っている。研究者が多様な角度からその理由を探り続けている。

理由の一つは、この慣習が民族の「文化」として根付いている事である。つまり、「女子割礼」を受けるかどうかは個人的な問題ではなく、共同体や民族のアイデンティティとも関連する問題なのである。具体的には、「割礼」を受けていない女性は、民族の再生産に参加する資格がない、つまり結婚できないことを意味する。それを恐れるのは母親である。父親や男性が廃絶に賛成していても、母親が反対する事例が見られるのはそのせいである。こうした社会的強制力が働いている限り、当事者にとって「割礼」の持つ意味は何でもよい。私のフィールドであるタンザニアでは、多くの女性が「美容」の為と回答していた。

当事者の見解とは別に、研究者の間で議論されているのが家父長制との関係である。男性優位、父権優位、男性の長老優位の社会の多いアフリカでは、女性の地位は圧倒的に低く、経済的自立の道は閉ざされてきた。そうした社会構造を維持するために、この慣習は必要だというのだ。家父長制がなくならない限り、この慣習もなくならないと主張する研究者もいる。

この慣習の最大の問題は、成人に達しない幼女や少女に行われていることである。それは、成人に達すると拒否される危険性があるとして、切除の低年齢化が進行してきた結果でもある。

ちなみに、この慣習は母系社会や、男性の割礼が行われていない社会には見られない。（富永智津子）

▶参考文献

宮脇幸生・戸田真紀子・中村香子・宮地歌織編著（2021）『グローバル・ディスコースと女性の身体―アフリカの女性器切除とローカル社会の多様性』
内海夏子（2003）『ドキュメント女子割礼』

コラム㉖ 誤解されたHIV

◆感染症制圧に期待 1970年代も後半になってくると、さまざまな感染症が抗生物質やワクチンの開発によって抑え込まれつつあった。新たにエボラ出血熱など恐るべき感染症が遠くアフリカで報告されはしていたが、1980年世界保健機関（WHO）は天然痘の世界的な根絶を宣言する快挙を成し遂げ、感染症全般の制圧に対する期待も高まっていた。

◆青天の霹靂 そうした中、1981年アメリカのロサンゼルス・タイムズが、ロサンゼルスやニューヨークの同性愛男性の間に広がる謎の重篤な肺炎患者の発生を報じたことから、その存在が広く世界に知られるようになった。感染症に対し若干楽観的な空気が流れた直後に原因不明で、死を待つほかない病の突然の出現に世界は騒然となった。加えてフランスの有名な哲学者ミッシェル・フーコーや米国の男優ロック・ハドソンがエイズで亡くなり、患者の多くが男性同性愛者であったことからエイズ患者に性的偏見が付きまとうことになった。当初、ハイチ人（Haitians）、同性愛者（homosexuals）、血友病患者（hemophiliacs）、ヘロイン（heroin）使用者の4グループに多くの患者が見出されたので、一時期「4H」と呼ばれたこともあった。

◆HIVとAIDS HIVとAIDS（エイズ）の区別について注意を促しておきたい。HIVはヒト免疫不全ウイルスのことで1983年フランスのリュック・モンタニエが発見し、翌84年に米国のロバート・C・ギャロが分離しAIDSの原因として確認した。AIDSはHIVウイルスに感染することによって引き起こされる後天性免疫不全症候群のことである。一般にHIV感染者の病状は長い潜伏期間を経てAIDSに進行する。病気の出現初期の頃は、HIV感染と実際に発症する症状のどちらもエイズと呼ばれていた。

◆エイズパニック ニューヨーク・タイムズが若い同性愛男性の間に流行する「謎の奇病」と報じたことによって、不安は一層増幅された。英国でも1985年に消防士組合が口移しの人工呼吸の禁止を指示する一方、英国救急看護人協会は口移しの蘇生術を続けると発表したりして欧米での混乱は続いた。そして日本でも1985年にアメリカから一時帰国した同性愛男性が患者第1号と認定、報道されることによって、対岸の火事からエイズは一挙に国内に飛び火した。ここまでは比較的男性同性愛者が話題になっていたが、1986年当時いわゆる「じゃぱゆきさん」と呼ばれた出稼ぎ来日フィリピン女性が松本市で働き、帰国後にHIV感染者であることが判明し、彼女が日本で性的関係をもった50人ほどの男性の間にパニックが起こった。騒ぎは直接関係者にとどまらず、松本市民が他府県での宿泊拒否にあったり、客だったと噂されれば村八分にされたりして、差別と偏見に晒された。誤った情報も混在した各地のパニック報道を通して、誤解されたHIV感染者がどのような差別の対象になるのか、人々は恐々とせざるを得なかった。当初は誤解だらけであったが、パンデミックの拡大と共に、リスク集団として、異性・同性にかかわらず多くのセックスパートナーを持つ人、他人の血液や血液製剤の移入を必要とする疾患（血友病など）を持つ人、麻薬常習者の三つに焦点が絞られることになった。

◆薬害HIV問題 生まれつき血液凝固因子が欠乏している血友病の患者は、不足している血液凝固因子を輸血や血液凝固剤によって補充しなければならなかった。血液凝固剤は1970年代から原料となる血漿を米国から輸入して製造されていた。HIV感染血漿が混入した場合、多くの血友病患者がこの利用によってHIVに感染することになった。これが薬害HIV感染である。1983年米国では加熱処理製剤へと移行したが、日本では加熱処理の承認が2年4ヶ月も遅れた上に、HIV感染の危険性のある非加熱製剤の回収が行われぬまま放置され、HIV感染の被害が拡大した。これが薬害HIV問題で、被害者は1400人以上とされる。加熱処理へと速やかな移行を図らなかった製薬企業および国の監督責任は極めて重い。（小川眞里子）

▶参考文献

加藤茂孝（2018）『続・人類と感染症の歴史―新たな恐怖に備える』

菊池治（1996）『つくられたAIDSパニック―疑惑のエイズ予防法』

4）服飾と化粧

①江戸時代の化粧

Ⅰ－1－3－④，Ⅰ－コラム㉘，Ⅱ－2－4－④　【読】日7－13

◆化粧習慣の普及　庶民女性にまで日常的に化粧する習慣が普及する江戸時代、現在と違って化粧は身分、年齢、未婚・既婚を表現する役割も持っていて、化粧の仕方にはさまざまな社会的規制が存在した。例えば、一定の地域差はあるものの庶民の間では婚約するとお歯黒をつけ、出産すると眉をそり落としたとされる。既婚か未婚か、子持ちか否かはお歯黒と眉化粧を見れば識別できたことになる（図1）。

図1　左の年かさの女性は眉を剃り落としている。喜多川歌麿画（シカゴ美術館蔵）

しかし、画一化されているかのような江戸時代の化粧法にも、細かく見ていくと白粉の濃淡や口紅・頬紅の塗り方、襟足の作り方などにはその時々の流行があり、歌舞伎役者（女形）や遊女が作り出す流行を一般の女性が追うというパターンも成立していた。華美になっていく庶民女性の装いに対し、幕府は18世紀前半から法令による規制をかけ始めるが、同じような禁令を重ねて出すという事態が幕末まで続いていて、現実には取り締まり効果は徹底しなかったようだ。

化粧とは自身の身体とどう向き合うのかという問題でもある。ここでは、庶民女性にとって化粧がどのような意味を持つ行為だったかを検討することを通して、女性自身が、さらには社会が、女性の身体をどのようにまなざしていたのか見ていく。

◆近世前期女用物の世界　そもそも、江戸時代の女性はどのように化粧情報を入手したのか。「女用物」と総称される女性向け書物は17世紀後半以降、さまざまな実用知識を網羅するようになり、化粧関連の記事も含まれた。なかでも艸田寸木子著『女重

図2　『女重宝記』（国会図書館蔵）

宝記』は、1692（元禄5）年の刊行以来幕末まで、女用物の範となった書である（図2）。

ただし、本書全五巻の大半の頁は礼儀作法、妊娠出産、女子が嗜むべき諸芸、女性向けの言葉・文字の辞書といった記事に費やされ、化粧関係の記事はわずかである。しかも、女性の容姿の内で最も大切なのは髪であるとして、髪の手入れ方法は教えるが、黛・白粉・口紅・頬紅・爪紅については薄くぬるよう助言するに留まる。

◆容姿は変えられない　この時期の女用物が薄化粧を勧めた根底には、一つは化粧は夫への礼儀であるとする儒教道徳があった。流行を追った人目に付く装いは、同性への見栄や異性の気を引こうという不道徳な行為として非難の対象となった。

二つめには、容姿の美醜は生まれつきであって変えようがないものであるという考え方が存在した。例えば貝原益軒著『女子を教ゆる法』（1710（宝永7）年撰）は、「かたちは生まれ付きたれば、いかに見にくしとても変じがたし。心は悪しきをあらためてよきに移さば、などかうつらざらん」と、容姿は生まれつきで変えられないが、精神性は努力によって向上させられると述べる。結婚前の娘たちにとって大切なのは、今さら変わるはずのない容姿に手を加えることではなく、「婦徳」（貞節・和順）・「婦言」（丁寧な言葉遣いや慎み深い会話）・「婦容」（清潔な身だしなみ）・「婦功」（家事能力）という女性の「四行」を修め、婚家において分相応の生活を大過なく送る準備をすることだった。益軒は女性を容姿で選ぶ社会の傾向を厳しく批判してもいる。このように女用物は化粧を抑制する機能は持っても、ファッション情報を伝達する要素はまったく持たなかった。

◆視覚情報としての浮世絵　従来からの情報媒体である書物と異なり、江戸時代に生まれた浮世絵は、むしろ当世風俗の情報を発信することを身上とした。女用物『比売鑑』（1661（寛文元）年）は、役者絵や役者人形を通じて地方在住の女性までもが流行風俗を真似ると述べる。

ことに18世紀半ばに登場する多色刷りの錦絵は、ファッション情報源としての浮世絵の価値をさらに高める。浮世絵は18世紀後半からはその芸術性において黄金時代に入り、鳥居清長（1752-1815年）・喜多川歌麿（1753-1806年）・鳥文斎栄之（1756-1829年）らが美人画領域で腕を競った。巷にあふれ始めた当世風の美女の絵姿は、化粧をはじめとする最新流行の装いの手本として機能しつつ、同時にどのような女性

図3　鳥居清長（シカゴ美術館）

が美しいのかという美女のステレオタイプを人々の意識の中に刷り込んでいく（図３）。

◆女用物の変化　錦絵が登場した18世紀半ば、女用物の世界にも一つの変化が兆し始めた。『女教艶文庫』（東鶴著、1769（明和６）年）は具体的な装いのアドバイスこそ従来の書同様に、流行を追った華美な装いを諫め、薄化粧を勧めるに留まる。が、一方で生まれつきの美人でなくとも装いや髪型で「美人のやうに見ゆる」と教え、自分を美しく演出できるのは「心のはつめい（発明＝賢さ）」と述べる。しかも美しく装えば「「女は姓(うじ)なふして玉のこしにのる」とて、容儀のすぐれたる人は、いやしき身にてもいかやうの仕合とも成」ると、美しくなって玉の輿に乗ることを肯定した。『女教艶文庫』にみるこの新しい化粧観は、やがて刊行される庶民向けの化粧書の中で全面的に展開されることとなる。

◆化粧書の登場　1813（文化10）年、日本で初めての庶民女性を対象にした化粧書『都風俗化粧伝』（佐山半七丸著）が、京・江戸・大坂の三都で同時に開板された。本書は1922年まで実に100年以上に渡って６回版を重ね、また名古屋の大手貸本屋大惣の目録にも入っていることから、貸本としても広く読まれたことがわかる。

◆化粧の正当化　『都風俗化粧伝』は女性の四徳（四行）のうちの「婦徳」と「婦容」を結びつけて、容姿を整えることが正しい心を育成することになると教える❶。鏡に向かって熱心に化粧すれば同時に道徳心も涵養されるという考え方は、本来の儒教道徳にはない。しかしながら、美しくなるための化粧をこうまでして正当化せねば化粧書を出せないところに、江戸時代のイデオロギー統制の厳しさ、幕末まで有職化粧書ではない普通の化粧書を開板しにくかった事情の一端をうかがうことができる。

◆「玉の輿」願望を煽る　『都風俗化粧伝』はさらに「心と容儀はもと一体」（内面と外見の美しさは一致する）と説き、美人は「人の心ばえ、さぞとおしはかられ、氏なうて玉の輿にのる立身出世もなるべし」と、前掲の『女教艶文庫』同様に美貌によって「玉の輿」に乗ることも正当化する。しかも「玉の輿」の可能性は誰にでも開かれていた。なぜならば女性の容姿は努力次第で美しく変えられるからである。田舎の女性が都会に出て１、２年暮らすと垢抜けて美しく変身し、帰郷後に玉の輿に乗ることも多いのは、化粧の仕方や身のこなしが洗練されたからだと述べる❷。著者は、どんな女性でも本書を読んで都風の装いを習得すれば美女になれると請け合う。

◆説明図の採用　化粧術については眉のひき方、白粉・紅の濃淡の付け方、アイラインの入れ方などの工夫によって、鼻筋の通った中高の顔立ちを作ったり、顔や目の形を補正したりする方法を、図を用いて丁寧に説明する。さらに26タイプの顔だちの絵とともに、それぞれの顔の造作にあわせた化粧法も指南する。個性に応じた化粧によって、誰もがその人なりに美しくなれる可能性を示したのである。

◆医学・薬学の援用　美容術においては、気血の巡りを改善することで、色白で皺のない美肌と贅肉のないスリムな身体を作ることができると教えた。気血の巡りの改善は、当時の医学や養生書が説く治病と養生法の基本である。本書は中国渡来の薬学書『本草綱目』に依拠した美容効果のある飲み薬や塗り薬を紹介し、また按摩法も指南する。美容と医薬が結びつき、美容術の基本が化粧で外見を取り繕うだけでなく、このように身体そのものに働きかける発想を持ったことによって、『都風俗化粧伝』の美容行為は顔だけでなく、手足を含む全身に及んだのである（図４）。

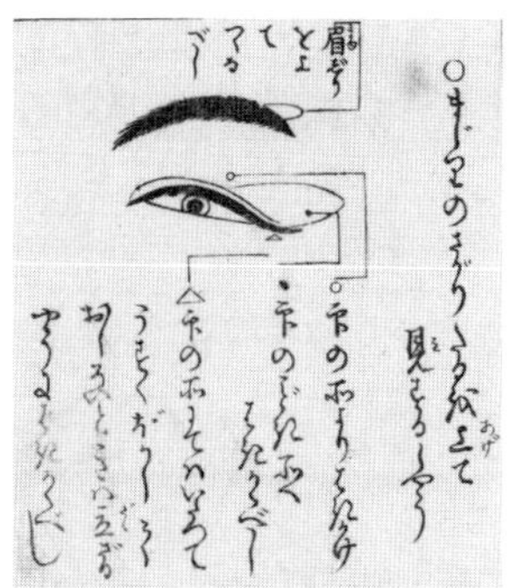

図4　下がった目尻を上げてみせる化粧法の説明図。眉尻を上げて描き、目尻の上に紅をごく薄く掃きかける。『都風俗化粧伝』（大英博物館蔵）

◆近代的化粧観のゆがみ　それぞれの分に応じた化粧という従来の女用物が説いた化粧観を封建的なものと捉えるならば、その枠を逸脱する上昇志向を持った新しい化粧観は、イデオロギー的に「近代的」要素を持つものとみなすことができる。女性たちは化粧行為を通じて自己表現、自己実現を試みることが可能となった。だが同時にこれまで見てきたようなメディアの発展や、さらには江戸後期に顕著となる化粧品業界の興隆と化粧品販売攻勢のなかで、「女性ならば誰もが美しくあれ」という風潮が女性にとって一定の社会的圧力ともなっていった。それは身体の過剰な自己管理へと結びつく。戯作や浮世絵に19世紀初頭から、酢を飲んでダイエットに励む市井の女性たちが登場し始めるようになるのはそのことを象徴している。（鈴木則子）

---

❶「化粧容儀するは、愛敬を得、徳をおさむるの源にして、身の穢れ、不浄を清潔し、礼を正しうするのもと、身清ければ心自ら正しく、聖人も婦人の四徳を挙げ給う。中にも徳・容と並べ挙げ玉えり。徳とは身を脩め、家を斉のうるをいう。容は容儀することを謂う。容儀とは化粧し、容儀を正しうするを云えり」（高橋校注『都風俗化粧伝』103頁）

❷「僻地の婦人、都会の地に出でて一とせ二年住みなれて古郷へかえれば、にわかに容色よく見え、都女郎になりたりと人こぞって賞美、媒妁をたのみ、赤縄をもとめ、はからざる立身出世する人、世に多し。これ都へ出でたりとて、低き鼻の高うなり、短き脊の長うなりたるにはあらねど、紅粉の仮粧、容の動静にて、低き鼻を高う見せ、短き背を長う見する伝を知るが故なり」（高橋校注『都風俗化粧伝』10頁）

▶参考文献

高橋雅夫校注（1982）『都風俗化粧伝』
ポーラ文化研究所編著（1989）『日本の化粧　道具と心模様』
鈴木則子（2003）「江戸時代の化粧と美容意識」『女性史学』13
鈴木則子（2010）「江戸時代の女性美と身体管理」赤阪俊一・柳谷慶子編著『生活と福祉』

4）服飾と化粧

②古代・中世の男性服飾（男性権力者の服飾）

Ⅰ－1－3－④，Ⅰ－4－4－③，Ⅱ－4－4－③　【読】 世1－6，日5－9

◆公家服飾の場合　古代から中世における権力者の服飾は、かぶり物と上半身を覆う衣服の長大化によって男性性を強調する点に特徴が見出される。すなわち、公家服飾、武家服飾のいずれもが、冠あるいは烏帽子と、男性固有の衣服形式によって性差を画然と区分していたのである。

中世末まで、男性服飾におけるかぶり物は必須であった。参内や儀礼の際に冠を用いる以外は、貴賤の別なく、烏帽子が広く日常の料とされた。冠や烏帽子を着装する際には、髷(まげ)が有効であり、とくに平安時代からは女性は髪を結わず垂髪が通常であったから、結髪そのものも男性性の表徴となった。

冠はかぶり物のなかではもっとも格式の高いもので、束帯との組み合わせが基本とされた。奈良時代までの朝服は唐代の官服の影響下にあったが、平安時代に和様化が進行し束帯としての形式を整えていった。この奈良時代から平安時代にかけて起こった冠と束帯の変化には男性服飾における長大化が明瞭に看取できる。奈良時代の朝服は後に萎(なえ)装束と言われるごとく、生地の柔らかさが活かされ行動にさしたる不便はなかったが、徐々に各部の作りが大きくなっていく。ことに院政期になると地質を固く織り、さらに濃い糊を引いて直線的な衣文を誇示する様式に転じ強装束となって、装飾性を追求した結果、実用性を損ねることもしばしばとなった。冠も、もともとは頭巾であったものが平安時代にその形状を模して固定化し、羅を漆で固めて形式的な垂れ紐の纓(えい)を備える形状へと変化していった。さらに強装束の成立とともに装飾性を増し、二枚の纓が冠後部から上向きに立ち上がる形式となり、直線的で長大化した袖などの作りとともに、威儀の名のもとに男性性の強調が極限まで推し進められていった。

◆武家服飾の場合　中世の武家服飾も、このような長大化によって権威の獲得と男性性の強調を果たしている。ただし、当初から格式を獲得している公家の装束と異なり、武家服飾は庶民の衣服を起点としている。それゆえ、為政者の権威に見合う装飾性を獲得するために、公家服飾以上に大胆な変革を遂げていた。まず、昇格してきたのは水干(すいかん)である。形態は貴族の狩衣に似るが、公家系の装束が上着を袴の外に出すのに対して、水干は袴に着込める。また、生地の縫い目の補強糸が装飾化した房状の菊(きく)

綴を付するようになっていく。もちろん、上位者の衣服に相応しく袖も長大化している。

水干に連動してきわめて短期間に形式昇格を果たし、中世末まで武家服飾の中心的位置を占めたのが直垂である。その源流はきわめて簡素な袖細にある。文字通り筒袖の細かった袖は広袖の二幅となり、水干の装飾様式を継承しつつ組紐の菊綴を付して威儀を整えた。さらに直垂独自の様式として特筆されるのが、家紋を据える点、そして上衣と袴との色・柄を揃えた上下の着装様式である。平安時代後期に芽生えた家紋は、家との結びつきを尊重する武家社会において急速に発達し、衣服にも家紋を据える様式が一般化していった。その完成形が直垂の延長上にある大紋で、さらに素襖に引き継がれて近世に至る。家紋の場所は菊綴の位置に準じていたから、衣服に据えられる家紋は男性性の表徴であったと言える。上下も男性に固有の様式で、素襖においては小紋が登場して上下の一体性を際立て、近世初頭まで武家の装飾として発展していった。ちなみに上下の様式は近世にも肩衣袴に継承されていったが、中世に男性固有の風俗であった結髪と小紋は江戸時代になって女性の服飾に採り入れられ、徐々に女性性を強調する項目となっていく。

これらの衣服に具備される烏帽子は、本来、平らに折畳むことのできるものであったが、次第に形式化し、冠のように漆で固め立体的な形状に変遷していった。しかし、15世紀以降、烏帽子の硬化が顕著となり日常の使用に支障を生じるに至りかぶり物を排除した露頂の風俗が広まって、かぶり物による男性性の表示の役割は消失していくこととなった。

◆形式差によって強調される性差　このように古代から中世にかけて、権力を有する男性性の表示は明確な衣服の形式によって女性の服飾との差別化がなされていた。それらの表徴は、女性の服飾に比して立体性を帯びていた。冠や烏帽子といったかぶり物にも、それらを固定するための結髪にも、そして袖の作りの大きい上衣の形式にも、立体的性格をともなった長大化の傾向を確認できる。しかし、過剰な立体性は実用性を損ない、さらなる形式昇格をもたらす要因となる。その結果、下位にあった衣服形式に取って代わられ、最終的に間着として整備されつつあった小袖が表着の性格を強めて近世に至る。時代の衣服が小袖という男女共通の形式に収斂したことにより、形式差によらない、模様を中心とした性差の表示へと装飾の枠組みが大きく転じていくのである。（丸山伸彦）

▶参考文献

鈴木敬三（1995）『有職故実図典―服装と故実』
三成美保編（2015）『同性愛をめぐる歴史と法―尊厳としてのセクシュアリティ』
丸山伸彦（1994）『武家の装飾（日本の美術 No.340）』

4）服飾と化粧

③中世ヨーロッパにおける男性の服飾

Ⅰ－コラム③，Ⅱ－3－2－④　【読】 世6－5

◆ジェンダーからみた中世ヨーロッパの服飾の変化　ヨーロッパの衣服は、さまざまなパーツを組み合わせて、立体的な身体に沿わせることを基本としながら、時に身体の特定部分を強調するかたちをとった。とりわけ、男性服においては、比較的寒冷な地域において身体を保護しながら動きやすくするために、上衣とズボンの二部形式が発展した。これが、基本的にワンピース型であった女性服と異なる点であり、近代にいたるまでの男女の基本的服装の差異のもとなる。

一方、パーツを組み合わせることによって、服飾の面でさまざまな意匠が可能となり、服飾はフォルム、色彩、素材の各面において、権力の表象として利用されたり、性的な関心を呼びおこすものになったりした。とりわけ、中世から近世にかけて男性が自己アピールのために鮮やかな服飾を用いたことが特徴として挙げられる。

◆貴族 戦う者としての服　十字軍時代まで、騎馬で戦う騎士の鎧は膝丈の鎖帷子だったが、武具の発達に伴い、より防護に適したプレート状の板金鎧を身につけるようになった。14世紀にはこのプレートの鋭利なエッジが身体に深く食い込んでくるようになったため、パッドを入れてキルティングした服プールポワンが、身体に合わせて仕立てられるようになった❶。また戦場では、鎧で身体を覆うと誰だかわからなくなるために、自己アピールするためのシンボルを身につけたが、このシンボルが鎧の上に着る外衣や盾にも描かれ、紋章の誕生につながった。

貴族は、「戦う者」の理想を掲げ、宮廷で奉仕しながら武芸に励んだ。特にあまり資産を持たない家の若者は、騎馬試合、さらに戦いの場で自己アピールに努めた。若い騎士がハレの席にすばらしい服装で登場し活躍することは、女主人となる貴婦人たちの関心を呼び、文字通り将来につながったので、若者は、さまざまな飾り袖をつけ、スリットを入れた上衣から下衣をみせたり、左右で異なる色やデザインを用いるミ・パルティや縞模様など変わったおしゃれをしたりした。特権階級の楽しみである狩猟や、中世後期にみられる貴族の親睦団体である騎士団に加わること

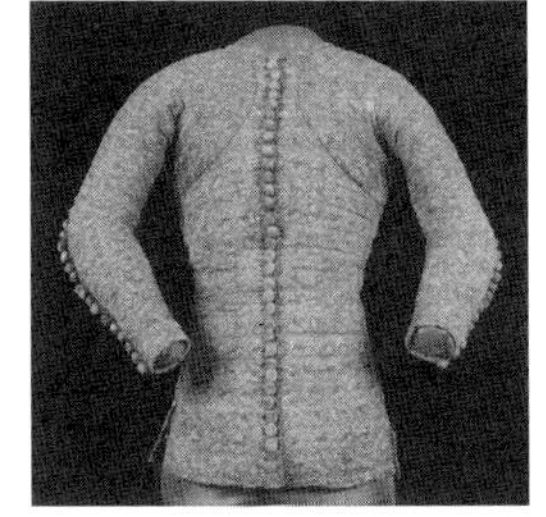

も、貴族の戦うよそおいの発展につながった。

◆力を示す服飾　15世紀には、伝統を重んじる場では、高級布の絹や金銀の緞子などの丈の長い長衣が用いられた。切り込み装飾のある長い飾り袖が一般化し、宝石や金、高価な毛皮や刺繍などで豪華な装飾が施された。宮廷文化が花開いたブルゴーニュ宮廷が、このように華やかな服飾文化の中心となった。

都市もまた市民団組織に基盤をおく男性の世界である。有力市民は、見た目でも張り合おうとして貴族の伝統的な服装を取り入れ、若者は宮廷の若者と同じく新しいファッションを取り入れた❷。それぞれの身分の者に身分に応じた服装をさせるべく、繰り返し奢侈禁止令が出されたが、儀礼として服や布を与えることが慣例化しており、高級な衣服が古着として流通しているなかでは、あまり効果がなかった。

時代が下ると、プールポワンは詰め物で巨大化し、さらに丈が短くなる傾向にあって、下半身の露出が高まり、本来恥部を保護するためのブラケットが目立つようになる。これが極限に達するのは16世紀で、皇帝や国王の肖像画も大きく膨らんだ上衣とブラケット、細い脚という特徴を持つが、やがて服飾はよりモードと地位を意識したものに変化してくことになる❸。（山辺規子）

---

❶ 14世紀の刺し子入りプールポワン（14世紀半ば）。腕が可動性が高まり、胴部は細く絞られ体に密着している. Musées des Tissus et des Arts Décoratifs de Lyon（リヨン染色美術館）蔵。

❷ 上衣と脚のそれぞれでファッションを楽しむ若者たち *Roman d' Alexandre*, Oxford Bodleian Library, Ms264. fol.84v, Tournai, 1344.

❸ 皇帝カール５世像。上半身を大きく見せ、ブラケットがあり脚は細い。（ティツィアーノ「皇帝５世と猟犬」、1533年、プラド博物館蔵。）

▶参考文献

徳井淑子（1995）『服飾の中世』
同（2010）『図説　ヨーロッパ服飾史』
マックス・フォン・ベーン、イングーリト・ロシェク編（永野藤夫・井本晌二訳）（1989）『モードの生活文化史１　古代ローマからバロックまで』
ブランシュ・ペイン（古賀敬子訳）（新装版2013、初版2000）『ファッションの歴史―西洋中世から19世紀まで』

問い　①中世ヨーロッパの男性服と女性服の違いはどういうところか。
②中世の男性服が華美なものになった理由は何か。

5）身体描写と身体表現

①欧米的身体美の形成と基準の伝播

Ⅱ−4−4−①, Ⅱ−4−4−⑦, Ⅲ−5−3−②　【読】 世11−12, 世13−12, 世14−9, 日8−2

◆身体美と芸術　身体の「美」についての観念は、本来、社会の多様な史料のなかに探るべきものだろう。しかし、美術が歴史の長きにわたり、少なくとも19世紀の近代美術が出現するまで、各時代の美の規範（カノン）を掲げてきたことは間違いない。彫刻や絵画といったイメージの生産をつうじて、人間の肉体は理想化され、またそれらのイメージの受容によって規範は社会のなかに浸透していったのである。

◆プロポーションの思想　地中海沿岸の古代文化では、人間は神が自身の姿に似せて造ったものであり、したがって裸体は神の御技と人間の尊厳を表すものであると考えられていた。なかでも、身体美をプロポーション（比率）という観点から理論化していったのは、数学的な思考様式を好んだ古代ギリシアの思想家たちである。彼らは、人間の身体の美しさは個々の部分にあるのではなく、全体と部分、ないしは部分どうしのプロポーションの調和にあると考えた。さらに古代ローマのウィトルウィウスは、人体の理想的プロポーションに関するデータを収集し公式化したが、ただしそこで規範となる身体は男性のそれであった。

◆中世からルネサンスへ　やがてキリスト教の時代になると、身体は総体的に肉欲の住処として抑圧され、たとえ目立たぬかたちで裸体が表現されたとしても、そこに「美」を見ようとする態度は失われていく。さらに、旧約聖書の記述に従えば、人間の祖であるアダムのあばら骨からエヴァが創造されたのであり、女性の身体は男性に比べて不完全なものとされた。

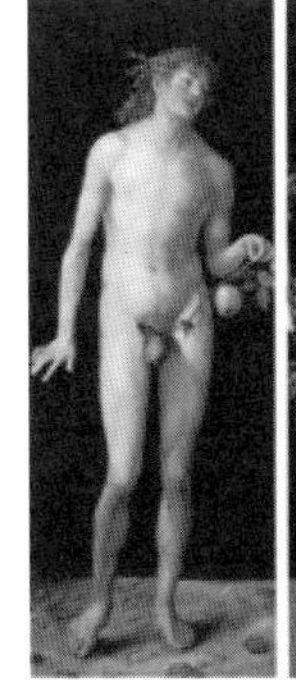

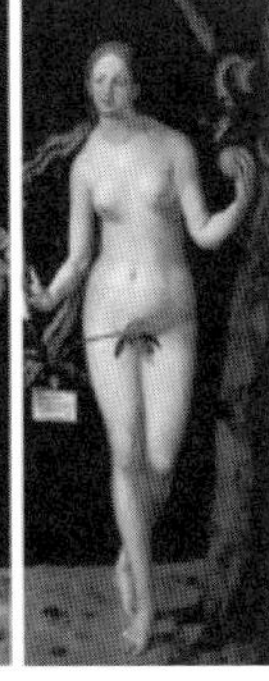

図1

ルネサンスの人文主義は、古典古代の身体礼讃と理想像を蘇らせ発展させた。美しいプロポーションには神による天地創造の調和と、ミクロコスモス（身体）とマクロコスモス（世界）との繋がりが反映されていると考え身体に形而上学的な基盤を与えた。ただし実際の芸術表現においては、こうした思想的基盤を離れて人体のプロポーションが合理的・幾何学的に理論化されていった。ドイツ人でイタリアにも滞在したアルブレヒト・デューラーは、晩年に『人体均衡論四書』(1524年）を著し、男性のプロポーションと並んで女性のプロポーションを初めて系統的に分析した。それまで男性に比べて不完全とされてきた女性の身体を男性と同列に置くとともに、女性美という問題を形而上学的な根拠から切り離して、美や感性といった純粋に美学的な問題として扱ったのである（図1）。これに先立ってイタリアでも、ボッティチェッリのヴィーナス像をはじめ神話や聖書に登場する女性がヌードで描かれるようになり、女性の身体美に官能性が付与される傾向が生まれた。

◆多様性から体系化へ　ルネサンスで再発見された身体は、さまざまな想像力をかきたてる発見の場であり多様性をもったものだった。西欧でもアルプス以北の地域はもともと裸体を芸術の基本とする文化をもたなかったが、絶対主義や啓蒙専制主義の時代になるとイタリアの芸術を受容することが即ち文明化することであると考えられ、裸体像を美術の規範に据えることになる。なかにはルーベンスのように豊かさの象徴である豊満な裸婦を描く画家もおり、多様な女性ヌード像が享楽的な貴族社会のなかで消費されていった。しかし、身体の美は時とともに体系化され、発見の場というより、部分ごとに計測され学びとられるものになっていく。そして、アカデミーでのプロポーション教育で基本となるのは依然として男性身体であり、18世紀後半に興った古典主義においても、ヨハン・J・ヴィンケルマンの著作が示すように、古代彫刻のなかに求められた身体美はあくまで男性のそれであった。

◆19世紀フランス絵画　これに対し、女性の裸体を美術の中心的主題に据えたのが、フランス新古典主義の画家ドミニク・アングルである。彼は、白く滑らかな肌をし、体毛がいっさいない妖艶な女性ヌードを得意とした。その身体は、解剖学的にはアカデミー絵画の規範を逸脱して異常に長い背中をしているなど歪曲されていたが、それがまた奇妙に官能的で、個性的な美を表現していた。かくして身体美とは即ち女性ヌードのことを意味するようになった。19世紀前半はそれでも、身体美の体系に抗うロマン主義絵画の流れもあり、多様な身体表現が見られた。だが、世紀後半になると、新古典主義の流れを汲む芸術アカデミーの画家たち、例えばアレクサンドル・カバネル、ウィリアム・ブーグロー、ジャン＝レオン・ジェロームらが描く裸婦は、規格化された陳腐なものになっていった（図2）。こうした絵画が政府やアカデミー主催の官展（サロン）で好評を博

図2

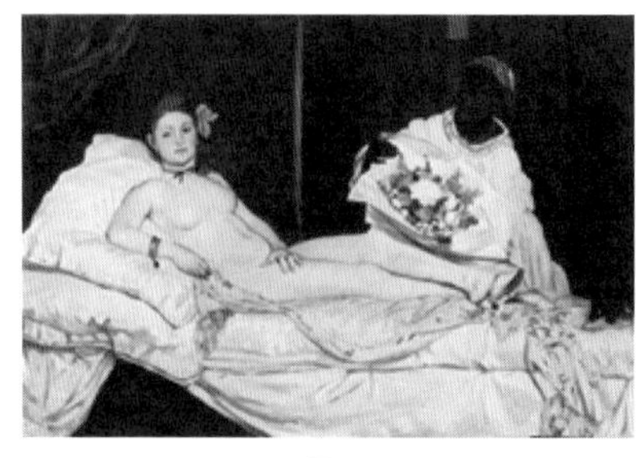
図3

し、数十万人という公衆の目にふれ、国家によって買い上げられていったのである。裸体に理想化と神話的主題というヴェールをかけることがこうしたアカデミー絵画の規範であったのだが、それに対抗したのが、エドゥアール・マネ、それに続く印象派のエドガー・ドガやピエール＝オーギュスト・ルノアールといった近代絵画の画家たちであった。彼らの裸婦像には身体の理想美を追求するという意図はもはやなく、モデルの身体はあくまでも斬新な造形という自身の創造性（それも男性性に基づいたものではあったが）を証明するためのモチーフであった。

上記のマネは、横たわる裸婦を主題とした《オランピア》（図3）を描いたが、その裸身が理想美とはかけ離れた、痩せて現実的な姿であったために、娼婦を連想させるその作品タイトルと相まってスキャンダルを巻き起こした。

◆日本への伝播　日本にはもともと裸体を美術の対象として眺める文化はなかった。衣の隙間から肌がのぞくところにエロティシズムを見出す感性が主流だったのだ。とはいえ浮世絵の春画や一部の日本画では、入浴美人図のようなジャンルで裸体が描かれたり、絵草紙として庶民に広まっていた好色な版画に露わな女性身体が描かれたりはしていた。概してその体つきは、大きな頭、平板な胸、くびれのない胴、小さな手足といった特徴をもっていた。明治になって西洋画習得の気運が高まると、プロポーションの指南書が出版されたり、フォンタネージのような外人教師によって美術教育がなされたりして、欧米の身体規範が持ち込まれた。それは、頭が小さく、胴がくびれ、豊かな胸と腰をもった堂々たる身体像である。日本の民衆文化の裸体表現は否定され、そのリアリティや卑猥さを脱して西欧的な理想美を習得することが、すなわち「芸術」による日本の近代化に他ならなかったのである。

◆〈視の制度〉と女性身体の近代化　このような事情を背景に、日本からフランスやイタリアに留学した渡航画家たちは、現地で西洋人モデルを使って絵画修業に励んだ。ノーマン・ブライソンの指摘によれば、それは19世紀後半に強化された男性中心的な「視の制度」、つまり男性画家が女性をまなざしの標的とする一方的な視線の構造のなかに入ることでもあった。前述したフランス・アカデミー絵画はその典型であり、日本からの画学生はそれを習得して母国に持ち帰ったのである。

ラファエル・コランに師事した黒田清輝が、帰国後に発表した《朝妝》（1893年、

図4）や、寓意的裸婦の三対幅《智・感・情》（1897年）は、外国で習得した西洋型の人体像、女性の身体美を「芸術」のまじめな主題として日本に根付かせようとした試みであった。にもかかわらず、いずれの作品も裸体をそのようにまなざす習慣に馴染まなかった日本人には受入難いもので、酷評を受け、官憲の取締りを受けた。それでも、やがてこうした洋画は政府肝煎の官展や、欧米の万国博覧会などに出品されるようになる。それは、西洋型の裸婦像を見せることによって、日本がどれだけ西洋文化に近づけたのかを国内外に示せると考えられたからである。「日本の近代化は女性の身体が変容すること、しかも西洋的になることを要求した」のである（ブライソン、1994年）。こうして、油絵のカンヴァスのなかの女性たちは、鹿鳴館の洋装の婦人たち以上に、外来の近代性という新しい価値の鋳型のなかに身を嵌めていくことになる。以来、八等身、プロポーションといった西洋特有の身体美の基準は、日本人の平均的な体型を無視して、社会と生活のなかに浸透していったのである。（香川檀）

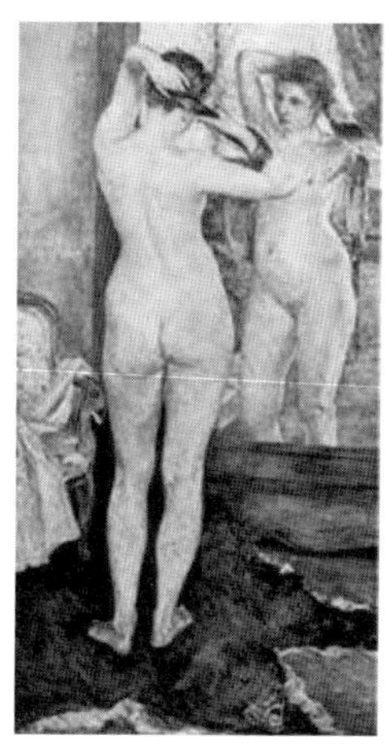

図4

▶図版

1　アルブレヒト・デューラー《アダムとエヴァ》1507年、プラド美術館　https://upload.wikimedia.org/wikipedia/commons/a/a2/Albrecht_D%C3%BCrer__Adam_and_Eve_%28Prado%29_2.jpg

2　ウィリアム・ブーグロー《ヴィーナスの誕生》1879年、パリ・オルセー美術館　https://upload.wikimedia.org/wikipedia/commons/b/bb/William-Adolphe_Bouguereau_%281825-1905%29_-_The_Birth_of_Venus_%281879%29.jpg

3　エドゥアール・マネ《オランピア》1863年、パリ・オルセー美術館　https://artsandculture.google.com/asset/olympia/ywFEI4rxgCSO1Q?hl=ja

4　黒田清輝《朝妝》1893年、焼失。https://jaa2100.org/entry/detail/034591.html

▶参考文献

ダニエル・アラス「肉体、優美、崇高」A・コルバン、J-J・クルティーヌ、G・ヴィガレロ監修（鷲見洋一監訳）（2010）『身体の歴史Ⅰ』

アンリ・ゼルネール「芸術家たちのまなざし」A・コルバン、J-J・クルティーヌ、G・ヴィガレロ監修（小倉孝誠監訳）（2010）『身体の歴史Ⅱ』

宮下規久朗（1992）「裸体表現の変容」辻惟雄編著『幕末・明治の画家たち―文明開化のはざまに』

ノーマン・ブライソン（1994）「日本近代洋画と性的枠組み」東京国立文化財研究所編『人の〈かたち〉 人の〈からだ〉――東アジア美術の視座』

若桑みどり（1997）『隠された視線――浮世絵・洋画の女性裸体像』

問い

①なぜ人間の身体美の重点が時代とともに神の創造物の男性身体から思想的基盤を欠いた女性の形態美へと移行していったのか、ジェンダー視点から考えなさい。

②明治時代の洋画のなかで欧米型の裸婦が描かれた歴史的背景について考えなさい。

5）身体描写と身体表現

②「芸術」のヘゲモニー　見る者と見られる者—巨匠とは誰か？

Ⅱ−4−4−①, Ⅱ−4−4−②, Ⅲ−3−3−④　【読】 世8−3, 日8−13

◆「芸術」の特権性　西洋において絵画や彫刻などの美術は、長い間、「高級な芸術（ハイ・アート）」と呼ばれ、時代や文化を超えて普遍的な美的価値をもち、どんな現実の政治・社会的な利害関係からも自由であると考えられてきた。つまり、芸術はそのイデオロギー性が不問に付されてきた「聖域」だったのである。とはいえ、例えば絵画に描かれた身体像を見て、私たちはその美しさに魅了されることもあれば、逆に嫌悪感をもったり、羞恥心を抱いたりすることもある。見る人の感じ方は、個人差を越えて、じつは人種やジェンダー、性的志向などによって異なるものである。したがって芸術のイメージも、文化の産物として、誰が誰に向けて生産したのか、誰がそれを享受し所有するのか、といった社会的な文脈から捉えてみる必要がある。

◆創造性とジェンダー　美の創造者である「芸術家」という概念は、西洋の思想史のなかでジェンダーの偏差をもって理論化されてきた。そもそも天賦の才能が男女で異なるという考えは、はるか古代ギリシア哲学にまで遡る。文化・芸術の偉業を成し遂げるために必要な精神的資質、とくに「理性」はもっぱら男性に備わったものであり、女性はそうした資質で劣っている「非理性」的な存在である代わりに、子供を産み育てる生物学的な再生産のための資質に恵まれたのだとされた。この二元論的な考え方は、15～16世紀のルネサンスで芸術概念が練り上げられるなかで強化され、18世紀、啓蒙主義の時代に確立する。フランスの思想家J.- J.・ルソーは、女性は芸術的な感受性を所有しておらず、天才とはなりえない、と断言した。

この「天才」という言葉は、芸術家に贈られる賛辞として現在でもよく使われる。芸術家のなかでもひときわ抜きん出て独創的なひと握りの「天才」は、男性的な特質と結びつけられた。例えば、18世紀ドイツの哲学者I. カントによれば、優美で魅力的な「美」は女性的な趣味であり、深淵で難解な「崇高」を志向する高尚な趣味は、男性的であるとされた。芸術概念のなかに、男性性／女性性というジェンダーの二項対立が、男性優位を伴って深く刻まれていたのである。さらに19世紀ロマン主義の時代になると、「天才」は精神の自由をつらぬく社会の反逆者やボヘミアンというイメージを強め、市民階級の女性に期待された家庭的な女らしさの規範とはまったく相容れないものとなった。また、歴史に名を残した有名芸術家には、しばしば「巨匠」という尊称が冠せられる。英語では「オールド・マスター」というが、「マスター master」は女性形「ミストレス mistress」に対する男性形であるため、この語もすでに「男の名匠」という性別を含んでいるのである。

◆視線の非対称　身体描写という観点から、画家とモデルの関係性について考えてみたとき、そこには「見る画家」と「見られるモデル」という視線の構造が成立していると考えられる。古来、彫刻・絵画・建築といった造形の分野は、音楽や詩などと比べて低い地位に置かれ、芸術とは見做されていなかった。ルネサンスの時代になると、職人仕事と区別して芸術としての地位向上をはかるため、視覚に基づく理論を発展させた。とくに線遠近法は、空間を認識して平面上に表現するシステムであり、重要な意義をもっている。人間が外界をどのように見るか、という「見る主体」の視点からの世界の再構成を理論化したからである。しかし同時にそれは、距離をおいた視点から対象を眺め、支配し、額縁のなかに閉じ込め、所有しようとする権力のまなざしでもあった。こうした絵画理論に基づくと、視線の主体とは、理知的に世界を認識する精神をもった男性であるということになる。線遠近法のような幾何学的な理論は、女性の能力では習得できないとさえ考えられたのである。ドイツの画家アルブレヒト・デューラーが絵画技法の解説書として出版した本のなかに、《横たわる裸婦を描く画家》という版画がある（図1）。机の上に格子状の衝立がおかれ、男性画家がその升目をとおして向こう側に寝そべる半裸の女性モデルを片目で観察し、手元の紙に写生する様子が描かれている。これは一点透視図法の作画法をイラストにしたものである。ここですでに、「見る」のは男性、「見られる」のは女性、というまなざしの一方向的な（＝非対称の）構図は当然の前提とされていたことがわかる。

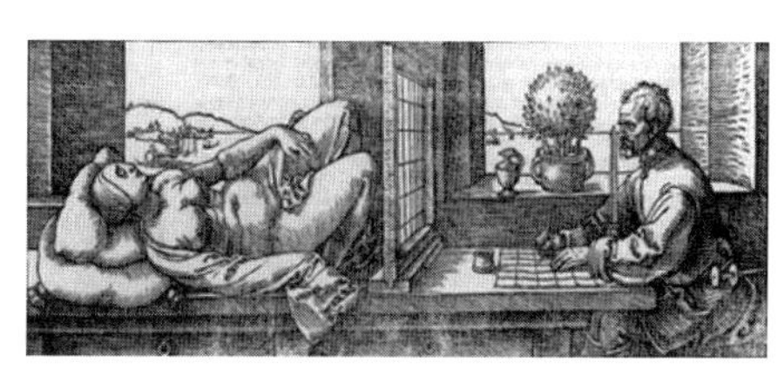

図1　アルブレヒト・デューラー《横たわる裸婦を描く画家》1525年、ウィーン・アルベルティーナ美術館

さらに、画家の目をとおして描かれた画中の人物を、絵の鑑賞者が眺める、という二重の「見る」行為が重なる。見る者の経済力や社会的地位を考えると、絵を注文して購入し、所有し、鑑賞するのもまた、基本的には男性であることが想定されていた。（ただし近年では、女性パトロンの存在も少しずつ明らかにされている。）

◆美術教育とヌードデッサン　では、女性が絵筆をとって描き手になれば、視線の主体となることは可能だったのだろうか。少なくとも社会的・制度的な現実にお

図2　マリ・バシュキルツェフ《女性たちのアトリエ》1881年、ウクライナ・ドニプロ美術館

いては、答えはノーである。画家を志す女性たちが直面した困難は、美術学校で受けた教育にはっきりと現れていた。西洋絵画の中心的主題である人間の身体、とくに格付けの高い歴史（物語）絵画を描くためには、男性の裸体モデルを使ったヌードデッサンの授業を受ける必要があったのだが、女性はこのクラスに参加することが禁じられていたのである。理由は、男性の裸を見ることが女性にははしたないことと考えられたからだ。19世紀後半にパリで画家を志したマリ・バシュキルツェフは、フェニミズム新聞で、女性にも男性と同等の教育が与えられるよう訴えている。彼女が描いた《女性たちのアトリエ》（1881年、図2）は、自身が在籍した画塾の女性教室の様子をよく伝えている。裸体デッサンのモデルになっているのは、成人男性ではなく、毛皮で下半身を覆った半裸の少年だったのである。こうした教育上の不平等もまた、女性が一流画家としてプロの道を歩むことを阻んでいた一因であった。

◆近代絵画と「男らしさ」　男性のヌードデッサンが必修とされた上記の歴史画とはべつに、女性の裸身を主題とする「裸婦像」が絵画の中心的ジャンルとして多く描かれるようになったのは、19世紀フランスでのことだった。伝統的な美の規範を守るアカデミー絵画から、画家それぞれの独創的な様式が追求される近代絵画に至るまで、特権的なモチーフは女性の身体であった。とりわけ後者においては、たんに女性の裸体をどう描くかという純粋に造形上の美的価値だけが問題なのではなく、しばしばアトリエという空間での男女の関係性について男性視点からの見方がこめられていた。さらに20世紀初頭になると、前衛（アヴァンギャルド）といわれるモダンアートの急先鋒が次々と登場する。フランスのフォーヴィスム（野獣派）、キュビスム（立体派）、ドイツの表現派などがその代表である。そこでは画家自身と（しばしば恋人であった）女性モデルをモチーフに、「男性（画家自身）と裸婦」または「裸婦のみ」の作品が好んで描かれた。その女性像は、女性が個人としての顔をもたない動物的な肉塊のように描写されたり、性的に服従した無抵抗で受動的な姿で描かれたりしてい

図3　キース・ヴァン・ドンゲン《横たわるヌード》1905/06年

た（図３）。キャロル・ダンカンはこうした傾向について、「前衛」という芸術の革新性と個人的自由を強調した英雄的な運動において、もっぱら描かれたのはブルジョワ社会の拘束と闘う中流階級の男性の、性的・官能的な体験にもとづく「生」の謳歌であった、と指摘している。

このような性的「男らしさ」に基づいた力関係が、芸術の革新性を保証するものとして賞賛される絵画の最前線には、女性画家のための居場所はなかったに等しい。

◆まなざしの逆転　このように見てくると、身体の描写について最も権威ある規範を示してきた西洋美術のなかに、男性芸術家や男性観者のまなざしが隠然と潜んでいたことが分かる。そして現代の私たちは、あまりにもその視線の構図に慣らされてしまい、絵画はもちろん、写真や映画などヴィジュアルを観るときにも、まなざしの標的となっている女性の身体イメージをとくに抵抗感もなく眺めている。そのことに気づかせてくれるのが、1970年代アメリカの女性画家シルヴィア・スレイの作品である。フェミニズムの思想に共鳴したスレイは、美術史の有名な絵画に描かれた女たちを男に入れ替えたいわばパロディ画を制作したのである。例えば、ベラスケス《鏡を見るヴィーナス》のベッドに横たわるヴィーナスの代わりに裸体の青年をソファーに寝そべらせ、彼をモデルに絵を描くスレイ自身を背景の鏡のなかに描きこんでいる（図４）。こうしてヌードの男性が、伝統的に女性がとらされてきたステレオタイプな官能的ポーズをとって「見られる対象」になっている。その違和感によって、いかに従来の芸術が、男女の不均衡、視線の非対称のうえに成り立ってきたかを鋭く突きつけるのである。（香川檀）

図4　シルヴィア・スレイ《横たわるフィリップ・ゴルブ》1971、個人蔵

▶参考文献

キャロリン・コースマイヤー（長野順子ほか訳）（2009）『美学――ジェンダーの視点から』
ジョン・バージャー（伊藤俊治訳）（1986）『イメージ――Ways of Seeing 視覚とメディア』
キャロル・ダンカン「男らしさと男性優位――20世紀初頭の前衛絵画」ノーマ・ブルード、メアリー・D・ガラード編著（坂上桂子訳）（1987）『美術とフェミニズム――反駁された女性イメージ』

問い

①なぜ歴史上、「巨匠」と呼ばれる女性芸術家がほとんどいなかったのか、「芸術」についての美学理論の点からと、教育制度の点からの両面から考えなさい。

②身体を描写し、図像・イメージとして表現する際に、見る者の視線はどのような意味をもっているか、画家とモデルの場合を例にとって考えなさい。

5）身体描写と身体表現

③近代スポーツと女子スポーツの成立

Ⅰ－1－5－②，Ⅰ－コラム①

◆帝国主義下の近代国家で発展した近代スポーツ　イギリスで18世紀後半から始まった産業革命は、ヨーロッパを中心に広がり、社会に経済面からの変化が生じた。同時期には、近代国民国家の形成という政治的な側面からの変化が生じた。これらの社会の変化は「近代化」と称され、この時代の精神を反映して発展したスポーツは「近代スポーツ」と定義されている。

では、近代スポーツを特徴づける時代の精神とはどのようなものなのだろうか。産業が近代化する中で、人々は専門性を高め、組織的に活動することを通して、より速く、効率的、合理的に生産性を高めることが求められた。その成果を客観的な数字で評価し、競争の中で達成度合いを高めることが重視された。成果をさらに高めるために、国家は植民地を獲得して領土を広げ、資源を入手し、市場を広げる必要があった。当時のこのような国家のあり方は、帝国主義と呼ばれている。

生産と軍事を柱とした社会の主たる担い手は男性であると考えられ、性別役割分担が進んだ。特に中上流階級の男性のための教育機関では「アスレティシズム」と呼ばれる教育的イデオロギーが重視され、勇気・精力・忍耐・自制・規律・協同等の男らしさを身につけることが強調された。都市化による衛生問題や優生学の基盤となったダーウィニズムが成立したことも影響し、男らしさを身につける教育的な身体文化として近代スポーツは広がり、植民地にも伝播していった。

◆女性が近代スポーツを楽しむことに対する制約　19世紀末から20世紀初頭にかけて国境を越えて楽しまれるようになる過程で、スポーツ組織が設立され、平等な参加、競技の公平性のためのルールが形成されていった。だが、近代スポーツと男らしさの結びつきが強まることによって、事実上、女性たちは排除されていった。スポーツ組織が「平等な参加」をめざして念頭に置いていたのは、文化や言語や国が異なる男性たちだけであった。

当時の多くの男性やスポーツ組織にとって、男らしさの対極に位置するとされる女性たちの近代スポーツへの参加は、想定外のことであり、社会の抵抗は強かった。18世紀以降の解剖学や医学が女性と男性の身体の生物学的な違いを強調したことも影響し、近代スポーツは女性には激しすぎて困難だという認識が強かった。1880年代の少女向け雑誌『ガールズ・オウン・ペーパー』にはテニスの楽しみ方の紹介記事があるなど、女性の近代スポーツが少しずつ社会に公認されるようになった。しかし、裾の長い窮屈なウェアや羽根飾りのついた帽子は、女性たちの身体を抑圧していた。1900年に女性がはじめて近代オリンピック大会に出場したときの写真（右）にも映し出されている（図１）。

図1　フランスのスポーツ週刊誌『アウトドアライフ』1900年7月22日号の表紙

◆特別な領域「女子スポーツ」の生成　女性が活発な身体活動を楽しむことへの抵抗が強かった社会で、近代スポーツに女性が参加する道を開いたのは、帝国主義的な時代の風潮の中で培われた良妻賢母の思想を唱えるフェミニズムであった。この思想では、強い兵士を産み育てる健康で健全な母が理想とされた。この理想の下で、女性の体育や近代スポーツへの参加は次第に社会からの要請として奨励されるようになった。

ただし、こうした奨励には制約があった。女性たちの体育やスポーツは、「産む性」としての女性の身体的特性にあわせた「女性向き」の体育や近代スポーツに限られるとされた上に、女性らしさを損なわないことが求められた。このような初期の頃からの近代スポーツにおける女性への制約は、女性スポーツは亜流・二流のものであるというイメージを持たせる温床になったと考えられる。

◆近代オリンピックへの道を拓いた女性たち　女性が高等教育機関で学ぶ権利の獲得に尽力した教育者たちも、女性たちが男性並みの教育に耐えられるようにと考え、体育や近代スポーツを奨励した。ところが、初期にはテニスコートの中で女らしく振る舞っていた女子学生たちは次第に変化していった。ガートン・カレッジの機関誌には、19世紀末には「強いボレー」や「鋭いバックハンド」を賞賛するようになっていったことが示されている❶。

この時期、ピエール・ド・クーベルタンにより近代オリンピックが創始され、第１回大会が1896年にアテネで開催された。クーベルタンは、女性にラグビーやボクシングを推奨した一方で、観衆を前に競技を行う大会への女性の参加には否定的であった。女性が初めて1900年第２回パリ大会に参加した時、その数は全体の2.2％に過ぎなかった。

第二次世界大戦前の女性の参加拡大の要因の一つは、女子陸上競技の正式採用を求めた国際女子スポーツ連盟（FSFI）の運動である。約10年をかけた運動の結果、1928年から女子陸上競技が実施され、その頃には女性選手の割合が10％台に届いた。FSFIの運動は、欧米の教育や職業における両性の平等、女性の参政権などを求める社会運動とも連動していた（図2 FSFIの規約の表紙）。

図2　国際女子スポーツ連盟の1928年版規程集（中京大学スポーツミュージアム所蔵）

◆性を峻別する競技会の成立　FSFIによる運動以降、1930年代には女性の参加を認める競技が次第に増加していった。女性が男性と同じ競技を実施する姿は、帝国主義下のジェンダー規範や性別役割分担を揺るがせる変化であった。この変化と同時期に、引退後に性別を変更して生きることを選択した元オリンピック女性選手の存在が報じられるなど、性の多様性が可視化されるようになった。これらの変化は、女子競技に出場する選手が女性であることを確認する医学的検査が必要であるという主張を引き起こした。この検査は、1968年冬季大会の時にルール化された。

同じ競技を実施したとしても、女性と男性の間には厳格に線が引かれるべきだとし、男女別に競う制度は現在も引き継がれている。この制度は、選手の性別を決定する権限がスポーツ組織にあるかのような事態をもたらし、性の多様性を見失わせてきた。性の多様性の認識と人権意識の高まりの中で2000年に検査は廃止された。

◆女子スポーツの権利を守るのは誰か　国際的な競技会に男女がともに参加する機会が拡大すると、独立して組織化を進めてきた女子スポーツ組織のあり方に変化が生じた。国内スポーツ組織の中には、ドイツの陸上競技のように、当初から男女の両方を統括する場合は存在した。しかし、多くの国では、男子スポーツを統括する組織が女性の参加に抵抗を示したために、女子スポーツを統括する組織が別に設立されていた。前項で触れたFSFIは、それら各国の女子スポーツ組織が加盟し、それらを統括する組織であった。

FSFIは近代オリンピック大会での女子陸上競技の実施と引き換えに、世界記録の公認権などの女子競技を統轄するために不可欠な権限を手放した。これにより、FSFIの内部からも存在意義を問う声が高まり、1936年には解散ないしは消滅という道をたどることになった。FSFIに加盟していた各国の女子スポーツ組織の女性たちが国際大会に出場するために残された道は、二つであった。一つは男子スポーツを統括していた組織に吸収合併されることであった。この典型的な事例は、日本の陸上競技にみられる。1926年に設立され、日本国内で女子陸上競技を統括していた日本女子スポーツ連盟は、1937年にその統括権をJAAFに委譲した。これを選択した事例の多くは、内部に「女子委員会」という特別な組織を設置した。だが、男子委員会は存在しない。組織が男性を標準とする考え方が反映された組織構造は、女子スポーツの保護や権利の拡大に活用されたとしても、男性中心の意思決定を温存させることにつながったと考えられる。

もう一つの道は、独立して女子スポーツの統括を継続することである。これを選択した事例にはイギリスの女子陸上競技の組織がある。1937年に男女それぞれの統括組織が運営協定を締結し、合同国際委員会を設置して1組織であるかのような体裁を作り、国際競技会に女子選手を派遣する方法をとった。協定では、男子スポーツ組織は女子スポーツ組織に対し一切の人的・財的支援を行わないと記されていた。この方法は、1980年代までイギリスの複数の競技団体で採用されていた。

近年のスポーツ組織では、女子委員会に代わり、ダイバーシティ＆インクルージョン委員会等の名称の内部組織が設置されるようになっている。IOCなどでは「スポーツにおける女性委員会」が、近代スポーツを通しての女性の地位向上や権利の保障、性の多様性に関するジェンダー平等の推進を担っている。

競技の公平性の観点から競技カテゴリーとしての女子スポーツの存在には一定の合理性がある。また、性を区別して競う制度が存在したことにより、女性の参加の少なさが可視化され、対策を講じることができた。一方で、女子スポーツという領域が従属的に扱われ、性の多様性が見失われてきた歴史があることを認識しなければならない。この歴史は、今なおスポーツ分野のジェンダー平等に影響を与え続けている。（來田享子）

---

❶ オックスブリッジにおける女性スポーツ

ケンブリッジ大学を構成するカレッジの一つとして女性のための最初の全寮制カレッジ「ガートン・カレッジ」が作られたのは1896年であった。オックスフォードとケンブリッジの対抗戦で活躍した男子選手には「青章（Blue）」が与えられる伝統があったが、女子の進学者が増え、女性の社会的地位が変化した1910年以降も女子学生にはこの称号は授与されなかった。独立した女性の青章委員会（Women's Bules Committee）が設立されたのは1948年とされている。

▶参考文献

飯田貴子・熊安貴美江・來田享子編著（2018）『よくわかるスポーツとジェンダー』

5）身体描写と身体表現

④ポルノグラフィと女性差別——「表現の自由」か？

Ⅰ−5−2−③，Ⅰ−コラム㉚

◆ポルノとジェンダーの視点　ポルノグラフィ（ポルノ）とは、一般に「人の性的な部位や行為を露骨に表現した文書や図画」と定義され、消費者が性的興奮を得るための手段として広く供給されている。女性向けのポルノも存在するが、圧倒的多数は男性向け（ゲイの男性を含む）である。性描写の歴史は古いが、現代的なポルノは18世紀末から19世紀前半に西洋で登場したとされる。日本でも江戸時代に浮世絵の春画が広く流通したが、ポルノと同視しうるかには諸説がある。

ポルノの一般的理解にはジェンダーの視点が欠けがちだが、ポルノと女性差別の関係や法規制の是非を考える上ではそれが不可欠であろう——ポルノの中で女性がどのように扱われているか、ポルノの日常的消費は男性にどのような影響を与えるか、ポルノの社会的承認が女性の地位にどう影響するか、などの視点である。

◆近代国家とポルノ規制　近代国家は一様に、ポルノすなわち露骨な性表現物の頒布・販売等を性道徳に反するとして規制してきた（わいせつ物規制）。20世紀後半以降は、性表現の自由を求める自由主義論者による批判や、ポルノ産業の隆盛に押されて、わいせつ物規制は緩和される傾向にある。さらに、20世紀末からインターネットが普及し、国境を越えてポルノが大量に流通するにいたった現在、わいせつ物規制という名の国家のポルノ規制は一層無力化している。

◆ポルノ被害の提起　国家によるわいせつ物規制と、それに対する自由主義的批判には、１つの共通点がある。ポルノの被写体に対する無関心、いいかえると、ジェンダー視点の欠如である。それに対して、ポルノには被害があり、被害者がいると訴えたのが、第２波フェミニズムの中で生まれたポルノ批判論である。その流れから1980年代にアメリカで制定された「反ポルノ人権法」が、ポルノによる被害を初めて体系化した❶。同法は、既存のわいせつ物規制法とは違い、ポルノの制作過程や消費または流通の結果、被害を受けたと考える者が、加害者を相手取り損害賠償請求訴訟を起こすことを促進する法律であった（ただし裁判所の違憲判決を受けて施行されなかった）。

日本では、2015年頃からAV出演強要の被害が明らかになり、2022年にAV出演被害防止・救済法が施行された❷。

◆デジタル性暴力　ポルノによる被害は、インターネットの普及と映像のデジタル化によって著しく深刻になっている。被害を伴うポルノ映像が無限に複製され、世界中に拡散され、だれかの手中に永続的に存在しうるからである。デジタル技術によって深刻化した今日のポルノ被害は、被害者から時間的、空間的な逃げ場を奪い、救済困難な苦しみをもたらしている。

◆ジェンダー視点に基づくポルノ規制　ポルノが出演者に被害を与えており、さらに女性差別を増長しているとしたら❶、ポルノは国家に対して単純に「自由」を要求できるものではない。ジェンダーの視点に立ったポルノ被害の分析と法規制の検討が必要である。法規制上の最初の課題は、立法目的を性道徳の維持（＝わいせつ物規制）から、ポルノの被害者の人権擁護と女性差別の解消へと転換させることにある。さらに、出演者に実際の性交をさせるAV撮影の違法性も検討を要する。金銭の力で人に不特定の相手と性交させる契約をした者は処罰される（売春防止法10条）。その一方で、金銭の力で出演者にあてがった相手と性交させ撮影・販売するAV契約は、AV出演被害防止・救済法でも違法にされなかった❷。だがそれは整合性を欠かないか。ポルノはなお、究明すべき課題が山積している分野である。（中里見博）

---

❶ アメリカの反ポルノ人権法によるポルノ被害の体系化（1982）

- 制作被害……ポルノ出演を強要されたり、撮影で合意のない暴力や虐待を受けたりする被害。日本で社会問題となったAV出演強要被害はこれに該当する。
- 消費被害……ポルノの日常的視聴によって助長された性暴力を受ける被害。AVの影響を受けた夫などに、顔に精液をかけられたり、精液を飲まされたりするのはこの被害例である。
- 差別被害……ポルノが社会に蔓延することによって女性全体が差別を受ける被害。女性は男性を喜ばせるための劣った存在として、男性と対等な市民とみなされない、など。

❷ AV出演被害防止・救済法（2022）

AVは出演者に取り返しのつかない重大な被害を生じているとし、制作者の義務と出演者の権利を定めた。制作者の義務としては、契約後１カ月の撮影禁止；出演者の安全確保；公表前の映像確認；撮影終了後４カ月の公表禁止など。出演者の権利としては、公表から１年間の契約解除権；契約解除後などの販売・配信停止請求など。性被害者のためのワンストップ支援センターでの相談・支援実施も定められた。

▶参考文献

中里見博（2007）『ポルノグラフィと性暴力――新たな法規制を求めて』
ぱっぷす編（2022）『ポルノ被害の声を聴く――デジタル性暴力と #MeToo』

問い

①ポルノは無害だ、あるいは性犯罪を減らす（有益だ）という主張があるが、ジェンダーの視点からその当否を考えなさい。

②日本のポルノに関するいくつかの規制立法の種類と内容を調べ、それぞれの意義と問題点を考えなさい。

コラム㉗ ムスリム女性のヴェール

◆イメージと誤解　日本人を含む非ムスリムにとって、女性のヴェールは、イスラームのシンボルとも見えるものだ。筆者は大学で「イスラームと現代社会」という講義科目を担当している。2020年４月、初回の授業で学生たちに対し、「イスラームと聞いて連想するものを書きなさい」と聞いたところ、91人の回答者のうち27人が、「ヒジャーブ」や「ヴェール」など、女性の服装について言及した。ラマダーン（33人）、コーラン（16人）、礼拝（12人）、ハラール・食の禁忌（12人）などと共に、ヴェールや女性の服装は、日本の大学生にとっても、イスラームを代表するイメージだということがわかる。

また、こうしたイメージはしばしば、ヴェールをイスラーム世界の後進性の象徴と捉えたり、女性抑圧のシンボルと見るオリエンタリズム的見方とも結びつく。20世紀末以降、フランスなど複数の国で、政教分離を定めた憲法原則に反するという理由から、国家が公的な場でのヴェール着用を禁じるスカーフ論争が顕在化しているが、その背景にも、イスラームが女性抑圧の宗教であり、ヴェールを脱がせることが女性の解放につながるという根強い誤解があることも指摘されている。

◆イスラームの教えの中のヴェール　日本や西欧社会におけるステレオタイプ的イメージや誤解とは裏腹に、ムスリム女性たちの多くは、ヴェールを被らされているわけではない。宗教の教えを意識しつつ、自発的にヴェールを身につけている女性が大半であろう。ではなぜムスリム女性はヴェールを纏うのか。ヴェール着用の根拠として、頻繁に参照されるクルアーンの章句を２つ紹介しよう。

《信者の女たちに言ってやるがいい。かの女らの視線を低くし、貞淑を守れ。外に表われるものの外は、かの女らの美や飾りを目立たせてはならない。それからヴェールをその胸の上に垂れなさい。自分の夫または父の外は、かの女の美や飾りを表わしてはならない。》（御光章31節）

《預言者よ、あなたの妻、娘たちまた信者の女たちにも、かの女らに長衣を纏うように告げなさい。それで認められ易く、悩まされなくて済むであろう。》（部族連合章59節）

これら２つの章句から、女性の美や飾りを覆い、ムスリム女性として認められやすいよう、胸に垂れる「ヴェール」と「長衣」の着用が命じられていることが分かる。一方で、ヴェールや長衣に関し、これ以上に詳しい記述はクルアーンには見当たらず、例えば、御光章31節で表してはならないとされる「女性の美や飾り」が何を指すのか、身体のどの部分を覆わねばならないかは、歴史上、様々な議論や解釈が積み重ねられてきた。

クルアーンは、イスラームの聖典であり、神から人間に下された言葉であり、ムスリムにとっての生活の指針である。クルアーンの記述を見ることで、ムスリムの日々の言動の根拠や、その言動の背景にある規範を知ることができる。一方で、その内容は概略的であり、意味が明晰なものと、曖昧なものがある。そのため、クルアーンの章句の意図を解釈するための解釈書がいくつも編まれ、人々のクルアーン理解に用いられてきた。

同時に、ハディースも重要である。預言者ムハンマドの言行を記録したものであり、ムスリムにとっては、概略的なクルアーンの記述を補完し、より詳細かつ具体的な指針を示してくれるものでもある。以下に、女性が覆わねばならないとされる身体の部分を伝えるハディースを１つ紹介しよう。

「アーイシャ（預言者の妻）によると、アスマー・ビント・アブー・バクル（アーイシャの姉）が薄手の服を着て預言者のところへやってきた。預言者は彼女から顔を背けて言った。『アスマーよ、女性は初潮を迎えたら、身体を見せることはよくない。ただし、ここここを除いて』と言って自分の顔と手を指した。」（アブー・ダーウードのハディース）

これによれば、預言者が提示した女性の覆うべき箇所は、顔と手以外のすべての身体だということがわかる。これ以外にも、類似の内容を伝えるハディースもある。これらを根拠として、現代のムスリムたちの間では、女性が覆うべきは、顔と手以外の身体すべてだとする見解が主流である。

一方で、記録されたハディースは膨大な数に及び、その真偽や信ぴょう性には、高いものから低いものまでさまざまなレベルがある。ある事柄を判断するのに、どのハディースを用いていかに解釈するかは、時代や地域ごとに、また時代を超えて、ウラマー（イスラーム学者）たちによって、異なる見解が発せられてきた。女性のヴェールも例外ではなく、身体のどの部分をいかに覆うのか、イスラームの教えに適うヴェール着用はいかなるものかについて、さまざまな議論が積み重ねられている。

◆多様なヴェール着用の実践　実際に、女性たちによるヴェールの着用方法やヴェールの形、大きさ、色などは、時代と場所ごとに大変多様である。その多様性は、クルアーンとハディースの解釈の多様性に起因するとも言えるが、同時に、各時代、各地域の政治・社会状況、また文化から強く影響を受けていることも忘れてはならない。

例えば、現代のイスラーム世界を眺めてみても、アバーヤと呼ばれる全身を隠す黒いコートと共に、黒いヴェールで頭を覆う女性が多いサウジアラビアやイエメンなどの地域もあれば、エジプトやトルコでは、色鮮やかなヴェールも目立つし、またイランでは、頭のてっぺんから後頭部をルーズに覆うものの、前髪は大幅に見えるかぶり方も多く見られる。また、時期による変化もある。例えば、20世紀初頭、エジプトでは近代化、西洋化の流れの中で洋装化が進み、ヴェールを外す動きがみられるようになり、また、トルコやイランでは西洋化政策を導入した為政者によって、ヴェール着用の廃止が推奨されたが、20世紀後半には、イスラーム復興の潮流の中、各地域で再ヴェール化の動きが見られるようになった。

筆者の調査地インドネシアでは、20世紀後半の開発独裁の時代まで、ヴェールの着用はイスラームを専門に学ぶ限られた層の人々の間のものだった。この状況に変化が生じたのは、1980年代以降、開発独裁体制下で教育水準が向上し、急激にその数を増やした大学生たちの間でのことである。出版や翻訳技術が向上し、クルアーンのインドネシア語訳も含め、イスラーム関連の書籍が次々と翻訳出版されて、大学生に受容された。新聞、雑誌、テレビなどメディアの拡大により、海外のムスリムの動向もリアルタイムで伝わるようになり、中東のイスラーム復興や再ヴェール化の影響も大きかった。それまで多くのインドネシア人は、ムスリムでありながら、イスラームの教義について自ら学ぶ機会を持たなかったが、この時期には、

インドネシアのムスリム服ブティック。さまざまなヴェールが並ぶ。（筆者撮影）

ヴェールに関する教えを理解し受け入れた女子学生らによって、その着用が始まったのである。教育機会の拡大と、メディアの発展と共に、ヴェールの着用は、都市部の大学生や高校生の間に着実に広まっていった。

2000年代に入り、インドネシアでは、民主化と経済発展が進展すると共に、社会の中でイスラームが顕在化し、ヴェールの規範は、社会のより幅広い層に浸透して、着用者が社会のマジョリティを占めるようになった。イスラーム的規範を遵守すべきとする社会的雰囲気の中、ムスリム女性のヴェールや服装は、経済成長の恩恵を受けた中間層たちに広く受容されている。現在では、ヴェールの巻き方や着用の仕方に関するさまざまなウラマーの見解が、書籍、テレビ、SNSなどいくつもの媒体を通じて発信され、人々は、自らの信仰心と嗜好に照らし、自らの考えに合致する解釈を取捨選択し、日々の生活に取り入れている。結果、インドネシアでは、色も形も華やかなヴェールもあれば、無地の大きなヴェールもある。さらに近年では、顔まで覆うヴェールを身につける女性も見られるようになった一方で、イスラームの教えと解釈を考慮した上で敢えてヴェールを着けない選択をする女性も見られるのである。（野中葉）

▶参考文献

後藤絵美（2014）『神のためにまとうヴェール』
野中葉（2015）『インドネシアのムスリムファッション』

コラム㉘　明治期の女性風俗改良

◆文明化と風俗改良　明治政府は文明化政策＝欧化政策を推進するなか、風俗の「改良」に力を注いだ。だが、男性の風俗改良が断髪令（1871（明治４）年）に始まって、職場における官吏の洋装や制服の採用を梃子に早期から浸透していったのに対し、女性の場合は男性に比して公的な場に出ることが少ないこともあって社会的強制力が働かず、日本髪の廃止や、西洋風の薄化粧と洋装への移行は、なかなか国家や啓蒙家たちの思惑通りには進まなかった。ここでは明治期における女性風俗改良のプロセスを、束髪運動に絞って概観する。

◆新風俗の手本　髪型はもとより、化粧法や服装に関する新しい風俗のモデルとして女性雑誌に頻繁に肖像が掲載されたのは、皇族・華族・ブルジョアジーの女性たちだった。江戸時代までのファッションリーダーは歌舞伎の女形や吉原の遊女であり、劇場や浮世絵を通じて流行風俗は下から上の身分へ影響を与えるものだった。その流行の流れを逆行させて、上から下へ感化させようとしたのである。

◆束髪運動の開始　女性の髪型をめぐる風俗改良が本格化するのは、1885年に医師渡辺鼎と経済記者石川暎作が、婦人束髪会を設立したことに端を発する。発起人が医師と経済記者の組み合わせであったことは、この運動が衛生と経済の問題を根幹に据えたものであったことをよく示している。渡邉たちは従来の伝統的な日本髪を「不便窮屈」・「不潔汚穢」・「不経済」と非難した。日本髪は紐で髻を強く束ねるために頭皮に過度に負担がかかって健康上好ましくなく、また大量の鬢付け油で髪を固めるために洗髪は半日がかりとなり、おのずから洗髪頻度が下がって不潔とされた。特に都会で流行りの凝った髪型は自分で結える形ではなく、女髪結と呼ばれる美容師を自宅に呼んで結髪してもらう必要があり、その髪には鼈甲や珊瑚・翡翠、金銀で細工された高価なかんざしが欠かせず、不経済とみなされた。渡邉達は鬢付け油を用いない束髪スタイルの導入によって洗髪頻度を上げるとともに、三つ編みなどで自分で手早く髪を束ね、家にある布や草花を髪飾りとする清潔で経済的な風俗を普及させようとした。束髪は東京師範学校女子部の生徒の髪型として採用されるなど、中流以上の社会で受容される兆しを見せた。

婦人束髪会発行束髪図
（国会図書館蔵）

◆束髪衰退から定着へ　しかしながら、1883年に開設された欧化政策を象徴する鹿鳴館が、不平等条約改正の失敗と外務卿井上馨の失脚により、1887年に閉鎖された。また、1894年に日清戦争によって国粋主義が興隆するなか、伝統的な日本髪が復活する。ようやく1902年辺りから、庇髪と呼ばれる西洋のポンパドールの影響を受けた束髪が流行し、さらに日露戦争中に二百三高地という束髪が流行して、束髪は女性たちの間に定着していった。

◆束髪の問題点　ただし、その実態は渡辺たちの束髪普及意図とは大きくズレていた。婦人束髪会がうたった開化・経済・衛生・洋装というキーワードとは無縁なスタイルが普及したのである。贅沢な髪飾り（しかも母から娘へ受け継がれていく日本髪のかんざしはもはや使えず、束髪用の洋風髪飾りが必要だった）、巨大な前髪の中に蛇腹を仕込むような、美容師の手を必要とする庇髪の流行、前代からの結髪の美意識を継承して一本の後れ毛もないように油で固めるために洗髪の頻度は上がらず、洋装ではなく和装にあう形の束髪が歓迎された。束髪の普及は風俗の欧化には直接的に結びつかなかったのである。

◆風俗改良運動の失敗　失敗の原因の１つは、風俗という美意識や習慣と密接に関係する事象を、階級による生活文化の差異を無視して広げようとした啓蒙運動の姿勢に求められよう。風俗改良モデルは上流女性であったが、現実に女性たちから美の範とみなされ化粧品広告などで取り上げられたのは、艶やかな日本髪を結った和装の芸者たちであった。（鈴木則子）

▶参考文献

ポーラ文化研究所編（1986）『モダン化粧史―粧いの80年』
鈴木則子（2004）「「女学雑誌」にみる明治期「理想佳人」像をめぐって」栗山茂久ほか編『近代日本の身体感覚』

第5章

性暴力と性売買

1）概論

性暴力と性売買

◆ジェンダーに基づく暴力　「暴力」は歴史的概念である。何を暴力として定義するかは、それぞれの社会や時代によって異なる。特定の暴力は社会的承認を得て行為者の「権利／権限」とみなされ、不可視化されやすい。その典型が「ジェンダーに基づく暴力」（Gender-based violence）である。「ジェンダーに基づく暴力」とは、性別や性別役割規範に基づいてふるわれるあらゆる暴力（身体的暴力・性暴力・心理的精神的暴力・経済的暴力・虐待など）を指す。

「ジェンダーに基づく暴力」はどの社会でも広範に存在するが、犯罪とみなすか否か、制裁の程度は社会や時代によって大きく異なる。「ジェンダーに基づく暴力」に対する初の包括的な国際的取り組みが、「女性に対する暴力撤廃宣言」（1993年国連総会）である。同宣言では、「女性に対する暴力」の例示として、①私的関係（家族／家）で生じる暴力（DV、児童虐待、持参金殺人、女性性器切除、夫婦間レイプなど）、②公的関係（職場など家の外）で生じる暴力（レイプ、セクシュアルハラスメント、強制売春など）、③国家によって容認された暴力（戦時性暴力など）の三種があげられている。

◆「性の二重基準」と「有害な男性性」　「ジェンダーに基づく暴力」は、一般に社会の家父長制的構造やジェンダー規範を反映して、二つの特徴を帯びやすい。①「性の二重基準」に基づいて被害者である女性が責められやすいこと、②「男らしさ」規範によって男性の暴力性が肯定されやすいことである。

①「性の二重基準」とは、性規範が男女によって異なることを指す。例えば、性的経験について男性は奔放であってもよいが、女性は貞淑でなければならないという基準である。近代法では性の二重基準が顕著であり、姦通罪や強姦罪に典型的に現れた。今日でも、性暴力の被害に遭った女性の「落ち度」をあげつらったり、性被害を公表して提訴した女性をSNSで攻撃したりするなどの暴力が後をたたない。近年では「性の二重基準」を超えて、男女別に異なる行動規範が適用されることを広く「ジェンダーのダブルスタンダード」と呼ぶ。

②男性・女性・社会全体にとって有害であるにもかかわらず、伝統的・文化的に「男らしい」として期待される行為規範を「有害な男性性」（Toxic masculinity）と呼ぶ。これは、

男性性研究の中で2010年頃から注目されるようになった比較的新しい概念である。暴力は本来性別を問わず、誰でも加害者・被害者になりうる。しかし、多くの社会で男性の暴力を肯定する風潮が強いため、「加害者が男性、被害者が女性」となるパターンが多い❶。

◆暴力の可視化　「ジェンダーに基づく暴力／女性に対する暴力」が可視化されたのは、1970年代以降である。19世紀欧米社会では、夫から妻への暴力も父から子への暴力も「懲戒権」という家父長の権限に含まれるとみなされた。第二波フェミニズムの影響を受けて、欧米では1970年代以降、家庭内で起こる暴力を「ドメスティックバイオレンス」（DV）と名付けて犯罪の一つとし、職場での性的嫌がらせを「セクシュアルハラスメント」と呼んで加害者や事業主（会社）の法的責任を問うようになった。アジア・アフリカでの取り組みは欧米よりも遅れた。例えば、日本で初めてセクシュアルハラスメント規定が定められたのは1997年改正男女雇用機会均等法においてであり、DV防止法が成立したのは2001年である。

ジェンダー規範は根強く、法律ができても社会や裁判における変化が一挙に進んだわけではない。レイプ被害にあった女性の「落ち度」を公開法廷で暴露し（セカンドレイプ）、被害者を裁いて加害者を無罪にする裁判は欧米でも1990年代まで続き、日本では21世紀になっても続いた。性売買（買売春など）については、近代的契約の装いをとってその暴力性が隠蔽されてきたが、今日ではセックスワーカーの自己決定権を重視する考え方も強まっている。コロナ禍は社会の弱い部分を直撃したが、世界中でDVを増やしたことが報告されている。

◆性暴力　WHO（世界保健機関）によれば、「性暴力」（sexual violence）は、「本人のセクシュアリティに対する、強制や威嚇によるあらゆる性的行為や、性的行動への衝動で被害者とどのような関係であっても、自宅や職場に限らずどのような場所であっても起こる」（「世界の暴力と健康レポート」2002年）と定義される。典型的には強姦・強制わいせつ・避妊への非協力・中絶の強要などである。

性暴力によって被害者の健康、尊厳、安全、自主性は大きく損なわれる。しかし、性暴力がきわめて重大な人権侵害であるとの認識はごく新しく、「暗い夜道を１人で歩いていた女性が見知らぬ男にレイプされる」といういわゆる「強姦神話」がいまなお広くゆきわたっている。実際には、性暴力は親密な人間関係の中で生じるケースが圧倒的多数を占める。被害者は被害時に迎合・拒否・凍り付きなどの行動をとり、明確にNOと言えないことがほとんどである。双方の性的合意を重視し（合意主義）、一方当事者がNOと言えないケースを列挙してレイプの成立を認めるタイプの刑法性犯罪規定の改正が21世紀国際社会で進みつつある。日本でも、2023年刑法改正で「不同意性交等罪」が導入され、ようやく国際水準である合意主義を採用するには至った（→第５章２-①）。

◆性売買と買売春　性売買は、金銭等の対価とひきかえに何らかの性的サービスを提供・購入する行為を指す。性的サービスには多様な形態があり、典型的な性的サービスが性交の提供（売春）である。20世紀末ごろから「買春」に着目した「買売春」という言葉が広まった。買売春の位置づけについては、主に以下のようなタイプがある。①禁止（キリスト教）、②廃止＋売春婦保護更生（廃娼運動・日本の売春防止法❷）、③廃止＋買春者処罰（買春禁止法）、④規制＋営業区域管理（江戸期遊郭）、⑤規制＋売春婦管理（近代的公娼制）、⑥放置・黙認、⑦合法化（セックスワーク論）である。今日のフェミニズムの立場は③と⑦に分かれている。③は性的サービスの提供に伴う身体的リスクや人身取引などの犯罪と結びつきやすいという点を重視して買売春を廃絶すべきという立場であり、⑦は売春者の自己決定権に基づく「セックスワーク」として合法化（脱犯罪化）すべきという立場である。

売春には単純売春と強制売春があり、両者を混同すると大きな誤解を生む。単純売春は売春者と買春者の合意により成立する性的サービス提供契約である。強制売春は売春者の意思に反して売春を強要する深刻な人権侵害である。強制売春では、一般に売春者と買春者の間に社会的・経済的格差があり、しばしば人身取引（身売り）がからむ。戦時慰安婦の中には騙されて徴用され性的搾取を受けた女性も少なくない。今日、ヨーロッパの多くの国でセックスワークとして合法化されているのはあくまで単純売春であり、売春者の自己決定に基づく性的サービスの提供である（2000年オランダ、2002年ドイツなど）。ただし、旧東側諸国やアジア・アフリカなどから人身取引で売春婦が集められているケースも少なくない。新しい方向として買春者を処罰する買春禁止法が登場している（1999年スウェーデン、2009年ノルウェー、イギリスなど）。

◆歴史の中の買売春　買売春は、時代や地域を問わず、ほとんどの社会で存在する。しかし、その態様や位置づけは非常に異なる。売春者には女性（娼婦・売春婦・遊女）も男性（男娼）もいれば、インドのヒジュラーのように性別越境者もいる。古代ギリシアのヘタイラたち、吉野太夫・夕霧太夫・高尾太夫の「寛永三名妓」、ファン・ジニ（朝鮮王朝期の妓生）など、優れた技芸と高い教養を身につけた女性も存在した。一方、売春者を賎視する社会も少なくない。売春者の賎視にはセクシュアリティを貶めるジェンダー規範が背景にあることが多く、買春者を処罰せず、売春者を道徳的に非難しつつその身体を公的に管理するという「性の二重基準」が存在することも見逃すことはできない。また、例えば江戸期遊郭に暮らす遊女の多くが身売りで集められ、苛酷な性労働を強いられたために平均寿命が20歳代であったことや、今日の東南アジアで貧困地区出身の少女が家族のために身売りして売春を強いられ、HIV に罹患するや捨てられて亡くなっていることが示すように、不本意な売春は貧困やジェンダー不平等という社会的不公正の表れである。他方、現代日本では援助交際や JK ビジネス、パパ活などの形で若年女性がアルバイト感覚で性売買に関わるケースが増えつつある。

◆現代の奴隷制　ILO（国際労働機関）は、「脅迫や暴力、欺瞞、権力乱用、そのほかのかたちの強制によって」当事者が逃れられない状態を「現代の奴隷制」（Modern slavery）と呼び、強制労働と強制結婚をその２大類型としている❸。現代の奴隷制の被害者の多くが人身取引で集められており、性的搾取でそれが顕著である。奴隷制や人身売買の歴史は古いが、法律や国際条約で規制が始まったのは19世紀後半以降である。人身売買禁止条約（1949年）は各国内での人身売買を禁じたが、グローバル規模での「人身取引」（性的搾取・強制労働・臓器売買を目的とした取引）は1990年代から対策が始まった。国際刑事裁判所（ICC）設立条約（1998年）は武力紛争時の人身取引や性暴力を「人道に対する罪」として ICC の管轄対象とし、「人身取引禁止議定書」（2000年）は平時を含めた人身取引一般を禁じた。日本やアメリカは人身取引受け入れ国として警告されている。（三成美保）

---

❶ 日本の「犯罪白書」（令和３年版）によれば、刑法犯検挙人員は、男性８割に対して女性は２割（21.3%）であった。女性による犯罪は、窃盗（特に万引き）が多く（女性犯罪の71.4%）、傷害（女性比率9.1%）、暴行（同13.8%）は少ない。人身被害を伴う事件（認知件数381,185件）では、被害者の３分の１以上（35.5%）が女性である。殺人・傷害・暴行とも女性被害者が半数近くに上り、性暴力（強制性交等・強制わいせつ）の被害者は８～９割が女性である。

❷ 日本では2022年に売春防止法（1956年）が一部改正された。売春防止法は「売春が人としての尊厳を害し、性道徳に反し、社会の善良の風俗をみだすもの」と定義し、「売春を助長する行為等を処罰するとともに、性行又は環境に照して売春を行うおそれのある女子に対する補導処分及び保護更正の措置を講ずることによって、売春の防止を図ることを目的とする」と定めている。2022年改正では売春女性に対する補導処分と保護更生の規定が削除され、保護更生の部分が「支援」と改められて、売春女性・DV 被害者を広く含む「困難女性支援法」（2022年）に移された。売春防止法は戦前の廃娼運動の流れをくむ価値観を反映しており、売春を「風俗違反」とみなした上で買春者を処罰しない。このようなジェンダーバイアスは存続しており、ヨーロッパの「セックスワーク論」や「買春禁止法」のいずれの考え方も反映されないままの改正となった。

❸ 2021年世界推計では５千万人が現代奴隷制の被害者であり、コロナ禍によって５年前より１千万人増えた。強制労働の被害者2760万人（うち子ども約330万人）のうち、23%が商業的性的搾取の被害者（8割は女性・女児）である。強制結婚の被害者は約2200万人でその３分の２以上が女性であり、多くは15歳未満で結婚させられている。

▶参考文献

三成美保ほか（2019）『ジェンダー法学入門（第３版）』
服藤早苗・三成美保編（2012）『権力と身体』

問い　①強姦神話にはどのような例があるか？
②JK ビジネスについてどう考えるか？

2）性暴力の歴史

①欧米における性暴力と性犯罪の歴史 ―レイプはどう罰せられたか？

Ⅰ－5－2－③, Ⅲ－3－2－①, Ⅲ－コラム⑪　【読】 世15－5

◆性暴力と性犯罪　性暴力とは、「同意のない性的行為や性的接触」を指す。加害者と被害者の関係や性別によって異なるわけではなく、夫婦・恋人といった親しい関係であっても同意がない性的行為・性的接触はすべて性暴力である。性暴力には、レイプ、わいせつ行為、痴漢行為、セクシュアルハラスメント、ドメスティックバイオレンス、買春、強制売春などが含まれる。しかし、性暴力のすべてが刑法上の犯罪（性犯罪）として処罰されてきたわけではなく、刑罰の軽重も時代や地域によって異なった。宗教や文化によっては、性暴力の被害を受けた女性が責められ、自死に追い込まれるケースもあった。ごく大まかに言えば、セクシュアルハラスメントやドメスティックバイオレンスは1970年代以降の新しい性暴力概念である。今日、これらを性犯罪として定める国もあれば、日本のように防止法令はあっても性犯罪とはされず、処罰規定がない国もある。

◆神話と絵画の中のレイプ表象　典型的な性暴力であるレイプの場合、呼称や意味づけ、刑罰が歴史的に大きく変化している。家父長が保護する女性（妻・娘）に対するレイプは、長く「家父長男性の支配権・財産権の侵害」とみなされてきたが、1960～70年代以降、欧米では女性の「性的自己決定権の侵害」とみなされるようになった。

レイプの語源であるラテン語のraptusには「強姦」だけでなく、「略奪・誘拐」（しばしば強姦を伴う）の意味もある。ギリシア神話では女性のレイプがしばしば描かれている。神や王などの「英雄」が女神や女性を略奪・強姦し、女性たちがその子を産むというパターンである。例えば、神々の王ゼウス（ユピテル）は、白い牡牛に変身してエウローペーを連れ去り、白鳥に姿を変えてレーダーと交わった。レイプから逃れることは女性にとっては至難で、イーオーは牝牛に変えられ、プロセルピナは冥界の女王となり、ダフネーは月桂樹に変身した。これらのレイプ表象は古代ギリシアの壺絵やルネサンス絵画で好んで描かれた、最も有名な例が、ボッティチェリ「春」（1482年頃）である。「春」には、春を告げる西風の神ゼピュロスが逃げるクローリスをレイプしようと追いかける場面が描かれている（図1）。そのモチーフはオウィディウス「祭暦」にあるとされる。樹木のニンフであるクローリスに魅了されたゼピュロスが彼女をレイプしようとしたとき、クローリスの口から花々が溢れだし、花の女神フローラへと姿を変えたというものである。

図1

ローマ建国神話に関わる「サビニの女たちの略奪」を描いたプッサンの絵画（1633–34年頃：建国の英雄ロムルスが套を持ち上げて兵士たちに女性を捕らえる合図を送っているところを描いている）はフランス古典主義絵画の最高傑作とされる（図２）。近世にはレイプ表象は結婚式の品物にもしばしば描かれた。女性の貞潔、夫への従順、家と国のための犠牲、家の中の調停者としての女性の役割などを教えて、家父長制社会を補強するためであった。

図2

◆ゲルマン部族法典における性暴力規定　私法を中心とするローマ法には刑法規定は乏しいが、ゲルマン古法の記録である部族法典は基本的に刑事法規定であり、「人」の生命や身体を損傷したときには「人命金」の支払いが命じられた。例えば、『バイエルン部族法典』（８世紀）では、「人」は、身分（自由人・解放自由人・奴隷）と性別によって分けられ、具体的な侵害行為（脳髄が出た場合、鼻を傷つけた場合など細かく場合分けされている）に応じて人命金の額が細かく定められた。自由人男性の妻女が傷つけられたときには、「武器をもって自己を防御できないがゆえに」男性の人命金の２倍額が命じられた（武器で応戦した女性は男性と同額）。妻女に関する規定を扱う箇所では、姦通、わいせつ行為（姦淫未遂）、略奪（女性の親の同意がない誘拐婚を含む）、姦淫（同意性交）、遺棄、婚約破棄、結婚詐欺、堕胎、流産など、性的暴行から性道徳違反、生殖に至るまで広く定められている。自由人男性の殺害は人命金160ソリドス（金貨）とされたが、自由人女性の殺害は２倍の320、自由人女性との姦通は160、未婚女性の略奪は80、寡婦の略奪は120、他人の婚約者の略奪は160、自由人女性との姦淫は12ソリドスと規定された。これらの人命金は、女性を保護すべき家父長男性への損害賠償及び国庫（裁判領主）への罰金であり、女性本人の生命や身体が尊重されたわけではない。

◆神聖ローマ帝国　近世社会では性道徳の管理・統制権が教会から世俗権力に移り、見せしめ効果をねらって厳罰主義がとられた結果、強姦は死刑相当の重罪とされた。神聖ローマ帝国初の統一刑事法典「カール５世の帝国刑事法典（カロリナ）」（1532年）は、精緻なローマ法や「合理的」な裁判手続を備えた教会法の影響を受けて、ゲルマン法的な被害者訴追主義（被害者が訴えて初めて裁判が始まる）を排し、拷問によって自白を引き出す職権主義的（被害者の訴えがなくても裁判所が職権で逮捕・取り調べをする）な糾問主義（裁判所が逮捕・取り調べ・判決を一体的に行う刑事手続）を採用した。カロリナによれば、強姦は斬首（強盗も斬首）、姦通は男性が斬首、女性が財産喪失・穴蔵監禁、ソドミー（同性間性交・獣姦）と魔女罪は火刑とされた。1622年バーデン刑事令でも強姦は斬首刑と定められていた。しかし、啓蒙期法典編纂として知られるプロイセン一般ラント法（1794年）では、強姦罪規定は以下のように変わった。致死傷を伴わない場合、脅迫による強姦は懲役３～５年、抵抗できない暴行による強姦は懲役６～８年（被害者が12歳未満の場合には懲役８～10年）、飲酒等による心神耗弱状態での強姦は４～６年など懲役刑に減軽された。致死傷を伴わない強盗は懲役10～15年であった。刑法の近代化とともに、性犯罪の寛刑化が広く進んだと言える。

◆近代刑法の「強姦罪」　近代刑法典の性犯罪規定には、男性は性的衝動が強い性的能動者、女性は性的衝動を持たない性的受動者とみなす性の二重基準が色濃く反映された。例えば、日本では、刑法制定（1907年）以来、2017年までの110年間にわたって「強姦罪」（もとは懲役２年以上、強盗罪は懲役５年以上）では、犯罪となる行為は「性交」（女性性器への男性性器の挿入）、守るべき利益（法益）は「女性の貞操」とされたため、被害者は女性に限定された。また、被害者が訴えない限り罪に問えず（親告罪）、裁判で女性の「落ち度」があげつらわれるケースが多かったため（セカンドレイプ）、泣き寝入りする被害者も少なくなかった。21世紀になってもなお日本の裁判では、加害者男性が実際に暴力をふるったか否か、女性が命がけで抵抗したか否かが重視され、大柄な男性が凶器を持たずに「殺すぞ」と脅しても「脅迫」とはみなされず、被害者女性が恐怖や驚愕のあまりフリーズして抵抗できなかった場合には「同意があった」とみなされ、強姦罪は成立しなかったのである。夫婦間では性的行為に合意があるとされ、強姦は成立しないとされた。男性・男子の場合には、性暴力被害にあっても強制わいせつ罪（６月以上７年以下の懲役）にしか問えなかった。

1970年代以降、欧米では、近代的「強姦罪」モデルが徐々に変更されていった。例えば、アメリカでは、1973年以来、司法局による全国犯罪被害調査を毎年実施しているが、1992年に調査内容を大幅に改訂した。レイプは夫婦・恋人・顔見知りなどの関係で生じやすいという実態を考慮したためである。夫婦間強姦はいまや欧米の多くで犯罪とされている。カナダなどではセカンドレイプから被害者を守るためのレイプシールド法（法廷では被害者の性体験などを聞かないといった被害者保護法）が制定されている。日本でも、2017年刑法改正によって強姦罪は「強制性交等罪」に改められ、性交及び性交類似行為（口腔への性器挿入など）と定義されて性犯罪被害者の性別は問われなくなった。2023年改正では、国際水準に合わせて「不同意性交等罪」に改められ、被害者がフリーズ状態であった場合には「不同意」とみなされて「同意のない性的行為」を犯罪とする立場が明確にされた❶。

◆戦争・紛争と性暴力　古来、戦争や紛争では占領支配や略奪に伴って女性に対する性暴力が集団暴力として行われることも稀ではなく、支配者側男性の勝利の証としての意味を持つことが多かった。しかし、国際社会は20世紀末までこうした性暴力を処罰する根拠法を持たなかった。国際人道法（武力紛争時の国際ルール）の中核をなす４つのジュネーブ条約（1949年）と二つの追加議定書（1977年）は、女性を強姦や強制売春などから保護すべきと定めたが、処罰規定はなかった。1990年代以降の内戦・紛争では、民族浄化を目的とした強制妊娠・集団レイプが頻発した。常設の国際刑事裁判所に関する規程（1998年）で初めて、戦時性暴力として強制売春（慰安婦問題）や組織的な性暴力が「人道に対する罪」と定義された。（三成美保）

---

❶ 日本刑法（2023年６月23日公布、同年７月13日施行）
（不同意わいせつ）第176条　次に掲げる行為又は事由その他これらに類する行為又は事由により、同意しない意思を形成し、表明し若しくは全うすることが困難な状態にさせ又はその状態にあることに乗じて、わいせつな行為をした者は、婚姻関係の有無にかかわらず、６月以上10年以下の拘禁刑に処する。
一　暴行若しくは脅迫を用いること又はそれらを受けたこと。二　心身の障害を生じさせること又はそれがあること。三　アルコール若しくは薬物を摂取させること又はそれらの影響があること。四　睡眠その他の意識が明瞭でない状態にさせること又はその状態にあること。五　同意しない意思を形成し、表明し又は全うするいとまがないこと。六　予想と異なる事態に直面させて恐怖させ、若しくは驚愕させること又はその事態に直面して恐怖し、若しくは驚愕していること。七　虐待に起因する心理的反応を生じさせること又はそれがあること。八　経済的又は社会的関係上の地位に基づく影響力によって受ける不利益を憂慮させること又はそれを憂慮していること。（以下略）
（不同意性交等）第177条　前条第一項各号に掲げる行為又は事由その他これらに類する行為又は事由により、同意しない意思を形成し、表明し若しくは全うすることが困難な状態にさせ又はその状態にあることに乗じて、性交、肛門性交、口腔性交又は膣若しくは肛門に身体の一部（陰茎を除く。）若しくは物を挿入する行為であってわいせつなもの（以下この条及び第百七十九条第二項において「性交等」という。）をした者は、婚姻関係の有無にかかわらず、５年以上の有期拘禁刑に処する。（以下略）

▶参考文献

世良晃志郎訳（1951）『バイエルン部族法典』／三成美保（2005）『ジェンダーの法史学』／三成美保ほか（2019）『ジェンダー法学入門（第３版）』

2）性暴力の歴史

②江戸期の夫婦間暴力と親族の介入

Ⅰ－5－2－③，Ⅱ－1－2－⑥，Ⅱ－1－4－②　【読】日7－6

◆江戸時代の夫婦間暴力の事例　1706（宝永３）年、陸奥国弘前藩の亀甲町（現青森県弘前市）に住む山三郎が妻せきを殺害し、自害する事件が起こった。弘前藩の公的記録である「弘前藩庁日記（御国）」にこの事件の詳細が記録されている❶。

せきは弘前藩の畳刺頭（弘前城の畳の管理を担当する者）岡山彦六の妹で、山三郎は1701（元禄14）年にせきの婿となり、彦六の別宅で敷地内同居をしていた。山三郎は酒に酔うと「乱気」を起こし、妻に「折檻」する人物で、以前も山三郎が妻の首を細いひもで絞め、「強折檻」し、妻が彦六のもとに「逃込」むことがあった。この時、彦六は次にこのような「無調法」が起こった時「女房隙取せ立ち返り申すべき証文」（離縁状）を取っている。

今回、山三郎はせきに「密通」という事実無根の言いがかりをつけ「強折檻」した。山三郎は正体がなくなるほど酔っており、醒めた後再び酒のせいでの「無調法」と謝罪した。しかし彦六は「離別」を言い渡し、山三郎を実家に帰したところ、山三郎が家に押し込み、せきを殺害、自害したのである。

◆この事件が伝えるもの　第一に、これは江戸時代の配偶者間暴力の存在を示すものである。この点に関しては他に横田冬彦が紹介した丹後国宮津藩小田村かめの事例がある（横田 2002）。かめが離婚した夫長助から度重なる暴力を受けたことを訴え出ようとした訴状からは、暴力を受けても泣き寝入りをしない女性の姿が見て取れる一方、訴状を「無宿者による刑事事件」と強調する方向で書き換えた形跡があり、夫婦間暴力では処罰対象にならないのかという疑問がある。

それに対して本事例では、夫から暴力を受けたせきは兄彦六のもとに逃げ込むことでその事態を明るみにし、それを受けた彦六は次の事件を防ぐため離縁状を取っている。夫婦であろうとも暴力は離縁の理由になる、つまり許されないことであるという認識があったことを示す。

第二に、この事例を見ると、現代のDVに見られるサイクル、妻に折檻を加え（爆発期）、詫びを入れる（ハネムーン期）様子が明確にうかがわれる（DV問題研究会 2008など）。当然その次の「蓄積期」もあったと推測される。

第三に、事態の収拾に両者の親族が関わっていることがわかる。暴力をふるわれたせきは兄彦六のもとに逃げ込み、彦六は事態を収拾するために離縁状を取る。また夫側も暴力をふるった後で自分の兄と共に彦六のもとに行き、詫びを入れることで離縁を回避しようとする。つまり配偶者間暴力が起こると両親族も積極的に介入し、解決を図ろうとしていることがわかる。なお、この離縁状は夫婦間でトラブルが起きた際、次のトラブルの際にはすぐに離婚できるように前もって作って互いに所持しておく「先渡し離縁状」(高木 1999) であり、離縁で事態を収拾した事例が他にもあった可能性を推測させる。

◆事例の示す限界　一方で本事例の場合、山三郎は婿で妻の兄と敷地内同居であり、一般的な夫婦関係に比べ妻側の力関係が強いと考えられる。だからこそ妻は兄に訴え、回避のために兄が動くという行動につながった可能性は否定できない。夫側親族との同居の場合はどうか、考察を加える必要があるだろう。

また本事例では加害者である夫が自害しており、公的にどのような処罰がされるのかという点は不明である。江戸時代の男女の処罰の軽重が配偶者間暴力に与える影響についても考察が必要であろう。

江戸時代においても夫婦間暴力は存在し、暴力をふるうことは悪いという認識があった。そのため発覚した際には当事者だけでなく、親族らも抑止のため動いていることがわかる。周囲の人間の関与が配偶者間暴力の阻止に寄与する可能性を本事例は示していると言えよう。(真島芳恵)

---

❶「弘前藩庁日記（御国）」宝永 3 年 6 月21日付　弘前市立弘前図書館津軽家文書（原文読み下し、番号および（ ）内筆者）

一、元禄十四巳年十一月、亀甲町小右衛門弟山三郎、（中略）拙者妹縁組仕せ候。私居宅の内別宅に差置き仕り申し候。右山三郎酒給ひ申し候えば、乱気の様に罷り成り、数度女房折檻仕る。別て去々年十一月女房の首を細引にて縊(くび)り、強く折檻仕る。夜中（妹が）私方え走り込み申し候故、訳僉議(せんぎ)仕り候へは、酒給い候の故かように仕り候由申し候。これに依り右山三郎儀、兄小右衛門方え相返し申すべきの段、小右衛門呼候て申候得は、再三小右衛門・山三郎共に詫び仕り候ニ付、左候はば、この上如何様の無調法これ有り候共、何時も女房隙取せ立ち返り申すべき証文仕せ、其通には差し置き候。

一、当五月十六日夜ハツ頃、又々女房強く折檻仕り候。その節も私方え女房逃げ込み申し候に付、様子相尋ね申し候得は、酒に酔ひ給ひ私隣甚七所に御左官金六と申す仁ござ候、この者と（妻が）蜜通仕り候由言い懸かり仕り候。(中略)山三郎儀夜中酒に酔ひ給ひ罷り有り候に付、正体無くござ候故、十七日の朝山三郎え得と僉儀仕り候所、酒ゆえ無調法仕り候間御免下されたき旨私え申し候。前々の訳と違い、この度はそのまま差し置かざる儀ござ候。（中略）離別仕せ、右山三郎儀は兄小右衛門呼び十七日に直に山三郎相返し申し候、(中略) 今日四半頃押し込み候て妹差し殺し申し候。右の通ござ候。以上。

六月廿日　　　　岡山彦六

▶参考文献

横田冬彦（2002）「「女」の規範と逸脱」小森陽一ほか編『近代世界の形成　19世紀世界 1（岩波講座近代日本の文化史 1）』

DV 問題研究会（2006）『Q&A DV ハンドブック―被害者と向き合う方のために　改訂版』

高木侃（1999）『〔増補〕三くだり半―江戸の離婚と女性たち』

真島芳恵（2012）「近世の配偶者間暴力に関する一考察―『弘前藩庁日記（御国）』の事例をもとにして」『女性歴史文化研究所紀要』第20号

2）性暴力の歴史

③セクシュアルハラスメント概念の成立と制度化

Ⅰ－5－2－①，Ⅰ－コラム④，Ⅰ－コラム㉚　【読】 世14－8，日10－15

◆アメリカで生まれたセクシュアルハラスメント概念　セクシュアルハラスメントは職場（や学校、芸術やスポーツの場）での関係性において、その立場を利用して性的な言動を相手の同意がないにもかかわらず行うことにより、相手の労働環境などを阻害する行為である。この概念は最初にアメリカで提起され、1970年代から80年代における訴訟の結果として、法制度化され、世界に広まっていった。多くの女性が経験していた問題に「セクシュアルハラスメント」という言葉を1974年に名付けたのは、コーネル大学の活動家リン・ファーレイである。1979年に刊行されたキャサリン・マッキノンの『働く女性のセクシュアル・ハラスメント』は、セクシュアルハラスメントを職場で女性が働く際の隠れた大きな障壁として描き、それを防止し対処する事業主の法的責任を問うべきだとした。マッキノンらのセクシュアルハラスメント訴訟は米国公民権法第七編の性別差別として提起することによって、大きな影響を持つようになった。セクシュアルハラスメントには、「対価型 quid pro quo」「環境型 hostile environment」という類型がある。女性が安全に、尊重されて働くことを難しくしている実情をふまえて概念が作られているため、セクシュアルハラスメントには、レイプのような行為だけではなく、性的誘いかけや、性的行為を求めること、からかいや私生活の詮索もが含まれている。特に「環境型」では、特定の個人による個人に対する性的な働きかけだけでなく、会議などの場での女性を蔑視し性的な存在としてみなすような発言などについても適用される。

◆アメリカでの主要なセクシュアルハラスメント事件　セクシュアルハラスメントは権力を持つ高名な男性の行為が告発され、大きな話題を集めることが多い。特に歴史的に大きな事件と言われるのが、1991年のいわゆる「アニタ・ヒル事件」、クラレンス・トーマス氏の最高裁の判事承認のための議会公聴会で同氏のセクシュアルハラスメントが告発され、その証言がテレビで中継された事件である。そして、2017年には、ハリウッドプロデューサーのハーヴィー・ワインスティーンのセクシュアルハラスメントを多くの女優らが告発するということを契機に「#MeToo」ムーブメントが起こり、世界各国に影響を与えた。

◆日本におけるセクシュアルハラスメントの法制度化と概念　日本では、1989年に「セクハラ」が流行語大賞となった。これは初のセクシュアルハラスメント訴訟である「福岡セクシュアルハラスメント事件」の提訴によるものである。言葉によるからかいなどが問題となるという点に注意が向けられたため、日本では、セクシュアルハラスメントは比較的「軽い」行為をいうものという理解（誤解）がされる傾向もある。法制度化は、さらに後であり、1997年の男女雇用機会均等法の改正（1999年4月施行）によって、セクシュアルハラスメントの対応や防止に向けた事業主の雇用管理上の配慮が義務化された（当初は努力義務、のちに措置義務）。アメリカとは異なり、強い罰則はない弱い法的規制であり、公務職場や大手企業では取り組まれているものの、十分徹底されることは難しい。同時に、日本では加害者と事業主とを民事訴訟で提訴する方法が追及されていくようになった。

◆セクシュアルハラスメントと性別　2006年の男女雇用機会均等法改正で、1997年改正当初は「女子労働者」とされていたものが「労働者」と改められ、性別にかかわらずに被害当事者とされるようになり、2017年指針改正で、LGBTなどに対するセクシュアルハラスメントも事業主が配慮しなければならない対象とされた。

◆セクシュアルハラスメント以外のハラスメント　性的な要素はない職場などでのいじめは、日本では「パワーハラスメント」と呼ばれるようになり、いわゆる「パワハラ防止法」（改正労働施策総合推進法）が2019年に成立した。同法でパワーハラスメントは、「①優越的な関係を背景とした」、「②業務上必要かつ相当な範囲を超えた言動により」「③就業環境を害すること」（身体的若しくは精神的な苦痛を与えること）と定義され、事業主が方針を明確化し、相談を受け、事案に対処し、また防止に努めなければならない。国際的にはハラスメント行為を法的に禁じることを国に求める初めての国際労働機関（ILO）条約である「仕事の世界における暴力及びハラスメントの撤廃に関する条約」が2019年に採択されているが、2022年現在、日本は批准していない。

◆セクシュアルハラスメントの犯罪化　フランスなど、職場での地位等を利用したセクシュアルハラスメント行為を犯罪としている国もある。日本においては、2022年現在、刑法の性犯罪規定の改正をめぐる論点の一つとして、この「地位関係性」の要素が挙げられており、今後、一定程度犯罪化される可能性も出てきている。（北仲千里）

▶参考文献

キャサリン・A・マッキノン（1999）『セクシュアル・ハラスメント・オブ・ワーキング・ウィメン』
江原由美子（2000）「「セクシュアル・ハラスメントの社会問題化」は何をしていることになるのか？―性規範との関連で」『フェミニズムのパラドックス―定着による拡散』

コラム㉙

トルコの名誉殺人

◆名誉殺人とはなにか　名誉殺人とは、婚前や婚外の性関係など不道徳とされる行為に及んだことで失墜した家族の名誉を挽回するため、親族が女性を、ときに相手の男性とともに殺害するものである。中東や南アジアのほか、それらの地域出身者が欧米諸国でつくる移民コミュニティでも同様の殺人が報告されている。トルコ国内では、クルド系住民が多く開発の遅れた東部で多発すると言われる。政府が行った唯一の調査によると、2003～07年の発生件数は、イスタンブルやアンカラなどの大都市と東部を中心に年間200件程度である。ただし、名誉殺人は事故や自殺、失踪として処理されることがあり、実態の把握は困難である。親族間のレイプやインセストを隠蔽するために女性を殺害しながら、名誉殺人と偽るケースがあることにも注意が必要である。

◆刑法改正とその限界　1990年代後半から中東や南アジアにおける名誉殺人を糾弾する国際世論が高まるにつれ、トルコ国内でも無視できない問題となった。主流メディアは、名誉殺人を部族社会が残る東部のクルド人の野蛮な慣行として煽情的に報道し、世論を主導した。フェミニストは名誉殺人を女性の人権侵害であるとし、EU加盟交渉を外圧として政府に対応を求めた。EUの正式な加盟候補国としてトルコは民主制と法の支配の確立、人権およびマイノリティーの権利保護といった領域で改革を迫られていたが、その一環で名誉殺人の厳罰化を含む刑法の抜本的な改正が実現した。建国後間もない1926年にイタリア法を範として制定された旧刑法は、女性の身体とセクシュアリティを公的秩序に関連づけ、管理の対象とした。旧刑法のもとで名誉殺人は、秩序維持に必要な暴力として容認され減刑を認められた。2004年に成立した新刑法は、性犯罪を社会や家族ではなく個人に対する罪に位置づけ、名誉殺人を「因習殺人」と呼んで犯罪化し終身刑を適用した。ただし、因習殺人の要件は明確にされず、裁判官の裁量に解釈が委ねられた。

新法の施行後、法廷では東部で起きた事件のみを因習殺人として扱う法解釈が相次いで示された。その一方、名誉を理由としながら因習殺人と同定されない事件は、旧刑法時代にそうであったように、女性の貞操義務を重視する道徳規範に照らして汲むべき事情があると認められ、減刑されることがあった。名誉殺人は全国で発生するにも関わらず、因習殺人を東部に特有のものとして位置づけるそうした法解釈は、第一に野蛮なクルドという世間に流通するイメージを強化することにより、クルド人差別の助長につながるものであった。さらに東部の外で起きる名誉殺人を後景化させることにより、EUの要請に応えつつ名誉殺人に寛容な男性優位の秩序を維持する役割を果たした。

◆名誉殺人からフェミサイドへ　改正刑法の運用に危機感を抱いたフェミニストは、すべての名誉殺人に因習殺人条項を適用するよう求めてきた。フェミニストはまた、特定の地域やエスニック集団への所属ではなく、家父長制こそが女性が被る暴力の根源にあるとし、名誉殺人はフェミサイド（女性が女性であることを理由に殺害される殺人）であると主張してきた。近年は名誉殺人の概念自体を放棄し、フェミサイドに一本化する方向にある。メディアもこれにならい、報道においてもフェミサイドの使用が一般化しつつある。ただしフェミニスト人類学の立場からは、名誉殺人概念の放棄は名誉の文化の複雑な働きと暴力の結びつきを不可視化し、暴力の防止を遠ざける可能性も指摘されている。（村上薫）

▶参考文献

村上薫（2023）「名誉殺人と二つの家族像―トルコの刑法改正が映しだすもの」竹村和朗編（長沢栄治監修）『うつりゆく家族（イスラーム・ジェンダー・スタディーズ６）』

アイシェ・ヨナル（安東建訳）（2013）『名誉の殺人：母、姉妹、娘を手にかけた男たち』

コラム㉚ #MeToo

◆ワインスティーンの性暴力の報道　2017年10月5日　ニューヨーク・タイムズ紙が、ハリウッドの大物映画プロデューサーであるハーヴィー・ワインスティーンから、複数の女性がセクシュアルハラスメント、性暴力を受け、陰で数多くの示談が行われているという記事を掲載した。同紙が把握した事実の中には古くは27年前の事件まで含まれ、被害者は有名女優たち、彼がかかわったミラマックス社やワインスティーン・カンパニー社のアシスタントや、製作プロデューサーなども含まれていた。そして、少なくない被害者が、秘密保持契約を伴う示談によって口封じをされていた。会社内でも彼の行いは適切に対処されず、この問題に気づいて報告した社員もまた、退社に追いやられていた。

◆相次いだ告発　記事が報道された後、さらにたくさんの女性が、彼から被害を受けたことを表明するようになった。数日後、会社は彼を解雇し（会社ものちに破産）、全米映画プロデューサー協会も彼を永久追放した。2019年9月に出版されたShe Said（邦題『その名を暴け』ジョディ・カンター、ミーガン・トゥーイー著）には、ワインスティーンの行為を告発した人はその時点で80人にのぼると書かれている。彼に対し、アメリカとイギリスの警察が複数のケースに関する捜査（古いものは1980年代）を開始、訴追が行われ、2020年6月、23年の禁固刑の有罪判決が出て、彼は刑務所に収監された。彼は他の性暴力事件でも起訴され、2023年2月さらに16年の禁錮刑の判決が出ており、今後も刑事裁判は続き、また複数の民事裁判も続いている。

◆#MeTooムーブメント　10日後の2017年10月15日、女優アリッサ・ミラノさんが性暴力やセクシュアルハラスメントの被害経験を持つ人に "Me too" と声を上げるよう（#MeToo）、Twitterで呼びかけたところ、多くの著名人や一般利用者がこれに呼応し、そのうねりは世界各国に広がった。それにより著名な、権力を持つ人物（俳優、政治家、音楽家など）の性暴力が次々と告発された。男性に対する性暴力の告発も現れ、またワインスティーンの性加害を知りながら黙認していた男性の映画監督や俳優たちも反省を表明するようになった。その後、被害者を支援する「Time's Up基金」も設立された。

◆日本でも　伊藤詩織さんによるTV局管理職の性暴力に関する実名を出しての告発をはじめとして、財務省事務次官などマスコミのセクハラ事件、人権派フォトジャーナリストなどの性暴力の告発が行われた。マスメディアで働く女性たちによる『マスコミ・セクハラ白書』（WiMN編・著）が出版され、いかに多くの女性記者らがセクシュアルハラスメントに直面し苦しんできたのかが明らかにされた。その後、写真家、演劇界のセクハラ、議員によるセクハラ行為の告発、問題提起などが現在も続いている。2019年4月に、性虐待事件の無罪判決への抗議に端を発した「フラワーデモ」が始まり、全国各地にひろがった。ここでもまた、被害当事者が語り、それに耳を傾ける行動が繰り広げられた。刑法性犯罪規定のさらなる改正を求める声も強まった。

◆どのような出来事だったといえるのか　影響力・権力を濫用したセクシュアルハラスメントがいかに広範に行われ、また隠蔽されがちであるかということが如実に示された。また、一人の被害者の告白に対し多くの人が共感的に受け止め、さらに他の被害者が声を上げる、大きなうねりになった。これは単なる悪質な一個人の問題ではなく、全く同じような被害を多くの人が受けている構造なのだということがますます明らかになった。性暴力被害者による実名の告白はこれまでもあったが、権力者に対峙する伊藤さんなどの告発は大きな衝撃を与え、呼応するSNS発信やフラワーデモによって大きな動きとなったことで、加害者や企業、団体が責任を取らざるを得なくなるような世論を形成したと言えるのではないだろうか。（北仲千里）

▶参考文献

伊藤詩織（2017）『Black Box』
ジョディ・カンター，ミーガン・トゥーイー（古屋美登里訳）（2020）『その名を暴け：#MeTooに火をつけたジャーナリストたちの闘い』

3）買売春

①買春男性から見た日本近代遊郭

Ⅰ－5－3－②，Ⅰ－5－3－③，Ⅰ－コラム㉜　【読】　日8－11

◆男が遊郭に行くのは当然か　2013年、当時の橋本徹大阪府知事は、日本軍の慰安所や沖縄米軍の性暴力犯罪について、㋐「男に性的な欲求を解消する策が必要なことは厳然たる事実」、㋑それは、現代社会では夫婦・恋人間で処理するが、それぞれ時代に応じた「形態」があった、㋒だから、戦時下では「慰安婦制度ってのは必要だということは誰だってわかる」と述べた。はたして、そうだろうか。大阪府を事例に、男性遊客という視点から考え直してみたい。

◆1910～30年代に遊客数が激増　【表１】は警察統計から、大阪府下の遊客数（のべ登楼数）を遊郭地区別に示したものである。

表1　大阪府の地区別遊客数（単位：万人）

	新町	堀江	**松島**	南五花街	**飛田**	他*1	大阪市計	**栄橋**	龍神	乳守	堺市計	貝塚	枚方	他*2	郡部計	**総計**
1898（明治31）	15	5	**53**	37		8	144	**7**	1	1	9	3	2		4	**157**
1902（明治35）	12	5	**51**	66		6	140	**5**		1	6	3	2		4	**150**
1907（明治40）	12	7	**69**	74		5	167	**8**		1	9	3	2		5	**181**
1913（大正２）	13	7	**119**	29			168	**6**	1	1	8	5	2		7	**182**
1917（大正６）	26	11	**170**	61			268	**12**	3	1	16	10	2		13	**296**
1922（大正11）	25	13	**219**	68	**70**		394	**11**	4	1	16	14	3		17	**427**
1927（昭和２）	12	10	**196**	39	**121**	46	425	**11**	3	1	15	22	5		22	**469**
1932（昭和７）	9	6	**226**	29	**217**	44	532	**28**	2	1	31	20	5		27	**589**
1937（昭和12）	13	6	**303**	123	**283**	86	806	**33**	3	1	36	25	11	10	42	**884**
1940（昭和15）	59	10	**212**	159	**235**	118	792	**41**	4	1	47	24	9	19	43	**881**

*1：曾根崎・港新地・新世界・住吉・今里新地　*2：池田・枚方・岸和田・貝塚・佐野・富田林・長野　太字（松島・飛田・栄橋）は娼妓100％の地区

1898年の総数は157万人であったが、1910年代後半から急増し、1937年には884万人のピークに達している。この間、大阪府の人口も1.5倍ほどになるが、遊客数の増加5.7倍はそれを遙かに超えている。

遊郭で売春に従事する女性には、芸事をも行う芸妓（芸者）と売春のみを行う娼妓とがいるが、新町・堀江・南五花街（道頓堀・宗右衛門町ほか）など近世以来の系譜をもつ地区は、芸妓が半分以上を占める芸妓型で、幕末開港後に作られた松島や難波新地大火後に移転先として1916年に新設された飛田、あるいは堺市の栄橋などはほぼ娼妓のみである（表では太字）。遊客１人あたりの平均消費金額は、前者では10-25円であるのに対し、後者では１－４円と安価で、1910-30年代の急増の内実をなしたのは、この娼妓型の地区であった。

◆遊郭業者の遊客名簿から　ここで、大阪市と京都市のほぼ中間にある橋本遊郭（京都府八幡市）を取り上げる。もともと石清水八幡宮の門前町遊郭で、同様に京都府警察統計を参照すると、1913年までの年間遊客数は0.5〜0.9万人、これは参詣客などの延長と考えられる。ところが、1912年の京阪電気鉄道の京都五条―大阪天満橋間全通を機に、1924年14万人、1928年38万人、1937年45万人と急増する。

【図】は橋本遊郭にあるＫ楼の1922年の遊客名簿で、見開き４人分記録される。最上段に登楼・退楼日時の記載欄、次いで住所欄があり、右から大阪市西区・（京都市）伏見町・大阪府北河内郡（枚方市）・大阪市南区と書き込まれている。次いで、職業（仲仕業・染物職・農・菓子商）、氏名、年齢（22・32・21・35年）、相貌の特徴。最下段消費金額の３・3.5・2.8・３円はＫ楼が娼妓型であることを示し、上部欄外に記されるのは相方娼妓の名前である（なおＫ楼の娼妓は５人で、各娼妓がとる客は年間200人ほど、１日平均0.6人となる）。

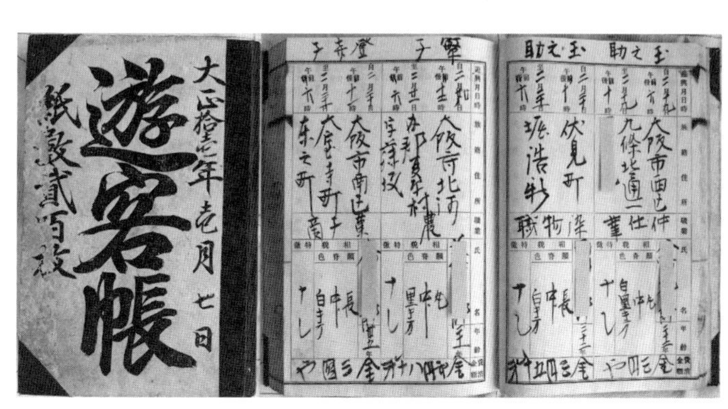

これらを３カ月分整理集計したのが【表２】である。住所では大阪市内50％、府下36％、計86％が大阪からである（京都からは12％）。その登・退楼時間をみると、夕

表2　橋本遊郭Ｋ楼の遊客

• 1922（大正11）年の３ヶ月間、登楼数260、遊客実数220人			
住所	大阪市内50％・府下36％＝**86％**、他府県14％（うち京都12％）		
年齢	20代78％・30代17％＝**94％**、40代５％、50歳以上１％		
職業	会社員	６％	14人（会社員５、株式仲買３、貿易商２ほか）
	商人	31％	68人（米穀商８、金物商・鉄商８、石炭商３、呉服商５、洋服商５、雑貨商４、自転車商４、錦糸・メリヤス４、八百屋４ほか）
	職人	36％	72人（大工職18、鉄工職９、鍛冶職８、職工５、木挽職１、染物職13、仕立職２ほか）
	交通関係	15％	32人（仲仕10、船乗９、鉄道工夫５、市電４、馬力２ほか）
	農業	５％	11人（農11）
	他	11％	23人（印刷業５、写真師２、陸軍技手２、料理業３、店員２、飲食店２、理髪業１ほか）

方「京阪電車が着いたらここで空っぽになるんです。ほんで、朝になるとお泊まり客はそこから電車に乗ってお仕事に行く」という関係者の記憶を証明している（「聞き語り・橋本の思い出」『時空旅人』66、2022年）。

また、78％が20代であること、大工職・鍛冶職・染物職などの熟練職人をはじめ、仲仕・船乗などの運輸交通関係の現業労働者が14％もいることは、下層の壮年男性層が、周辺部の遊郭へと繰り出していったこと、そして枚方市など鉄道沿線の府下農村部の農民たちをも巻き込んでいったことを示す。

大阪市を挟んで、東北の橋本遊郭と南西の対極の位置にあるのが堺市の栄橋遊郭である。阪堺鉄道の大坂難波―堺間が開通したのは1884年であるが、遊客が急増するのはやはり1920年代であることに注意したい（【表１】）。

芸妓型として大阪市内南五箇街のＹ楼を【表３】に示す。１日数人の客にそれぞれ娼妓・芸妓数人が置屋から送り込まれる方式である。ここでも客は大阪市内77％、府下あわせて88％を占めるが、20代46％に対し、30代37％、40代13％と中年層も多く、銀行員や株式業・貿易商などホワイトカラーの上層会社員が22％を占める。また全国各地からの登楼がみられ、これらは芸妓型遊郭の特徴を示す。

表3　南五花街Ｙ楼の遊客

• 1917-18（大正6-7）年の13ヶ月間、登楼数461、遊客実数306人			
住所	大阪市内77％・府下11％＝**88％**、他府県12％（神戸・伊丹・尼ヶ崎・姫路・和歌山・京都・東京・名古屋・福岡・岡山の各市ほか）		
年齢	20代46％・30代37％＝**83％**、40代13％、50歳以上４％		
職業	会社員	22％	68人（会社員42、銀行員13、株式業７、貿易商５ほか）
	商人	59％	179人（米穀商・酒商29、雑貨商・袋物商・小間物商13、材木商15、金物商・鉄商12、呉服商10、缶詰商17、乾物商４、綿布商・太物・反物商11、青物商３、菓子商３、魚商８、洋服商５、時計商２ほか）
	職人	５％	14人（鉄工業８、大工１、手織業２ほか）
	他	11％	33人（印刷業３、芸人・楽人５、料理人３、画工１、質商３、請負業４、運送１ほか）
	無職	６％	18人

◆大衆化・日常化する買春　このような名簿から、大阪府内の遊郭利用者の80％以上が府内居住の20・30代の壮年男性であることがほぼ推定できる。

いま、雑駁な試算をしてみる。1913年ののべ遊客登楼数182万人の80％は146万人であるから、平均値としては、同年の府内の20～30代壮年男性人口45万人のすべてが年3.2回は登楼していることになる。同じ試算を1937年ですると、遊客数884万人の80％は707万人。壮年人口は90万人と倍増しているが、１人年7.8回登楼したことになる。大阪府外の遊郭、例えば同年の橋本遊郭45万人の80×80＝64％の29万人を大阪から繰り出した壮年男性とみて加算すれば、さらに年8.2回になる。もちろん全く行かない人から、同じ娼妓に年60回以上通い詰めた男性まで、平均８回の内実は多様であろう。しかし、まさにこの時期に、壮年男性全体の買春依存率が平均値で年３回から８回になった事実は動かない。

1910～30年代の遊客急増は、現業労働者など社会下層まで量的に広がったというだけでない。ふつうの父や夫が、妻や娘（良妻賢母であることが期待される）が住む同じ都市空間で、あたりまえに遊郭へ買春に行く（そこには不特定多数を相手に売春する娼妓がいる）という日常生活が（意識上の矛盾なく）営まれるようになったという質的な深まりを示すのである。それは、まさに日本近代が作り出した性意識であった。

◆娼妓の「稼働率」　松島遊郭の業者はすべて娼妓型である。1902年の娼妓１人がとる客数は年間平均189人（休養日月２日として、１日0.6人）であったが（前掲Ｋ楼も参照）、1920年代後半以降急増、1937年には年間855人（2.8人）となり、同じく飛田遊郭では907人（3.0人）に達する。経済恐慌下で客の消費金額が減ると、業者は娼妓の「稼働率」を上げることで客の急増に対応したのである。そのことは娼妓の身体を酷使し、性病などの罹患・入院率を高める。

ところで、第二次世界大戦下の日本軍慰安婦が相手をせねばならなかった人数は、１日に７～８人とも、時に20～30人とも言われる（吉見 1995年）。将校用と一般兵士用、日本人慰安婦と朝鮮人慰安婦など、なお検討が必要であるが、植民地・占領地の慰安所や慰安婦が、国内の遊郭や娼妓とは、どれだけ質的に異なるものであったかを考えさせる。また、買春することや娼妓の存在をふつうとみなすようになった父や夫は、占領地や戦場における日本軍兵士として植民地慰安婦にどのような意識で相対することになるのであろうか。（横田冬彦）

▶参考文献

南博編（1992-93）『近代庶民生活誌13・14色街・遊廓』
横田冬彦（2002）「近代京都の遊郭」京都橘女子大学女性歴史文化研究所編『京都の女性史』
横田冬彦（2014）「『遊客名簿』と統計」歴史学研究会ほか編『「慰安婦」問題を／から考える』

問い

①戦後1956年に売春防止法が制定されると、このような買春の日常化・大衆化状況は根本的に転換してしまう。それはなぜだろうか。

②冒頭にあげた橋本見解は、㋐の本質論を認めれば、㋑（妻や彼女は夫や彼氏の性欲処理に応えるのが当然）や㋒（戦時下では慰安婦が当然）もそのさまざまな形態として了解され、すべてやむを得ない現実として合理化されることになる。それでよいだろうか。どこかに問題があるのだろうか。

3）買売春

②近代的公娼制の成立と近代国家

Ｉ－コラム㉜　【読】 世10－4, 世10－5, 日8－11, 日8－12

◆近代的公娼制　近代的公娼制は、近代国家が買売春を必要悪とみなし、性秩序維持と公衆衛生（性病管理）の見地から「公認娼家（メゾン・クローズ）方式」を認めた規制売春である。近代的公娼制はフランス革命期のパリではじまり、やがてヨーロッパ全土に拡大して、植民地支配の拡大とともにアジア・アフリカにもたらされた。日本にも明治初期にヨーロッパ型の公娼制が導入された。公娼制導入の主目的とされたのが性病管理である。性病（性感染症）としてよく知られる梅毒と淋病は、1837年まで区別されていなかった。ヨーロッパでの梅毒の大流行は15世紀末であるが、その後も断続的に流行し、18世紀末にも大流行していた。今日、梅毒は適切な治療を受ければ完治するが、20世紀半ばにペニシリンが発見されるまでは、母子感染（先天性梅毒）や脳障害を引き起こし、死に至る恐ろしい感染症であった。

◆フランスにおける売春　フランスでは、1802年に警察による公娼登録が開始され、1946年に廃止された。娼家は一般女性や子どもたちから隔離された場とされた。二重扉と鉄格子窓の中に住むのは女たちだけであり、娼婦たちは女将によって監視され、外出を制限され、娼家内で月２～４度の性病検査を受けた。娼家に出入りできる男性は、男性客と風紀取締警官、医師に限られた。1946年以後、売春斡旋行為が処罰されるようになり、売春婦には保健衛生カードの登録が義務づけられるようになった。1960年に人身売買禁止条約（1949年）を批准して、保健衛生カードは廃止された。1970年代には、フェミニスト女性たちが買売春の廃絶を求めたのに対し、売春女性たちは「職業」（セックスワーク）としての売春の権利を求めて、意見が対立するようになった。フランスでは個人が自由意思で売春を行うこと（単純売春）は合法であり、セックスワーカーには納税義務がある。2016年に買春取締法が成立した結果、売春斡旋行為は処罰されなくなったが、買春が罰せられることになった。売春が合法で買春が違法という状況は、セックスワーカーの困窮をもたらす半面、望まぬ売春から女性を解放する効果も生み出している。

◆廃娼運動　1870年代になると、イギリスのジョセフィン・バトラーらの売春婦救済運動（廃娼運動）が盛んになり、1921年の「婦人及児童ノ売買禁止ニ関スル国際条約」の成立につながっていく。次第に公娼制が廃止されていくが、植民地では宗主国の軍隊を慰安するなどの目的で公娼制が維持された。19世紀末のイギリスやアメリカ合衆国では公娼制が廃止されたが、植民地においては存在し続けた。

◆日本の近代的公娼制　日本では、1872（明治5）年に近代的公娼制が導入された。明治初期の日本では江戸時代以来の遊郭が存続しており、遊女たちは身売証文によって年季奉公を強いられていた。しかし、1872年のマリア＝ルス号事件❶をきっかけに遊女奉公契約が人身売買であるとして国際的に問題視された。同年、政府は、芸娼妓解放令と同令に関する司法省達（いわゆる牛馬切りほどき令）を出して人身売買を禁止した。芸娼妓解放令は芸娼妓を解放して年季に関する賃借訴訟を今後裁判所では取り扱わないと定め、続く司法省達は芸娼妓を牛馬にたとえて彼女たちの借金を棒引きした。しかし、実際に芸娼妓が解放されたわけではない。遊女屋は貸座敷に改められ、政府は貸座敷業者に免許を与え、売春を続けたい娼妓に座敷を貸すことを認めた。業者と娼妓による近代的契約の装いをとっているが、実態は旧来の遊女年季奉公契約とほとんど変わらない。娼妓が貸座敷業者と交わすのは、親が貸座敷業者から借りた前借金を返済し終えるまで娘は娼妓稼業を続けるという前借金契約だったからである。公娼制は明治政府にとって有力な税源となったばかりか、地方でも軍隊の近辺に貸座敷を設置することによる経済効果が期待された。

◆からゆきさんと慰安婦　娼妓取締規則（1900年）は娼妓の自由廃業を認める一方、警察が管轄する娼妓名簿への登録と定期的な性病検診を娼妓に義務づけた。こうした規制から逃れて、貧困女性を人身売買や誘拐同然の手口で集め、海外に送り出して売春を強要する動きも活発になった。19世紀末から20世紀初頭にかけて外国に送り出された女性たちを「からゆきさん」と呼ぶ。当時盛り上がっていた廃娼運動家たちはからゆきさんを「海外醜業婦」と呼んで侮蔑した。1925年、日本は女性・児童売買禁止条約を批准して人身売買は禁止された。からゆきさんの中には条約適用外の満州に向かった者もおり、1931年に日中間で15年戦争がはじまると「慰安婦」になる者も多かった。多くの廃娼運動家は「内地」女性の貞節を守るために植民地女性が慰安婦として徴集されることを当然視した。戦後日本では公娼制が廃止されるとともに廃娼運動が復活した。1956年、前借金無効判決を受けて、売春防止法が成立した。同法は売春斡旋行為を処罰し、売春女性の保護更生をはかるが、買春行為を処罰しないという意味で、性の二重基準が露わな法律であった。（三成美保）

❶ ペルー船籍のマリア＝ルス号に乗船していた231名の中国人苦力（クーリー）が逃亡し、イギリス船に保護を求めた事件。裁判は日本で行われ、人道主義の名の下に中国人を清国に引き渡すべきとの判決が下されたが、ペルーはこれを不服とし、日本の娼妓もまた奴隷だと抗議した。

▶参考文献

アラン・コルバン（杉村和子ほか訳）（2010）『娼婦（上・下）新版』
三成美保ほか（2019）『ジェンダー法学入門（第3版）』

3）買売春

③インドのデーヴァダーシー（寺院・芸能・売春）

Ⅰ−3−4−④，Ⅱ−2−2−③　【読】世12−2，世12−8，世14−2

◆デーヴァダーシーとは　字義的には「神に仕える女」を意味し、主にヒンドゥー寺院で音楽舞踊を担うために奉納された女性を指す。神と婚姻し、生涯、寡婦にならないため「永遠に吉なる女」とみなされ、宮廷の宴席や結婚式等の祝い事にも歓迎された。南インドのタミル地方では、7世紀頃から文学や寺院刻文でデーヴァダーシーの存在が確認され、大規模寺院が次々と造営される10〜11世紀頃には明確に制度化されたと思われる。タンジャーヴールのブリハディーシュワラ（シヴァ神）寺院の刻文には、寺院の運営や儀礼等の役務遂行のために雇用された人々についての情報が存在する。212人の男性と各地の寺院から集められた400人のデーヴァダーシーに住居や報酬が与えられ、財産として相続された。デーヴァダーシーによる寄進について記した寺院刻文も数多く残されている。

◆デーヴァダーシーと売春　デーヴァダーシーはカースト的共同体の一種ではない。呼称も慣習も地方によって異なり、出身カーストも多様で、神との婚姻儀礼が行われない場合もある。音楽舞踊を生業とするカーストでは少女の寺院奉納が慣習化し、他カーストからの養子縁組も行われた。また、ダリト（被抑圧者、かつての不可触民）のような下層カーストが口減らしとして少女を奉納する場合もある。しかし、人間の男性と通常の婚姻関係を結ばずに性交渉をもつという慣習は共通しており、19世紀以降、イギリスで廃娼運動が盛んになると、この慣習は「売春」とみなされるようになった。デーヴァダーシーの養子縁組に対し、売春目的での少女の人身売買を犯罪とする刑法第372、373条（1860年成立）が適用され、デーヴァダーシーまたは踊り子は娼婦、養子縁組は人身売買、少女の寺院奉納はインドで制度化された特殊な売春ルートとする認識が広まっていく。

◆デーヴァダーシー制度廃止運動　1892年、マドラス管区ではインド人知識人層を中心に、デーヴァダーシーの舞踊公演を社会悪とし、宗教を隠れ蓑にした売春であると非難する反舞踊運動が開始された。当初、政府はこの問題への介入が宗教・慣習への不干渉主義に反すると考えたが、婦女子の人身売買に反対する国際的な運動が盛んになると、議会でも売春防止と婦女子の保護が審議され、少女の寺院奉納も問題として浮上した。しかし、デーヴァダーシー制度には寺院の既得権益が絡み、宗教差別につながるとの認識から、立法化は進まなかった。制度廃止派は、デーヴァダーシーの慣習は不道徳な売春行為で宗教的正統性はないとして法的介入の必要性を主張し、擁護派は、デーヴァダーシーの寺院役務は売春とは無関係で売春は寺院外で行われ、宗教に責任転嫁すべきではないと主張した。結局、制度廃止派と擁護派のいずれもが宗教と売春を切り離すことによって自らを正当化したのである。

◆芸術と社会改革　1930年前後には、芸術の保護育成と社会改革運動の文脈からデーヴァダーシーの舞踊の是非をめぐる論争が展開された。社会改革運動家は舞踊公演を社会悪として非難したが、マドラス音楽アカデミーは、舞踊は芸術で、社会改革と切り離して保護育成すべきだと主張した。すなわち、アカデミーは、デーヴァダーシー制度廃止の是非を棚上げし、宗教との関係にも触れず、デーヴァダーシーから舞踊を切り離し、担い手の改革と芸術の保護育成との両立を訴えた。この見解は広く支持を得て、最上位カーストのバラモン女性が舞踊に進出、舞踊はデーヴァダーシーの専業ではなくなった。独立後の1947年にマドラス・デーヴァダーシー（奉納防止）法が成立する頃には、舞踊が子女の手習いとして定着したが、寺院役務からは女性が排除された。

図1　タンジャーヴールの踊り子（英領期の絵葉書）

◆終わらないデーヴァダーシー問題　1988年、デーヴァダーシー制度は全インドで法的に廃止されたが、カルナータカ州はインドで最もデーヴァダーシー人口が多く、八万人以上（2018年の調査）にもなるという。特に北部のイェランマ女神寺院には、貧困層の家族が病気や不幸の原因を女神の怒りとみなして少女を奉納する慣習が根強く残っている。少女はその後ムンバイやプネーといった大都市の売春宿に送られ、家族が少女の稼ぎに依存する場合も多い。カルナータカ州では、救済策として、彼女らとの婚姻に現金給付を行う制度を導入しようとしたが、婚姻による生活保障の可能性は低いとして、デーヴァダーシー自身が反対の声を上げた。貧困と信仰がからむ社会構造をいかに転換するか、その可能性は未だ手探りである。（井上貴子）

▶参考文献

栗屋利江・井上貴子編（2018）『インド　ジェンダー研究ハンドブック』
井上貴子（1998）「南インドのデーヴァダーシー制度廃止運動―英領期の立法措置と社会改革を中心に」『史學雑誌』107(3).
Davesh・Soneji (2012) *Unfinished Gestures: Devadasis, Memory, and Modernity in South India.*

コラム㉛ 江戸時代の男娼

◆男娼と芝居　日本近世では不特定多数の客を相手に売春する「性」の商品化が進み、男女とも売り手にも買い手にもなった。そのなかで本格的な男娼が登場する。男娼は、基本的には男性どうしの性愛である男色が商品化されたものだが、一部の客には女性も含まれた。近世の男娼は、その成立や展開過程において歌舞伎芝居と密接に関係するのが特徴である。ただし、その具体的な様相は、時代を追うごとに変化した。

◆「若衆」から「子供」へ　近世初期には元服前の少年による若衆歌舞伎が流行するが、若衆が男色の相手ともなったため、風俗上の理由から1652（承応元）年に禁止された。同年には江戸町中に「かぶき子」のような少年を抱え置き売春させてはならない、との法令が出される。しかし実際には、史料上「子供」などと呼ばれる少年役者が売春に関わり続けた。「子供」以外にも「舞台子」「陰間」「色子」などさまざまな呼称があり、かつ遊女と同じく男娼にも階層があった。

◆役者弟子奉公　女性の売春は、遊女屋または売女屋と「年季奉公」契約を結ぶという形式をとったが、男娼の場合も同様で、「子供屋」との間で「役者弟子奉公」契約が交わされた。18世紀頃までの「子供屋」の多くは歌舞伎役者や浄瑠璃太夫、狂言作者など芝居関係者で、特に役者の場合は、芸道上の師弟関係と男色上の奉公関係とを兼ねていた。「子供」は「子供屋」に抱えられて芸を仕込まれ、14、5歳になると芝居に出された（「人倫訓蒙図彙」）。舞台に出るか出ないかが分類上のひとつの基準で、「子供」の格付けや値段は、芝居の格にほぼ対応した。

◆全国に展開　元来「子供」は上方（京都・大坂）に多く、その傾向は近世を通じて変わらなかったが、江戸でも享保期（1716-35年）頃までに上方下りの役者を中心に本格的な遊所の基盤が作られていった。また男色の遊所は全国各地に存在した。その多くは代表的な芝居どころである。芝居地あるいは芝居を行う寺社に近接する町々に「子供屋」（あるいはそれに相当するもの）が店を構えることが多く、遊郭のような隔離された売春空間は見られなかった。地方芝居を渡り歩く少年役者が旅先で売春することもあり、彼らは「飛子」と呼ばれ、格下に位置づけられた。

◆男色の衰退　江戸では18世紀後半には男色の遊所は10カ所を数え、「子供」の数も230人余りにのぼった（「男色細見　三の朝」1768年成立）。舞台にも出る「子供」（「舞台子」）も4、50人いた。しかし、男色の隆盛はそれほど続かず、19世紀初頭には遊所は芝、湯島、堀江六軒町（葭町）の3カ所に減り、売色を専らとする「陰間」が葭町に14、5人、湯島に10人ほど存在するのみで、舞台に出る「舞台子」はいなくなった（「塵塚談」1814年成立）。19世紀には、おそらく自身は役者などではなく専業的に「子供屋」を営み、時には百両単位の大金を動かし、上方から幼年の男子を雇うような抱主が登場する。彼らは史料上は「歌舞伎役者振付師」「旅役者宿」などと呼ばれ、男子は「弟子」あるいは「召仕」として抱えられ、料理茶屋での酒席の相手などに差し出された（「天保撰要類集」103）。名目上は芝居との関係を保っているようにみえるものの、内実は「芸」と「性」の分離が進み、「子供」は性売買に専業化していったとみられる。

◆男娼と売女　近世を通じて、男性どうしの性愛そのものは否定されなかったが、男娼は幕府の政策上、女性による売春と並列的にあつかわれ、しばしば風俗統制や身分統制をうけた。例えば、1652（承応元）年の「かぶき子」の禁令は、江戸の町中における「売女」（非公認の売春婦）の禁止とセットで出されている。19世紀の天保改革でも、1842（天保13）年2月に江戸の芝居小屋が猿若町に強制移転させられると、翌年には市中の男娼も①猿若町へ移り歌舞伎役者の弟子になるか②渡世を替えるか、のいずれかの選択に迫られた。これは岡場所の売女を公認遊郭である新吉原へ囲い込むのと同じ発想にもとづく、集娼による身分統制を狙ったものである。集娼によって性売買を統制しようとする幕府の政策の方向性は、女性に対しても男性に対しても一貫していた。（神田由築）

▶参考文献

加藤征治（2003）「天保改革における「かげま茶屋」の廃止」『風俗史学』23
神田由築（2013）「江戸の子供屋」佐賀朝・吉田伸之編『三都と地方都市（シリーズ遊廓社会１）』

コラム㉜ 「からゆき」と「じゃぱゆき」

◆「からゆきさん(からゆき)」 江戸幕府が開国を承諾して以降、多くの人々が出稼ぎや移住を目的に海外へ移動していった。その中には渡航先で性売買に従事した女性たちも含まれていた。「からゆき」とは、この女性たちを指す言葉である。元々は九州北西部の方言で、「唐（から）へ行く人」として男女を問わず海を越えて出稼ぎに行く人々のことを指していた。しかし、欧米列強による東南アジアの植民地支配や日本の海外への膨張政策もあり、外国での日本人娼婦の需要が高まった結果、次第に「からゆき」といえば性売買に従事する女性のみを指すことばへとその意味内容を変えていったといわれている。

◆「じゃぱゆきさん(じゃぱゆき)」 「じゃぱゆき」はこの「からゆき」にちなんだ造語である。1980年代初頭からフィリピン、タイ、韓国、台湾などのアジア諸国から来日した女性たちが主に性風俗産業に従事していたことをメディアが「じゃぱゆきさん」現象と取り上げたことから広まった。『岩波 女性学事典』では「“貧しい国から”“お金を稼ぎに”“売春”をしに来た女性というイメージで語られ」ると紹介され、そのイメージは明治、大正時代の貧しい日本女性から来日するアジア女性へと転化し、引き継がれた。

◆呼称の問題 「からゆき」や「じゃぱゆき」の呼称を使う場合には注意が必要である。伊藤るりは、アジア女性の日本への流入がなぜ「じゃぱゆき」現象と捉えられ、「外国人労働者」問題とみなされなかったのかと問い、その理由として、女性の移動が包含する固有の問題──①出身地域における社会的な上昇手段としての選択、②女性の移動目的と移動様式の区別の困難さ、③出身地と到着地のそれぞれにおいて家父長制的資本制が女性にどのように機能するのか──の究明が十分になされていないこと、次いで、性的サービスの商品化が社会的・道徳的非難の対象となることで労働としての正当な評価を得られてこなかったことを挙げている。

これは長らく歴史学や移民史の研究対象から除外されてきた「からゆき」にも通底する問題である。これに加えて、「からゆき」であれば、その渡航手段が往々にして密航であったことや、「じゃぱゆき」であれば、その就労の多くが「不法」視されたことなども移民や外国人労働者問題としてみなされなかった要因として考えられるだろう。

◆ジェンダー分析の必要性 今日の「からゆき」やそこから派生した「じゃぱゆき」という呼称には、女性が性的サービスを経済的営為としていたという点に重きが置かれ、性的なイメージが拭いがたくつきまとう。そのため、女性たちの他の再生産領域も含んだより広範な生涯にわたる多様な経験が矮小化され、そのイメージを性的なイメージのみに収斂させてしまう危うさが伴う。だが、他方で「移民」や「外国人労働者」といったナショナルな枠組みを前提として、一見中立的で中性的な印象を与える名称にも問題がないとは言えない。そこに女性固有の経験や視点が欠落しがちになるからである。呼称のもつ問題性を認識しつつ、ジェンダーの視点による分析が重要な所以である。

◆女性の国際移動 「からゆき」と「じゃぱゆき」を女性の国際移動という文脈に位置づけることもまた肝要である。このマクロな文脈をおさえなければ、移動が女性や家族といった私的領域での選択に還元され、女性の移動を促した構造的な背景が見落とされてしまう。たとえば、既述の「外国人労働者」という中性的な呼称が暗黙のうちに想定しているのは男性による生産労働だが、女性の国際移動は再生産労働領域に配置される傾向があり、「からゆき」と「じゃぱゆき」もその一部を担った存在である。再生産労働を正当な労働の範疇から除外し、より低所得の国々の女性に担わせる国際的な分業システムを看過しては女性の移動実態を捉えそこなってしまうだろう。（嶽本新奈）

▶参考文献

伊藤るり（1992）「『ジャパゆきさん』現象再考─80年代日本へのアジア女性流入」伊豫谷登士翁・梶田孝道編『外国人労働者論 現状から理論へ』
大野聖良（2008）「『ジャパゆきさん』をめぐる言説の多様性と差異化に関する考察─雑誌記事の言説分析をもとに」『人間文化創成科学論叢』11
嶽本新奈（2015）『「からゆきさん」─海外〈出稼ぎ〉女性の近代』

参考文献

Ⅰ．基本文献

叢書・講座・事典・入門書ほか

浅倉むつ子・二宮周平編『ジェンダー法研究』（2014-）信山社
阿部恒久ほか編（2006）『男性史　全３巻』日本経済評論社
天野正子編（2009-11）『新編日本のフェミニズム　全12巻』岩波書店
『イスラーム・ジェンダー・スタディーズ　全10巻』（2019-　）明石書店
『岩波講座世界歴史　全24巻』（2021-　）岩波書店
小川幸司・成田龍一編（2022）『世界史の考え方（シリーズ歴史総合を学ぶ①）』岩波新書
小川幸司（2023）『世界史とは何か―「歴史実践」のために（シリーズ歴史総合を学ぶ③）』岩波新書
久留島典子・長野ひろ子・長志珠絵編（2015）『ジェンダーから見た日本史―歴史を読み替える』大月書店
国立歴史民俗博物館編（2020）『企画展示／性差の日本史』歴史民俗博物館振興会
国立歴史民俗博物館監修（2021）『新書版性差の日本史』集英社インターナショナル新書
小浜正子ほか編（2018）『中国ジェンダー史研究入門』京都大学学術出版会
コルバン，アランほか監修（鷲見洋一ほか監訳）（2016-17）『男らしさの歴史　全３巻』藤原書店
ジェンダー史学会編『ジェンダー史学』（2005-）
『ジェンダー史叢書』全８巻（2009-2011）明石書店
ジェンダー法学会編（2012）『講座ジェンダーと法　全４巻』日本加除出版
ジェンダー法学会編『ジェンダーと法』（2004-）日本加除出版
『思想』「特集：高校歴史教育」1188号（2023年４月号）
女性史総合研究会編（2014.10）『日本女性史研究文献目録（CD-ROM 版）』東京大学出版会
女性史総合研究会編（1983-2003）『日本女性史研究文献目録　１巻-４巻』東京大学出版会
スコット，ジョーン・W（荻野美穂訳）（2022）『ジェンダーと歴史学　30周年版（平凡社ライブラリー　930）』平凡社
デュビィ，G・M．ペロー監修（杉村和子・志賀亮一監訳）（1994-2001）『女の歴史　全５巻10分冊』藤原書店
『東北大学21世紀 COE プログラムジェンダー法・政策研究叢書　全12巻』（2004-08）東北大学出版会
成田龍一（2022）『歴史像を伝える―「歴史叙述」と「歴史実践」（シリーズ歴史総合を学ぶ②）』岩波新書
日本ジェンダー学会編『日本ジェンダー研究』（1998-）
ハンナ・マッケン（長所篤子・福井久美子訳）（2020）『フェミニズム大図鑑』三省堂

『フーコー・ガイドブック（フーコー・コレクション）』ちくま学芸文庫
『フーコー・コレクション　全6巻』ちくま学芸文庫
松本悠子ほか編（2023刊行予定）『ジェンダー事典』丸善出版
マン，スーザン（小浜正子、リンダ・グローブ監訳）（2015）『性からよむ中国史―男女隔離・纏足・同性愛』平凡社
溝口明代・佐伯洋子・三木草子編（1992-96）『資料日本ウーマン・リブ史　全3巻』松香堂書店
三成美保・姫岡とし子・小浜正子編（2014）『ジェンダーから見た世界史―歴史を読み替える』大月書店
三成美保ほか（2019）『ジェンダー法学入門（第3版）』法律文化社
弓削尚子（2021）『はじめての西洋ジェンダー史―家族史からグローバル・ヒストリーまで』山川出版社
『リーディングスアジアの家族と親密圏　全3巻』（2022）有斐閣
『論点・ジェンダー史学』（2022）ミネルヴァ書房

Ⅱ．各項の参考文献

Bragg, Albert Oliver（2015）"The Chinese Civil Services Examination's Impact on Confucian Gender Roles," *College of Arts & Sciences Senior Honors Theses*, Paper 71.
Clark, Timothy, C.Andrew Gerstle, Aki Ishigami, Akiko Yano（ed.）（2013）*Shunga: sex and pleasure in Japanese art*, The British Museum Press/矢野明子監訳、早川聞多・石上阿希訳（2015）『大英博物館　春画』小学館.
Ford, Michele, Leonoer Lyons（eds.）（2011）*Men and Masculinities in Southeast Asia*, Routledge.
Furth, Charlotte（1999）*A Flourishing Yin*, University of California Press.
Gadelrab, Sherry Sayed（2011）"Discourses on Sex Differences in Medieval Scholarly Islamic Thought," *Journal of the History of Medicine and Allied Sciences*, vol.66(1).
Hinchy, Jessica（2019）*Governing Gender and Sexuality in Colonial India: The Hijra, c.1850-1900*, Cambridge University Press.
Hinsch, Bret（2013）Masculinities in Chinese History. *Journal of Asian Studies*, 74(1).
Klausen, Susanne M.（2004）*Race, Maternity, and the Politics of Birth Control in South Africa, 1910-1939*, Palgrave Macmillan.
Louie, Kam（2002）*Theorising Chinese Masculinity: Society and Gender in China*, Cambridge University Press.
Louie, Kam（2015）*Chinese Masculinities in a Globalizing World*, Routledge.
Omran, Abdel Rahim（1992）*Family planning in the legacy of Islam*, Routledge.
Özbay, Cenk（2017）*Queering Sexualities in Turkey: Gay Men, Male Prostitutes and the City*, I.B. Tauris.
Peletz, Michael G.（2009）*Gender Pluralism: Southeast Asia since Early Modern Times*, Routledge.

Roy, Kaushik (2008) *Brown Warriors of the Raj: Recruitment and the Mechanics of Command in the Sepoy Army, 1859-1913*, Manohar Publishers & Distributors.

Savcı, Evren (2021) "Turkey' s Queer Times: Epistemic Challenge", *New Perspectives on Turkey 64*.

Shirai, Chiaki (2017) "The History of "Artificial Insemination" in Japan during 1890-1948: Issues concerning insemination and donor sperm", *ASIAN STUDIES*, 12.

Sinha, Mrinalini (1995) *Colonial Masculinity: The 'manly Englishman' and the 'Effeminate Bengali' in the Late Nineteenth Century*, Manchester University Press.

Soneji, Davesh (2012) *Unfinished Gestures: Devadasis, Memory, and Modernity in South India*, University of Chicago Press

UNDESA Population Division (2021) World Contraceptive Use.

Wu Yi-Li (2010) *Reproducing Women*, University of California Press.

赤川学（1999）『セクシュアリティの歴史社会学』勁草書房

秋山洋子（1993）『リブ私史ノート―女たちの時代から』インパクト出版会

秋山洋子（2016）『フェミ私史ノート―歴史をみなおす視線』インパクト出版会

アダムス，マーク・B.（佐藤雅彦訳）（1998）『比較「優生学」史―独・仏・伯・露における「良き血筋を作る術」の展開』現代書館

天野正子ほか編（2009）『リブとフェミニズム（新編日本のフェミニズム１）』岩波書店

アラス，ダニエル（2010）「肉体、優美、崇高」A・コルバン、J-J・クルティーヌ、G・ヴィガレロ監修（鷲見洋一監訳）『身体の歴史Ⅰ』藤原書店

粟屋利江・井上貴子編（2018）『インド　ジェンダー研究ハンドブック』東京外国語大学出版会

飯田貴子・熊安貴美江・來田享子編著（2018）『よくわかるスポーツとジェンダー』ミネルヴァ書房

伊賀司（2017）「現代マレーシアにおける「セクシュアリティ・ポリティクス」の誕生―1980年代以降の国家とLGBT運動―」『アジア・アフリカ地域研究』17(1)

石上阿希（2015）『日本の春画・艶本研究』平凡社

石田秀実（1995）『こころとからだ―中国古代における身体の思想』中国書店

市野川容孝編（2002）『生命倫理とは何か』平凡社

伊藤詩織（2017）『Black Box』文藝春秋

伊藤るり（1992）「『ジャパゆきさん』現象再考―80年代日本へのアジア女性流入」伊豫谷登士翁・梶田孝道編『外国人労働者論―現状から理論へ』弘文堂

乾宏巳「大坂菊屋町における結婚・出産・死亡―近世後期における―」『大阪教育大学紀要第Ⅱ部門』第39巻第１号

井上浩一（2009）『ビザンツ　文明の継承と変容（諸文明の起源８）』京都大学学術出版会

井上貴子（1998）「南インドのデーヴァダーシー制度廃止運動―英領期の立法措置と社会改革を中心に」『史學雜誌』107(3)

『岩波講座東洋思想第５、６、７巻　インド思想１、２、３』(1988、1989)

ウィットワース，サンドラ（武者小路公秀ほか監訳）（2000）『国際ジェンダー関係論―批判理論的政治経済学に向けて』藤原書店

氏家幹人（1995）『武士道とエロス』講談社現代新書1239
内海夏子（2003）『ドキュメント女子割礼』集英社新書
エーマー，ヨーゼフ（若尾祐司・魚住明代訳）（2008）『近代ドイツ人口史―人口学研究の傾向と基本問題』昭和堂
エバーハート，ジェニファー（山岡希美訳）（2021）『無意識のバイアス―人はなぜ人種差別をするのか』明石書店
江原由美子（2020）「「セクシュアル・ハラスメントの社会問題化」は何をしていることになるのか？―性規範との関連で」『フェミニズムのパラドックス―定着による拡散』勁草書房
江原由美子（2021）「からかいの政治学」『増補　女性解放という思想』ちくま学芸文庫
大川玲子（2021）『リベラルなイスラーム―自分らしくある宗教講義』慶應義塾大学出版会
大野聖良（2008）「『ジャパゆきさん』をめぐる言説の多様性と差異化に関する考察―雑誌記事の言説分析をもとに」『人間文化創成科学論叢』11
オールドリッチ，ロバート（田中英史・田口孝夫訳）（2009）『同性愛の歴史』東洋書林
岡本正明（2016）「民主化したインドネシアにおけるトランスジェンダーの組織化と政治化、そのポジティブなパラドックス」『イスラーム世界研究』9
荻野美穂（1994）『生殖の政治学―フェミニズムとバース・コントロール（歴史のフロンティア）』山川出版社
荻野美穂（2001）『中絶論争とアメリカ社会―身体をめぐる戦争』岩波書店
荻野美穂（2008）『家族計画への道―近代日本の生殖をめぐる政治』岩波書店
荻野美穂（2014）『女のからだ―フェミニズム以後』岩波新書
落合恵美子編著（2006）『徳川日本のライフコース　歴史人口学との対話』ミネルヴァ書房
落合恵美子編（2015）『徳川日本の家族と地域性―歴史人口学との対話』ミネルヴァ書房
落合恵美子（2023）『親密圏と公共圏の社会学―ケアの20世紀体制を超えて』有斐閣
小野仁美（2019）『イスラーム法の子ども観―ジェンダーの視点でみる子育てと家族』慶應義塾大学出版会
ガーストル，アンドリュー（2011）『江戸をんなの春画本―艶と笑の夫婦指南』平凡社
カーニー，エリザベス・ドネリー（森谷公俊訳）（2018）『アルシノエ二世―ヘレニズム世界の王族女性と結婚』白水社
加藤茂孝（2018）『続・人類と感染症の歴史―新たな恐怖に備える』丸善出版
加藤征治（2003）「天保改革における「かげま茶屋」の廃止」『風俗史学』23
金井圓校注（1967）『土芥寇讎記』江戸史料叢書、人物往来社（→2022新装版（吉川弘文館））
上村勝彦（2003）『インド神話―マハーバーラタの神々』ちくま学芸文庫
河鰭実英（1966）『きもの文化史（SD 選書８）』鹿島研究所出版会
神田由築（2013）「江戸の子供屋」佐賀朝・吉田伸之編『三都と地方都市（シリーズ遊廓社会１）』吉川弘文館
カンター，ジョディ、ミーガン・トゥーイー（古屋美登里訳）（2020）『その名を暴け―#MeTooに火をつけたジャーナリストたちの闘い』新潮社
北原モコットゥナシ（2022）『つないでほどく―アイヌ／和人（北海道大学アイヌ・先住民研究センターブックレット12）』北海道大学アイヌ・先住民研究センター

木本喜美子・貴堂嘉之編（2010）『ジェンダーと社会―男性史・軍隊・セクシュアリティ（一橋大学大学院社会学研究科先端課題研究叢書）』旬報社
邱海濤（納村公子訳）（2000）『中国五千年―性の文化史』集英社
キューネ，トーマス編（星乃治彦訳）（1997）『男の歴史―市民社会と「男らしさ」の神話（パルマケイア叢書）』柏書房
キュール，シュテファン（麻生九美訳）（1999）『ナチ・コネクション―アメリカの優生学とナチ優生思想』明石書店
金城清子（2012）「配偶子提供」粟屋剛ほか編著『生殖医療（シリーズ生命倫理学６）』丸善出版
クールズ，エヴァ・C.（中務哲郎ほか訳）（1989）『ファロスの王国　古代ギリシアの性の政治学』岩波書店
日下渉・伊賀司・青山薫・田村慶子編著（2021）『東南アジアと「LGBT」の政治―性的少数者をめぐって何が争われているのか』明石書店
グタス，ディミトリ（山本啓二訳）（2002）『ギリシア思想とアラビア文化―初期アッバース朝の翻訳運動』勁草書房
工藤庸子（1998）『フランス恋愛小説論』岩波新書新赤版573
窪田幸子（2007）「ジェンダー視点と社会問題の交錯―オーストラリア・アボリジニ」宇田川妙子・中谷文美編『ジェンダー人類学を読む――地域別・テーマ別基本文献レヴュー』世界思想社
熊本理抄（2003）「『マイノリティ女性に対する複合差別』をめぐる論点整理」『人権問題研究資料』17
グリーン，シャーリー（金澤養訳）（1974）『避妊の世界史』講談社
栗原麻子（2021）「母の嘆きのポリティクス―アテナイ公的言説空間における女性」高田京比子・三成美保・長志珠絵編『〈母〉を問う　母の比較文化史』神戸大学出版会
栗山茂久ほか編著（2004）『近代日本の身体感覚』青弓社
黒川正剛（2012）『魔女とメランコリー』新評論
小石原美保（2014）「1920-30年代の少女向け雑誌における「スポーツ少女」の表象とジェンダー規範」『スポーツとジェンダー研究』12
行動する会記録集編集委員会編（1998）『行動する女たちが拓いた道―メキシコからニューヨークへ』未来社
コースマイヤー，キャロリン（長野順子ほか訳）（2009）『美学―ジェンダーの視点から』三元社
国連人権高等弁務官事務所編（山下梓訳）（2016）『みんなのためのLGBTI人権宣言―国際人権法における性的指向と性別自認BORN FREE AND EQUAL』合同出版
後藤絵美（2014）『神のためにまとうヴェール―現代エジプトの女性とイスラーム』中央公論新社
小浜正子・松岡悦子編（2014）『アジアの出産と家族計画―「産む・産まない・産めない」身体をめぐる政治』勉誠出版
小浜正子・板橋暁子編（2022）『東アジアの家族とセクシュアリティ―規範と逸脱』京都大学学術出版会

小浜正子（2020）『一人っ子政策と中国社会』京都大学学術出版会
五味文彦（1984）『院政期社会の研究』山川出版社
コリンズ，パトリシア・ヒル、スルマ・ビルゲ（小原理乃・下地ローレンス吉孝訳）（2021）『インターセクショナリティ』人文書院
コルバン，アラン（杉村和子ほか訳）（2010）『娼婦（上・下）新版』藤原書店
近藤真庸（2003）『養護教諭成立史の研究―養護教諭とは何かを求めて』大修館書店
コンネル，レイウィン（伊藤公雄訳）（2022）『マスキュリニティーズ―男性性の社会科学』新曜社
小馬徹（2018）『「女性婚」を生きる―キプシギスの「女の知恵」を考える』神奈川大学出版会
阪口修平・丸畠宏太編（2009）『軍隊（近代ヨーロッパの探究12）』ミネルヴァ書房
坂元ひろ子（2004）『中国民族主義の神話―人種・身体・ジェンダー』岩波書店
桜井哲夫（2003）『フーコー―知と権力（現代思想の冒険者たち）』講談社
桜井万里子（1992）『古代ギリシアの女たち―アテナイの現実と夢』中公新書
佐々木愛（2022）「近世中国における生命発生論」小浜正子・板橋暁子編『東アジアの家族とセクシュアリティ―規範と逸脱』京都大学学術出版会
寒川恒夫編著（2017）『近代日本を創った身体』大修館書店
澤井真（2020）『イスラームのアダム―人間をめぐるイスラーム神秘主義の源流』慶應義塾大学出版会
沢山美果子（2005）『性と生殖の近世』勁草書房
シービンガー，ロンダ（小川眞里子・弓削尚子訳）（2007）『植物と帝国―抹殺された中絶薬とジェンダー』工作舎
シービンガー，ロンダ（小川眞里子・藤岡伸子・家田貴子訳）（2022）『科学史から消された女性たち（改訂新版）』工作舎
清水和裕（2005）『軍事奴隷・官僚・民衆―アッバース朝解体期のイラク社会（山川歴史モノグラフ）』山川出版社
ショーター，エドワード（池上千寿子・太田英樹訳）（1992）『女の身体の歴史』勁草書房
白井千晶編（2022）『アジアの出産とテクノロジー―リプロダクションの最前線（アジア遊学268）』勉誠出版
資料集生命倫理と法編集委員会編（2003）『資料集生命倫理と法』太陽出版
白水紀子（2015）「セクシャリティのディスコース」小浜正子編『ジェンダーの中国史（アジア遊学191）』勉誠出版
新村拓（2006）『健康の社会史―養生、衛生から健康増進へ』法政大学出版局
スー，デラルド・ウィン（マイクロアグレッション研究会訳）（2020）『日常生活に埋め込まれたマイクロアグレッション―人種、ジェンダー、性的指向：マイノリティに向けられる無意識の差別』明石書店
鈴木敬三（1995）『有職故実図典―服装と故実』吉川弘文館
鈴木隆雄（1998）『骨から見た日本人　古病理学が語る歴史』講談社
鈴木則子（2003）「江戸時代の化粧と美容意識」『女性史学』13
鈴木則子（2004）「『女学雑誌』にみる明治期「理想佳人」像をめぐって」栗山茂久ほか編『近

代日本の身体感覚』青弓社
鈴木則子（2010）「江戸時代の女性美と身体管理」赤阪俊一・柳谷慶子編著『生活と福祉』明石書店
鈴木則子（2013）「近代日本コスメトロジーの普及と展開をめぐる一考察～美容家・藤波芙蓉の分析を通じて」『コスメトロジー研究報告』21
鈴木則子（2014）「近代日本における化粧研究家の誕生―藤波芙蓉の事跡をめぐって」武田佐知子編『交差する知―衣装・信仰・女性』思文閣出版
鈴木則子（2015）「『回生鉤胞の臆』からみた中島友玄の産科医療」中島文書研究会編『備前岡山の在村医　中島家の歴史』思文閣出版
鈴木則子（2015）「元禄期の武家男色―『土芥寇讎記』・『御当代記』・『三王外記』を通じて」三成美保編『同性愛をめぐる歴史と法』明石書店
鈴木則子（2017）「近世後期産科医療の展開と女性～賀川流産科をめぐって」『アジアジェンダー文化学研究』創刊号
鈴木則子（2019）「江戸前期の男色・恋愛・結婚」奈良女子大学生活文化学研究会編『ジェンダーで問い直す暮らしと文化―新しい生活文化学への挑戦（奈良女子大学叢書４）』敬文舎
鈴木則子（2022）『近世感染症の生活史　医療・情報・ジェンダー』吉川弘文館
セジウィック，イヴ・K.（上原早苗・亀澤美由紀訳）（2001）『男同士の絆―イギリス文学とホモソーシャルな欲望』名古屋大学出版会
瀬戸邦弘・杉山千鶴編（2013）『近代日本の身体表象―演じる身体・競う身体（叢書　文化学の越境）』森話社
世良晃志郎訳（1951）『バイエルン部族法典（西洋法制史料叢書３）』弘文堂
ゼルネール，アンリ（2010）「芸術家たちのまなざし」A・コルバン、J-J・クルティーヌ、G・ヴィガレロ監修（小倉孝誠監訳）『身体の歴史Ⅱ』藤原書店
高尾賢一郎（2018）『イスラム宗教警察』亜紀書房
高木侃（1999）『〔増補〕三くだり半―江戸の離婚と女性たち（平凡社ライブラリー）』平凡社
高嶋航（2015）「辮髪と軍服―清末の軍人と男性性の再構築』小浜正子編『ジェンダーの中国史（アジア遊学191）』勉誠出版
高嶋航（2015）「軍隊と社会のはざまで―日本・朝鮮・中国・フィリピンの学校における軍事訓練」田中雅一編『軍隊の文化人類学』風響社
高嶋航（2018）「近代中国の男性性」小浜正子・下倉渉・佐々木愛・高嶋航・江上幸子編『中国ジェンダー史研究入門』京都大学学術出版会
高田京比子・三成美保・長志珠絵編（2021）『〈母〉を問う―母の比較文化史』神戸大学出版会
高橋梵仙（1981）『堕胎間引の研究』第一書房
高橋雅夫校注（1982）『都風俗化粧伝』東洋文庫414
瀧澤利行（2003）『養生論の思想』世織書房
竹沢泰子（2023）『アメリカの人種主義―カテゴリー／アイデンティの形成と転換』名古屋大学出版会
嶽本新奈（2015）『「からゆきさん」―海外〈出稼ぎ〉女性の近代』共栄書房
田中美津（2005）『かけがえのない、大したことのない私』インパクト出版会

谷口洋幸（2022）「セクシュアルマイノリティに関する国際社会の議論の到達点と課題」二宮周平・風間孝編『家族の変容と法制度の再構築―ジェンダー／セクシュアリティ／子どもの観点から』法律文化社

谷口洋幸（2022）『性的マイノリティと国際人権法―ヨーロッパ人権条約の判例から考える』日本加除出版

多原良子（2003）「アイヌ女性のエンパワメント」IMADR-JCマイノリティ女性に対する複合差別プロジェクトチーム編『マイノリティ女性の視点を政策に！　社会に！　女性差別撤廃委員会日本報告書審査を通して』反差別国際運動日本委員会（IMADR-JC）

田間泰子（2006）『「近代家族」とボディ・ポリティクス』世界思想社

ダルモン，ピエール（鈴木秀治訳）（1992）『医者と殺人者―ロンブローゾと生来性犯罪者伝説』新評論

タン，ルイ＝ジョルジュ編（金城克哉監修、齊藤笑美子・山本規雄訳）（2013）『〈同性愛嫌悪〉を知る事典』明石書店

ダンカン，キャロル（1987）「男らしさと男性優位―20世紀初頭の前衛絵画」ノーマ・ブルード、メアリー・D・ガラード編著（坂上桂子訳）『美術とフェミニズム―反駁された女性イメージ』PARCO出版

チン，レオ（倉橋耕平監訳、趙相宇・永冨真梨・比護遙・輪島裕介訳）（2021）『反日―東アジアにおける感情の政治』人文書院

DV問題研究会（2006）『Q&A　DVハンドブック―被害者と向き合う方のために　改訂版』ぎょうせい

ティルディスレイ，ジョイス（吉村作治監修、月森佐知訳）（2008）『古代エジプト女王・王妃歴代誌』創元社

ドーヴァー，ケネス・J（中務哲郎・下田立行訳）（2007）『古代ギリシアの同性愛　新版』青土社

遠山日出也（2018）「セクシュアル・マイノリティ」小浜正子・下倉渉・佐々木愛・高嶋航・江上幸子編『中国ジェンダー史研究入門』京都大学学術出版会

徳井淑子（1995）『服飾の中世』勁草書房

徳井淑子（2010）『図説　ヨーロッパ服飾史』河出書房新社

トマス・ラカー（高井宏子・細谷等訳）（1998）『セックスの発明―性差の観念史と解剖学のアポリア』工作舎

トロンブレイ，スティーブン（藤田真利子訳）（2000）『優生思想の歴史―生殖への権利（明石ライブラリー）』明石書店

中里見博（2007）『ポルノグラフィと性暴力―新たな法規制を求めて（福島大学叢書新シリーズ）』明石書店

中島満大（2016）『近世西南海村の家族と地域性―歴史人口学から近代の始まりを問う（MINERVA人文・社会科学叢書）』ミネルヴァ書房

長島淳子（2023）『増補改訂　江戸の異性装者（クロスドレッサー）たち―セクシュアルマイノリティの理解のために―』勉誠社

中村満紀男編（2004）『優生学と障害者』明石書店

中山元（1996）『フーコー入門』ちくま新書

ナンダ，セレナ（蔦森樹、カマル・シン訳）（1999）『ヒジュラ―男でもなく女でもなく』青土社
日本学術会議提言（2017）「性的マイノリティの権利保障をめざして―婚姻・教育・労働を中心に―」
日本学術会議提言（2020）「性的マイノリティの権利保障をめざして（II）―トランスジェンダーの尊厳を保障するための法整備に向けて―」
二文字理明・椎木章編著（2000）『福祉国家の優生思想―スウェーデン発強制不妊手術報道』明石書店
野口芳子（1994）『グリムのメルヒェン―その夢と現実』勁草書房
野口芳子（2016）『グリム童話のメタファー―固定概念を覆す解釈』勁草書房
野中葉（2015）『インドネシアのムスリムファッション―なぜイスラームの女性たちのヴェールはカラフルになったのか』福村出版
バージャー，ジョン（伊藤俊治訳）（1986）『イメージ―Ways of Seeing　視覚とメディア』PARCO 出版
間永次郎（2019）『ガーンディーの性とナショナリズム』東京大学出版会
橋場弦・村田奈々子編（2016）『学問としてのオリンピック』山川出版社
橋本伸也ほか編（2014）『保護と遺棄の子ども史（叢書・比較教育社会史）』昭和堂
長谷川まゆ帆（2004）『お産椅子への旅―ものと身体（からだ）の歴史人類学』岩波書店
長谷川まゆ帆（2011）『さしのべる手―近代産科医の誕生とその時代』岩波書店
長谷川真理子（1993）『オスとメス＝性の不思議』講談社新書
ぱっぷす編（2022）『ポルノ被害の声を聴く―デジタル性暴力と #MeToo』岩波書店
バトラー，ジュディス（竹村和子訳）（1999）『ジェンダー・トラブル―フェミニズムとアイデンティティの攪乱』青土社
速水融編（2002）『近代移行期の家族と歴史（MINERVA 人文・社会科学叢書63）』ミネルヴァ書房
原ひろ子・根村直美編（2000）『健康とジェンダー』明石書店
ハルプリン，デイヴィッド・M（石塚浩司訳）（1995）『同性愛の百年間―ギリシア的愛について』法政大学出版局
バンクス夫妻（河村貞枝訳）（1980）『ヴィクトリア時代の女性たち―フェミニズムと家族計画』創文社
ビラーリ，フランチェスコ（鈴木透訳）（2008）「ヨーロッパの極低出生力―要因の探求とその後の意外な展開」『人口問題研究』64（2）
平井晶子（2008）『日本の家族とライフコース―「家」生成の歴史社会学（MINERVA 人文・社会科学叢書）』ミネルヴァ書房
平稲晶子（2009）「丸刈りにされた女たち―第二次世界大戦時の独仏比較」『ヨーロッパ研究』第８号
平野助三（1880）『懐妊避妊自在法』北豊文明堂
フーコー，ミシェル（田村俶訳）（1986）『性の歴史II　快楽の活用』新潮社
フォン・ベーン，マックス、イングーリト・ロシェク編（永野藤夫・井本晌二訳）（1989）『モードの生活文化史１　古代ローマからバロックまで』河出書房新社

福田眞人・鈴木則子編（2005）『日本梅毒史の研究―医療・社会・国家』思文閣出版
服藤早苗・三成美保編（2012）『権力と身体（ジェンダー史叢書１）』明石書店
服藤早苗・新實五穂編（2017）『歴史のなかの異性装』勉誠出版
福永玄弥（2022）「冷戦体制と軍事化されたマスキュリニティ―台湾と韓国の徴兵制を事例に」小浜正子・板橋暁子編『東アジアの家族とセクシュアリティ』京都大学学術出版会
藤田尚男（1989）『人体解剖のルネサンス』平凡社
淵上恭子（2008）「「シバジ」考―韓国朝鮮における代理母出産の民族学的研究―」『哲学―特集文化人理学の現代的課題Ⅱ』119
ブーディバ，アブドゥルワッハーブ（伏見楚代子・美観橋一郎訳）（1980）『イスラム社会の性と風俗』桃源社
夫馬進（1997）『中国善会善堂史研究』同朋舎出版
ブライソン，ノーマン（1994）「日本近代洋画と性的枠組み」東京国立文化財研究所編『人の〈かたち〉 人の〈からだ〉―東アジア美術の視座（イメージ・リーディング叢書）』平凡社
フレーフェルト，ウーテ（2000）「市民性と名誉―決闘のイギリス・ドイツ比較」J・コッカ編著（望田幸男監訳）『国際比較・近代ドイツの市民―心性・文化・政治（MINERVA 西洋史ライブラリー44）』ミネルヴァ書房
フレーフェルト，ウーテ（櫻井文子訳）（2018）『歴史の中の感情―失われた名誉／創られた共感』東京外国語大学出版会
フレーフェルト，ウーテ（姫岡とし子訳）（2018）「戦争と感情―名誉、恥、犠牲への歓び」『思想』No.1125
ペイン，ブランシュ（古賀敬子訳）（2000）『ファッションの歴史―西洋中世から19世紀まで』八坂書房
宝月理恵（2010）『近代日本における衛生の展開と受容』東信堂
ポーラ文化研究所編（1986）『モダン化粧史―粧い（よそおい）の80年（化粧文化シリーズ）』ポーラ文化研究所
ポーラ文化研究所編著（1989）『日本の化粧　道具と心模様（ポーラ文化研究所コレクション２）』ポーラ文化研究所
星乃治彦（2006）『男たちの帝国―ヴィルヘルム２世からナチスへ』岩波書店
細谷幸子（2017）「イランの「治療的人工妊娠中絶法」をめぐる議論」『生命倫理』27(1)
ポッツ，マルコム（池上千寿子訳）（1985）『文化としての妊娠中絶』勁草書房
ボティックハイマー，ルース（鈴木晶ほか訳）（1990）『グリム童話の悪い少女と勇敢な少年』紀伊國屋書店
ポリアコフ，レオン（アーリア主義研究会訳）（1985）『アーリア神話―ヨーロッパにおける人種主義と民族主義の起源』法政大学出版局
真島芳恵（2012）「近世の配偶者間暴力に関する一考察―『弘前藩庁日記（御国）』の事例をもとにして」『女性歴史文化研究所紀要』第20号
松井久子編（2014）『何を怖れる―フェミニズムを生きた女たち』岩波書店（同タイトルのドキュメンタリー映画もある）
松岡悦子・小浜正子編（2011）『世界の出産―儀礼から先端医療まで』勉誠出版

マッキノン，キャサリン・A（村上淳彦・志田昇訳）（1999）『セクシュアル・ハラスメント・オブ・ワーキング・ウィメン』こうち書房
松山洋平編（2018）『クルアーン入門』作品社
丸山伸彦（1994）『武家の装飾（日本の美術 No.340）』至文堂
丸山伸彦（2008）『江戸モードの誕生』角川選書
三成美保ほか（1996）『法制史入門』ナカニシヤ出版
三成美保（2005）『ジェンダーの法史学―近代ドイツの家族とセクシュアリティ』勁草書房
三成美保（2008）「学界展望「ジェンダー史」の課題と展望」『西洋史学』229
三成美保編（2015）『同性愛をめぐる歴史と法―尊厳としてのセクシュアリティ（世界人権問題叢書94）』明石書店
三成美保（2015）「魔女裁判と女性像の変容」水井万里子・杉浦未樹・伏見岳志・松井洋子編『世界史のなかの女性たち（アジア遊学186）』勉誠出版
三成美保編（2017）『教育と LGBTI をつなぐ―学校・大学の現場から考える』青弓社
三成美保ほか（2019）『ジェンダー法学入門（第 3 版）』法律文化社
三成美保編（2019）『LGBTI の雇用と労働―当事者の困難とその解決方法を考える』晃洋書房
三成美保（2021）「ジェンダー史の意義と可能性」『世界とは何か（岩波講座世界歴史 1 ）』岩波書店
南利明（1998）『ナチス・ドイツの社会と国家―民族共同体の形成と展開』勁草書房
南博編（1992-93）『近代庶民生活誌13・14色街・遊廓』三一書房
宮崎市定（2004年改版（1963年初版））『科挙―中国の試験地獄』
宮下規久朗（初版1992、新装版2008）「裸体表現の変容」辻惟雄編著『幕末・明治の画家たち―文明開化のはざまに』ぺりかん社
宮脇幸生・戸田真紀子・中村香子・宮地歌織編著（2021）『グローバル・ディスコースと女性の身体―アフリカの女性器切除とローカル社会の多様性』晃洋書房
ムビティ，ジョン・S（大森元吉訳）（1970）『アフリカの宗教と哲学（りぶらりあ選書）』法政大学出版局
村上薫（2023）「名誉殺人と二つの家族像―トルコの刑法改正が映しだすもの」竹村和朗編（長沢栄治監修）『うつりゆく家族（イスラーム・ジェンダー・スタディーズ 6 ）』明石書店
村田京子（2006）『娼婦の肖像―ロマン主義的クルチザンヌの系譜』新評論
モーランド，ポール（渡会圭子訳）（2019）『人口で語る世界史』文藝春秋
モッセ，ジョージ・L.（細谷実ほか訳）（2005）『男のイメージ―男性性の創造と近代社会』作品社
森田豊子・小野仁美編（長沢栄治監修）（2019）『結婚と離婚（イスラーム・ジェンダー・スタディーズ 1 ）』明石書店
森本一彦（2006）『先祖祭祀と家の確立―「半檀家」から一家一寺へ（MINERVA 人文・社会科学叢書）』ミネルヴァ書房
柳原良江（2011）「代理出産における倫理的問題のありか―その歴史と展開の分析から―」『生命倫理』21(1)
湯浅泰雄（1994）『身体の宇宙性―東洋と西洋』岩波書店

由井秀樹（2016）「体外受精の臨床応用と日本受精着床学会の設立」『科学史研究』55(278)
姚毅（2011）『近代中国の出産と国家・社会―医師・助産士・接生婆』研文出版
妖毅（2021）「知識の翻訳・生産と身体政治―中国初の西洋産婦人科専門書『婦嬰新説』を中心に」『史林』104巻1号
横田冬彦（2002）「「女」の規範と逸脱」小森陽一ほか編『近代世界の形成　19世紀世界1（岩波講座近代日本の文化史1）』岩波書店
横田冬彦（2002）「近代京都の遊郭」京都橘女子大学女性歴史文化研究所編『京都の女性史』思文閣出版
横田冬彦（2014）「『遊客名簿』と統計」歴史学研究会ほか編『「慰安婦」問題を／から考える』岩波書店
吉田匡興・石井美保・花淵馨也編（2010）『宗教の人類学（シリーズ来たるべき人類学3）』春風社
ヨナル，アイシェ（安東建訳）（2013）『名誉の殺人―母、姉妹、娘を手にかけた男たち』朝日新聞出版
ヨンパルト，ホセ（1997）『教会法とは何だろうか』成文堂
ラジェ，ミレイユ（藤本佳子・佐藤保子訳）（1994）『出産の社会史―まだ病院がなかったころ』勁草書房
李貞徳（2008）『女人的中国医療史―漢唐之間的健康照顧与性別』三民書局［中国語］
李中清・王豊（2000）『人類的四分之一馬爾薩斯的神話与中国的現実（1700-2000）』生活・读书・新知三联书店［中国語］
リード，アンソニー（太田淳・長田紀之監訳、青山和佳・今村真央・蓮田隆志訳）（2021）『世界史のなかの東南アジア―歴史を変える交差路（上・下）』名古屋大学出版会（原著 Reid, Anthony（2015）*A History of Southeast Asia: Critical Crossroads*, Wiley-Blackwell）
リヴィーバッチ，マッシモ（速水融・斎藤修訳）（2014）『人口の世界史』東洋経済新報社
リブ新宿センター編（2008）『リブニュース―この道ひとすじ』インパクト出版会
ル＝ゴフ，ジャック（池田健二・菅沼潤訳）（2006）『中世の身体』藤原書店
若桑みどり（1997）『隠された視線―浮世絵・洋画の女性裸体像（岩波近代日本の美術2）』岩波書店
若林敬子（2005）『中国の人口問題と社会的現実』ミネルヴァ書房
和田正平（1988）『性と結婚の民俗学』同朋舎
渡瀬信之訳（2013）『マヌ法典』平凡社

人名索引

ア　行

カ　行

サ 行

タ 行

ナ　行

ハ　行

マ　行

ヤ　行

ラ　行

ワ　行

事項索引

サ　行

タ 行

ナ　行

ハ　行

マ　行

ヤ　行

ラ　行

ワ　行

執筆者一覧（執筆項番号・所属・主な著作）

粟屋　利江（あわや　としえ）1-2-②、1-4-④、コラム⑧
東京外国語大学名誉教授
『イギリス支配とインド社会』（山川出版社、1998年）
『インド　ジェンダー研究ハンドブック』（共編、東京外国語大学出版会、2018年）

石上　阿希（いしがみ　あき）3-2-③
京都芸術大学通信教育部芸術学部准教授
『日本の春画・艶本研究』（平凡社、2015年）
『西川祐信『正徳ひな形』—影印・注釈・研究—』（共編著、臨川書店、2022年）

井上　貴子（いのうえ　たかこ）3-4-④、5-3-③
大東文化大学国際関係学部教授
『近代インドにおける音楽学と芸能の変容』（青弓社、2006年）
『ビートルズと旅するインド、芸能と神秘の世界』（柘植書房新社、2007年）

岩崎えり奈（いわさき　えりな）コラム⑪
上智大学外国語学部教授
『現代アラブ社会：「アラブの春」とエジプト革命』（共著、東洋経済新報社　2013年）
「チュニジア南部タタウィーン地域における女性の出生行動の変化」（『アジア経済』、2020年）

岡本　正明（おかもと　まさあき）1-3-③、3-4-③
京都大学東南アジア地域研究研究所教授
『暴力と適応の政治学—インドネシア民主化と地方政治の安定』（京都大学学術出版会、2015年）
Indonesia at the Crossroads—Transformation and Challenges（共編著, Gajahmada University Press, Kyoto University Press and Pacific Press, 2022）

小川眞里子（おがわ　まりこ）1-2-⑤、コラム⑨、㉖
三重大学名誉教授・公益財団法人東海ジェンダー研究所理事
『病原菌と国家—ヴィクトリア時代の衛生・科学・政治』（名古屋大学出版会、2016年）
『女性研究者支援政策の国際比較—日本の現状と課題』（共編著、明石書店、2021年）

落合恵美子（おちあい　えみこ）2-5-①、2-5-②
京都産業大学現代社会学部客員教授・京都大学名誉教授
『親密圏と公共圏の社会学—ケアの20世紀体制を超えて』（有斐閣、2023年）
『リーディングス アジアの家族と親密圏』（全３巻、共編著、有斐閣、2022年）

小野　仁美（おの　ひとみ）1-2-④、3-2-④
東京大学大学院人文社会系研究科助教
『イスラーム法の子ども観―ジェンダーの視点でみる子育てと家族』（慶應義塾大学出版会、2019年）
『結婚と離婚（イスラーム・ジェンダー・スタディーズ１）』（共編、明石書店、2019年）

香川　檀（かがわ　まゆみ）4-5-①、4-5-②
武蔵大学人文学部教授
『想起のかたち―記憶アートの歴史意識』（水声社、2012年）
『ハンナ・ヘーヒ―透視のイメージ遊戯』（水声社、2019年）

神田　由築（かんだ　ゆつき）コラム㉛
お茶の水女子大学教授
『近世の芸能興行と地域社会』（東京大学出版会、1999年）
『江戸の浄瑠璃文化』（山川出版社、2009年）

菅野　淑子（かんの　としこ）コラム⑲
厚生労働省労働保険審査会常勤委員、元北海道教育大学教授
「日本の育児休業法・育児介護休業法制定過程にみる理念の変容―ワーク・ライフ・バランスの時代に」（小宮文人ほか編『社会法の再構築』、旬報社、2011年）
「育児休業に関する最近の判例動向―ジャパンビジネスラボ事件を振り返って」（『季刊労働法』274号、2021年）

北仲　千里（きたなか　ちさと）5-2-③、コラム㉚
広島大学ハラスメント相談室准教授
『アカデミック・ハラスメントの解決―大学の常識を問い直す』（共著、寿郎社、2017年）

窪田　幸子（くぼた　さちこ）コラム⑤、⑥
芦屋大学学長、神戸大学名誉教授
『アボリジニ社会のジェンダー人類学』（世界思想社、2005年）
『「先住民」とはだれか』（共編著、世界思想社、2009年）

栗原　麻子（くりはら　あさこ）1-3-①、3-5-①、コラム①
大阪大学大学院人文学研究科教授
『互酬性と古代民主制―アテナイ民衆法廷における「友愛」と「敵意」』（京都大学学術出版会、2020年）
『デモステネス弁論集７』（共訳書、京都大学学術出版会、2022年）

紺谷　由紀（こんたに　ゆき）コラム③
日本学術振興会特別研究員PD
「ローマ法における去勢―ユスティニアヌス１世の法典編纂事業をめぐって」（『史学雑誌』125巻６号、2016年）
「『新勅法集』と『エクロガ』にみる皇帝立法の柔軟性―6-8世紀の身体切断刑の導入過程に注目して」（高山博・亀長洋子編『中世ヨーロッパの政治的結合体―統治の諸相と比較』東京大学出版会、2022年）

澤井　真（さわい　まこと）1-2-④
天理大学おやさと研究所講師
『イスラームのアダム―人間をめぐるイスラーム神秘主義の源流』（慶應義塾大学出版会、2020年）
"Appealing to Sufis: From Islamic Studies to Gender-Focused Sufism."（*Orient* 56, 2021）

白井　千晶（しらい　ちあき）2-4-①、コラム⑭
静岡大学教授
『フォスター――里親家庭・養子縁組家庭・ファミリーホームと社会的養育』（生活書院、2019年）
『アジアの出産とテクノロジー――リプロダクションの最前線』（編著、勉誠出版、2022年）

仙波由加里（せんば　ゆかり）コラム⑮
お茶の水女子大学ジェンダー研究所研究協力員、一般社団法人ドナーリンク・ジャパン代表理事
"Assisted reproduction with donated eggs and sperm: A comparison of regulations on assisted reproduction in Norway and Japan."（共著, M. Ishii, G. K. Kristensen and Pricilla Ringrose eds., *Comparative Perspectives on Gender Equality in Japan*, Routledge, 2022）
「生命の始期をめぐる倫理」（有田悦子・足立智孝編『薬学人のための事例で学ぶ倫理学』、南江堂、2022年）

曾　璟蕙（そう　けいえ）コラム㉔
奈良女子大学アジア・ジェンダー文化学研究センター特任助教

髙岡　尚子（たかおか　なおこ）コラム⑳
奈良女子大学研究院人文科学系教授
『摩擦する「母」と「女」の物語―フランス近代小説にみる「女」と「男らしさ」のセクシュアリティー』（晃洋書房、2014年）
『「ジェンダー」で読む物語―赤ずきんから桜庭一樹まで―』（かもがわ出版、2019年）

高嶋　航（たかしま　こう）1-3-②、1-4-③
早稲田大学スポーツ科学学術院教授
『国家とスポーツ―岡部平太と満洲の夢』（KADOKAWA、2020年）
『スポーツからみる東アジア史―分断と連帯の二〇世紀』（岩波書店、2021年）

髙橋　裕子（たかはし　ゆうこ）コラム㉓
津田塾大学教授・学長
『津田梅子の社会史』（玉川大学出版部、2002年）
『津田梅子―女子教育を拓く』（岩波ジュニア新書、2022年）

高村　恵美（たかむら　めぐみ）2-2-②
常陸大宮市教育委員会主査
「水戸藩領における出産と『近代』」（『女性史学』12、2002年）
「近世中後期における久慈川水運と地域社会」（地方史研究協議会編『海洋・内海・河川の地域史―茨城の史的空間』雄山閣、2022年）

瀧澤　利行（たきざわ　としゆき）1-2-⑥
茨城大学教育学部教授
『健康文化論』（大修館書店、1998年）
『養生論の思想』（世織書房、2003年）

竹沢　泰子（たけざわ　やすこ）1-6-①
関西外国語大学国際文化研究所教授
『日系アメリカ人のエスニシティ―強制収容と補償運動による変遷　新装版』（東京大学出版会、2017年）
『アメリカの人種主義―カテゴリー／アイデンティティの形成と転換』（名古屋大学出版会、2023年）

嶽本　新奈（たけもと　にいな）コラム㉜
お茶の水女子大学ジェンダー研究所特任講師
『「からゆきさん」―海外〈出稼ぎ〉女性の近代』（共栄書房、2015年）
「『からゆきさん』再読―「生まない女」に着目して」（『現代思想 11月臨時増刊号 総特集 森崎和江』第50巻第13号、青土社、2022年）

田中　雅子（たなか　まさこ）コラム⑬
上智大学総合グローバル学部教授
『ネパールの人身売買サバイバーの当事者団体から学ぶ―家族、社会からの排除を越えて』（上智大学出版、2017年）
「「学べない、働けない、帰れない」―留学生は社会の一員として受け入れられたのか」『アンダーコロナの移民たち―日本社会の脆弱性があらわれた場所』（共著、鈴木江理子編著、明石書店、2021年）

谷口　洋幸（たにぐち　ひろゆき）コラム㉒
青山学院大学法学部ヒューマンライツ学科教授
『性的マイノリティ判例解説』（共編著、信山社、2011年）
『性的マイノリティと国際人権法―ヨーロッパ人権条約の判例から考える』（日本加除出版、2022年）

田間　泰子（たま　やすこ）2-3-②
大阪公立大学名誉教授
『「近代家族」とボディ・ポリティクス』（世界思想社、2006年）
『問いからはじめる家族社会学―多様化する家族の包摂に向けて　改訂版』（有斐閣、2022年）共著

辻　大地（つじ　だいち）3-5-②
九州大学大学院人文科学府博士後期課程
「アッバース朝期のセクシュアリティと同性間性愛―ジャーヒズ著『ジャーリヤとグラームの美点の書』の分析を通じて」（『東洋学報』98巻4号、2017年）
「アッバース朝期イスラーム社会の「異性装」とセクシュアリティ」（『歴史学研究』1017号、2021年）

富永智津子（とみなが　ちづこ）1-2-③、コラム㉑、㉕

『ザンジバルの笛―東アフリカ・スワヒリ世界の歴史と文化』（未來社、2001年）
『スワヒリ都市の盛衰（世界史リブレット103）』（山川出版社、2008年）

中里見　博（なかさとみ　ひろし）4-5-④
大阪電気通信大学人間科学教育研究センター教授
『憲法の普遍性と歴史性』（共著、日本評論社、2019年）
『講座立憲主義と憲法学第２巻人権Ⅰ』（共著、信山社、2022年）

長島　淳子（ながしま　あつこ）3-4-①
国士舘大学非常勤講師
『幕藩制社会のジェンダー構造』（校倉書房、2006年）
『増補改訂　江戸の異性装者たち―セクシュアルマイノリティの理解のために―』（勉誠社、2023年）

永原　陽子（ながはら　ようこ）コラム⑱
京都大学名誉教授
『ミネルヴァ世界史叢書４　人々がつなぐ世界史』（編著、ミネルヴァ書房、2019年）
『岩波講座世界歴史18　アフリカ諸地域』（共編著、岩波書店、2022年）

野口　芳子（のぐち　よしこ）1-5-①
武庫川女子大学名誉教授
『グリム童話と魔女―魔女裁判とジェンダーの視点から』（勁草書房、2002年）
『グリム童話のメタファー―固定観念を覆す解釈』（勁草書房、2016年）

野中　葉（のなか　よう）コラム㉗
慶應義塾大学総合政策学部准教授
『インドネシアのムスリムファッション―なぜイスラームの女性たちのヴェールはカラフルになったのか』（福村出版、2015年）
「インドネシアのムスリマ活動家たちの結集―世界的に稀な女性ウラマー会議開催」（鷹木恵子編『越境する社会運動』、明石書店、2020年）

長谷川まゆ帆（はせがわ　まゆほ）コラム⑩
立正大学教授・放送大学客員教授・東京大学名誉教授
『お産椅子への旅―ものと身体の歴史人類学』（岩波書店、2004年）
『近世フランスの法と身体―教区の女たちが産婆を選ぶ』（東京大学出版会、2018年）

林田　敏子（はやしだ　としこ）1-4-①
奈良女子大学研究院生活環境科学系教授
『戦う男、戦えない女―第一次世界大戦期イギリスのジェンダーとセクシュアリティ』（人文書院、2013年）
『岩波講座世界歴史20　二つの大戦と帝国主義Ⅰ　20世紀前半』（共著、岩波書店、2022年）

姫岡とし子（ひめおか　としこ）1-4-②
東京大学名誉教授
『ジェンダー化する社会―労働とアイデンティティの日独比較史』（岩波書店、2004年）
『ローザ・ルクセンブルク―闘い抜いたドイツの革命家（世界史リブレット人87）』（山川出版社、2020年）

福永　玄弥（ふくなが　げんや）1-4-⑤
東京大学教養学部附属教養高度化機構Ｄ＆Ｉ部門准教授
「『LGBTフレンドリーな台湾』の誕生」（瀬地山角編『ジェンダーとセクシュアリティで見る東アジア』、勁草書房、2017年）
「冷戦体制と軍事化されたマスキュリニティ―台湾と韓国の徴兵制を事例に」（小浜正子・板橋暁子編『東アジアの家族とセクシュアリティ』、京都大学学術出版会、2022年）

宝月　理恵（ほうげつ　りえ）4-2-①
お茶の水女子大学基幹研究院人間科学系准教授
『近代日本における衛生の展開と受容』（東信堂、2010年）

星乃　治彦（ほしの　はるひこ）3-5-④
福岡大学名誉教授
『男たちの帝国―ヴィルヘルム２世からナチスへ』（岩波書店、2006年）
『赤いゲッベルス―ミュンツェンベルクとその時代』（岩波書店、2009年）

細谷　幸子（ほそや　さちこ）4-3-②
国際医療福祉大学成田看護学部教授
「イランの「治療的人工妊娠中絶法」をめぐる議論」（『生命倫理』27(1)、2017年）
「イトコ婚と遺伝病」（森田豊子・小野仁美編『結婚と離婚（イスラーム・ジェンダー・スタディーズ　1）』、明石書店、2019年）

真島　芳恵（まじま　よしえ）5-2-②
NPO法人善文研古文書調査班解読専門員
「『由緒書抜』はなぜ作られたのか―弘前藩の修史事業と関連して」（『青森県史研究』第６号、2002年）
「近世の配偶者間暴力に関する一考察―『弘前藩庁日記（御国）』の事例をもとにして」（『女性歴史文化研究所紀要』第20号、2012年）

丸山　伸彦（まるやま　のぶひこ）1-3-④、4-4-②
武蔵大学人文学部特任教授
『江戸モードの誕生―文様の流行とスター絵師』（角川選書、2008年）
『日本史色彩事典』（編、吉川弘文館、2012年）

村上　薫（むらかみ　かおる）3-4-⑤、コラム㉙
日本貿易振興機構アジア経済研究所主任研究員
『不妊治療の時代の中東―家族をつくる、家族を生きる』（編著、アジア経済研究所、2018年）
「名誉をよみかえる―イスタンブルの移住者社会における日常の暴力と抵抗」（田中雅一・嶺崎寛子編『ジェンダー暴力の文化人類学―家族・国家・ディアスポラ社会』、昭和堂、2021年）

桃木　至朗（ももき　しろう）コラム⑰
日越大学（ベトナム）専任教員
『中世大越国家の成立と変容』（大阪大学出版会、2011年）
『市民のための歴史学』（大阪大学出版会、2022年）

森谷　公俊（もりたに　きみとし）3-2-①
帝京大学名誉教授
『アレクサンドロスの征服と神話』（講談社学術文庫、2016年）
『新訳アレクサンドロス大王伝』（河出書房新社、2017年）

山辺　規子（やまべ　のりこ）4-4-③
奈良女子大学名誉教授・京都橘大学教授
『ノルマン騎士の地中海興亡史』（白水社、1996年／Uブックス、2009年）
『食の文化フォーラム甘みの文化』（編著、ドメス出版、2017年）

姚　毅（よう　き）1-2-①
大阪公立大学客員研究員
『近代中国の出産と国家・社会―医師・助産士・接生婆』（研文出版、2011年）
「知識の翻訳・生産と身体政治―中国初の西洋産婦人科専門書『婦嬰新説』を中心に」（『史林』104(1)、2021年）

横田　冬彦（よこた　ふゆひこ）5-3-①
京都大学名誉教授・京都橘大学名誉教授
『日本の歴史16 天下泰平』（講談社学術文庫、2009年）
『日本近世書物文化史の研究』（岩波書店、2018年）

來田　享子（らいた　きょうこ）1-5-②、4-5-③
中京大学スポーツ科学部教授
『よくわかるスポーツとジェンダー』（共編著、ミネルヴァ書房、2018年）
『東京オリンピック1964の遺産 成功神話と記憶のはざま』（共編著、青弓社、2021年）

編　者

三成　美保（みつなり　みほ）総論、1-1、1-6-②、2-2-③、2-3-③、2-4-②、2-5-④、3-1、3-2-②、3-3-①、3-3-②、4-2-②、4-3-③、5-1、5-2-①、5-3-②、コラム②、④、⑦、⑫

追手門学院大学法学部教授
『ジェンダーの法史学―近代ドイツの家族とセクシュアリティ』（勁草書房、2005年）
『同性愛をめぐる歴史と法―尊厳としてのセクシュアリティ』（編著、明石書店、2015年）

小浜　正子（こはま　まさこ）2-1、2-2-④、2-3-①、2-5-③、3-4-②、コラム⑯
日本大学文理学部教授
『中国ジェンダー史研究入門』（共編著、京都大学学術出版会、2018年）
『一人っ子政策と中国社会』（京都大学学術出版会、2020年）

鈴木　則子（すずき　のりこ）2-2-①、3-5-③、4-1、4-3-①、4-4-①、コラム㉘
奈良女子大学生活環境学部教授
『江戸の流行り病―麻疹騒動はなぜ起こったのか』（吉川弘文館、2012年）
『近世感染症の生活史―医療・情報・ジェンダー』（吉川弘文館、2022年）

〈ひと〉から問うジェンダーの世界史　第1巻
「ひと」とはだれか？
―身体・セクシュアリティ・暴力

2024年2月28日　初版第1刷　［検印廃止］

編　者　三成美保・小浜正子・鈴木則子
発行所　大阪大学出版会
代表者　三成賢次
〒565-0871　大阪府吹田市山田丘2-7
大阪大学ウエストフロント
TEL：06-6877-1614
FAX：06-6877-1617
URL：https://www.osaka-up.or.jp

印刷・製本所　(株)遊文舎

ISBN　978-4-87259-777-6　C0020